德性重建的自由根基

——现代道德困境的人学解读

（修订版）

寇东亮　著

河南人民出版社

目　录

导　　论

道德、德性与自由

道德是塑造和完善人性的一种实践—精神活动。德性是人性的升华，是道德的实质规定；没有了德性，道德的人性底蕴将不复存在；“我们必须首先有一种亲近德性的道德”①。自由是人的主体性的确证，是德性的形成根据；没有了自由，德性的自律本质将无从显现；我们必须使德性根基于自由。

一、“从主体方面去理解”道德

借用马克思（Karl Heinrich Marx，1818—1883）对于旧唯物主义缺陷的批判，可以说，在当代社会，对于道德，很多人更多地“只是从客体的或者直观的形式去理解，而不是把它们当做感性的人的活动，当做实践去理解，不是从主体方面去理解”②。“从客体的或直观的形式去理解”道德，就是以主客二分或主客对立的思维方式理解道

① ［古希腊］亚里士多德：《尼各马可伦理学》，廖申白译注，商务印书馆2003年版，第313页。

② 《马克思恩格斯文集》第1卷，人民出版社2009年版，第499页。

德,把道德与人的存在或人的生活视为两个不同的领域,道德被简约为人的生存或生活的一种纯粹工具。在这种理解中,道德不是被视作人类共同体内部的盟约(契约论),就是被归结为服从趋乐避苦本能的原则(古典功利主义),抑或被归结为依凭理性而普遍有效的绝对律令(康德式道义论),等等。这种工具主义道德观的盛行,常常使道德成为一种玄奥的道理、静态的标准、僵死的教条、抽象的法则和外在的规范。"从主体方面去理解"道德,就是按照马克思实践唯物主义方法去理解道德。这种理解的要点有二,一是从"现实的个人"出发去理解道德,二是把道德"当做实践去理解"。

从"现实的个人"出发,"当做实践去理解"的道德,是个体的生命活动的一种特殊表现形式,道德的出场,意味着个体的人性状态与生存样式的提升和完善。当代美国伦理学家弗兰克纳(William. K. Frankena)指出:"道德的建立是为了人,但不能说人的生存是为了体现道德。"又说:"道德是为了人而产生,但不能说人是为了体现道德而生存。"①弗兰克纳强调人及其存在是道德的目的,凸现了道德与人的生存的内在勾连。但弗兰克纳的说法显然隐含着对道德的工具主义理解,似乎道德只是作为人的生存条件而产生的,而不是人的生存本身所固有的。弗兰克纳自己也明确指出,道德是"整个社会用来指导个人或较小集体的工具",是"社会全体的工具"②。这就把人的生存与道德之间的关系看成了一种目的与手段的关系,表现出一种"从客体的或者直观的形式去理解"道德的工具主义倾向。这种倾向集中表现在人们对人的活动与道德之关系的理解上,人们往往把经济活动、政治活动与道德对立起来,得出"经济(学)不会讲道德"、"政治(学)不能讲道德"的结论,似乎道德只是人的文化精神活

① [美]弗兰克纳:《善的求索——道德哲学导论》,黄伟合等译,辽宁人民出版社1987年版,第95、247页。

② [美]弗兰克纳:《善的求索——道德哲学导论》,黄伟合等译,辽宁人民出版社1987年版,第12—13页。

动具有的一种属性，是外在于经济活动、政治活动的“另类”活动，其存在与否完全取决于经济、政治的需要。事实上，道德并不存在是否“为人”的问题，道德是人的本性的表现，是人的存在所固有的属性。人的存在既不是先天既定的，也不是后天一蹴而就的，人是一种“生成的存在”①，人的存在是在社会历史中不断生成和发展变化的。人的存在的生成过程是一个实践过程，它既是一个认识和改造客观世界的过程，又是一个创造价值世界或意义世界的过程。道德是价值世界或意义世界的生成的标志之一，是人的存在在其生成过程中所形成的一种价值属性或意义维度，它显现的是人的存在的主体精神结构和无限向上的价值趋向。就其起源和作用来说，道德在满足人的需要、调节人际关系、维系社会稳定等方面发挥着工具性或手段性的功能；但就道德作为人的本质和人的生命活动的一种特殊的表现形式来说，道德又具有塑造、完善和提升人性的超工具性或合目的性价值。道德是人的一种存在方式，并且为人的整体存在提供了某种价值承诺，它不断提升和完善着人的存在样态。

从“现实的个人”出发，“当做实践去理解”的道德，是个体体认、践履、发展和完善其人生精神生活价值的一种努力。人与动物的区别在于，人不仅要生存，而且要生活；不仅要生活，而且要过“好生活”。道德表达了人追求“好生活”的愿望和努力，是人的生活实践固有的一种内在价值属性。人的生活包含着丰富的价值属性，如好与坏、善与恶、正当与不当，等等，这些价值属性构成了人的生活的道德维度，它们赋予人的生活以秩序和意义，是人的生活的内在构成因子和内在目的。“好生活”就是有道德价值的生活。就个体而言，生活价值主要体现为个体对生活方式和生活目的的把握与体认，它主

① 韩震先生对“人是一种‘生成的存在’”有精当的阐述，参阅韩震：《生成的存在——关于人和社会的哲学思考》，北京师范大学出版社1996年版，第72—89、95—100、155—162页。

要有两方面内容：一是生活态度，即个体以何种方式对待生活；二是生活目的，即个体对幸福生活的期望。个体生活价值是离生活最近、最具体的价值，它依附于现存的社会生活，根基于人们生存的欲望和需要，具有直接的功利性和实用性倾向。对于个体来说，有必要选择有益于自身发展的生活态度，把具有直接功利性和实用性的生活目的调适在一个合理的生活计划之中，并不断提升自己的生活目的和生活境界。这就需要道德价值的引导。个体道德价值表现为个体自由地选择和实践一种诉诸心灵和精神的品性与人格，并对基于生活态度和生活目的之上的自身行为作出善恶评价。个体道德价值包括理想与信仰价值、道德品性价值和道德人格价值等。与个体生活价值不同，个体道德价值是个体对精神世界的向往和追求，是对终极心性价值的体认和省悟。个体道德价值对个体行为所作的善恶评价，构成了个体生活的道德依据。生活中精神文化的重要性，决定了个体道德价值引导生活发展方向的意义。同时，个体道德价值重视理想和信仰的终极关怀意义，当个体对某种理想价值或信仰价值产生认同感时，他也就找到了安身立命的精神归宿。重视道德价值的生活就是"好生活"，追求崇高道德价值的生活是个体自由的生活。①

从"现实的个人"出发，"当做实践去理解"的道德，是人的一种实践理性和实践智慧。实践理性和实践智慧是道德的文化本性，也是道德作为一种文化设计与文化结构的历史必然性与现实合理性的内在根据。道德与人的言行同在，是人们"行"中的实存，"言"中的蕴涵，它显现的是行为的恰当性、合理性与合宜性，是对特定环境、特定情景、特定关系的一种合情合理的反应。道德既是切己的，是个体认识自我、发展自我、完善自我的一种实践—精神活动方式；道德又是涉他的，是关涉他人与社会的，是人们彼此相处和相互对待的行为

① 参阅廖申白、孙春晨：《伦理新视点——转型时期的社会伦理与道德》，中国社会科学出版社 1997 年版，第 25—28、323—327、387—392 页。

方式，是和谐社会人际关系、保持社会稳定和持续发展的一种实践—精神活动方式。因而，道德是作为活动主体的人在改造对象世界和拓展自己生活世界的活动中产生的一种完善自我人格和协调人我关系的一种规范性的实践—精神构架，是人们在个人欲望的满足和社会和谐的需要之间建构起来的一种规范性的实践—精神平衡机制，它是个体整合与社会秩序的实践—精神担保。人在本质上是“一种道德存在，即我们不得不面对他者的挑战，处于‘相依’(being-for)的状态之中”，“远在被权威地告知何为‘善’、何为‘恶’之前，我们在最初不可避免地与他者相遇时已经面对着善与恶的选择。这也就是说，不论选择与否，依照顺序，我们面对的境况首先是一种道德的问题，面对的生活选择首先是道德的两难选择”①。面对善恶选择的永恒困惑，正是作为一种实践理性或实践智慧的道德的存在意义。

总之，从“现实的个人”出发，“当做实践去理解”的道德，是个体的一种生活样态、行为规范、品质特性和精神境界。作为个体的一种生活样态，道德意味着个体的合乎德性的生活实践活动，是一种具有内在好的个体德性生活方式；作为个体的一种行为规范，道德意味着个体在道德活动中以自己独特的方式进行道德选择的自主性、自觉性和能动性，以及他对自己行为界限的自我选择和自我框定，是一种具有自律性的个体行为状态；作为个体的一种品质特性，道德意味着个体对道德原理或道德规范的切身体认和高度认同，并在道德行为中显现出来的一种良好的道德品质或品性，是一种塑造自我和完善自我的个体精神修养活动；作为个体的一种精神境界，道德意味着个体对精神自由和自我实现的自主选择和自主承担，是一种具有高尚性的个体意志自由活动。

一般地说，“现实的个人”在道德意义上的存在表现为三种状

① ［英］齐格蒙特·鲍曼：《生活在碎片之中——论后现代道德》，郁建兴等译，学林出版社2002年版，《序》第1—2页。

态,即他律的道德存在状态、自律的道德存在状态和自由的道德存在状态。当一个人履行某种道德要求时,只是俯首于规范,被动地从众随俗,模仿别人而行事,这时他就处于他律的道德存在状态。当一个人在履行某种道德要求时,是由自己的道德意识和明确的责任意识所驱动的,并且是在明白了有关事理(应当或道德必然)之后进行的,那么他便进入了自律的道德存在状态。但是,处于这一阶段的个体,道德要求对他还具有一定的外在性,他还需要对自我进行一定程度的"自觉"超越。当一个人在履行某一道德要求时,已经没有了外在服从的心理体验,达到了"从心所欲不逾矩"的状态,他便进入了自由的道德存在状态;在这个阶段的个体,出于自我内在心灵的需要,倾听内在心灵的呼唤而融合了道德要求,道德对他来说不再是外在的东西,而是内在心灵的吁求。这三种状态的有机结合,可视为一种过程结构,这种结构凸现的是道德的人格特性和德性维度,显示了道德在"现实的个人"那里的成熟程度①。

从"现实的个人"出发去理解道德,昭示了道德的个体本质,道德的个体本质凸现的是道德的人格属性和德性维度;把道德"当做实践去理解",昭示了道德的实践本性,道德的实践本性凸显的是道德的自由创造性、人际社会性和行为规范性。通过"现实的个人",道德显现为一种德性精神;通过"实践",道德显现为一种自由精神。德性和自由是道德的两个基本构成因子,是道德的本体规定。

二、"我们必须首先有一种亲近德性的道德"

在词源学意义上,"德性"主要有两个意思,一是含有使客观的、外在的东西"主观化或内在化"的意思。在中国古汉语中,"德"在宽

① 唐凯麟等:《个体道德论》,中国青年出版社 1993 年版,第 65—67 页。

泛的意义上是与“得”相通的，“德之为言得也，得于心而不失也。”①《说文解字》曰：“德，外得于人，内得于己也”，“内得于己，谓身心所自得也；外得于人，谓惠泽使人得之也”。二是含有“优秀”或“卓越”的意思。在西语中，德性（arete/virtue）一词是从战神（Aress）派生出来的，拉丁语的对应词 virtus 的词干 vir 是男子的意思。德性的最初意思是“男子气概的”，其基本字根义是“优秀”。把上述两种意思结合起来，可知德性在词源学意义上是指人的“内在的卓越或优秀”。

“德性”一词的希腊文是 arête。arête 最初是在非伦理意义上被理解和使用的，它既指万物的特长、用处和功能，也指人的品性、特长、优点、技艺和才能。在荷马时代，arête 常常被视为一种能使人承担起其社会角色的品质，也就是一个人充当某种社会角色所需要的任何一种卓越品质，这些品质可以是体质上的，如跑得快的人展示了他的脚的德性；也可以是精神上的，如勇敢、荣誉等。所以，最初的时候，arête 隐含“是/存在”的意思，因为一事物之所以成为该事物，常是通过其主要特性显现出来的。随着希腊城邦社会的形成，人们认识到 arête 所包含的力量与人类的心智力量有更密切的关系。因而到智者时代，arête 便具有了新含义，指人的外在行为的高贵性与内在心智的高贵性的统一。到亚里士多德（Aristoteles，公元前 384—公元前 322）的时候，arête 被明确地称为德性。亚里士多德认为，德性就是一种使个人能够接近实现人的特有目的的品质，不论这目的是自然的，还是超自然的。他把德性区分为两种，即伦理德性和理智德性，伦理德性就是人的非理性灵魂接受理性的指导、约束，与理性相融合而生成的心灵状态，如温良、谦恭、慷慨等；理智德性就是纯粹理性灵魂自身功能的优秀，如明智、智慧、谅解等。近代以来，德性概念主要是在道德意义上被理解和使用的，德性是指一种履行道德原则和道德规范的个人秉性和品质。美国当代伦理学家麦金太尔（Alas-

① [宋]朱熹：《四书章句集注》，中华书局 2011 年版，第 55 页。

dair Maclntyre，1929—　）概括了德性概念在西方伦理思想演进中的三重含义："德性是一种能使个人负起他或她的社会角色的品质（荷马）；德性是一种使个人能够接近实现人的特有目的的品质，不论这目的是自然的，还是超自然的（亚里士多德，《新约》和阿奎那）；德性是一种在获得尘世的和天堂的成功方面功用性的品质（富兰克林）。"[①]一般地说，德性是一个目的论概念，它包含了人的目的性、人的义务、人的自我实现等含义，它指称人的一种内在的稳定的品质。人们通过对德性的拥有和运作，能够实现自己的某些目的。比如，通过对诸如仁慈、慷慨之类德性的运作，不仅能够增加主体自身的道德的善，而且还会有益于周围人的福祉。因此，德性是有价值的，它是一种既有益于自我又有益于他人的品质。

可以在四个意义上理解和使用德性概念。一是在人学意义上理解和使用德性概念，这是从德性与人的存在或人性的关系做出的界定。从人学意义上看，德性指人所拥有的人之为人的卓越的或优秀的功能特性和人性品质，它表现为人对于其自然属性的超越和对于更高层次的生命境界与生活状态的追求。亚里士多德就是从对人的本性和人的功能的理解中推演出德性概念的。他认为，人的德性就是人对其特有的功能和能力的能动性运用；人的幸福就是这种能动性运用的状态和结果。麦金太尔认为，德性是人的一种获得性的品质，人一旦能够从"偶然形成的人"转化为"认识到自身真实目的后可能成为的人"，就表明他具有了德性。德性是与实现人的本性相一致的，拥有德性的途径就是人积极运用自己的力量，德性显现的是人的一种优秀的人性状态，它确证人自身作为人的存在，以及这种存在的卓越、优秀和完善。德性既是人性构成的重要因素，又是人性成熟和完美的重要标志。应当从人自身的存在中去追寻德性的真正意

① ［美］麦金太尔：《德性之后》，龚群等译，中国社会科学出版社1995年版，第234页。

义，正是实现人自身存在的多方面潜能和内在价值，构成了德性的真实内容。

二是在个体道德意义上理解和使用德性概念，这是从德性与个人存在的关系做出的界定。个人是德性的最基本承担主体，个体道德意义上的德性区别于社会组织或社会制度意义上的德性。今天，人们也常常在组织的或制度的意义上来理解和使用德性概念。这时的德性是指一定的社会道德原则和道德规范在社会集体活动、社会组织及社会制度中的体现，或者说是一定的社会集体活动、社会组织或社会制度所蕴含的道德性，也就是组织德性或制度德性。在个体道德意义上，德性是指个体出于调整自身内在矛盾以及自身与他人、自身与社会关系的需要，在道德实践中逐步形成的，可以用主体的内在价值尺度来衡量的比较稳定的心理习性、心灵状态、个性特质和精神境界。

三是在个体道德美德的意义上理解和使用德性概念，这是从德性与道德原则或道德规范的关系上做出的界定。在个体道德美德的意义上，德性是指个体理解、内化与践履伦理原则和道德规范的秉性、气质和能力。从最宽泛的意义上看，德性是一个中性词，是主体在长期的、一系列道德行为中表现出来的相对稳定的行为特征和心理倾向。这种相对稳定的德性状态具体指向什么方向和目的，还需要善与恶来具体规定。因而，从德性的内在规定上看，德性是个性结构中可以进行善恶评价的那部分心理特质和行为方式，它是一种与价值相关的个性特质。德性性质的不同来自于善与恶的评判。这样就出现了美德与恶德的区别，德性既包括美德，也包括恶德①。但人们一般是在个体美德的意义上来理解和使用德性概念的，本书也取美德意义的德性概念。

四是在个体道德人格的意义上理解和使用德性概念，这是从德

① 参阅倪愫襄：《善恶论》，武汉大学出版社2001年版，第121—131页。

性与个体人格的关系做出的界定。在个体道德人格意义上，德性是指个体所具有的提升自己的道德境界和成就自己的理想道德人格的品质与特性，个体具有的向善意愿、知善能力、为善勇气、履善行动等特性，以及获得的一种自觉的道德观念和道德意识。这种道德观念、道德意识和道德品质已经融化到个体的个性、本性中，成为一种真正稳定的属于个体本身的东西，变为一种自然而然的行为习惯和行为方式，即孔子说的“从心所欲不逾矩”。从这个意义上讲，德性是个体自身完善的一种境界，是个性发展的最高层次和个性成熟的标志，它表征的是一个内在的“道德自我”。个体道德人格意义上的德性区别于纯粹美德意义上的德性，纯粹美德意义上的德性概念往往把履行道德原则和道德规范作为德性的本质规定，忽视了德性的深层人格意蕴和道德批判精神。德性不只是规范的内化，它更是人的精神空间的全面拓展和提升，是人的道德精神的整体生长。德性包含着规范的内化，但德性并不仅仅是规范的简单的衍生物，在深层意义上，它更表现为道德价值理想在个体人格上的具体化，表现为一种“人格美”。这种“人格美”并不单纯指合乎抽象的道德理念或一般的道德规范，它所表明的是，自我作为具体的个人展示了人之为人的存在价值，这种价值不是相对于外在的社会需要而言，而是其自身存在规定的体现，在这里，人格与自我是同一的，它具有内在的性质①。

无论是作为人的生命的一种表现形式或人的一种生存样态，还是作为人的一种体认、践履、发展和完善其人生精神生活价值的努力，抑或是作为人的生活实践的一种实践理性或实践智慧，道德面临的问题在根本上是个体性的。这些问题可以最一般地概括为两个方面，即“我应该成就什么（What I ought to be）”和“我应该做什么（What I ought to do）”。前者以个体自身人格的完善为目的，可归结为“德性生活如何可能”的问题；后者以个体行为的完善为目的，可

---

① 杨国荣：《伦理与存在——道德哲学研究》，上海人民出版社2002年版，第82页。

归结为“道德秩序如何可能”的问题。这两个问题构成包尔生(Friedrich Paulsen,1846—1908)所说的伦理学的双重宗旨,一是决定人生的目的或至善,二是指出实现这一目的的方式或手段[①]。人格完善与行为完善是道德完美的标志,人格完善关涉的主要是德性问题,行为完善关涉的主要是规范问题。因而,德性与规范及其关系成为道德哲学的核心问题之一。围绕对德性与规范及其关系的不同理解,形成了重德性的德性伦理传统和重规范的规范伦理传统。

近代以前,中西方伦理学总体上呈现为一种德性伦理,“应该成就什么”是传统儒家伦理学和古希腊伦理学的重心,德性成为传统伦理学的主题。近现代以来,功利、制度和规范逐步支配社会生活,伦理学转向以功利、原则和规则为中心,人们更多地关注道德原则和规范,注重道德的外在性的东西,至于德性本身在道德中的地位和作用则被忽视了。道德原则或道德规范成为道德的中心,德性变成了道德的边缘性概念。麦金太尔据此认为,现代社会进入了“德性之后”的时代。“德性之后”的时代就是“道德被外在化”的时代,道德失去了其应有的内在化特质。

道德的发展与实现的方式在很大程度上是个体的。道德生活永远充满了不确定性,道德更多地与个体的心灵感受、情感归向、意志品格有关。一个人的人格是他的道德行为的自由因,道德在更深层次上是一个涵养和塑造个体精神情感、性格气质和品质特性的问题,即德性问题,德性体现的是道德的目的论向度。德性实际上是个体对自身提出的一种目的论要求,个体承诺按照这种目的论要求来完善自身道德人格和丰富自己的精神生活。德性体现的是人的道德创造能力,人的每一种道德创造能力都意味着一种“可能生活”,人的道德创造能力的不断提高可以使人为自己创造多种多样美好的“可

① [德]包尔生:《伦理学体系》,何怀宏、廖申白译,中国社会科学出版社1988年版,第10页。

能生活”。尽可能去实现各种可能生活是人的目的论的行动原则，是目的论意义上的道德原则。

道德规范主要从外在方面表现了道德的结构，它是道德存在的外在形式，是道德必不可少的构成因素。但道德本身不是“行为规范的总和”，道德在内在价值取向上，更多地表现为个体的一种品质特性即德性。通过实践交往和人际互动，这种内在品质特性获得了一种社会规范的形式，这种规范形式成为社会进行道德评价的直接的、直观的标准。规范性是道德的最基本特性，它是作为一种特殊价值和文化而存在的，但不能把道德本身等同于规范。规范是通过“应该”这一形式表达出来的行为规则，它总是企图劝告人们做某事或不做某事，规范的功能都是禁令性的，是为了使人们在利益之争中做出某些让步以保证能够各自获得某些利益。可是如果伦理学只是为了给出更合理的规范，那么它就是多余的，因为宗教、政治、经济学和社会学比伦理学更能给出有效的规范①。而且，规范就其本身而言必定是可疑的，规范不能说明和判定自身的合理性与合法性。伦理学的中心并不仅仅是要确立一系列规范，更重要的是要考察规范是如何可能的以及规范如何才是正当的，而这只有诉诸人的目的论要求（即德性承诺）才有可能解决。

道德规范不是技术性的工具，而是负载着人道价值的工具，其目的在于成就人的德性。道德规范并没有绝对的意义，它不可能成为道德评价的终极标准。道德规范中隐含的德性价值才是最重要的和具有终极意义的。在法制规范和社会管理高度制度化的现代社会，许多原本属于道德规范的规范已被纳入到法律和社会管理规范体系之中，获得了权力的支持，并且在程序上严格、公正、公开，有着明显的技术合理性。在这种背景下，如果仍然让道德规范充当维护社会

① 赵汀阳：《论可能生活——一种关于幸福和公正的理论》，中国人民大学出版社2004年版，第16页。

秩序的工具，那么，它在程序上是明显落后的，也是无力的。因而，在现代社会，道德规范的本质不可能是禁止性的或约束性的，而应是引导性或激励性的，其最终作用体现为对人的心灵的塑造。“德性是在于行善而不是受到善的对待，在于举止高尚［高贵］而不只是避免做卑贱的事情。”因而，“我们必须首先有一种亲近德性的道德，一种爱高尚［高贵］的事物和恨卑贱的事物的道德”①。

诚然，在现代社会，德性的追求在现实生活世界中还不是主流，但在人类精神生活上却是方向。人的精神生活价值通常表现为真、善、美三种主要形式。三者之中，善是中心和根本，真是理智之善，美是心灵情感之善，最终都是精神之善。虽然未必每个个体都能够体验到道德上的发展，但一旦他要追寻自己的最终精神支柱，他总会追寻到自己的道德发展上来，追寻到自身德性的完善上来。道德价值或德性价值常常被视为个体精神生活的终极性价值。现实的道德秩序和现有的道德原则或道德规范对人类复杂而活跃的精神生活追求来说，是难以充分满足的，这正是人类心灵历程的深沉和悲壮，这也是转型社会中人们最为深刻和生动的精神感受。有这种感受的人是幸福的，有这种感受的人才是有道德感的人，有道德感的人才有可能成为道德的人。“如果客观原因要求我们去掉道德情操以便‘客观地’认识它们，为了进行这项测验，我们需要召集什么资源呢？为了做到公平，我们必须使用我们的道德敏感性，包括情操。这里没有中立的场所。如果它对我们有一些实践意义的话，那就是道德哲学必须是一项‘内部的工作’，不论有人怎么希望相反的情况。”②

① ［古希腊］亚里士多德：《尼各马可伦理学》，廖申白译注，商务印书馆2003年版，第97、313页。

② ［英］齐格蒙特·鲍曼：《后现代伦理学》，张成岗译，江苏人民出版社2003年版，第41页。

三、"自由是道德的存在理由"

自由概念的内涵与自由的表现形式是不同的,但人们往往把二者混为一谈。比如,把自由界定为"是对必然的认识和对客观世界的改造",这显然是把作为自由的表现形式的认识自由和实践自由等同于自由本身。事实上,认识活动和实践活动只是自由的必要条件,认识自由和实践自由只是自由的外在表现形式。自由就其内涵而言①,是指作为主体的人在认识活动和实践活动中追求和表现出来的一种自觉、自为、自主的状态。具体地说,其一,自由是人的一种自觉的存在状态,这种自觉性相对于盲目性,它以目的形式表现出来,人的行为的目的性和围绕这种目的性的自我决定、自我创造和自我实现,就是人的自由的一种确证和表征。其二,自由是人的一种自为的存在状态,这种自为性相对于自在性或自发性,它表征的是人的一种行为能力,即"借助于对事物的认识来作出决定的那种能力"。其三,自由是人的一种自主的存在状态,这种自主性相对于强制性或被迫性,它表现为人拥有各种活动的权利因而成为活动的真正主人。一句话,自由就是"通过认识和利用必然,主体在活动中有目的、有能力、有权利做他应该做、能够做和愿意做的事情,从而达到自觉、自为、自主的状态"②。这就是说,目的(表现为"利益")、权利、能力(表现为"主体性")等是构成自由的三个基本因子,这三个基本因子的有机统一构成完整意义的"自由"概念。

围绕自由的三个因子,可以从三个方面理解自由的表现形式。

---

① 关于自由概念的内涵,主要吸收了袁贵仁先生的观点,参阅袁贵仁:《马克思的人学思想》,北京师范大学出版社1996年版,第209—229页;袁贵仁:《教育—哲学片论》,北京师范大学出版社2002年版,第254—256页。

② 袁贵仁:《马克思的人学思想》,北京师范大学出版社1996年版,第217页。

其一，从人与自然世界的关系看，自由就是作为“类”的人在认识和改造自然世界的过程中所获得的一种自觉、自为、自主的状态，这种自由主要表现为人在认识自然及其规律的基础上按照自己的愿望和目的改造自然世界的过程，可称之为“类自由”；在现实形态上，这种自由集中表现于社会经济活动过程之中，体现为对某种特定“利益”的追求、确认和保障。其二，从人与社会的关系看，自由就是作为“类”的一个成员的个人在谋求或获取社会地位和社会权利的过程中所获得的一种自觉、自为、自主的状态，这种自由主要表现为个人在区分“自我”与“他者”之间权利范围的条件下按照自己的意愿决定自己行为的过程，可称之为“社会自由”；在现实形态上，这种自由集中表现于社会政治参与活动之中，体现为对某种特定“权利”的追求、确认、维护和保障。其三，从人与自身的关系看，自由就是作为“类”的一个成员的个体在按照自身所固有的内在本性的要求支配自身的存在与发展的过程中所获得的一种自觉、自为、自主的状态，这种自由主要表现为个体对自己本能的克制、对自己潜能的发挥和对自己个性的塑造，可称之为“个性自由”；在现实形态上，这种自由集中表现于社会文化活动之中，体现为对某种特定“主体性人格”的追求、塑造和提升。恩格斯（Friedrich Engels，1820—1895）把人的自由的这三个方面或三种表现形式描述为，人“成为自然界的主人”，“成为自己的社会结合的主人”，“成为自身的主人”，并认为，只有这三方面的高度统一，人才能成为“自由的人”①。

康德（Immanuel Kant，1724—1804）认为，自由是道德的存在理由。因为，就存在次序而言，自由“逻辑上”先于道德法则，惟有在自由的基础上，道德法则才能成立。当且仅当人不仅仅是一种自然的存在，而且是一种自由的存在之时，人才有可能是道德的存在。道德的存在是“理性的一个事实”，它的普遍性和必然性来源于实践理性

① 《马克思恩格斯文集》第3卷，人民出版社2009年版，第566页。

本身,自由意志把道德法则强加于自身。所谓自由是道德的存在理由,是指自由是道德存在和发展的形式根据。就我们对自由的理解而言,所谓自由是道德的存在理由,是指人的利益的保障和实现、人的权利的确认和维护、人的主体性人格的塑造和提升等是道德形成、存在和发展的先决条件,它们在道德的形成、存在与发展中具有前提性和基础性的作用。

作为一种自觉、自为、自主的活动状态,自由是作为主体的人对自身的反思与要求。自由观念的产生与发展以人的自我意识为前提,人的自我意识是人对自我的行为和思想的一种"范围"意识。这种"范围"意识,一方面是肯定性的,是对主体行为和思想范围的确认,在这种范围内架构起了人的尊严与价值;另一方面又是否定性的,是对主体行为和思想观念的限制。人们既要保持已有的范围,又要冲破这范围。正是在这种肯定与否定、保持与冲破之间,产生了自由观念。人的道德观念最初实际上就来源于人的这种自由观念,甚至可以说,人最初的自由观念本身就是一种道德观念和道德意识。"道德是对存在的一种超越,更精确地讲,道德是这种超越的一个机会。"①超越意味着自由的获得,而只有在自由状态中才能有真正的超越。

人先要能过生活,然后才能谈得上过"好生活"。道德是人的生活实践内蕴的一种"价值"属性,人类首先是在谋求对外在自然世界的"类自由"的活动中获取这种属性的。所以,恩格斯说:"人们自觉地或不自觉地,归根到底总是从……他们进行生产和交换的经济关系中,获得自己的伦理观念。"②而"每一既定社会的经济关系首先表现为利益"③。利益概念最初(16 世纪末和 17 世纪初)是作为欲望

---

① [英]齐格蒙特·鲍曼:《后现代伦理学》,张成岗译,江苏人民出版社 2003 年版,第 83 页。

② 《马克思恩格斯文集》第 9 卷,人民出版社 2009 年版,第 99 页。

③ 《马克思恩格斯文集》第 3 卷,人民出版社 2009 年版,第 320 页。

与理性的中介范畴被提出和界定的，它被看成是兼具欲望与理性这两个范畴各自的优良秉性。一方面，利益是“被理性所强加和容纳的‘自利’欲望”，是被克制、过滤、驯化和制衡了的人的欲望；另一方面，利益又是“由‘自利’的欲望所给予指导和赋予力量的理性”。利益既消除了欲望的破坏性，又克服了理性无效用的缺点。把利益概念置于关于人类行为动机的欲望与理性这两个传统解释范畴之间，为揭示人类行为动机提供了一个新的视角。只是到后来（18世纪初）利益概念的经济含义才成为该词的主导含义，利益被狭义地界定为经济利益或物质利益①。但是，利益概念的本质并未改变，即利益是人的欲望、需要和目的的社会表现形式。利益概念昭示的是人的一种自由或自律精神，是人对自身“欲望”的一种自律。利益是人的欲望向德性转换的最重要中介之一，它构成道德的最基本根据之一。

当一个人丧失了“社会自由”的时候，也就意味着他失去了确保和实现自己利益的权利或资格，进而也意味着他失去了自己的一定的道德权利。在最一般意义上，权利意味着一种平等，这种“权利平等”一方面关注人，关注人的精神领域，关注人的人格尊严与平等；另一方面它又是一种评判尺度，它关注物，关注现实，关注利益，它要求条件平等、利益平等。就现实性而言，权利“实际上是对一定社会经济条件下人们的一定行为及其方式的价值确认，它表现‘人在社会中的地位’，体现一定的价值观”②。权利是个体主体对特定价值（包括利益）的自主要求，是个体作为社会成员所享有的为社会制度所承认的利益、要求、资格和权能等，它在现实性上表现为个人与他人、个人与社会之间的制度性认肯或保障的关系。在现代社会，人的

① 参阅[美]赫希曼：《欲望和利益——资本主义走向胜利前的政治争论》，李新华等译，上海文艺出版社2003年版，第26—42页。

② 袁贵仁：《马克思的人学思想》，北京师范大学出版社1996年版，第190页。

权利表现为一种人权,制度形式的“人权”是人的德性存在与发展的重要社会保障机制之一。一般地说,在一个社会中,人们的权利如果得不到有效保障,那么这个社会中人的道德水平低下的可能性就越大。在阶级社会中,个体在总体上尚未成为自己的社会结合的主人,人的社会自由还是有限的,因而,人类所拥有的道德在总体上“还没有越出阶级道德。只有在不仅消灭了阶级对立,而且在实际生活中也忘却了这种对立的社会发展阶段上,超越阶级对立和超越对这种对立的回忆的、真正人的道德才成为可能”①。

个性自由本质上是一种精神自由,人的精神自由体现为人有拓展和提升自己精神空间的能力,这种拓展和提升精神空间的过程,也就是作为一种基本价值的个性自由的实现过程。人总是能够对自己的行为根据不断进行调整和改变,这种根据很多时候是一种思想上的理由,是一种精神境界。对于人来说,个性自由或精神自由具有真实性,因为人毕竟有一个内在的精神世界,它可以脱离外在世界而相对独立。个性自由或精神自由固然只是整个自由的一部分,但这却是至关重要的一部分,它是完整自由得以形成的基点。在外在奴役不可避免的世界里,内在精神世界可以构筑起抵御外在奴役的堡垒,在这个堡垒里,人培植了自己最初的尊严。人对自由的感受和欲求就是在这里形成,并终将冲出堡垒,扩展其领域,上升为人的整个自由。道德的基础在于人的精神的自由本性,在于“人类精神的自律”。这就是说,道德的根据在人本身之内而不在人之外,道德是以人类理性为基础的,是人类精神的“自我立法,自我执法”。对于个体而言,自愿认同和践履社会道德规范,把外在的道德要求变为自己内在的良心自觉,这是作为道德的人的根本标志。如果一切都是必然的,人别无选择,那么人在这种别无选择的情形下,只是必然性的奴隶,他行动的后果就丧失了道德的意义,他也就不必负任何道德责

---

① 《马克思恩格斯文集》第9卷,人民出版社2009年版,第100页。

任,社会或他人也就无法对其活动进行道德评价。因此,在人类的道德世界中,这种"自由的个性具有本体论的意义"①。

在任何情况下,人的自由都是人的道德行为选择的形式根据,人的道德行为的价值大小很大程度上取决于人的自由状况。人的类自由、社会自由和个性自由三者相互制约、相互作用,共同推动道德的发展。对于现代个体的德性养成、德性维护以及德性践履来说,他的经济的、政治的、社会的、意志的等方面的自由都是不可或缺的。就道德自身而言,它的健康持续发展取决于道德自身功能的正常发挥,而道德自律与道德他律是道德功能得以发挥的两种基本形式。道德自律强调道德主体的意志自由和道德人格在道德活动中的作用,但在道德实践中德性主体往往因自律的要求不得不付出一定的牺牲。由于德性主体力量的有限性,决定了他在履行自律要求时所遭遇的牺牲往往难以自我补偿。在这种情况下,具有普遍有效制约力的社会整体意志的介入就成为必要,这种介入的实质就在于,肯定和维护德性主体的世俗利益和社会权利。这种介入具有"他律"性质,但这种"他律"的介入是为了维护德性主体的利益和权利,进而也是更好地保障德性主体"自律"的基础。在现代自由社会,如果无视德性主体"生存、享受与发展"的利益追求和权利诉求,那么,对其提出的任何道德自律要求最终都会显得苍白无力。

四、德性根基于自由:道德存在与发展的内在根据

伽达默尔(Hans Geory Gadamer,1900—2002)指出:"道德是在

① 冯契:《人的自由和真善美》,华东师范大学出版社1996年版,第321页。

自由中被接受的，但决不是被自由的见解所创造，或者被自身所证明。”[①]“道德是在自由中被接受的”，是因为道德是在人的意志自由和自觉选择中成为可能的，没有比人类自由意志更加强大的力量来迫使人成为有道德的。道德“决不是被自由的见解所创造”的，是因为自由仅仅是道德存在与发展的形式根据，“一般所谓‘自由’这个名词，本身还是一个不确定的、笼统含混的名词。并且它虽然代表至高无上的成就，它可以引起无限的误解、混淆、错误，并且造成一切想象得到的轨外行动”[②]。道德不是被“自身所证明”的，是因为必须从“现实的个人”出发，把道德“当做实践去理解”。通过“现实的个人”，道德表现为一种德性；通过“实践”，道德表现为一种自由。道德是在德性与自由的融通中存在和发展的，是在德性与自由的统一中被证明的。

在中外思想史上，“自由”总是被牵连于“不道德”。在古希腊文化中，人的自由一开始就表现为杀父、乱伦、对原始氏族血缘关系的肆意破坏和践踏、亲骨肉之间的血腥谋杀等；基督教更是把自由意志与原罪联系在一起；康德为了清洗自由意志的罪感色彩，使自由意志成了不带任何感情色彩的抽象普遍律；存在主义对自由的理解是与“烦”“畏”等联系在一起的。在中国传统文化中，一说到自由，人们就联想到为所欲为，放纵情欲，扰乱治安，违法犯纪，因而主张对自由加以压制；对中国古代思想家来说，即使人性本恶也不可怕，“教”就是了，“诛”就是了；但如果人性是自由的，那就糟了，分不清好人与坏人，无法对人的“性”加以规范和整治。

在伦理思想史上，许多思想家都致力于解析德性与自由的关系问题。古希腊时代的伦理学家们一直在争论这样一个问题，即如果

---

① ［德］伽达默尔：《真理与方法》上卷，洪汉鼎译，上海译文出版社 1993 年版，第 359 页。

② ［德］黑格尔：《历史哲学》，王造时译，上海书店出版社 2001 年版，第 19 页。

人能凭自己的自由意志行事，结果会如何？在苏格拉底（Sokrate，公元前469—公元前399）看来结果只能是自发的行善，在智者派看来结果只能是自发的作恶。前者认为，作恶是由于人缺乏知识而违背了自己的自由意志；后者认为，行善是由于人心怀恐惧而限制了自己的自由意志。亚里士多德恢复了个体自由意志的不确定性和选择的权利，以作为德性的“中道”来制衡自由意志及其选择能力。卢梭（Jean Jacques Rousseau，1712—1778）认为，在自然状态中，人是自然人，是最自由的，因而也是最具道德和富有同情心的；但进入社会状态后，人被迫成为社会的人，人失去了在自然状态中的自由本性，不平等的社会摧残了人性中的自然的同情心，使人变恶；人在社会状态中失去自由，成为社会的附属品，这是不道德产生的真正根源。康德坚信人心深处存在着一种先验的道德律令，这种律令就像天空中的星辰一样庄严而神圣。康德所言的道德律令实质上说的是一种道德理想或道德德性。在康德看来，丧失道德理想或道德德性，就是丧失人的主体性存在，就是丧失了人的自由本性。人心中的道德律令有时会被遮蔽起来，但不会被消灭掉。我们一旦想彻底抛弃它，结果只能使自己变得无所适从和无比空虚。法国思想家福柯（Michel Foucault，1926—1984）认为，自由是伦理道德的本体论条件，伦理道德则是自由所采取的审慎的形式。

作为一种道德存在物，人既需要自由但又惧怕自由，自由匮乏与自由过度，对于道德来说都可能构成一种否定力量。承担道德理想或道德德性，意味着人必须放弃许多本能式的快乐和外在的行为自由，背负上自我约束的精神之担。然而，人难以长久忍受这种沉重的“道德之重”，在一定时候，人们又企图放弃这种德性信仰，追求一种“赤条条来去无牵挂”的所谓绝对自由。一旦这种天马行空式的自由成为人坚执的价值信念和行为原则时，人的各种旺盛的精力又会因无所负荷而产生内在的精神重负。

使德性根基于自由，对于拯救德性、推动道德，具有重要的意义。

自由是德性的内在要求,没有了自由,德性就难以在道德中栖身;没有德性的道德只能演变为一种律法主义的规则条文或宗教式的教规。德性是道德规范的活的灵魂。人们一旦在生产和生活实践中自觉意识到某种规范和准则有助于维护社会利益,保证社会秩序,巩固社会组织,调整社会关系,他们就会将其作为类或群体的经验和智慧以道德规范的形式确定下来。这些道德规范是建立在社会群体利益和需要的基础之上的,它一旦形成就必然带有某种超越个体意志的必然性。只要道德规范是从社会客观存在中,从符合社会需要的社会关系中概括出来的,而非道德家人为地杜撰出来,这种道德规范就具有客观的历史必然性。它与自然规律、社会规律一样也是必然之则,这种必然现象在康德那里以"道德律"来界说,在中国古代思想家那里则以"天道"与"人道"的统一来体现。但是,正如前述,道德规范的合理性和合法性并非是不证自明的,一般说来,任何道德规范都具有社会性,表达的都是社会对个体的要求。当道德规范只是作为外在于个体的"他律"而起作用,无视个体的自由意志和个性自由时,道德规范的实际效果将大打折扣。同时,道德规范在其演变中往往会成为僵硬的、不合理的东西,不合理的道德规范不仅外在地压抑着人的自由,而且经日积月累的熏陶、教化而内化于人的内心之中,使人的德性本身扭曲变形,从而泯灭人的意志自由和个性自由。这时,道德规范本身就可能是导致道德问题产生的最重要的原因之一。

使德性根基于自由,对于拯救自由、推动道德,具有重要意义。关于自由的根据,人们有不同的理解和设定。马克思主要从两方面说明人的自由得以确立的基础,一是从人的本质着眼,说明人的自由的人类学基础;一是从社会经济关系着眼,说明人的自由的经济学基础①。德性是人的本质的内在构成要素,它是个体意志自由和道德

① 参阅韩庆祥:《马克思人学思想研究》,河南人民出版社1996年版,第315—317页。

自由的重要根据之一。没有了德性，自由就会成为销蚀道德的酸性溶剂，使道德可能走向相对主义和虚无主义。没有德性的自由，很可能演变成一种病理式的“动物性的任意”。随着现代社会的发展，个体从对血缘和地缘关系的依附中逐步独立出来，个人的自由具有了实在性。但是，这并不等于说，个体越“自由”、越独立，他在道德上就越发展。相反，随着个体“自由”的增加和独立性的获得，个体可能陷入孤独、迷茫、无所依靠和无所适从。马克思对西方社会工业化时期个体在转化为自由劳动者过程中活动自主性的丧失的论述，弗洛姆(Erich Fromm，1900—1980)对个体在独立化的同时陷入的孤独感和通过各种途径“逃避自由”的描述，都深刻地印证了这一点。“活动自主性”的丧失和对自由的逃避，也会使个体走向相反的方向，即可能促发个人自由走向表现至上主义。即使是“法律许可的自由也可能意味着走向恶习、不宽容和极端利己主义的自由”[①]。这种自由实际上就是黑格尔说的“空洞的自由”，在这种自由中可以装入任何东西。没有美德，个人摆脱限制的自由可能会成为道德上的恶魔。自由只能在这样的地方才能有效地发挥作用：那里有宽容的价值标准，尊重他人的观点，愿意与不同意见磋商与和解，有公民的道德感和责任感，等等。因而，个人的真正自由必须以道德成熟和德性完善为前提，“自由需要伴随着弘扬成熟个性的美德的伦理学”[②]。

使德性根基于自由，可以使人获得一种道德自由。道德自由即人们寻求其道德上的完善与发展的自由，它是人的一种社会权利。道德自由表现为人对一定的道德准则的自觉认同和根据这种道德准则对自己的行为作出合乎意愿的自觉选择。在道德生活中，社会为每一个人的行为提供了一整套道德准则，个人可以根据自己的道德

---

① [德]赫尔姆特·施密特：《全球化与道德重建》，柴方国译，社会科学文献出版社2001年版，第210页。

② [美]保罗·库尔茨：《保卫世俗人道主义》，余灵灵等译，东方出版社1996年版，第55页。

意识在善恶之间进行选择，这种选择体现了个人在道德实践中的自主性，表明个人在道德领域是自由的。在马克思主义创始人看来，人类在道德上的解放是人类社会解放的最重要形式之一。道德解放一方面意味着消除了个人对社会的屈从，在个人与社会（真实的集体）之间建立起个人自由全面发展的和谐关系；另一方面意味着社会关系的一切外在形式在更高阶段上回归为“纯人类道德生活关系”，人们可以“自由地独立地创造以纯人类道德生活关系为基础的新世界”①。这个新世界是每个人的全部能力和才智获得自由全面发展的真正的自由王国，也是人类真正的道德殿堂。从这个意义上说，德性与自由的完全融通，预示着人类的真正自由王国的来临。

关于道德在现代社会的存在状况与发展态势，当代西方学术界存在着两种截然对立的观点。以麦金太尔为代表的社群主义者认为，恰恰是在进入现代社会之后，道德才无法立足。因为，近现代以来的道德摈弃了古典的德性—目的论传统，以规则论自居，导致道德规则主义或道德律法主义倾向。这样发展下去，道德有可能完全被社会的制度性规则或法律所取代。而以罗尔斯（John Rawls，1921—2002）、科尔伯格（Lawrence Kohlberg，1937—1973）等为代表的当代自由主义者则认为，真正的道德必须以正义或公正为核心，这种正义或公正是环绕个人的自由和权利建构起来的。真正的道德是以人的自由、权利等超出社群价值的普遍价值原则为基础的。这种道德只有在人类进入现代社会之后才能真正建构起来。至于德性—目的论的道德则是“前道德的”“外在的”和“习俗的”，是特殊的、社群取向的伦理要求，它并没有达到自主的、普遍的、人类的道德层次。上述两种观点实质上都割裂了德性与自由的关系，都没有看到，德性与自由的融通，恰恰是道德在现代社会存在和发展的内在根据之一。

在许多人看来，在现代社会，要么通过宗教，要么通过来自外部

---

① 《马克思恩格斯全集》第2卷，人民出版社2002年版，第520页。

的对人的完全控制来确保道德行为。人们总是试图用某种特定的、教条主义的世界观或意识形态来形塑人的道德,或者试图通过对社会制度有针对性的干预而有计划地、强制性地改善人的道德。事实上,“自由社会道德生命力之关键是该社会所确保和促进的自由,自行确定并自负责任地建立合作关系的自由是培养具有‘社会性格’的个人及道德完整的个人的关键基础”①。在现代性道德的重建进程中,“惟一确定的是建设者自己坚韧的努力。在这种努力中也许会起作用的是对自主的、道德上自立和自治的公民和一个羽翼丰满、自我反思和自我修正的政治社会之间亲密的联系,它们只能一起到来;没有其中一个,另外一个是不可想象的”②。

“现代社会是自由社会”,这既是一种事实描述,又是一种价值设定。因为,在现代社会的实际运作过程中,自由在很大程度上得到了人们的观念认同和社会的制度保障,人们享有了各种实在的自由。但是,在现代社会,自由往往被自由主义地加以理解、设计和操作,这种理解、设计和操作引发了“自由过度”;自由也往往被理性主义地加以理解、设计和操作,这种理解、设计和操作引发了“自由匮乏”。“自由过度”与“自由匮乏”本质上都是“自由的丧失”,它们都会对德性的存在和发展构成致命的威胁。反过来,德性的濒危甚至消失,也会加剧“自由过度”与“自由匮乏”的程度。在现代社会,德性和自由都可能被自由主义地或理性主义地加以理解和建构,德性和自由的真实意义往往容易被遮蔽,二者的内在关联往往被割裂,最终造成现代社会的“道德困境”。这种困境既有历史的因子,更有现实的根据。人类必须不断消解自己面临的各种道德困境。

从人学意义上看,现代道德困境集中表现为“德性的边缘化”,

---

① [德]米歇尔·鲍曼:《道德的市场》,肖君等译,中国社会科学出版社 2003 年版,第 594 页。

② [英]齐格蒙特·鲍曼:《生活在碎片之中——论后现代道德》,郁建兴等译,学林出版社 2002 年版,第 336 页。

造成这一困境的根源在于个体“自由的丧失”。克服现代道德困境，需要使德性根基于自由。具体地说，在理论层面上，使德性根基于规范，实现德性与规范、德性伦理与规范伦理的融通，建构一种完型意义的“现代性伦理学”，这是消解现代道德困境的理论根据。在实践层面上，使德性根基于人的利益、权利、生活样态、文化传统等，对社会的实践结构、生活结构、制度设置以及文化传统等进行合理性的伦理安排，建设法治社会，建构各种现代伦理共同体，创造伦理意义的社会资本，建构一个“道德的社会”；这是消解现代道德困境的实践环节和社会基础。在主体层面上，使德性根基于人的自由意志和实践理性，成就德性主体的主体性道德人格，培育德性主体的道德信仰，使其形成一种人生观意义的自我认同美德、一种角色意义的社会认同美德和一种生态意义的自然认同美德，形塑一种“道德的人”，这是消解现代道德困境的基本主体条件。

第一章

德性重建中的自由吁求

——现代道德困境的人学呈现

“道德困境”既是一种事实描述，也是一种价值判断。作为一种事实描述，道德困境指称这样一种道德状态，在这种状态中，社会既有的道德观念和道德规范被不同程度地怀疑、破坏甚至否定，而新的道德观念和道德规范又尚未形成，或尚未被人们普遍接受，人们的道德观念出现了普遍的意义危机，道德行为方式呈现出某种紊乱无序状态。作为一种价值判断，“道德困境”可以说是新的道德观念和道德规范得以形成的前奏，是新的道德观念和道德规范产生的不可或缺的中介环节。道德观念和道德规范本身不是先在的或凝固不变的，而是由社会生活方式所决定，并随着生活方式本身的变化而发展变化。道德观念和道德规范本身的发展是一个充满自我内在否定的辩证过程。没有对既有道德观念和道德规范的怀疑、批判和修正，就不可能有道德本身的发展和提升。从这个意义上说，道德困境并不仅仅是道德意义上的“恶”，它同时也是一种道德意义上的“善”。

在人类社会的变迁中，“道德困境”一直如影随形地伴随着人类道德生活。只是在不同的社会历史背景下，道德困境的具体表现形式不尽相同。现代道德困境是伴随着现代社会和现代性的产生和发展而出现的。现代道德困境表现于现代社会经济、政治、文化诸领域,但它们最终都要显现于现代人自身的存在方式和发展状态中。

一、现代道德困境的人学表现:德性的边缘化

现代道德困境在人学意义上所显示的,是人在精神与行为层面的某种剧烈冲突或深层危机。这种困境在现实生活中大体上可归结为两方面,一方面是与人的行为秩序的建构相关的问题,如信任危机、公德淡漠、道德规范失效、道德秩序紊乱、道德权威消失、道德力量衰弱、道德宣传空泛、道德传统断裂、道德资源匮乏,等等;另一方面是与人的心灵秩序的建构相关的问题,如道德信念丧失、理想信仰危机、人文精神式微、道德人格畸形、道德决疑难断,等等。人的行为的失范和越轨往往是其内在精神世界的秩序紊乱和意义失落的具体表现,从这个意义上说,人的精神世界的秩序紊乱和意义失落是现代道德困境最突出的人学表现。这种道德困境可归结为一点,即德性的边缘化。

(一)道德知性主义:凿空"德性基础"

近现代以来,自然科学获得了知识权威性和价值权威性的地位,整个人类的思想系统被纳入科学主义的知识论框架之中。一切前现代的智力产物、思想观念和人文文化等均因无法合乎这一严格的知识论的逻辑要求,而被判为"非科学的知识(non-scientific knowledge)"或"意会性的知识(tacit knowing)",从社会生活中不断被边缘化。如果要维护诸如伦理道德之类人文学科的生存和发展,人们就必须给它们找到知识论的理由和根据。在这种背景下,近现代伦理便具有了普遍知性主义的特性。现代伦理学以自然法和社会契约论为理论根据来建构道德原则和道德规范。就方法论而言,自然法理论和社会契约理论都内蕴着一种建构主义的科学(工具)理性方法。

韦伯(Max Weber,1864—1920)曾经指出,工具理性与价值理性之间的张力,构成了现代社会伦理精神的生产性之源。事实上,现代社会进入20世纪以后,已经不仅仅是工具理性与价值理性之间的紧张,而是工具理性对价值理性的排斥、僭越甚至取代。现代道德已经成为"一种工具性道德,一种手段合理性技术,或者干脆说,一种现代化的行为技术伦理"[①]。现代伦理学中的科学主义流派更加明显地表现了这一倾向。美国伦理学家斯金纳(Burrhus Frederick Skinner,1904—1990)的"行为技术伦理学"确信,人类的道德情感、道德直觉等可以成为用技术加以严格控制和操作的"刺激—反应"系统,可以用科学决定论的方法来解释一切道德现象。它把价值与事实一体化,使伦理学完全成为一门以行为操作为目的的技术学[②]。元伦理学立足于严密的科学逻辑基础,着力分析伦理学的概念、判断及命题表达的逻辑关系和功能,把伦理学归结为对道德语言的逻辑、形式、意义及功能的分析。新自由主义规范伦理的"原初状态""无知之幕""反思的平衡"等方法本质上都是一种知识论意义上的建构主义方法。

道德知性主义会引发两个危险,一是把伦理学仅仅归结为制定行为规范,走向道德规则主义;二是把制定行为规则的权利赋予知识精英,走向道德专制主义。按照知性主义的思路,道德意图和道德行为只能是理性设计和社会工程的成果,统治者和知识精英是完成这种工程的工程师。实际上,苏格拉底的"美德即知识"的观点原本就有为贵族政治提供理论依据的意图。在苏格拉底看来,贵族生而知之,平民靠后天也无法教育好,美德也是如此。知识和美德都是不可教的,贵族是这个世界的天然统治者。苏格拉底"美德即知识"的观

① 万俊人:《寻求普世伦理》,商务印书馆2001年版,第314页。

② 参阅万俊人:《现代西方伦理学史》下册,北京大学出版社1997年版,第576—604页。

点从更深层次上看,是反自由的。把美德等同于知识,认为知识是不可教的,把知识神秘化。柏拉图(Platon,前428—前348)后来把知识神秘化为自在自为的“理念”。对于这种知识,普通人是不可能认识的,只有极少数人才能认识它。这些人自封为道德真理的拥有者,人间道义的守持者,芸芸众生的救世主。道德知性主义必然是道德精英主义与道德整体主义,会引发专制主义的道德实践。

现代道德的知性主义倾向在黑格尔(Gerog Wilhelm Friedrich Hegel,1770—1831)那里早就明显地表现出来了。黑格尔的理性普遍主义和历史总体主义或整体主义把道德知性主义推向了一个空前的高度。在黑格尔看来,这种道德知性主义实现的现实形态就是新型的德意志国家。然而,19世纪中后期以来的资本主义发展,给人类带来的并非是自由平等美好的社会现实,而是经济危机、政治危机不断的严酷社会现实。随着黑格尔所构想的伦理社会的幻想在现实面前的破产,取而代之的就是对“生命意志”“个人选择”“个人存在”“生命冲动”及“心理情绪”等这些在理性主义伦理学视野之外的个体现象的强调。在传统理性主义伦理学最为盛行的国度,出现了现代反理性主义或者非理性主义的伦理学。

几乎所有的现代非理性主义伦理学家,都是在反理性主义的方向上行进的,他们无不把理论批判的锋芒指向康德、黑格尔,认为“普遍理性”不能作为道德的基础。在郭尔凯戈尔(Seren Aabye Kierkegaard,1813—1855)那里,个人行为的最终依据只能是个人的选择;在叔本华(Authur Schopenhauer,1788—1860)看来,人类道德的基础只能是生命的意志;尼采(Friedrich Nietzsche,1844—1900)则把叔本华的意志哲学进一步向前推进,强调权力意志是支配世界和个人行动的最终动因。现代西方伦理学反对理性主义的整体主义原则和国家至上原则,强调个体生命存在的价值和意义。在非理性主义伦理学那里,个人的意志、生命价值及个体的存在是最为根本的,具有一种本体论意义。现代非理性主义伦理学家并非像传统的利己主义或个人主义学说那样，仅仅强调个人的利益，或在个人与社会的关系中强调个人的中心性。相反，他们更直逼个体存在的基础，直逼生命的本体，他们已并不仅仅是强调人的感性存在，人的自利自保，而是更为强调人的生命存在、人的意志甚至潜意识的根本性。一种本体化的个人在现代非理性主义伦理学中具有中心意义。

（二）道德规则主义：稀释“德性内容”

道德规则主义是从两个意义上说的，一是说道德成了“外指型”的。人性本恶，不可能（靠德性提升）内在地改造一个人，只能用外在的“互不侵犯”规则来约束人的行为；人对人的基本取向是操纵的，而不是当做目的；但过分操纵又会使所有人吃亏，所以有必要借助规则划定一种妥协的“公正”限度。二是指道德成了一种强理想主义的“牺牲伦理”，如功利论要求“必须促进总量幸福”、道义论要求“即使牺牲幸福也不能违背道义”。这种“牺牲伦理”是不自然的，是一种荒谬的“利他”主义①。

道德规则主义的前提预设是，自由是人的天赋，追求自由是人的正当权利；趋乐避苦是人的自然本性，追求利益是人的根本目的。自由和利益是人的尊严（包括人的人格尊严即德性尊严）得以维护的基础。伦理学的中心问题是为人的自由和人的利益提供伦理根据。人对自由的追求和人的利益的满足是一种行动，它关涉的是一个人与人的关系能否协调以及如何协调的问题。因此，伦理学必须把人的行为的正当合理性作为研究的中心，至于人的内心生活以及每个人想成为什么样的人，则是每个人自己的事情，由个人自己去抉择。如果利益冲突是人际关系冲突的根本，那么，人与人之间关系的协调所需要的就只能是律法性的规范，这种规范是人们在利益追求中的一种让步或妥协。在这种理念的支配下，现代伦理学为自己确定的

---

① 参阅包利民等：《现代性价值辩证论——规范伦理的形态学及其资源》，学林出版社 2000 年版，第 196—198 页。

任务就是,根据人的自利本性和自由权利要求,按照理性主义原则为人的行为制定道德原则与道德规范。它认为,道德原则与道德规范的合法性和正当性在于它们能够公正合理地规定人们道德行为的权利和义务,能够为人的行为确定正确合理的权利范围和相应的义务承诺,使人们能够真正获得自己的自由和满足自己的利益。

但是,从理论的逻辑演进和实践效果来看,现代伦理学并没有达到自己的目的。功利主义伦理学把功利作为人的自由与尊严的根基,力图使自由和人本身感性化、丰富化,以反对传统封建伦理和宗教伦理的禁欲主义;但它最终把人的自由变为一种感性的“动物性任意”,把道德变为利益追求中的妥协或让步,把德性变为谋求利益的纯粹工具,使人的尊严在感性化的功利中消失。康德式道义论把理性作为自由与人的尊严的根基,力图使自由和人本身理性化、超越化和神圣化,以反对封建伦理和宗教伦理的独断论以及功利主义的纵欲主义倾向;但它孕育出的却是一种道德理想主义的“强制性的自由”,把德性变成了对绝对命令的绝对服从,使现实的人的自由和尊严被道德法则所消解。以罗尔斯为代表的新自由主义伦理学以“个人权利”为核心概念,以制定社会公共道德规则为理论宗旨;它强调人的自由权利的正当合理及其制度保障的优先性,但他把人的自由权利与人的善生活割裂开,使二者成为两个不可通约的领域。在上述伦理思想中,“规则成了道德生活的基本概念”①,规则成为德性的价值尺度和评判标准。德性仅仅表现为人对道德规则的遵守、服从和履行,以及在这个过程中所表现出来的心理特征和性格气质,它是规则的工具。德性不仅被边缘化了,而且被狭隘化了。

现代规则伦理体现了道德的理性要求和理性形式,表现出形式主义或程序主义倾向。道德规则主义本质上是形式主义的。现代伦

① [美]麦金太尔:《德性之后》,龚群等译,中国社会科学出版社1995年版,第150页。

理学关注的是人的行为和社会基本层面的伦理规范和公共伦理秩序，甚至只是某种形式的可普遍化的“底线伦理”。它往往表现为某种齐一化的普遍性社会道德要求和外在约束，甚至常常诉求于社会对道德原则和道德规范的制度化安排。因为一种可普遍化的道德原则或道德规范所蕴含的要求，不可能是一种具体的或特殊的实质性价值要求。在特定社会中，人们的各种特殊性价值要求总是多样的和有分歧的。为了达成某种可普遍化的道德原则或道德规范，就必须超越各种特殊化的实质性价值要求，寻求某种普遍的规范形式，以便作为整个社会道德共识的基础。但现代伦理学忽视了道德的实质性价值要求。以分析哲学为背景的元伦理学更直接地把伦理学定位于对形式本身的研究，认为伦理学不必研究道德主体及其道德行为，只须分析道德概念的定义及概念之间的逻辑关系，对伦理概念和命题进行语义分析。元伦理学的失败在于过分逻辑化、技术化、唯科学化。伦理学的形式主义弊端在于，无法解决“是”与“应当”之间的有机转化关系，游离于社会实践之外，呈现为纯粹逻辑分析推演，很难在现实社会中发挥道德干预生活的作用。

（三）道德律法主义：瓦解“德性自律”

现代伦理学力图通过建立具有普遍意义的道德原则和道德规范，为人的利益、权利和尊严提供伦理根据和伦理保障。但它又把这种原则或规范变为一种绝对理性主义的伦理规则，使它异化为制约甚至取消人的自由的外在“绝对命令”。结果是，现代道德理论“尽管证明道德合法性的理由带有强烈的利己主义色彩和自治性——指自爱和自我利益，但道德行为的现实性却只有通过法律他治的力量才能得到保证”①。现代伦理学建构起来的道德原则和道德规范具有一种律法主义的性质。

① ［英］齐格蒙特·鲍曼：《后现代伦理学》，张成岗译，江苏人民出版社2003年版，第32页。

道德律法主义集中表现于“道德法律化”的主张中。许多学者提出“道德法律化”（或曰“道德立法”）的目的在于，建立道德的硬约束机制，用法律制裁这种“武器的批判”迫使人们弃恶从善，达到整体提升社会道德水平的目的。“道德法律化”是指国家借助于立法程序以法律的、国家意志的形式将占统治地位的一定的道德原则和道德规范转化为一种法律化或制度化的形式，使之上升为具有国家意志性质的法律规范，或使之具有法律效力。简言之，道德法律化就是将道德规范转化为法律规范，其核心内容就是将道德判断转化为法律判断，将道德中的善（道德）与恶（不道德）转化为法律上的合法与非法。通过道德法律化，形成一种“道德的法律强制”（legal enforcement of morality）。

道德的法律化主要通过三种方式来实现：一是通过立法将一定的道德规范直接上升为法律规范，也就是通过禁止性、义务性的法律规范直接反映特定的道德规范，如婚姻家庭法中的子女赡养父母、父母抚养子女并不得遗弃等规定，这是道德法律化的直接模式。二是通过立法规定社会成员必须遵守的一般道德原则和道德规范（主要是社会公德），使一般的道德原则或规范具有某种法律属性或法律效力。如现代民商法中关于进行民事活动应遵守诚实信用、尊重社会公德、遵守职业道德等的原则规定。三是通过立法规定准用性道德规范，使其成为国家立法的有效补充。如我国民事司法实践中不乏依习惯或道德规范认定特定行为合法与否的做法。

道德法律化主张所蕴含的对道德危机的深重忧患意识和强烈责任感无疑是值得肯定的，但是，良好的愿望并不能必然地导致合理的行为。道德需要法律。因为道德意义的“应当”是在社会生活实践中经过多次反复并经过思想家的提炼和概括形成的，它本身没有经过权威的确认，道德仅靠自身的力量往往难以实现规范人的社会行为、调整社会关系的功能和目标，它甚至无法阻止也无法惩罚破坏道德本身的行为。道德只对愿意遵守道德的人发生作用，道德的作用是有限的，它并不存在普遍有效性。在这种情形下，社会需要制定另外一些规则来弥补这些不足，这些规则可以明确道德规则的内容和范围，可以控制道德规则的发展变化并决定其取舍，可以确定一个权威来裁决纠纷或执行裁决。法律就是这些规则或规范之一。

但道德本身不需要被法律化，道德也不可能被法律化。“道德在逻辑上先于法律。没有法律可以有道德，但没有道德就不会有法律。这是因为，法律可以创设特定的义务，却无法创设服从法律的一般义务。”[①]道德法律化主张内隐两个子命题[②]：其一，善的合法化和恶的非法化；其二，道德约束手段的刚性化。虽然道德法律化论者试图以此来维护道德的尊严，但结果却有可能适得其反。上述这两个子命题隐含着道德标准绝对化和道德约束不道德化的倾向，这是与道德的根本精神完全相左的，可能会对道德造成致命的伤害。

一般说来，道德法律化是基于道德与法律的互相渗透、互相影响、相辅相成的关系，以及由此所确认的道德的法律化发展趋势。但是，这一发展趋势一般要受到一国统治者的态度与倾向、一国法律体系的完备程度、道德伦理体系发展以及民族历史文化传统等因素的影响和制约。这种影响和制约又多数表现为对某种道德理念、道德规则或道德规范的吸纳上，而很少表现为对某种道德观念、道德规则或规范的否定与批判上。从这一认识出发，道德法律化就有可能超越其历史使命，把道德观念强加于法律之上，违反法律的基本属性。其结果是，混淆道德与法律的界限。道德与法律的混淆是一把双刃剑，它一方面把法律降为道德的附庸，一方面又侵蚀了人们的道德意识。中国传统社会的人治传统使得道德与法律不分、以道德代替法律、以法律约束道德的现象相当普遍。法律的严谨性抹杀了道德的

① ［美］米尔恩：《人的权利与人的多样性——人权哲学》，夏勇等译，中国大百科全书出版社 1995 年版，第 35 页。

② 杨孝如：《道德法律化：一个虚假而危险的命题》，载《西南师范大学学报》（人文社科版）2003 年第 3 期。

丰富性,集权统治更是加剧了道德的单一性,统治阶级的道德标准几乎成了当时惟一的社会道德标准。无可选择的一元道德不可避免地使道德发生异化,导致人类道德生活的刻板、枯燥乃至虚伪。在中国历史上,法律的国家强制力直接达到人的心灵,而并不以人的行为为界限。然而,道德的法律化并没有造就崇高、公正的法律,相反,法律化的道德却驯化出一种最为虚伪的人格。鲁迅笔下的"狂人"在满纸的"仁义道德"中看到"吃人"的原因即在于此。

道德法律化隐含着"道德约束手段的刚性化",其本质是要用法律的外在规范强化道德的内在规范,用法律的他律保证道德的自律。这不仅与道德的本质特征和基本原则相左,有取消道德的危险;而且还有可能导致道德约束手段的不道德化,形成一种道德强权。道德并不一般地排斥他律的作用,但是,"从道德上讲,任何道德原则都要求社会本身尊重个人的自律和自由"[①]。按照道德自律的根本原则,他律如果能内化为约束对象的道德情感和道德信念,那么,这种他律就是道德的。反之,如果一种他律违背了约束对象的道德价值标准,没有被约束对象所内化,那么,即使施行这种他律的目的和可能得到的结果被认为是道德的,这种他律本身也是不道德的。换句话说,试图用不道德的手段达到道德的目的,且不论其结果如何,也不论其逻辑是如何的荒谬,其行为在一开始就已经走向了道德的对立面。"道德法律化"笼统的道德他律的主张极有可能带来"不道德的道德约束"的悖论。

道德是自觉奉行的信念,它是一种召唤,并以心灵为对象。道德是对心灵的召唤。道德的法律化,意味着信念由自觉奉行的状态转化为国家强制的状态,意味着对心灵的召唤转化为对行为的强制。这种道德的转化恰恰是非道德的。其非道德性不仅在于强迫"信

① [美]弗兰克纳:《善的求索——道德哲学导论》,黄伟合等译,辽宁人民出版社1987年版,第247页。

念”违背了人类精神自由的天性，而且也在于强迫人具有道德只能使人更加不道德。比如，利他主义是对自身利益的牺牲和对他人利益的无偿奉献，是一种高尚的美德。但是，无论任何人都只有权利要求别人不侵害自己的利益，而没有权利强制别人牺牲自身利益，以补偿他的利益。道德一旦法律化，道德规范便可能变成“暴君”。当道德意识以精神信念的名义召唤人们成为圣徒，成为高尚者时，人性最灿烂的一面得到了展现；当“法律化的道德”迫使人们成为圣徒，成为高尚者时，人性便会受到扭曲和摧残。人只能依照心灵的召唤和自觉信念的启示走上通往圣徒的命运之路，强迫人成为高尚圣徒的企图是不可能实现的。无论是中国历史上道德法律化的后果，还是欧洲中世纪神权法的统治，都印证了这一点。

（四）道德相对主义：模糊“德性标准”

当代社会道德生活的突出特征就是存在着诸多道德言论和道德标准，它们各自表达着不同的意见，这些不同意见的争论又是无休止的。没有能确保道德上一致的合理的道德标准，当代道德生活陷入了相对主义泥潭。这种道德相对主义表现为道德评价体系的崩溃，整个社会既没有形成一种对道德行为和道德精神予以弘扬的道德氛围和道德扬善机制，也没有形成一种对非道德行为与缺德行为进行相应的道德谴责与道德制约机制。在现实生活中出现的“英雄流血又流泪”“笑贫不笑娼”“笑贫不笑贪”等现象，都说明了这一点。

道德相对主义根源于道德文化领域中情感主义的盛行。情感主义的基本主张是：“所有的评价性判断，尤其是所有的道德判断，就其在本性上，它们是道德的或是评价性的而言，都不过是爱好、态度或感情的表达。”也就是说，道德言谈和道德判断主要是个人情感和个人好恶的表达。这种表达情感和态度的道德判断无真假可言，也没有任何合理的方法来确保道德判断上的一致，因为根本不存在这种方法。情感主义把道德判断与事实分开，将道德判断建立在偏爱、态度和情感之上，实质上是将道德建立在主观的心理基础上面。

“情感主义论断的核心部分是:宣称客观的和非个人的道德标准存在的任何主张,都没有也不能得到任何正当合理的论证,因此也就没有这样一类标准。”①

道德相对主义是与自由主义的个人主义价值观密切相关的。自启蒙运动以来,西方思想家们认为,现代社会不可能从前现代社会所提供的文化模式中找到自己行为的标准,它必须通过自己本身的努力来创造自己的行为规范。于是,现代思想家给自己提出了寻找精神新支点和建立社会新秩序的任务,这一任务被哈贝马斯(Jürgen. Habermas,1929—)称为“现代性的自我确证”。主体性原则是现代性自我确证的原点,也是现代伦理学论证道德存在及其合理性的原点。但近现代思想家把对主体性原则的确证和辩护,变成了对“个人主义”“利己主义”“唯我论”的合理性的论证,主体性原则变成了“自我性”原则。“自我”成为道德旋转的轴心。经验主义者把道德的基础归结为“同情心”“激情”“自利心”等,理性主义者把道德的基础归结为“纯粹理性”“绝对观念”等,非理性主义者把道德的基础归结为“意志”“生命冲动”“本能”等。当代自由主义规范伦理学承继启蒙运动以来的道德合理性自我确证原则,把“情感式”和“原子式”的自我作为道德的基础。这种“自我”是一种“不具任何必然社会内容和必然社会身份”的自我,它“能够是任何东西,能够扮演任何角色、采纳任何观点,因为他本身什么也不是,什么目的也没有”,以这种自我作为道德的基础,必然使道德丧失了历史的、文化的和现实的根基;这种“自我”是一种“缺乏任何终极标准”的自我,是一种“没有任何既定连续性的自我”,以这种自我作为道德的本体,会使人们丧失对道德的明辨力,陷入道德决疑难断和道德选择彷

① [美]麦金太尔:《德性之后》,龚群等译,中国社会科学出版社 1995 年版,第 16、25 页。

徨之中①。

基于这种“自我”的道德是一种个人主义道德，它把个人视为生活中惟一真实的存在，把社会看成是没有自身独立意义的“虚构的团体”；它推崇个人对于社会价值的优先性，把个人的自由和权利至上化，把社会仅仅看成是保障个人自由和权利的工具或手段。按照个人主义的逻辑，自我是惟一的权威中心，自我可以为自己颁布自己的新法则以及他自己的新的德目表。其结果只能导致个人自由的泛滥，道德生活中相对主义和情感主义的盛行正是这种个人自由泛滥的结果。英国学者鲍曼（Zygmunt Bauman，1925—2017）指出：“我们的时代是一个强烈地感受到了道德模糊性的时代，这个时代给我们提供了以前从未享受过的选择自由，同时也把我们抛入了一种以前从未如此令人烦恼的不确定状态。”我们不信任任何道德权威，这就是当代道德危机最为强烈的、最广为人知的实践方面②。

道德相对主义必然走向道德多元主义。这种道德多元主义把“多元”理解为无价值判断和无道德批判的多元，认为存在的即合理的，行为的合理性只存在于个人的内心，否定公共的道德标准。“走自己的路，让别人去说吧”，成为当下人们的时尚口头禅。它折射出的是一种自由名义下的道德相对主义或道德多元主义心态，这种道德相对主义或道德多元主义往往把宽容原则变成“怎么都行”的护身符，它实际上是要求人们对道德堕落宽容，要求人们在不合理的现实面前保持沉默，放弃批判精神；要把高雅的与粗俗的、高尚的与卑鄙的、真诚的与虚伪的并置，把美好的与丑恶的、正义的与邪恶的、圣洁的与污浊的同视，把有价值的东西通过无价值的东西消解掉，用一把污浊不堪的刷子将世界涂成同一种颜色。这正应了中国的一句古

① ［美］麦金太尔：《德性之后》，龚群等译，中国社会科学出版社 1995 年版，第 42—43 页。

② ［英］齐格蒙特·鲍曼：《后现代伦理学》，张成岗译，江苏人民出版社 2003 年版，第 24 页。

语:“难得糊涂”。

牟宗三先生认为这种道德上的“难得糊涂”是与现代社会的“自由过度”密切相关的,他指出,如果民主和自由观念不加限制地运作,那么就必然会产生“泛民主泛自由的风气”,结果是,“师生之间讲民主,则先生无法教学生。父子之间讲民主,则父兄不能管教其子弟。夫妇之间讲民主,则夫妻之恩情薄。民主泛滥于社会日常生活,则人与人间无真正的师友,无真正之人品,只是你不能管我,我不能管你,一句话是‘你管不着’。民主本是政治上对权力的大防,现在则转而为掩护生活堕落的防线”①。在这种情形下,何以谈道德或德性?道德相对主义或道德多元主义可能走向道德虚无主义。

(五)道德虚无主义:消解“德性力量”

尼采曾预言,虚无主义将以各种乔装打扮的形式,像幽灵一样缠住20世纪。自我的丧失、空虚化、平面化、无助感、缺乏目的、失去自尊,等等,人们因无聊而社交,因自爱而同情,因畏惧而忠诚,因迷信而仁慈,因怯懦而热爱和平。道德虚无主义是虚无主义最严重的形式之一。

道德虚无主义实质上是道德信仰的缺失,即缺乏道德信仰的精神空虚状态。“道德虚无主义在具体的个人那里的突出标志是:完全缺少以义务意识或生活理想形式出现的良心。作为一种理论或论证的道德虚无主义则否定所有义务规范或道德法则的确实性。它宣称:义务是一个空洞的字眼;生命就是一场为生存的斗争,在生存斗争中任何手段都是可以允许的。”在道德虚无主义者看来,“所谓理想不过是哄哄孩子的肥皂泡,或由聪明人发明出来欺骗傻瓜的。善在于大胆地实行我们每时每刻的欲望。……我什么都不相信,我什么都不害怕,我什么都不热爱。或者,什么也不能束缚我,无论是道

① 郑家栋:《道德理想主义的重建——牟宗三新儒学论著辑要》,中国广播电视出版社1992年版,第81页。

德还是义务、畏惧还是希望、爱情还是理想，自由的至高无上的个人仅在这一刻生存而无视过去和将来”①。“道德虚无主义在其最深层的本质上并不是意味着对束缚人的伦理法典的否定，也不是意味着相对论的过剩——而是真正丧失了成为道德的能力。”②

道德虚无主义折射出一个关乎道德本身存亡的问题，即道德有没有力量？道德的力量究竟有多大？这个问题的转换形式就是“人为什么要有道德?”在《理想国》中，苏格拉底与智者的争论之一就是“牧羊人”的本质是否是以羊为本位。苏格拉底认为“牧羊人”是以羊为本位的，并由此论证，真正的政治领导人一定是道德的，他们必然以大众利益为指归。智者对此则嗤之以鼻。智者提出“隐身人”的寓言，力图表明，“没有人把正义当成是对自己的好事，心甘情愿去实行，做正义的事是勉强的。在任何场合之下，一个人只要能干坏事，他总会去干的。大家一目了然，从不正义那里比从正义那里个人能得到更多的利益”③。“隐身人”寓言对于道德力量的维护具有挑战性。近现代以来，自由主义规范伦理学获得了长足发展，规范伦理学的人性预设是人性恶论。这种预设暗含着一个结论，即现代性没有道德，如果有道德，这种道德最多也只能是恶与恶的妥协，是有理性的自利的人们相互之间的让步，因而不为人们所追求。康德承认道德只是“应该”或规范要求，而非现实或必然；现实世界主要是因果世界，大部分人宁愿选择“快乐”而非“道德应该”。在最好的情况下，仅仅把道德归结为是满足自我利益的工具，或者是实现“权力意志”的手段。

道德虚无主义的产生既与“自由过度”有关，也与“自由匮乏”有

---

① ［德］包尔生：《伦理学体系》，何怀宏、廖申白译，中国社会科学出版社 1997 年版，第 318—319 页。

② ［英］齐格蒙特·鲍曼：《后现代伦理学》，张成岗译，江苏人民出版社 2003 年版，第 292 页。

③ ［古希腊］柏拉图：《理想国》，郭斌和译，商务印书馆 1986 年版，第 48 页。

关。萨特(Jean Paul Sartre,1905—1980)的自由伦理学揭示了道德虚无主义与“自由过度”的内在关联。在许多哲学家那里,自由或自由意志往往只是作为伦理学的哲学前提,作为保证道德评价、道德选择的一个先决条件出现的。但在萨特那里,自由直接成为价值或道德的基础,成为道德的标准。他强调,人是绝对自由的,不被任何东西限制和决定,他必须依靠自我选择而存在。自由是一个人对他的存在方式的选择,这种选择是完全偶然的和荒谬的,不受任何规律、规则、规范支配。因为,个人的自由是价值的惟一基础,价值依赖于个人的存在,一个事物之所以有价值只是因为我欲望它、选择它;人是被判定为自由的,自由是人的本体,个人自由本身是无基础的、无根据的。人自由创造价值的过程是完全任意的、偶然的和荒谬的。这样,萨特通过把价值建立在绝对的个人自由的基础之上,实际上摒弃了价值在引导和评价人们行为中的作用,走向了价值虚无主义,得出“他人就是地狱”的道德结论。

道德力量在现代社会的衰退是道德虚无主义产生的重要根源之一。现代社会组织或制度的理性化安排,很大程度上消解了道德及其力量的发挥,使道德作为一个相对独立的“自由领域”存在的可能性空间在不断缩小。比如,在中国传统社会,道德的政治化一直是道德存在的基本形式,它极大地制约着道德发展的社会空间,弱化甚至扭曲了道德的社会功能。这种状况在今天仍然存在,道德领域还未摆脱政治的直接干涉而成为相对自主的领域,道德总体上还是政治的附庸。同时,道德与权力的结合,权力为道德败坏的掩护,使道德日显苍白。事实上,道德要具有真正的力量,能够对社会发展起到良性的推动作用,就必须为道德发展提供一个相对良好的、自由的政治环境和社会环境。

(六)道德理想主义:建构“德性蜃楼”

道德理想主义把道德理想当做人类社会发展的最终目的,一个社会的道德水平、道德状况被认为是评价该社会的最高的、甚至惟一的尺度。道德理想主义所谓的理想不是指向一种合理的政治或经济建制，也基本不涉及社会存在或物质生存层面，而是指向一种超社会、超现实的道德状态或对一种绝对理想化的道德价值、人格情操的坚守。道德理想主义所说的道德也不关乎日常生活的道德观念或伦理准则，而是一种高度超越的、海市蜃楼般的道德。

道德理想主义把道德等同于生活本身，把道德作为生活的全部内容，用道德衡量人的一切生活领域或生活领域中的一切，使道德僭越生活。把道德等同于生活本身，也就同时把生活本身等同于道德，这既损害了道德的存在与发展，也破坏了生活的丰富性。有道德的生活是崇高的生活，是追求意义和价值的生活；道德的生活必须修身养性，自我约束，自我超越。没有道德就不可能实现任何人类理想，一个谎言、背叛及凶杀在其内部泛滥的团体决不能够存在和实现它的理想，从这个意义上说，甚至一伙盗贼也必须服从某些道德规范才能结成一帮。“没有道德，人类不可能达到他的目的，道德是一个绝对必要的条件，但仅仅道德的满足并不能实现人类的希望”，因为“我作为一个人的目的比作为一个道德自我的目的也更为宽广，这个目的包含了道德，却不仅仅是道德”①。

俄国宗教哲学家别尔嘉耶夫（Н. А. БердяеВ，1871—1948）曾指出：“人的确不能不追求完美，即不能不向往上帝王国。但迄今为止，人所追求和所向往的乌托邦却实在糟糕得很，仅给人以美感的眩晕，而一付诸实践，便演为貌似完美、自由、合人性，便以幻象欺骗人。追究起来，这是乌托邦混淆了‘恺撒’与上帝，混淆了这个世界与另一个世界。这样，乌托邦想建设完美的生活，想养成人的应有的善良，想实现人的悲剧的理性化，但由于它匮乏人与世界之间的转换，

① ［德］弗兰克·梯利：《伦理学导论》，何意译，广西师范大学出版社 2002 年版，第 183—184 页。

最终总是既没有新的天堂,也没有新的尘寰。”[①]“上帝的事情上帝管,恺撒的事情恺撒管”,二者不可混淆。“上帝”与“恺撒”的区别也就是“道德之好”与“生活之好”的区别。生活是一阶之好,道德则是二阶之好。人的一切本能欲望、思想精神等的追求都是生活的内容,即孟子说的“可欲之谓善”(《孟子·离娄上》),一切值得人追求的东西都是“好”东西。道德的“好”是在如何追求生活之好的过程中才产生的,是对生活之好的某种操作。道德理想主义把道德等同于生活本身,这实际上是把本来是二阶的、非自足的道德之好推崇为最后的、最高的、甚至惟一的好,导致道德对于生活的僭越。

道德理想主义把道德的功能无限夸大,使道德承受了其不能承受之重。道德在现代社会的“无力感”很大程度上渊源于道德的重负。由于文化传统的差异,相对于西方社会,道德在中国社会担负着远远大于自身承受能力的文化功能,整个社会对道德也有着很高的文化期望。但事实上,道德很难完成人们所期望的文化使命,道德只能完成自己所能完成的文化任务,而且它只能在与其他文化形式的作用链中履行其文化功能。道德理想主义赋予了道德过多的文化使命,使道德承受了过多的重负,道德丧失了“自我”的相对独立性、主体性和能动性,从而也就难以发挥自己的真正功能。

道德理想主义肯定人的自由本性和人的善本性,但它认为,善并非现实既有的“人的本性”。人的善性在现实形态上是潜在的,没有理性和理性精英人物的帮助,靠它自身是不能实现的。道德理想主义把少数精英人物设定为道德主体,并赋予这些人一种全知全能的“上帝”功能。通过这样一种对道德主体的预设,道德理想主义剥夺了大多数人的道德自由和道德权利。于是,从文艺复兴以来,“精英人物把自身从‘兽性’或者不完善的人性中解放出来后,无知、依赖

① [俄]别尔嘉耶夫:《人的奴役与自由——人格主义哲学的体认》,徐黎明译,贵州人民出版社1994年版,第182页。

性等他们自身中的‘另一面’立即被归咎于劣等的、粗野的‘大众’。在进行自我解放的精英眼里，劣等的、粗野的‘大众’是人身上所有的丑恶和令人生厌的兽性之缩影”[①]。精英人物是道德的立法者和阐释者，当精英人物发现一个人的理想生活与另一个人的理想生活发生冲突时，他就试图建立一个范围更广的道德理想概念把这种相互冲突的理想囊括在内，形成一个更大的一致性的理想生活。这样，不断地向前推进，一直找到能够把所有的有限理性都包含在内的最高道德理想。按照这种最高道德理想来衡量现实生活中的人，只能得出当年青年黑格尔派所说的“现实的人不是人”的谬论[②]。事情如果是这样，那么，道德对于人来说，就不是一个“人人皆可为尧舜”的“自愿性”问题，而是一个“人人必须为尧舜”的“强制性”问题。道德理想主义把人性和道德等级化，使道德成为压制乃至否定个性自由的工具。

哈耶克(Friedrich Augustvon Hayek，1899—1992)认为，人之所以需要自由，不是因为自由是人的“天赋权利”，也不是因为人是有头脑、有人格的精灵，而是因为人总是存在着“不可避免的无知(inevitable ignorance)”。“如果存在着无所不知的人，如果我们不仅能知道所有影响实现我们当下的希望的因素，而且还能够知道所有影响实现我们未来需求和欲望的因素，那么主张自由也就无甚意义了。……正是因为每个个人知之甚少，而且也因为我们甚少知道我们当中何者知道得最多，我们才相信，众多人士经由独立的和竞争的努力，能促使那些我们见到便会需要的东西的出现。”[③]自由之所以必不可少是因为它为不可全知、不可预见的事物留下了空间，为我们实

---

① [英]齐格蒙特·鲍曼：《后现代伦理学》，张成岗译，江苏人民出版社2003年版，第27页。

② 《马克思恩格斯全集》第3卷，人民出版社1960年版，第505页。

③ [英]哈耶克：《自由秩序原理》上册，邓正来译，三联书店1997年版，第28—29页。

现自己的目的提供了机会。没有自由，便没有选择。全知的假定没有为可错性留下空间，它要求人们始终走少数人所发现的“唯一正确”的道路，因而这种“全知”假定是反自由的。只有那些真正追求自由的人才把自己归入无知者的行列，而那些自封的全知者却往往强制世人放弃自由，追随他们所发现的“终极真理”。

但是，就现实性而言，大量的凡夫俗子不可能达到道德理想主义者所确立的道德目标，“此曲只应天上有，人间能得几回闻”。因而，道德理想主义者总有一种“举世皆浊我独清，举世皆醉我独醒”的孤傲，他们往往走向道德独断论或道德绝对论，走向道德圣人崇拜。这种道德圣人崇拜在道德生活中表现为，人们往往以权力、年龄和个人品德来判定道德，这也正是孟子所谓“天下有达尊三”的爵、齿、德。(《孟子·公孙丑下》)这样的判定可能导致伪道德的流行。根据这种判断，有人可能会认为，只要善于卧薪尝胆，等待年龄的增长；只要善于摇尾乞怜，等待权力的降临；只要善于口是心非，博得道德文章名誉；那么，他就可以在这种伪善中获得道德权威和道德权力，进而也就获得了满足私欲的强有力保证。道德理想主义至高道德理想的“强制性”，往往造就出一些人格扭曲的个体，他们的选择可能是，成不了君子圣人就去当草民流寇，成不了烈士贞女就去当淫夫荡妇。

传统儒家伦理、西方基督教伦理、康德主义的道义论伦理等都具有浓厚的道德理想主义性质，这些伦理学说的产生有其历史必然性，它们在人类历史上也发挥了重要的作用。但是，随着人类历史的进一步发展，这些伦理学说都或多或少地、不同程度地演变为否定个体意志、扼杀个性自由的道德教条。尼采把诸如此类的道德称之为“奴隶道德”，他的“道德颠覆”在一定程度上也是针对道德理想主义的。他提出一种基于强力意志的“英雄道德”，认为这是一种奋发的、战斗的、激情的道德，是战胜一切颓废、软弱、退却、驯服的奴隶化道德之后的道德。哈贝马斯(J. Habermas，1929—　)企图用以交互主体性为基点的交往伦理学，解开近代以来西方伦理学中一直存在的自由平等精神与道德先知中心性之间的内在死结，建构走出道德理想主义的可能性途径。

二、现代道德困境的人学根源：自由的丧失

现代自由是伴随着现代化和资本主义的发展而降生的。现代化和资本主义的发展是一个理性化过程，这种理性化过程，表征为现代市场经济、现代民主政治、现代科学技术等的兴起和不断发展。它们指向一个共同的目标：把人从冷冰冰的自然世界、等级森严的专制社会和黑暗愚昧的彼岸王国中解放出来，使人获得经济的、政治的和精神的自由。近代以来，人的自由的形上根据内蕴于“上帝死了”的隐喻中。从哥白尼（Nicolaus Copernicus，1473—1543）、达尔文（Charles Robert Darwin，1717—1783）、黑格尔到尼采，西方近现代很多思想家都致力于这一隐喻的完善。“上帝死了”，意味着人成熟了，人获得了前所未有的自由。但人能够承受得起自由之重吗？人用什么来支撑自己的自由？自由能够维护人的人格和尊严吗？

现代社会发展的事实表明，人类的确在现代社会获得了前所未有的自由。但是，现代社会发展的事实也同样表明，现代社会的发展和现代自由的运作充满了矛盾性。现代社会肯定个体价值，倡导个体自由，赞扬个体自我价值的实现，但常常导致个人主义价值观的膨胀；现代社会肯定理性的价值，倡导科学理性和社会规范（制度），但常常导致唯科学主义和唯规范（制度）主义的盛行。个人主义价值观的膨胀导致“自由的过度”，规范（制度）主义的盛行则引起“自由的匮乏”。韦伯曾把现代化和资本主义的发展所带来的诸多问题和弊端概括为两个方面，即“自由的丧失”和“意义的丧失”，并认为二者之间具有内在的因果关系。“自由的过度”和“自由的匮乏”实质上都是“自由的丧失”，道德困境是“意义丧失”的集中表现。自由过

度和自由匮乏从两个相反的方向引发了现代社会的道德困境。

(一)"自由过度"及其道德效应

美国学者库尔茨(Paul Kurtz)认为,现代化和资本主义的发展给人们带来了许多新的自由,但是,"这些新的自由走得太远了,虽然它们把人从过时的习俗中解放出来。尽管人们在原则上可以同意允许个人做他们愿做的事,但在实践上这样做会导致文明成果的瓦解、男女关系的混乱、暴力行为的增加、麻醉品的泛滥,导致人们放弃道德上的完善"①。

在现代社会,"自由"更多地被自由主义地加以理解和操作。在自由主义框架中,自由是天赋的,是无根的;人命定是自由的,自由是人的本体论规定;自由的惟一支撑点是"自我",对"自我"的理解就是对自由的理解,对"自我"的维护就是对自由的维护。在自由主义者的视野中,"自由"是个人主义的辩护词。这种个人主义历经功利主义、康德主义、意志主义、存在主义等的理论培育和加工,使"自由"的真谛不断被遮蔽。通过功利主义,自由在现实生活中演变为一种纵欲主义的或享乐主义的"随心所欲";通过康德主义,自由在现实生活中演变为一种"人人自以为是"的"主观性设定";通过尼采主义,自由在现实生活中演变为一种意志主义的冲动或为所欲为;通过存在主义,自由在现实生活中演变为一种宣泄烦、畏、焦虑、恶心等情绪的"心理性体验或感受",人的自由在很大程度上变成了生理本能和心理情绪的无限发泄。

自由主义为坚持个人主义而削弱了人们的共同体归属感,为坚持权利优先立场而淡化了人们对德性的追求,为坚持中立性原则而抑制甚至否定道德教化的功能。自由主义把个人的自主选择权置于至高无上的地位,认为这种自主选择权高于善价值;即使一个人选择

① [美]保罗·库尔茨:《保卫世俗人道主义》,余灵灵等译,东方出版社1996年版,第51页。

平庸的生活，只要这种生活不侵害他人，人们也应予以尊重；这种信念必然造成自由选择权与德性要求的内在紧张，可能带来道德衰微的结果。自由主义的权利优先立场力图保护个人的生活空间，给个人完全的自由，只要他不伤害他人；至于人们用这种自由去干什么，别人管不着；这种信念会使自由理念变为一种封闭的自私思想，人们可能最大限度地发展个人自由，却不考虑或不顾及对他人承担的义务；这种信念也可能带来“正当的恶”的问题。自由主义的中立原则，强调对国家道德作用的限制，把限制国家权力以保护个人权利作为首要考虑，这种信念会放纵强者对弱者的侵犯，富者对贫者的伤害。基于自由主义中立原则的宽容在实际生活中很容易演变为“无原则宽容”，成为一种过度宽容，人们在诸如法律之类的“游戏规则”中，把对行为“正确与错误”的价值性判断完全置换为对行为“合法与非法”的技术性判断，大大降低了人的道德自律水平，使对包括德性在内的各种优秀价值的追求成为一种“孤军奋战”[①]。

在现代社会，“自由过度”带来了一系列社会道德问题。伴随现代市场自由的是，弱肉强食、适者生存的“丛林”规则的盛行，假冒伪劣的泛滥，欺骗欺诈的蔓延，诚实守信的缺失，极端利己主义的滋长，等等。伴随个体权利保障和自由中立原则的是，对各种道德平庸、道德懦弱甚至道德邪恶的宽容、容忍甚至庇护。伴随现代恋爱婚姻生活自主的是，“性自由”“第三者插足”“一夜情”“婚外恋”“包二奶”、卖淫嫖娼等的泛滥。伴随现代科技发展的是，掌握世界的“电脑方式”的盛行，它使个体可以建立起自己的虚拟的网络世界。在这个网络世界中，网络主体的交往是符号化的、隐匿化的和自由化的，没有他人在场的压力；网络主体的道德关系比现实社会的人际关系更加错综复杂，网上行为更加难以规范；传统的家庭关系、婚姻关系、朋友关系、性别关系等可能在网上被虚拟和颠倒，造成一系列反现实反

① 参阅周枫：《自由主义的道德处境》，载《人文杂志》2004 年第 1 期。

社会的行为倾向。在网络世界里,人们可以为所欲为,通过网络"自由"尽情地宣泄自己在现实世界中迫于法律和社会规范而被压抑的欲望。于是,多角网恋、网络婚姻、网络犯罪、网络色情、网络黑客等成为了当今社会令人棘手的问题。许多网民在虚拟生存中感受到了新鲜刺激,但他们一旦回到现实生活中反而无所适从、茫然空虚。他们可能把在网络世界中培养出来的放纵、任性、撒谎、不负责任等习性带到现实社会中来,对网络生存的过度依赖使他们的社会道德观念更加淡薄。同时,这种"电脑掌握世界的方式",完全是在既定程序的左右下进行的。这种程序的编制是多元的和非道德的,使人在不自觉中患上"道德麻木症",丧失有效的道德判断力。许多人的智力每日都在成倍地增长,但他的道德能力却可能在百倍地下降。许多现代人可能成为一个有智商而无"德商"的"道德白痴"。

"自由的过度"会不断消解人的行为的价值维度和意义追求,人会在过度的自由中生成一种漂泊感、虚无感和绝望感。在这种情形下,自由本身也演变为一种法国哲学家加谬(Albert Camus,1913—1960)所说的"荒谬的自由"。"荒谬的自由"即一种只有个人才能体验到的绝望的自由。荒谬或绝望是自由的根本原因,它使人明白,"不存在什么明天。从此,这就成为我的自由的深刻原因"。因为,"当我希望的时候,当我为我特有的事实,为存在或创造的方式担忧的时候,当我最终把我的生活安排就绪,并由此证明我认识到我的生活是有某种意义的时候,我就为自己竖立起了束缚自己的栅栏"①。只有放弃希望,抛弃意义,才会有个人的自由。事实上,这种"荒谬的自由"是人所不能接受和承受的,当人们不能真正消解这种"荒谬的自由"时,他们就放弃"追求自由",而选择"逃避自由"。弗洛姆概括了现代人逃避自由的三种方式:第一,与外在的某种权力相结合;第二,与人的破坏性相结合;第三,与外界保持机械一致。这三种逃

① [法]加谬:《西西弗的神话》,杜小真译,西苑出版社2003年版,第67页。

避自由的方式都是以放弃个人的独立性和真正自由为代价的[①]。“逃避自由”的这些途径最终可能引发一种结果，即“自由的匮乏”。

（二）“自由匮乏”及其道德效应

在现代社会，“自由”也更多地被理性主义地加以理解和运作。在这种理性主义框架中，理性本身借助于自身的“自主化设计”就可以为人的自由提供支撑点，进而为人的行为和精神存在的意义提供一种新的秩序化根据。但是，这种理性是一种工具化的理性，基于这种工具理性的自主化设计总是力图通过知识和技术，把物改造为有用的商品，把社会安排为控制人的机器，把道德设计为调节人们欲望和利益的工具。其结果是，理性的“自主化”往往意味着，遵循工具理性原则的行为系统如经济活动、行政管理活动等的日益“自主化”，它们愈来愈脱离伦理道德价值而独立，反过来对人的自由构成威胁。工具理性的普遍化破坏并压抑着人的本质，使人陷入物质利益的追求而不能自拔，人成了利益和金钱的奴隶；行政管理和法律的工具化和技术化则使人日益丧失自我意识和个性自由，消减着人们的社会批判精神和批判能力，使个体沦为理性“一体化”的牺牲品。技术理性统治、官僚政治统治、意识形态统治、大众文化统治等成为个体生存与发展进程中挥之不去的现代“天命”。

人的自由变成了一种自愿的他律，人的精神机能成为工艺学、广告学、管理学、权力和法律的奴仆。所以，法国思想家福科认为，现代性的进程不能仅仅被看做是人的自由权利的一路凯歌，在人的自由权利凯歌的背后还伴随着不为人们所觉察的另一种权力运作的张扬，即规训机制的发展和普遍化。现代性既发现了自由权利，也发明了纪律。在福科看来，现代性承诺要消除专制主义权力对人的自由的压抑，但它在兑现这一承诺的过程中，却创造了新的“压抑自由”

① 参阅[美]弗洛姆：《逃避自由》，刘林海译，上海译文出版社2015年版，第90—136页。

的权力。这是一种更阴险的、与知识和理性相结合的权力,形成一种“权力的诡计”。它存在于现代社会政治、技术、文化、人们的日常生活等领域,是由一整套规定与方法构成的,遍布于工厂生产、知识传授、技能传播等过程中,更为有效地深入人的身体与心灵,涵盖了整个社会,使整个社会成为一个“规训社会”。在现代社会,权力的控制严密精细,使一切人都成为同质的“正常的”“有用的”身体。现代社会的理性秩序致力于消灭人的一切“无用的”、“浪费的”行为与思想,使人人“规训”地、有序地工作和生活,不得侵犯他者的所谓自由。英国学者鲍曼甚至戏称,20 世纪可以被冠上“集中营时代”。

现代社会是一个高度秩序化的社会,社会的秩序化意味着社会的结构化。从本体论角度来说,结构意味着事物相对的重复和千篇一律;从认识论角度来说,结构意味着可计算性和可预测性。最有秩序的社会将会是这样一种社会,在这种社会里,个体动机的特质被剥夺了对个体自身行为的所有影响,所有的组织都试图使人的行为服从于评价的工具标准或者评价的程序标准,一切不适合于这种工具性目标或程序化规则标准的行为都被宣布是非社会的、非理性的,是私人的。其结果是,道德成为了一种纯粹的“私人事务”。很多社会组织都存在着压制道德冲动的可能性,这些组织既不支持不道德行为,也不支持道德行为,它要使人的行为在道德上成为中立的。现代文明的演进过程实际上是“一个把理性的迫切要求从道德规范或者道德自抑的干扰中解放出来的过程”,“使道德保持缄默是理性化趋势主要的关怀;准确一点,是它作为行为的理性协作工具获得成功的基本条件”①。

现代社会组织通过一系列互补性的制度安排,使人的行为在道

① [英]齐格蒙特·鲍曼:《现代性与大屠杀》,杨渝东等译,译林出版社 2002 年版,第 38—39 页。

德上保持中性化。在鲍曼看来，这些制度安排包括三个主要环节[①]：一是延伸行为与它的结果之间的距离，使“行为中介化”，即个人的行为通过另外一个人、一个中间人来表现，这个人站在我和我的行为中间，使我不可能直接体验到我的行动的结果。行为的中介化抹杀了行为的道德意义，预先避免了个人所持的道德正当标准与行为的社会后果不道德性之间的一切冲突。随着大多数具有社会意义的行为得到了一长串复杂的因果和功能依赖关系的中介，道德困境消失在视野之中，进行有意识的道德选择的机会也越来越少。这样就把行动的结果移出道德限制所能触及的范围。二是把作为对象的“他者”抽象为纯粹的工具性的客体，使“他者”失去面孔，使其非人化，把“他者”从义务范围内驱逐出去，这样，行动者就可以放弃自己对“他者”的道德关怀和道德责任。三是将行动的其他人类目标分解为具有功能上特殊品格的集合体，并保持这种隔离状态，使为每个行动安排的任务都不受道德的评价。

在这种制度性安排下，现代社会组织及官僚体系成了一种“道德催眠剂”。现代官僚体系的第一个原则是组织纪律原则，纪律的理想旨在与组织的完全认同，它要消除个人自己的独立特性和个人的内在良知，用纪律取代道德责任，把组织内的规则作为正当性的源泉和保证，对组织的极端自我牺牲被描述为一种最高的美德，否定个人良知的权威性。在官僚体系中，“充斥着像忠诚、义务、纪律这样的概念——全部都朝向上级。上级是道德关怀的最高目标，同时又是最高的道德权威。事实上，它们全部可归结为一点：忠诚意味着在纪律规范的限制下尽个人的义务。当它们凝聚并相互强化的时候，作为道德准则，它们的力量达到能够废止与排斥其他所有道德考虑

① 参阅［英］齐格蒙特·鲍曼：《后现代伦理学》，张成岗译，江苏人民出版社2003年版，第141—151页。

的程度"[①]。总之,"做事的现代方式并不要求动用情感和信仰,相反,伦理情操的缄默与冷淡是它的先决条件,是它令人震惊的有效性的最重要的条件。道德冲动及约束,由于被中立和失去意义而变得不起作用。人们已有可能犯下非人的行径而不会觉得自己是丧失人性的"[②]。

美国学者里德雷(Matt Ridley)认为,在现代社会,"公共美德日益遭到侵蚀腐化,究其原因,并非由于对人的贪婪的本性的四处宣传鼓动和纵容,而是由于集权专制思想的泛滥所致。国家根本不与自己的公民交流协商,达成共识,联手维护文明秩序,也并没有让他们意识到自己的义务和责任,并引以为自豪,而是一味地强迫公民顺从忍让。……政府过度的集权只会使人们有增无减地变得更加自私"。因此,"如果我们想要恢复社会的和谐安宁和传统美德,如果我们要将美德重新纳入社会体制,以便让社会为了公众的利益而发生作用,那么减少政府的权力和发号施令的范围是极为重要的"[③]。

(三)当代中国社会的"自由过度"与"自由匮乏"及其道德效应

20 世纪 90 年代以来,随着我国市场化改革进程的加快,社会的自由度提高了,人们的自由空间扩大了。但随之也出现了诸多道德问题。对这些道德问题的定性及理解,折射出的是人们对市场经济与道德变迁、自由与道德进步之间关系的不同认识。大体说来,"道德爬坡"论和"道德滑坡"论是两种代表性的看法。从一定意义上说,"道德爬坡论"者看到的是"自由匮乏"对于道德进步的制约,"道德滑坡论"者看到的是"自由过度"对于道德进步的阻碍。

---

① [英]齐格蒙特·鲍曼:《现代性与大屠杀》,杨渝东等译,译林出版社 2002 年版,第 210 页。

② [英]齐格蒙特·鲍曼:《生活在碎片之中——论后现代道德》,郁建兴等译,学林出版社 2002 年版,第 225 页。

③ [美]麦特·里德雷:《美德的起源:人类本能与协作的进化》,刘珩译,中央编译出版社 2004 年版,第 297、299 页。

“道德爬坡论”者认为，当前中国道德困境的实质是，“道德在爬坡”。因为市场化改革撬开了传统高度集权的社会结构的外壳，自由的气息浸入社会诸领域，唤醒了人们的主体意识，人们开始对传统的道德观念进行批判性审视。但由于市场经济在我国才刚刚起步，它给社会及其成员带来的自由度还很有限。道德进步所需要的自由基础还很薄弱，自由的匮乏使道德处于爬坡状态。在这个爬坡阶段，需要借助市场力量进一步打破传统社会高度集权的结构模式和运作机制，建构能够真正维护个体利益和权利的社会体制，增强个体的自由意识和主体精神，为道德进步培育自由空间和主体基础。

毋庸置疑，在前市场社会，我国的道德生活秩序从总体上看，缺乏个体自由意识的内在支持。漫长的封建社会生产出具有高度人身依附性，尤其是对权力的依附的社会结构。这种人身依附性社会结构使个体丧失了主体地位和作为人应享有的尊严、利益和权利，造就了人们根深蒂固的奴性人格。在这种情形下，道德或德性的主体承担便无从谈起。在改革开放前的行政控制型社会，我国的道德生活秩序往往借助于政治的力量来维护和巩固，对道德义务的规定缺乏甚至没有以对个体的利益保障和基本权利的认肯为基础，无法得到个体的基于利益和权利的自主责任意识的支撑。

比如，“公德淡漠”是当前（实际上也是历史上长期以来）我国社会道德生活中的顽症之一。素有“礼仪之邦”之称的中国，人们何以缺乏公德，原因固然很多，但最根本的原因可能还在于，中国人自古以来就缺乏真正个体意义上的自由、平等和权利。试想一下，一个连自己的尊严和权利都不能得到或想不到去维护的人，又怎能去关心和维护他人的或公共的权益呢？事实上，只有当社会上每个人真正有条件保障自己的自由和维护自己的权利时，个体的公共意识（即公民意识）才能真正觉醒。有了公共意识，公共道德的维护才有可能性。因为在这种条件下，任何人对公共空间和公共利益的侵犯同时就是对个人自由和权利的侵犯。因而，中国人公德意识的淡漠根源于,中国传统的高度集权的社会结构限制了民间性、自发性组织的生长,社会结构中的公共空间、公民社会发育不良,而这种民间性、自发性的组织恰恰是公德发育的物质前提①。

再比如,大家普遍感到,从总体上看,我国的学校道德教育实践没有很好实现学生道德人格的养成和道德品质的提高,道德教育的实效性不强。原因在哪里呢? 很重要的一条原因就是,我国的学校道德教育一直注重道德规范的传授而忽视道德品质的培养,把道德教育等同于道德规范的灌输,较少考虑这些规范的内在价值意蕴。同时,学校道德教育实践无视学生个体主体性,很少真切关注学生的内在需要和内心的价值冲突,很少真切关注学生的渴望、苦恼和焦虑,表现出对学生的漠视,把道德教育变成了空洞的说教和粗暴的灌输,把道德教育当成是对人的意志与行为的限制与防范,使道德教育变成了一种类似于宗教的"否定性训诫仪式",常常导致学生形成一种"反道德人格"。还有,我们往往把道德教育等同于政治教育,淹没了道德教育的真正意义。因为,道德教育与政治教育的内容、目标及功能是不一样的,道德教育是人之所以为人的教育,解决人如何做人的问题;政治教育是人之所以为某一类特殊人(如共产主义接班人)的教育,解决的是如何做某一类特殊的人的问题。政治教育应以道德教育为基础。

"道德滑坡论"者认为,当前中国道德困境的实质是,"道德在滑坡"。因为,市场经济以"利"为先,强调自由平等的竞争规则,市场经济的自由原则在给整个社会及其成员带来自由空间和自由精神的同时,也给他们带来了个人主义的自由价值观念,个人主义自由价值观的盛行必然导致"自由过度"。这种"自由过度"表现为,世俗化被扩张为世俗主义,利益观念被扩张为物质主义、拜金主义和享乐主

① 刘智峰:《在精神的废墟上》,载《道德中国——当代中国道德伦理的深重忧虑》,中国社会科学出版社2001年版,第7—9页。

义,竞争被扩张为多元主义、极端唯我主义,等等。随着市场化改革进程的加快,“自由过度”将会更加严重,道德的存在空间会越来越小,道德力量的作用也会越来越弱。

改革开放和市场经济解放了个体,鼓励人们自由地表达对财富、利益的追求,恢复了人们对生活之好的向往这一自然而然的精神倾向。人们能够公开表达自己的欲望和爱好,这是社会自由的基本人性表现。认为这种自由会妨碍道德发展而加以遏制,是错误的。但是,也应看到,伴随着市场经济的发展,在我国社会道德生活中,的确也出现了粗俗主义、物质主义、享乐主义、极端个人主义等现象。“制黄、贩黄、观黄”(人称“黄潮”),“制毒、贩毒、吸毒”(人称“白潮”),“行贿、受贿、索贿”(人称“黑潮”),“嘲笑理想、崇高、道德”(人称“灰潮”),等等,成为20世纪90年代以来在我国愈演愈烈的严重社会问题。社会的一些领域,是非、善恶、美丑界限混淆,拜金主义、享乐主义、极端个人主义有所滋长,见利忘义、损公肥私行为时有发生,不讲信用、欺骗欺诈、假冒伪劣等失信现象相当严重。在个人生活领域,有人“玩的就是心跳”,他们以嘲弄、讽刺、亵渎、胡说八道等手段,对在人类历史活动中升华出来的、体现在人身上的人之所以为人的东西进行消解,任何严肃性、真诚感、道德感、责任感都可以被“玩”掉。为了逃避意义,有人喊出了“千万别把我当人”“我是流氓我怕谁”“过把瘾就死”等口号,以此来躲避自己的责任和义务。他们自称“我是俗人”,既然是俗人,就不该坚守所谓理想信仰,就该满足七情六欲,就该亵渎神圣,就该蔑视理想,就该躲避崇高,就应渴望堕落。人们把世俗化追求演变成了追求物质主义、享乐主义、拜金主义、痞子主义等,演变成了追求“伪世俗化”。

现代道德困境折射出的是人的精神家园的失落,对这种道德困境的担忧是人对魂归何处的焦虑。精神家园就是人努力追求和营造的一种精神目标,是人的终极关怀,也是人的存在的根本精神理想。人的精神家园的失落,是人本身的存在根基的失落;克服现代道德困境,就是寻找人的精神家园,就是寻找人本身的存在根基。

三、现代道德困境的人学本质:“人本身”的存在论危机

人的存在具有自反性和为我性,人必须、应该而且也能够在他的一切生存活动所止的地方返回“人本身”,这种返回是“通过人并且为了人而对人的本质的真正占有”。通过这种返回,“人以一种全面的方式,就是说,作为一个完整的人,占有自己的全面的本质”①。约翰·密尔(John Stuart Mill,1806—1873)指出:“真正重要之点不仅在于人们做了什么,还在于做了这事的是什么样子的人。在人的工作当中,在人类正当地使用其生命以求其完善化和美化的工作当中,居于第一重要地位的无疑是人本身。”②马克思也指出:“人的根本就是人本身。”③但恰恰是在“人本身”的问题上,现代性存在着内在矛盾。

现代性的出发点是“人本身”的自由、幸福,而不是“神”或“上帝”的意志,但现代性的运作过程及运作终点却常常不见了“人的踪影”。伴随现代性思想进程的“上帝死了”的隐喻,在显层面标志着一种能为人的行为和精神存在的意义提供依据的传统的终极信仰体系的崩溃;但在隐层面则标志着人的行为和精神存在本身失去了一切超越之维和意义之维。后现代主义者宣称“人死了”,因为人在现代性的进程中已经变成了“生产的工具”“金钱的奴隶”“消费的机器”“权力的对象”。反正人已经不是他自己了,不是他本身了。

现代性使个体拥有了自由与权利,每一个人都明确地意识到了

① 《马克思恩格斯文集》第1卷,人民出版社2009年版,第185、189页。
② [英]约翰·密尔:《论自由》,程崇华译,商务印书馆1996年版,第63页。
③ 《马克思恩格斯文集》第1卷,人民出版社2009年版,第11页。

自己本身的存在及其意义。现代自由主义伦理学在人生价值和人生目的问题上持“自由放任”立场，反对“同一化”地处理人性教化和人的优秀问题，反对灌输与传道，重视个体自我的自由决定权利。它认为，只能谈人的行动的合法的外在界限和人的幸福的外在条件，至于人的内心生活以及每个人想成为什么样的人，则是每个人自己的事情，由个人自己去抉择和建构。但是，迄今为止的现代性经济、政治、科技的发展，恰恰倾向于彻底瓦解的东西就是：人对自己的“内心生活以及自己想成为什么样的人”这一问题的思考和构想。现代社会的客观进程倾向于剥夺包括人的存在在内的一切存在的道德意义。“在一个只要人高效地履行其特定社会职能的社会中，人就变得等同于这一职能，他的存在的其他部分则只允许尽其可能抽象地存在”。①

在现代社会的客观进程中，人的“价值序列最为深刻的转化是生命价值隶属于有用价值”②，有用价值成为终极价值，完成这一价值转换的是现代市场经济。在市场的急剧扩张中，人的生命本身沦为市场的构成要素之一，人的生命的价值及其大小是根据市场的“有用性”来衡量的。在市场经济活动中，人们满眼是商品、货币、资本、利润等，“人本身”已“不在场”了。现代科技的表现意志使人物质化、齐一化、功能化和平均化了，技术成为人的存在的支架。“技术成功本身为这个时期造就了一整套纯粹依靠外在事物的生活方式。至于那些隐藏在这些外在事物背后的东西，即独特的和整体的人格本身，则衰退成了一片阴影或一具幽灵。”③现代信息技术的发展，在人面前树起了一个愈来愈庞大的机械的和人造的信息世界，这

① ［美］威廉·巴雷特：《非理性的人——存在主义哲学研究》，杨照明等译，商务印书馆1995年版，第35页。

② ［德］M.舍勒：《价值的颠覆》，罗悌仑等译，三联书店1997年版，第141页。

③ ［美］威廉·巴雷特：《非理性的人——存在主义哲学研究》，杨照明等译，商务印书馆1995年版，第35页。

个世界甚至对于制造它们的专家来说都可能是陌生的，人们只能按照设计好的程序去工作，人被奴役或异化的可能性比以往任何时代都要大。卡西尔(Ernst Cassirer,1874—1945)说“人是符号的动物”，恰当地反映了人在现代社会的真实存在形象。文字、语言、技术、商品、货币、权力等可以说都是人的“符号”，人能利用这些符号去创造一个人文世界。但人同时也把自己完全消融在自己创造的符号世界中，把自己等同于“符号”，最终丧失了“我”的现实的存在形式和创造性本质。“我”仅仅表现为对某种普遍模式的认同，在这种认同中，个性趋于泯灭，自我成了无差别的、程式化的“他者”。

在现代社会，许多人首先并主要是消费者，他们的全部生活就是为了满足自我的感性需要。幸福生活就是无度地购物和挥霍，就是贪婪地吃喝和浪费，就是追求时髦的修饰，玩弄和炫耀珠宝珍品。许多消费都不是建立在合理谋划与正当使用的基础上，而是由广告商们刺激起的欲望引起的。被动的消费者无止境地追求享乐，但无聊总是伴随其后。影戏剧演员、歌星、体育明星等是消费英雄，“他们代表着生活的表面特征：一切都是表演，并无深度可言。如果富裕社会已经在大范围解决了它们社会的贫困和疾病问题——迄今为止导致所有社会灭亡的原因，那么它们今天就又面临提高人们品位的问题”①。

这种没有深度的生活，使个人的无意义感，即那种觉得生活没有提供任何有价值的东西的感觉，成为根本性的心理问题。“我们应该依据对日常生活所提出的道德问题的压制来理解这种现象，但它拒绝任何答案。‘生存的孤立’并不是个人与他人的分离，而是与实践一种圆满惬意的存在经验所必须的道德源泉的分离。”②迪尔凯姆

① [美]保罗·库尔茨：《保卫世俗人道主义》，余灵灵等译，东方出版社1996年版，第101页。

② [英]安东尼·吉登斯：《现代性与自我认同》，赵旭东等译，三联书店1998年版，第9页。

(Emile Durkheim,1858—1917)对自杀与伦理道德之关系的研究揭示了这一点。迪尔凯姆把自杀划分为利他型、利己型和混乱型三种类型。利他型自杀产生于过分地屈从于一种社会目标和意义,在利他主义情形中,个人过分地结合在社会中,自我不再是自主的,行为的目标在身外,是他所从属的那个组织的目标。人似乎为了宗教伦理和政治信仰牺牲了自己,当当事者痛感其自我被社会意义扼杀时,就走上了自杀的道路。利己型自杀产生于过分的个性化,人必须以一个他为之服务的社会为生活前提,他需要一个超越他的行为的目标,需要高于一己的生活意义。但西方近代个人主义伦理的发展,使个人与家庭、宗教、社会脱离,使人们感到失去了目标,个人变成了自己都无法理解的东西,他无力避开那个恼人的问题:为了什么。严酷的利他伦理和过于松弛的个人主义伦理分别导致了军营中的士兵和新教徒的高自杀率,但失去伦理或伦理上的混乱更会助长自杀,因为混乱使社会成员失去了规范,增添了格外的痛苦[①]。

当然,随着现代性的拓展和推进,精神需求及其满足对于人的存在的意义将会越来越重要。因为,在现代社会,人的物质需求很容易得到满足,经济的小康和政治的相对公正都不是难以实现的。随着经济的和政治的需求的相对满足,人会获得越来越多的经济自由和社会自由,人们的闲暇时间会不断增加。这时,自我实现的需求必然会日益凸显出来,人们害怕在“平庸”中被淹没,对于“虚假”的焦虑驱使现代人寻求各种各样“修身成人”的途径,把自我本身当做最大的艺术品来塑造。同时,“每个社会都设法建立一个意义系统,人们通过它们来显示自己与世界的联系。这些意义规定了一套目的,它们或像神话和仪式那样,解释了共同经验的特点,或通过人的魔法或技术力量来改造自然。这些意义体现在宗教、文化和工作中。在这

---

① 参阅[法]迪尔凯姆:《自杀论》,冯韵文译,商务印书馆1996年版,第144—299页。

些领域里丧失意义就造成一种茫然困惑的局面。这种局面令人无法忍受,因而也就迫使人们尽快地去追求新的意义,以免剩下的一切都变成一种虚无主义或空虚感”①。在这种背景下,寻求精神家园会越来越成为一种大众化的需求。

四、走出现代道德困境:拯救德性与回到“人本身”

在现代性的进程中,人们的智力活动往往更多地专注于对“物”的精打细算,人们的日常生活往往更多地迷恋于对“物”的享受,人们的生存方式总体上表现为一种“重物质占有”的生存方式,即我所占有的和所消费的东西即是我的生存。但是,物质利益、物质享受是单向性的,本质上不具有自反性,它们的满足就意味着失去。一味追求这些东西,会使人遗忘自己本身的存在,使人的生存充满空虚感和迷茫感。“如果我们在绝望之中问道:在这个世界里还有什么留给我们?那么,对于每一个人,答案都是:‘那就是你自己,因为你能。’今天的精神状况迫使人——每一个人——去自觉地为自己的真实本性而斗争。”“对于未来的预见只能有一个目标,即,使人类意识到自身。”②现代西方哲学的主题之一就是寻找“人本身”的存在,叔本华和尼采对“意志”的强调、柏格森(Henri Bergson,1859—1941)对“生命冲动”的迷恋、弗洛伊德对“本能”的揭示、存在主义对“此在”的阐释、哲学人类学对“未特定化”的发现,等等,虽然在观点上彼此迥异,甚至相互冲突,但本质上都以直接或间接的方式,以隐含的或夸

① [美]丹尼尔·贝尔:《资本主义文化矛盾》,赵一凡等译,三联书店1989年版,第197页。

② [德]卡尔·雅斯贝斯:《时代的精神状况》,王德峰译,上海译文出版社1997年版,第168、198页。

张的方式揭示了人的存在的生成性、超越性和自反性。

自反性不是人的天赋特征，而是人在自己的不断生成和不断超越自己的既有存在状态的过程中形成的，是人的自我修养和社会教化的结果。人的自反性特征就是亚里士多德讲的人的自足性。“自足是指一事物自身便使得生活值得欲求且无所缺乏”，自足即自身完备。在希腊语中，自足常常与幸福概念联系在一起，幸福就是“因其自身而不是因某种其他事物而值得欲求的实现活动。因为，幸福是不缺乏任何东西的、自足的”，“幸福是一种合于完满德性的实现活动”[①]。人是在“物”的世界中不断生成和发展的，“物”满足了人的“生理机能”，并使人的本质力量得以对象化。但如果人完全“沉沦”于“物”的世界，那么，人就会被“物化”，这时，人的生理机能就变成了纯粹的“动物机能”，人的本质力量就变成了纯粹“物的力量”。人必须不断超越“物”的世界的诱惑和腐蚀，通过这种超越不断返回自己本身，去关爱自己，检视自己并提升自己。马克思认为，人的生命的本质在于“自由的有意识的活动”，自由显现的是人的创造性和超越性。没有自由，人无法从“物”的世界回归自己本身。自由对于人不断创造自己、超越自己和回归自己有着前提性和基础性的意义。

人是自然属性、社会属性和精神属性的综合体，这三种属性持续不断地相互作用和相互融通，生成了人的本质，人的全面本质就体现在人的这三种属性的全面协调和高度融通之中。但是，在其现实性上，构成人的本质的诸种因子往往是相互矛盾、相互冲突的。因而，从伦理学意义上说，个体能否真正“占有自己的全面的本质”，取决于他能否正确合理地调节构成自身人性的自然属性、社会属性和精神属性等诸属性之间的关系。拥有德性就意味着，人能够正确地理解和有效地调节构成自身人性的诸属性之间的关系。亚里士多德认

---

① [古希腊]亚里士多德：《尼各马可伦理学》，廖申白译注，商务印书馆2003年版，第19、303、32页。

为,德性是每一物种特殊的功能和能力的显现,人的德性就是人的功能和能力的显现,亦即人的能动性。这种能动性表现为人对其特有的功能和能力的运用。人的幸福就是人对其特有的功能和能力的积极运用的状态和结果。就此而言,德性是与实现人的本性相一致的,拥有德性就意味着拥有一种优秀的人性。斯宾诺莎(Benedictus de Spinoza,1632—1677)指出:"德性的基础即在于保持自我存在的努力,而一个人的幸福即在于他能够保持他自己的存在。"①保持自我存在,意味着人成为自己所能够成为和应该成为的那样一种人,人成为他自己本身。

人们要不失落"人本身"或"人自身",他们就必须作出一定的伦理努力,转换现代性所造成的肉体对灵魂、物质追求对精神追求、物质生活对精神生活的单向性支配关系,从"重占有"的生存方式转向"重生存"的生存方式。在这种"重生存"的生存方式中,人不占有什么,也不希求去占有什么,他心中充满欢乐和创造性地去发挥自己的能力以及与世界融为一体。人并不注重对已有的给定的东西的占有和消费,而是关注自身的内在的创造力和本质力量的实现。"重占有"的生存方式是现代社会的重要的物化现象,在这种生存方式中,人和人所占有的东西之间的关系不是一种活的、创造性的关系,而是一种死的、没有生命力的关系。人占有物,而物也占有人。所以,"重占有"的生存方式是异化结构在人的生存结构中的深化和内化,它消解了人的主体性和创造性,把人的一切活动和一切关系都变成了物的关系和消极的关系,滋生出自私、贪婪等品性。

"重生存"的生存方式并不否认"占有",并不否认"物质利益"的重要性,而是说人们应该注重生活的内在质量。生活的内在质量就是麦金太尔说的生活实践的"内在利益",即人的存在本身的价值和意义。比如一个画家创作作品,一方面能获得赞誉和物质利益,另

① 周辅成编:《西方伦理学名著选辑》上册,商务印书馆1964年版,第629—630页。

一方面更能获得一种自我肯定和满足,后者就是内在利益。这种“重生存”的生活方式孕育出的是一种“好”的生存状态。“好”的生存,就是生存对于人具有积极意义的生存,它不但有益于人的生命的维护,而且有助于人的生命质量的提高,使人在与对象世界的关系中显示出充分的优越性,使人的生存充满积极意义和美感,进而也使人珍惜和留恋它。“重生存”的生存方式的“先决条件是:独立、自由和具有批判的理性。其主要特征就是积极主动地生存。这种主动性说的不是那种外在的、身体的活动,不是忙忙碌碌,而是内心的活动,是创造性地运用人的力量。活动意味着去展现他的愿望、他的才能和丰富的天赋,这些天赋我们每个人或多或少都具备。这就是说,要自我更新,要成长,要饱满涌流,要爱、超越孤立的自我的桎梏、有兴趣、去倾听和去贡献”①。“好”的生存状态就是那种能使人的精神生活更加充实,外在的生活样式更加独立自由的生活状态。精神生活的充实和愉悦,表明生活是可能的和安全的,没有内在危机;表明生活是必要的和值得留恋的,是真正属于人的生活。精神生活的空虚和痛苦,威胁着生活的可能性和安全性,否定了生活的必要性和价值性,摧毁着人的存在本身。

“好”的生存就是人使自己的存在适合于他的特殊的性格、意图和选择,并由此在他的存在中享有自己。在《理想国》中,智者认为“隐身人”必然纵欲而不守道德,因为“隐身人”的信念与行为象征着“人性”的“自然倾向”,以及现实生活中强权者的价值与实践。但从人本身的存在来说,“隐身人”并不幸福,他并没有占全所有的好或最好之好。“隐身人”固然可以任意妄为、满足自己的所有自然欲望而从不被发现,名利双收,但是,未曾做一个本真的、自由选择的人去生活一生,岂不是最大的恶或亏损。由于缺少存在的勇气,他只是在欺骗自己。遗憾的是,许多现代人也总是希望把自己装扮成为“隐

① [美]弗洛姆:《占有还是生存》,关山译,三联书店1988年版,第94页。

身人”。所以,当代英国著名社会学家吉登斯(Anthony Giddens,1938—　)说:“‘反抗非存在的生存斗争’是个体永恒的任务,它意味着不仅仅去接受‘现实’,而且去创造本体参照点,并使之成为日常生活场域中‘正在进行’的事件的一个固有方面。”①“创造本体参照点”就是成就德性。成就德性,意味着“人找到了人类存在问题的答案:生产性地实现他的潜能。因此,他既与世界同为一体,但同时却又保持着他自身的人格完整性。在生产性地运用他的精力时,他提高了自己的能力,他‘燃烧自己,却不化为灰烬’”②。

① ［英］安东尼·吉登斯:《现代性与自我认同》,赵旭东等译,三联书店 1998 年版,第 53 页。

② ［德］弗洛姆:《自为的人》,引自《弗洛姆文集》,冯川主编,改革出版社 1997 年版,第 212 页。

第二章

伦理思想演进中的德性与自由

——现代道德困境的思想渊源

任何类型的伦理理论都旨在倡导某些道德理念和道德理想，如德性伦理倡导“仁爱”“同情”“关怀”等，规范伦理倡导“自由”“平等”“公正”等，这些都没有错。问题在于，“我们大多数人不仅同许多善一起生存，而且我们发现必须为它们排序，在某些情况下，这种排序使其中的一个相对于其他的而成为至关重要的”①。为不同的“善”排序，是伦理学的主题之一。排序的不同显现的是伦理学家们不同的致思方向和迥异的伦理志趣。

一、从“麦金太尔道德诊断”谈起

麦金太尔对现代道德困境及其根源的诊断具有开拓性和启示性的意义，为我们进一步分析现代道德困境及其根源提供了一个可资利用的思想平台。

① ［加］查尔斯·泰勒：《自我的根源——现代认同的形成》，韩震等译，译林出版社2001年版，第93页。

麦金太尔认为,"18 世纪的道德哲学家们所从事的是一种注定失败的运动,因为他们在确实要为自己根据人性问题上的独特见解得到的道德信念寻找合理基础的同时,又继承了一套道德禁令和与这种禁令显然不一致的人性概念——这种禁令和人性概念从产生之时起就预先注定不相符合。这种不一致性并没有因他们修改自己对于人性的信念而消失。他们从曾经一致的思想和行为的体系中继承了一些不相一致的残章断片;由于他们认识不到自己所处的独特历史的和文化的环境,所以不能认识到他们为自己规定的任务的不可完成的和堂吉诃德式的特征"[①]。在麦金太尔看来,现代伦理学离开了人类道德生活的文化背景和历史传统去解释道德,使这种解释成为无传统、无根源的主观随意性解释;现代伦理学离开了人类道德生活的内在目的、意义和品格基础,使道德成为纯粹外在的约束性规范。现代伦理学冲淡了道德的价值本性、历史本性和人学本性,产生了自身难以克服的理论困境。

现代道德是沿着两个方向展开的,一是经验主义方向,由休谟(David Hume,1711—1776)系统阐释。休谟将事实世界与价值世界划分开来,认为从"是"推不出"应当",为现代社会的道德理论模式和实践模式奠立了基于经验、感性、实证的基本思路。一是理性主义方向,由康德系统阐释。康德着眼于为辨明道德的合理性提供理性基础,他从道德自律的角度将理性作为道德合理性的保证。这两种对于现代道德的哲学论证,形成了麦金太尔所谓的"为辨明道德提供合理性基础"的启蒙方案。这一方案的整体特征,如麦金太尔所言,是依赖理性和人性可塑两点[②]。就理性而言,现代道德强调个人在道德判断和德性抉择时的优先价值;就人性可塑而言,人性恶假设

① [美]麦金太尔:《德性之后》,龚群等译,中国社会科学出版社 1995 年版,第 71 页。

② 参阅[美]麦金太尔:《德性之后》,龚群等译,中国社会科学出版社 1995 年版,第四章,第 48— 65 页。

凸显了人性改造的制度规约性质，人性善假设则凸显了人性遵守规则的能力。通过这两点，现代伦理学被构造为一种凸显规则重要性的规范伦理体系。

这种规范伦理体系消解了关于人的目的的观念在道德体系中的核心地位，瓦解了道德体系的完整性。因为，麦金太尔认为，在亚里士多德主义伦理框架中，道德理论是由三个因素构成的，一是未经教化的人性，二是认识到自身真实目的后可能成为的人，三是能够使人从前者向后者转化的道德戒律[①]。但是，近代以来的西方道德理论取消了第二个因素，即放弃了人的目的论观念，亦即取消了理想人格这一超验因素。过分强调未受教化的人性的原始状态以及缺乏历史和文化背景条件的道德戒律，使自然状态的人性在道德领域泛滥成世俗的洪流，使人们对道德戒律的推导显得干瘪、空洞甚至软弱。由于在三个要素中具有先验性或指导性的理想人格要素被启蒙运动革了命，道德戒律或道德禁令不知道把处于自然状态下的人性往哪里规范；现实的世俗化带来的理想的虚无化，随之而来的便是缺乏方向与目标；这样一来，未经教化的人性与道德禁令也就无所适从。更一般地说，对如何从“是”前提中得出“应然”这个至关重要的道德哲学原理的论证，显得残缺不全和力不从心。未经教化的人性（如欲望、烦、冲动、强力意志等）在20世纪泛滥成灾，大概也是由于这种“未经教化的人性”缺乏目的论维度而出现的一种盲目发泄。同样，旨在使人从“未经教化的人性”转向“认识到自身真实目的后可能成为的人”的道德戒律在20世纪反而成为“吃人”的教条，大概也是由于这些道德戒律缺乏目的性观念的支撑而演变为一种纯粹外在的强制。

当代自由主义伦理学以自由或权利为核心概念，以制定社会公

---

① ［美］麦金太尔：《德性之后》，龚群等译，中国社会科学出版社1995年版，第70页。

共生活中的基本义务和规则为理论宗旨，强调人的自由或权利的正当合理性，认为自由或权利的社会保障是第一位的；强调自由（权利）的正当性及其对于德性的优先性，倡导一种基于正当（正义）原则的社会规范伦理，认为德性问题完全属于私人领域的问题，国家和社会对之应保持中立原则，人们应放弃对德性问题的公共言谈和公共设定，让个人自己决定德性的取舍。社群主义则针锋相对，强调德性的正当合理性及其对于自由（权利）的优先性，倡导一种基于共同体的德性伦理，认为德性是在特定的社会共同体和持续的文化传统中被确定和延续的，这种被确定和延续的德性传统，是自由（权利）得以存在和发展的深厚基础。

当代自由主义伦理学与社群主义伦理学的区别，不在于要不要自由或德性，而在于自由与德性，孰先孰后。当代自由主义认为，自由优先于德性；社群主义认为，德性优先于自由。当代自由主义与社群主义在自由与德性之间进行着不同的权衡，显现出两种不同的伦理价值取向和伦理致思方向。事实上，这种权衡不是在当代伦理思想发展中才产生的，它是人类伦理思想演进过程中一直存在的重要论题之一。

二、前现代伦理的价值追求

前现代伦理精神本质上是德性主义的，“人的德性完善”是前现代伦理的主题。苏格拉底、柏拉图、亚里士多德等古希腊主流伦理思想的代表，孔子、孟子、朱熹、王阳明等中国传统儒家伦理思想的代表，他们都把人的德性完善作为其道德哲学的重心，着重从人的幸福或人生完善的意义上理解和诠释道德的本质及意义。与近现代思想家大多把自由视为人的权利，特别是从与国家、社会相对立的意义上理解个人自由的观念不同，前现代的伦理大师们更关心的是宗教或道德意义上的自由,他们所关心的是与人的本性的升华、与人的德性的完善、与人的前景的完美息息相关的自由,是一种灵魂的自由。

(一)城邦伦理:人文主义德性与灵魂自由

古希腊伦理思想的主流意识是在雅典式民主生活实践以及伦理学家对这种实践的理性反思中形成的。雅典式民主制度和民主生活实践给古希腊伦理思想注入了德性原则和自由精神。雅典民主制的基本前提是公民本位(即公民是自由、独立、平等的,是一切权力之源)和公民能力(既包括技艺上的"优秀"本领,也包括行使政治权利的"优秀"本领)。这种民主制的精髓在于,公民自主参政、实行法治而非人治、思想自由等。公民本位并非个人本位,它意味着人们的生活具有一种内在目的论意义,人们的主要生活形式是环绕着自己城邦的事务而进行的;公民把城邦视为自己价值实现的惟一的、自然的领域;公民的私人生活是第二位的、非本质的。同时,公民的幸福是城邦活动的目的,不仅在政治上,而且在生活的各个领域,城邦都以发展优秀公民为目的,使人作为人的生存质量得到提高。优秀(具有各种美德)公民是在城邦生活中成长起来的,过去被视为贵族天赋的"优秀能力"(德性)成为所有公民都应该而且也能够追求的东西。雅典人借宙斯的神谕,把正义等德性"分给所有人","因为如果只有少数人分享道德,如分享技术那样,那末,城邦就会不能存在了"①。

城邦民主生活给希腊人带来了自由,也使他们拥有自由意识。但古希腊伦理关注的中心问题不是人的自由,而是人的"德性"。他们对人的自由的言谈也是在德性主义框架中进行的。在古希腊的伦理世界中,德性所展示的不是主观性的"自我",而是人性的普遍法则和关于人的"理想"。这种关于人的"理想"的德性是普遍主义的,它是以宇宙的秩序和宇宙的运行法则为原型和基本样式的。人存在

① 周辅成编:《西方伦理学名著选辑》上册,商务印书馆1964年版,第22页。

于与宇宙的有机联系中,人与宇宙具有天然的同构性,宇宙的有机性和秩序性决定了人"自然而然"地倾向于共同体式的城邦生活。所以,亚里士多德说"人天生是政治动物"。就此而言,德性之于人是内在的和"自然的",是人的一种"逻各斯"。

"城邦伦理"认为,德性是保证秩序的基础,是人的尊严和真正的自由(心灵的自由)的保证,它使人免于下贱情欲的引诱。德性是拯救人灵魂的"技艺",是治疗灵魂的能力。德性教化的本质在于,依据城邦共同体的要求塑造个体的灵魂,根据城邦共同体的标准培养人的本性,把人性与宇宙的和谐自然地关联在共同体生活中,使人们认识到人性的普遍法则和关于自己的"理想"。总之,在宇宙目的论意义上,德性之于人是一种内在的、自然的"逻各斯";但在社会实践论意义上,德性之于人又是一种潜在的、未定型的"可能性"。为了更好地生存和发展,人应该自觉地认识、现实地拥有和切实地实践自己所具有的这种"德性"力量。

城邦伦理学家们一直在讨论这样一个问题,即如果人有自由意志,并且能凭自己的自由意志行事,那么会出现何种结果?在智者派看来结果只能是自发的作恶,在苏格拉底看来结果只能是自发的行善。前者认为,人们行善是由于他们心怀恐惧而限制了自己的自由意志;后者认为,人们作恶是由于他们缺乏知识而违背了自己的自由意志。因而,智者派意图为自由的运行注入德性原则,而苏格拉底的意图则在于为德性的存有吁求自由原则。亚里士多德指出了个体自由意志的不确定性和选择的权利,以作为理智德性的"中道"来制衡自由意志及其选择能力,从而使人达到伦理德性。

智者派认为,"灵魂的自由"并不能必然保证德性的存有,人不可能凭借自己的自由意志就成为一个善人,如果没有外来的强制和教育,那么人就会"只怀着一些相反的恶习"。在现实生活中,"人类之所以责难不公正,并不是因为他们不肯去做,而是恐惧自己成为不公正的牺牲品。从这样看来,苏格拉底啊,不公正如变成大不公正,反可较公正更为有力，更为自由，更为主动”[1]。也就是说，只要可以避免成为别人作恶的牺牲品，人就会尽量去作恶，因为这对他有利。

苏格拉底则认为，人作为体现宇宙普遍法则的存在物，他的自由意志本质上是向善的，一个人作恶，只是因为他以为那是善的，只要他知道了那是恶，他就不会主动去作恶了。要达到善，关键不在于限制人的自由意志，而在于教给人们什么是善的知识。他借用德尔斐神庙的格言“认识你自己”告诫人们关注自己灵魂原来就有的善知识，他通过“对话辩证法”和“美德即知识”把理性的自主思考和自主抉择引入道德活动之中，使希腊人从对朴素的伦理习俗的遵从转向对道德的自主的理性选择。苏格拉底的目的在于，使人们相信，道德不是外在的、零散的、人们知其然不知其所以然的一堆信条，而是一个人经过论证后坚信的知识或信仰，是人的灵魂的内在存在样态。苏格拉底通过自己的死向人们昭示了“灵魂的自由”对于法律和德性维护的至关重要性。

柏拉图(Platon，公元前427—公元前347)和亚里士多德面对的是雅典民主制的衰落，民主和自由并不是他们崇尚的目标，他们更为深入地从德性主义角度诠释自由，使自由更加道德化、内在化。柏拉图认为，德性就是理性在意志的帮助下对情欲的控制，使灵魂不受肉体和物欲的干扰，使人“做自己的主人”，达到自由的境界。柏拉图所说的自由本质上是一种灵魂的纯洁，是灵魂独立自主的高尚境界。实现这种灵魂纯洁式的自由的途径就是去欲和爱，去欲和爱就是净化灵魂。柏拉图的理念辩证法本质上是关于思想自由的学问，他的“理想国”把国家的前途压在统治者个人的品德之上，因而“理想人格教育”成为他的伦理思想的重要内容。

苏格拉底和柏拉图都把知识与无知看做是德性存在与否的惟一根源，这在客观上必然使德性荡然无存。亚里士多德把理性(知识)

---

① 周辅成编：《西方伦理学名著选辑》上册，商务印书馆1964年版，第23、29页。

原则与自由原则结合起来,提出“德性和过恶都出自自愿”①的观点,凸现了自由原则对于德性存有的重要性。但亚里士多德对自由的诠释在总体上仍然是德性主义的。亚里士多德认为,德性并非达到善的一种权宜之计或手段,而是构成善的必要的和中心的部分,善和幸福存在于合乎德性的实现活动中,德性就是人对善的目的的认识,并体现为善的目的追求过程中的具体实践和行为。他把德性区分为两个层次,人在不同德性层次上实现着不同的自由。人的心灵分为感性(非理性)与理性两部分,相应于心灵的理性部分,人可以达到理智的德性,实现理想的、绝对的自由;相应于心灵的感性的部分,人可以达到行动的德性即道德德性,实现相对的、现实的自由。在现实的行为领域,最主要的德性原则是中道,这种中道原则主要是为了解决如何使欲望得到合乎理性的实现。为了达到行为上的中道和适度,人应该进行道德训练。在道德训练中,一方面,人要有选择动机的自由,使自己的动机符合中道原则;另一方面,人在行为上要有自由地把握中道的习惯和能力,使自己的行为效果达到中道原则。一个人在动机和效果上都能很好地贯彻中道原则,他就能实现有限的自由,使自己成为有德性的人。但亚里士多德认为,在现实行为领域经过训练而形成的中道习惯并不是最高的德性,因为这种德性是相对于物质生活的,是感性世界的德性,通过这种德性实现的自由是有条件的。他主张一种纯理性的、纯精神的理想的道德境界,在这种境界中,人完全摆脱了外界物质条件的限制,也没有动机与效果的差别,进入了一种玄思状态,处于“绝对自想”状态,这是人的最高幸福。这种幸福具有自足和持久不衰的品性,它实现了无条件的绝对自由,实现了人生的最高理想。在这种境界中,人进行着一种纯思想活动,这种纯思想是一种“神思”,它是自由的、没有任何功利的德性完善境界。

---

① 周辅成编:《西方伦理学名著选辑》上册,商务印书馆1964年版,第304页。

晚期希腊社会，思想家们把伦理思考的重心更为切实地转向个人内心，追求一种消极意义的灵魂自由。斯多葛派和伊壁鸠鲁派虽有差别，但他们都寻求灵魂的解脱与安宁。在罗马帝国时代，公民的社会自由随之丧失，斯多葛派转身向人的内在精神世界寻求自由，从它开始，自由不再是积极的政治参与，而是消极的不受外在世界干扰的心灵宁静状态。它走向禁欲主义，个人成为被命运牵着走的无足轻重的东西，自由就在于服从命运，消极地适应现状。伊壁鸠鲁（Epikouros，公元前341—公元前270）主张现实幸福与快乐，但认为那不过是一种无可奈何的知足常乐，很难从中体验到积极高尚的情绪。

"城邦伦理"是在一种目的论框架中阐释德性的。在这种"目的论解释"框架中，德性具有浓厚的人文主义色彩，人们把德性实践作为一种"自由而律己的理性自身的训练"[①]，显现出理性自觉和意志自愿在德性实践中的根本作用。但是，城邦伦理学家把灵魂等级化，使理性成为少数人的专利，并以此论证社会各个等级阶层各自有着与自己阶层相应的德性。柏拉图认为，节制是最低的德性，是自由民所具有的品德；勇敢是保卫国家的武士所具有的品德；智慧是最高的品德，是统治者所具有的美德。正义是国家的德性。这种观点的进一步发展，就是道德理想主义和道德专制主义，最终可能否定道德领域的自由。

事实上，柏拉图的正义国家是一个由词语构成的城邦。它所设想的护卫者的生活方式、教育和文化生活都服务于道德净化的目的。社会的公共生活由于设想了哲学家的权力形式而表现出智慧与权力结合后的专制特性，即它完全排除个人自由和个性。这种按照德性理念（至善）构思的理想国家，实质上不可避免地会将个人视作表达

---

① ［美］约翰·罗尔斯：《道德哲学史讲义》，张国清译，上海三联书店2003年版，第8页。

这种道德理想的抽象符号。至善的德性体现为职责,体现为目的,人们的社会生活必须完成这个职责,实现这个目的。因此,对个性和个人自由的排斥,恰恰源于一种美德的理想,而社会结构的等级层次和专横特性,正是德性完善的需要。同时,在城邦民主制政体和人本主义文化氛围中,作为城邦公民的自由人的人身自由和思想自由一般不会受到限制,这就使得思想家们更多地从伦理角度谈论自由问题,把自由看做是一种摆脱物质欲望的精神境界,这种伦理化的自由实质上是有闲的精神贵族追求的一种高尚雅致的内心体验式的自由。

(二)基督伦理:"罪性的德性"与"教会的自由"

基督教伦理面临着与"城邦伦理"同样的问题,即自由意志究竟是能带来善还是能带来恶?它的结论是,人没有选择行善或作恶的自由,因为人是上帝创造的。上帝创世时赋予了人类以意志自由,但人类始祖利用上帝的善意犯了罪,人类祖先的罪是人性之罪,是原罪。人的意志被"原罪"所污染,人失去了自由选择的能力,永久地为"罪"所累。从此,人性成为罪性,人从根本上说是无法自救的,只有依靠上帝的神恩才能得救。基督教伦理"提出了一个充满矛盾的伦理模式:一方面是恶,另一方面是放弃真正的道德自由"①。

"基督伦理"中的自由有两种含义,一是免除原罪,灵魂得到拯救;二是人的内在精神世界脱离外在秩序的独立性,不受世俗社会关系的束缚或世俗权力的控制。在基督伦理看来,上帝是人的自由的保证,"如果没有上帝,没有高踞于世界之上的真理,那么人就整个地服从于必然性和自然界,服从于宇宙或社会、国家。人的自由在于,除恺撒王国(即包含着权力、国家、必然性、现世等与人的内在精神相对待的整个客体化世界——作者注)外还存在着精神王国。上帝的存在在人身上的精神的存在中体现出来。……可以说,上帝的

---

① [美]保罗·库尔茨:《保卫世俗人道主义》,余灵灵等译,东方出版社 1996 年版,第 97 页。

存在是人的自由的特许状，是在人为争取自由而与自然界和社会的斗争中对人的内在辩护。……精神王国和恺撒王国之间的二元论，是对人的自由的完全必要的确认"[①]。一个人不做人的奴仆，意味着做神的奴仆，做神的奴仆就是精神的自由。在这个内在精神世界里，产生了个体对自身无限精神价值的觉醒和自我意识，产生了诸种德性。

基督伦理把德性划分为两类，一类是伦理德性（moral virtues），一类是超性德性（theological virtues）[②]。伦理德性以人及其他造物为对象，这些对象是可以为人的理性所把握的，围绕这些对象形成的德性依据于人类理性的哲学理论，因而是一种人学德性；超性德性则以上帝及上帝的完美特性为对象，这些对象是超越人类理性的，围绕这些对象形成的德性则依赖于上帝启示的学问即神学，因而是一种神学德性。伦理德性主要是根据人的自然本性而使人的理智和欲望臻于完美的，超性德性则是根据人的超自然的本性而使人的理智和欲望臻于完美的。信（信仰）、望（希望）、爱（敬爱）、敬畏、虔诚等属于主要的超性德性，其中信、望、爱等德性构成基督伦理所谓的"三主德"；明智、正义、勇敢、节制等属于主要的伦理德性，这四种主要德性是整个伦理生活的枢纽。伦理德性能够引导人走向自然的幸福，超性德性则引导人走向超自然的幸福。基督伦理的神学性质决定了它更多地关注超性德性。

信、望、爱"三主德"体现了人们对上帝的一种伦理态度，即虔诚地"敬爱"上帝、绝对地"信仰"上帝、充满"希望"地等待上帝的拯救。"信"就是对上帝的真诚的信念，相信上帝的至高至善，相信只有上帝才能拯救人类；"望"是信仰的表现，是对上帝之恩的渴望，是

---

① ［俄］别尔嘉耶夫：《精神王国与恺撒王国》，安启念等译，浙江人民出版社2000年版，第21—22页。

② 参阅［德］卡尔·白舍客：《基督宗教伦理学》第1卷，静也等译，上海三联书店2002年版，第384—385页。

在受苦受难中满怀信心地期待着神恩，期待着得救，期待着永恒的幸福；“爱”就是对上帝的爱，爱上帝就是对上帝的倾慕，就是与上帝的接近和沟通，并最终达到与上帝的统一。爱是一切德性的总纲。没有对上帝的爱，就不可能有严格意义上的德性。在一切德性的定义中都包含着对上帝的爱，这并不是因为爱在本质上就是一切德性，而是因为一切德性都要以某种方式依赖于对上帝的爱。德性必须以爱上帝为中心，只有这样，才能为整个灵魂确定基本的方向和建构明晰的秩序。因为，上帝是道德的根基和源泉，上帝是神圣的，是善的，而且是有力量的。道德原则或规范被设定为上帝的命令，信、望、爱等德性是上帝赐予人的。“爱”德强调对上帝神圣性的服从，爱上帝要通过遵守和践履上帝所颁布的戒令才可体现出来，道德的善本质上就是对上帝的服从。由此，基督伦理往往借助于封建社会生活中的等级制度概念和角色概念来论证它的道德信念和道德原则，它的德性概念是被“放在一种律法的框架中来解释的……德性既是自然律法的戒律的表达又是服从自然律法的戒律的一个工具”，这就使“谦卑在德性中有了它自己的地位”①。基督伦理立足于“原罪”和“拯救”的立场，以“三主德”为基本德目，倡导诸如“恭敬”“忍让”“仁慈”“谦让”之类的柔性德性。

基督伦理通过“上帝”，从世俗秩序中为信徒争取内在精神自由。它力图把个体安顿在自己的“良心圣殿”里，在这里，人有着对自由的最初感受和追求。但是，由于基督教会在世俗界代行着上帝的权力，教会以精神自由的名义向世俗国家争取的自由是“教会的自由”，而不是信徒个人的自由。教会在它的权力范围内对信徒的内在精神世界实行最为严厉和最严密的控制。人的惟一的意志自由就是信仰，或是不信。服从上帝的意志是善之根源，屈从自己肉体的意志就是犯罪的根源。基督教伦理把后一种意志也归于魔鬼撒旦的

① ［美］麦金太尔：《伦理学简史》，龚群译，商务印书馆2003年版，第164—166页。

诱惑，这就取消了人的一切行善、作恶的自由意志，人成了在上帝与魔鬼之间被撕扯着的一具木偶。所以，恩格斯说："基督教日耳曼世界观以抽象的主体性，从而以任意、内在性、唯灵论作为基本原则同古代相对抗；但是正因为这种主体性是抽象的、片面的，所以它必然会立刻变成自己的对立物，它所带来的也就不是主体的自由，而是对主体的奴役。抽象的内在性变成了抽象的外在性，即人的贬低和外在化。"[①]所以，人在基督教伦理中并没有获得真正的精神自由和道德自由。

（三）儒家伦理：德性理想主义与伦理中心主义

儒家伦理是中国传统伦理思想的主体，儒家伦理思想是围绕"仁"与"礼"展开的。对"仁"与"礼"的关注，使儒家伦理理论呈现出两大理论类型，即以仁为核心的个体心性伦理和以礼为核心的社会政治伦理[②]。个体心性伦理围绕的思想主题是如何使个体走向人格的完善，它关涉个体身心安顿、理想寄托等人生价值问题。个体心性伦理表现为"三纲八目"。个体心性伦理在春秋战国时代（子思和孟子为代表）和宋明两朝（陆九渊和王阳明为代表）具有特别的生命力，它对于古代知识分子的影响最为深刻，维持着社会精英阶层的价值世界，具有一种促使人们追求理想生活的动力功能。社会政治伦理围绕的思想主题是如何使混乱的社会走向秩序井然的社会，社会政治伦理表现为"三纲五常"。它在春秋末期至秦汉时期（荀子和董仲舒为代表）和明清之际（王夫之、黄宗羲、顾炎武为代表）较为活跃，影响着政治家和社会各个阶层的价值观，维系着古典中国的政治秩序，支持着古典中国的礼教结构，制约着大众的社会行为。在儒家伦理思想中，个体心性伦理与社会政治伦理具有互补性。个体心性

---

① 《马克思恩格斯文集》第1卷，人民出版社2009年版，第93页。

② 对儒家伦理的这种分类和理解主要借鉴和吸收了任剑涛《道德理想主义与伦理中心主义——儒家伦理及其现代处境》（东方出版社2003年版）一书的有关内容，参阅该书第12—32页。

伦理支撑着古典中国的理想道德世界和理想政治世界，适应着古典中国社会运行对于德性和自由精神的需要；社会政治伦理支持着现实社会、现实政治的有序运作，发挥着社会政治的控制功能。在中国古代社会，个体心性伦理与社会政治伦理的内在统一，发挥着整合人心秩序与社会秩序的两相关联的作用。

就儒家伦理的整体而言，个体心性伦理是其伦理学的根基和前提，是其伦理学的“本”，而社会政治伦理则是其伦理学的目的和归宿，是其伦理学的“用”。“礼”本来是以血缘为基础、以等级为特征的氏族统治体系，是对个体成员具有外在约束力的一套习惯法规、仪式、礼节、巫术等。原始儒家释“礼”（规范）为“仁”（德性），强调从人己相关性，尤其是血缘亲情关系的角度理解德性问题。“弟子入则孝，出则悌，谨而信，泛爱众，而亲仁”（《论语·学而》），“君子笃于亲，则民兴于仁”（《论语·泰伯》），“亲亲，仁也”（《孟子·尽心上》），“仁之实，事亲是也”（《孟子·离娄上》），“爱无差等，施由亲始”（《孟子·滕文公上》），等等，都体现了这一点。孟子以“不忍人之心”作为德性的本体论根据，强调德性的“不学而能”、“不虑而知”的自足本质。儒家把“礼”的要求直接归结为亲情之理，诉诸人的心理依靠，把“礼”从外在的规范约束解说成人心的内在要求，使伦理规范与心理欲求融为一体，“礼”由于取得了心理学的内在依据而人性化。这样，原始儒家就把外在的礼仪规范改造为一种文化—心理结构，使之成为人的自觉的自我意识。它把仁归之于个体自我的内在情感欲求，试图从道德主体自身寻求道德价值之源，否定了那种把道德归之于鬼神等外在权威的强制的他律道德。

儒家的性善论预设昭示了仁义礼智等德性内在于人性，肯定了人的从善的可能性，给人的道德努力留下了地盘。既然德性内在于人，每个人都有善性良知，因而也就有承担和履行道德责任的能力。这是对道德主体意志自由的确证，肯定了个体自我具有独立于外在权威、鬼神强制的道德选择的自由。儒家强调道德领域中个体人格的独立性、主动性和自觉性，“为仁由己，而由人乎哉”（《论语·颜渊》），“仁远乎哉？我欲仁，斯仁至矣”（《论语·述而》），“仁，内也，非外也”（《孟子·告子上》）。自由的道德人格是在学习和教育中养成的，“君子无终日之间违仁，造次必如是，颠沛必如是”（《论语·里仁》），“仁以为己任，不亦重乎，死而后已，不亦远乎”（《论语·泰伯》）。孟子强调，没有后天的自觉学习和培育，没有个体的自主抉择，先验的“善”就会被淹没。他的“养浩然之气”意在强调个体自由意志的养成，“气”本质上是一种凝聚了理性的感性。

儒家伦理以“君臣、父子、兄弟、夫妇、朋友”五伦为坐标，建构了一个人伦关系网络，并规定了个体在人伦网络中的义务，要求人们在各种伦理关系中“安分守己”，恪尽自己的道德义务。“做人”成为个体的最高道德追求，使个体意识到他的位置、价值和意义就存在于与他人的一般交往之中即现实生活世界之中。在现实生活的人伦关系中，个体便可以达到社会理想的实现、个体人格的完善、心灵自由的满足和安慰。但是，由于封建专制主义社会结构的实际影响，儒家的这种伦理设计在现实运行中使个体人格依附并统摄于人伦之中，人伦观念取代了独立人格的观念，个体的行为处于过多的伦理原则和伦理规范的制约之下，其道德行为失去了应有的自由。它的人性善预设所隐含的人格平等，在现实中也蜕变为人们在各自的不平等的伦理地位与伦理关系中“安伦尽分”的平等，每个人的“伦”不同，“分”也就不同，但在“安伦尽分”的德性和德能上却是相同的，即孟子说的“良知良能”。这种“安伦尽分”的德性与德能所建立和实现的恰恰是伦理上的不平等。事实上，由于儒家学说成为专制主义社会的意识形态根据，决定了儒家伦理从整体上走向了为专制社会进行伦理辩护的义务论方向。它以对现存社会秩序的认同与肯定为出发点，对个体提出相应的道德规范要求，强调社会道德规范体系的建构，把是否遵守这些道德规范作为评价个体行为正当性的依据。对于个体来说，履行这些道德规范是其不可推卸的道德义务，也是个体获得社会成员资格的必要条件。

传统儒家伦理讲人的意志,但“注意的是意志的‘专一’的品格;而对意志的‘自愿’的品格,并没有作深入的考察。孔子哲学的最高原理是‘天命’,他以为要‘知天命’、‘顺天命’,而后才能‘从心所欲不逾矩’。这样讲人的自由,实际上已陷入宿命论了。后代的儒家正统派为了替封建专制主义辩护,更加忽视了自由是意志的自愿选择这一点,更加发展了宿命论”①。在古代中国,人们把“自觉奴性”混同于自由意志,“中国士大夫循理而行时主观上并不感到他律的痛苦,这决不是因为他们极大地伸张了个人的自由意志,而恰好是由于他们自觉地预先克服和取消了自由意志;他们所感到的光荣也决不是个人人格的尊严,而是由于‘替天行道’而分享了凌驾于任何个人之上的天道规律(如三纲五常)的威严”。他们不过是“一个替天行道的偶人”②。

更进一步看,如果一种现存的社会秩序或伦理规范本身就是不合理的,那么,单纯强调个体德性的完善则只会强化这种不合理。个体德性至善应当包含对社会至善的要求与追求,如果社会秩序成为只能效法、不容置疑的、尽善尽美的神圣母体,那么,怀疑和批判的精神就不复存在,个体德性完善就失去了自由精神的支撑和社会氛围的支持。事实上,儒家的个体心性伦理总体上演变为一种纯粹的个人“修身养性”的私德。人们惟一的平等是道德人格的平等,人们惟一的能动性是道德的能动性,惟一的权利是修身养性的权利,至于个体社会人格的主体性、个体的物质利益、个体的社会权利和政治权利是不存在的。这种伦理价值取向必然产生个体德性与社会至善的矛盾,产生个体进取与社会秩序的内在冲突,使伦理规范最终蜕变为鲁

---

① 冯契:《中国古代哲学的逻辑发展》上册,上海人民出版社 1983 年版,第 50—51 页。

② 邓晓芒:《灵与舞——中西人格的表演性》,东方出版社 1995 年版,第 207、211 页。

迅先生所说的“吃人”的工具。

由上可见,儒家伦理存在一个内在矛盾,即德性理想主义与伦理中心主义的矛盾。这个矛盾实质上是道德自由与伦理规则的矛盾。社会政治伦理的伦理中心主义取向,消解了个体的利益诉求和自由理念,无视个人德性表现的条件性和差异性,把个人德性的表现异化为一种对个人自由生活的严格约束。儒家伦理学也一直致力于弥合个体心性伦理与社会政治伦理之间的内在冲突,比如,它把对德性的理解与以血缘关系为基础的宗法观念联系起来,与政治一体的统治原则联系起来,与“天人合一”原则联系起来,希望由此实现“内圣外王”的道德理想和政治理想。但是,由于政治的铁一般的运行规则,“外王”只能是一种虚幻的理想。所以,“在经典儒家那里,欺骗性并不是文化设计上的一种故意。儒家政治伦理化的努力具有理想性,由于在政治社会中这种理想无法实现,就具有空想性,而当他们把这种空想用来教化老百姓时,便具有了欺骗性。理想性—空想性—欺骗性,就是儒家伦理的三部曲”①。

道家伦理是中国传统伦理的重要构成部分。道家伦理以超脱为特征,这种超脱一方面是从人伦关系中的超脱,一方面是从道德义务中的超脱。着重解决两个问题,一是在纷繁的人伦关系和无常的社会人生中,如何保全自己的身,达到保身、全生;一是在人伦束缚中如何实现自己的精神自由。在道家的伦理世界中,自由表现为“游心”与“游世”的统一。一方面,要在精神上达到超脱尘世的绝对自由;另一方面,在现实生活中往往又“身不由己”,因而玩世不恭。它以身心二元分离为逻辑前提,在保身中追求精神的逍遥与超脱,“形随俗而志清高,身处世而心逍遥”。但“道家伦理精神,以愤世为逻辑起点,由愤世而厌世,由厌世而隐世,由隐世而顺世,最后形成的人生态度就是玩世。愤世—厌世—隐世—顺世—玩世,就是道家伦理精

① 樊浩:《中国伦理精神的现代建构》,江苏人民出版社 1997 年版,第 26—27 页。

神的生长逻辑"[1]。老庄的所谓精神自由无非是要取消人的意志自由乃至于任何意志,是一种"无意志的自由",这种自由只能导致麻木和无所谓,"有人之形,无人之情。有人之形故群于人。无人之情,故是非不得于身"(《庄子·德充符》)。包尔生指出:"伦理学不会对任何那种等于无规律无条理的内部生命的自由感兴趣,相反,这种绝对孤立的成分的出现,这种与过去将来都毫无因果联系的决定,只是意味着意志的错乱和颠倒,甚至意味着精神的完全毁灭。"[2]道家伦理以消极个人主义的方式解决道德矛盾,其直接的社会效果是社会责任感的匮乏,只求自我解脱,使人成为随波逐流的庸人,不能实现人格的升华,人伦的改善,社会的至善,往往培养出一批老于世故、玩世不恭之徒。

总之,"从严格意义上说,中国传统文化中并没有对真正道德的意识,而只有对伦理的意识,因为人们还只是把所谓道德、德性看作一种天然的'性格',而不是一种自由意志"[3]。因而,在中国历史发展的一定阶段和一定程度上,道德不但没有成为提升人们精神境界的动力,反而成为限制一切生活事物得以正常进行的负担。

从中西伦理思想史来看,前现代伦理总体上是一种德性伦理,表现出较强的目的论倾向。但它往往成为一种为等级社会或专制社会进行伦理辩护的精英伦理或统治伦理。围绕"人的德性如何转化为德行"的问题,中西古典伦理提出"中道"原理予以解答。比如,孔子的"中庸"学说、孟子的"权变"观点、亚里士多德的"中道"理论等等,都旨在告诉人们,德性落实于具体环境和行为境遇中,就表现为人们能在"过"与"不及"之间作出公正的理性的权衡。但他们又认

① 樊浩:《中国伦理精神的现代建构》,江苏人民出版社 1997 年版,第 42 页。
② 转引自[美]梯利:《伦理学导论》,何意译,广西师范大学出版社 2002 年版,第 213 页。
③ 邓晓芒:《灵与舞——中西人格的表演性》,东方出版社 1995 年版,第 181 页。

为，一般人不可能完全掌握和正确运用这种"中道理性"，只有极少数贤者或圣者才能拥有它和运用它。因而，古代伦理是一种上等人的伦理理论。

上层统治者没有获取物质生活资料的现实压力，他们有条件把"修身养性"作为生活的内容和目标。但是，统治者推崇这种德性伦理，强调个体德性修养，有着更为根本的政治教化企图。那就是转移被统治者争取经济、政治和文化平等的注意力，抑制人们的利益追求、权利诉求和自由理念，维护既定的社会结构和自己的统治。所以，作为一种道德学说，这种德性伦理又被泛化为普遍化的要求。无论是在柏拉图的社会正义秩序伦理中，还是在中国传统儒家的人伦亲情伦理观念中，个人的独立和自由都受到了严格的限制，并不具备真正的自由意义。这种限制主要来源于两方面，一是严格的不平等的社会等级结构，它限制着个人的权利分享，将个人行动或活动的范围限定在不平等的社会等级秩序内；二是个人自身的能力，即缺乏真正普遍的民主观念和权利意识。这种限制严重影响了个体德性的养成与发展。

三、现代规范伦理的价值取向

麦金太尔认为，启蒙理性对宗教的世俗化处理抽去了道德哲学体系赖以成立的先验基础，即"认识到自身真实目的后可能成为的人"，也即理想人格因素。于是，新的目的——基于"未经教化的人性"之上的功利主义，新的绝对——基于"道德戒律"之上的康德义务论，应运而生。但这两种因素是不协调、不吻合甚至相矛盾的。在麦金太尔看来，现代道德困境根源于，现代道德所蕴含的人性概念与道德禁令二者之间存在着的内在矛盾。借用我国学者的概括①,这种矛盾表现为,功利主义的价值取向是“顺应自然,满足人性”,也就是说,凡是自然的,都是应当满足的;道义论的价值取向是“征服自然,确立人的自由与尊严”,也就是说,凡是自然的,都是质料或半成品,是有待改造的。前一种倾向更与消费有关,是感性纵欲的;后一种倾向更与生产有关,是理性控制的。这两种倾向都是现代性的核心特征,但二者是内在冲突的。

(一)功利伦理:工具主义德性与个性自由

从霍布斯(Thomas Hobbes,1588—1679)到洛克(John Locke,1632—1704),自然法理论一直支配着西方的道德哲学。思想家们坚信自然法为个人道德生活提供了充分而明确的法则,理性将这种法则以普遍的形式昭示于所有人的心中。从16世纪开始,诉诸理性的自然法理论代表着一种对权威的反叛,代表的是一种摆脱宗教枷锁、重返自然的解放。但到了18世纪,这种不证自明的理性的自然法理论已经不能适应时代发展的需要,自然科学的进步迫使社会科学家们修正自己的理论。孟德斯鸠(Charles de Secondat Montesquieu,1689—1755)首先提出,一个国家的政治结构和法律制度与理性无关,是由人们的生活环境决定的;卢梭从诉诸理性转向诉诸情感,将理性看做情感的奴隶;休谟通过对“事实”与“价值”的划界给自然法理论以毁灭性的打击,他认为人的行为有无价值,不在于它是否合乎理性,而在于它是否符合人们的意愿或爱好,道德规范不是永恒的理性真理,而是在经验不断重复基础上形成的习惯,这些习惯与人的生存需要直接相关。道德规范或德性可以从人类学和心理学中得到正确的解释,它不存在形上根据,只能诉诸经验。

功利主义伦理学认为,道德价值不可能在理性的先天规定中找

① 参阅包利民等:《现代性价值辩证论——规范伦理的形态学及其资源》,学林出版社2000年版,第29—35页。

到自己的根据,感觉经验才是道德价值的来源。它认为,行为的道德价值要以行为所产生的结果(快乐或痛苦)来衡量。功利主义把自然性的经验事实(即人的欲望和感性需要)作为道德的价值内涵,把求乐避苦作为人类道德行为的最深刻动机,认为,道德即幸福,幸福即欲望满足和感性快乐。它试图从人的"想要"(快乐)这一经验事实,推出人的"应该"(追求利益)这一道德判断,把道德标准归结为对快乐和痛苦的体验。功利主义给自己预设了一个既非自由又非德性的逻辑前提,即人的自然肉体的构造,人的生物学规律或本能。人基本上被看做一个受自然规律支配的动物,而那超越自然之上的理性,只不过被用来使人的自然本能得到比动物更大、更丰富多彩的满足而已。在这里,自由实际上被等同于人身上的自然,被看成是受自然必然性支配的属性,自由就是人们追求"自己好处"最大化的行动不受干涉;德性则被还原为一种高级本能,一种高级的"道德情感",是人对自己在功利最大化过程中所获得的快乐或幸福的一种合乎理性的主观调整。功利主义把经验事实("快乐")与道德判断("应该")直接等同,把人生设想为没有比快乐更高的目的,主张以最大快乐的总量为行为的道德标准,倡导使功利最大化的积极进取的生活态度。

功利主义是一种后果论或效果论,它把功利或实效作为判断一切的标准。在德性与功利的比较中,德性退居次要地位。德性成为个人获得功利的手段,显得无足轻重。在功利主义者看来,"假如诚实的外表能达到相同的目的,那么有一个诚实外表就够了,过多的这种美德只能是不必要的浪费"[①]对德性的这种工具主义理解,为那种追求个人利益而不择手段、不承担责任的道德相对主义、个人主义的盛行播下了种子,埋下了祸根。把人类丰富多样的价值归为同一种

① [德]马克斯·韦伯:《新教伦理与资本主义精神》,于晓等译,三联书店1987年版,第36页。

公式化的东西，即快乐和幸福，曲解了人类社会真正的、全面的、丰富的、多种多样的实践活动。其结果是，道德实践中感性快乐追求的过度膨胀与情感或精神需求满足的相对萎缩，人的发展出现了情感的萎缩和内在精神追求的缺失。

功利主义对自由之于人性的发展、个性自由之于德性的养成的重要性有深刻的认同和理解。它认为，无论是消极意义上的自由，即为个人提供不受外界过多干涉的自由空间和外在条件如言论自由、思想自由等，还是积极意义上的自由，即个性的自由发展，都可以在功利价值中获得其合理性。就消极的自由而言，“只有从内心认识到平等发表各种见解的自由对人类的重要意义，由此产生的宽容才是唯一值得称赞的宽容，或者可以说是值得称为符合人类精神上最高道德标准的宽容”①。就积极自由而言，个性的自由发展乃是福祉的首要因素之一，这不只是和能够被称为文明、教化、教育、文化等一切东西并列的一个因素，而且它自身又是所有那些东西的一个必要部分和必要条件。相应于每人个性的发展，每人也变得对自己更有价值，因而对于他人也能够更有价值。他在自己的存在上有了更大程度的生命的充实；而当单位中有了更多的生命时，由单位组成的群体中自然也有了更多的生命。在功利主义者看来，只有当人们能够按照他们自己的希望，按照只与他们自己有关的方式去生活的时候，人类的文明才能获得多样化的发展，人的自主性、创造性和心智能力才能够得到发挥。人性不是一架机器，不能按照一个模型铸造出来，又开动他毫厘不爽地去做替他规定好了的工作；它毋宁像一棵树，需要生长并且从各个方面发展起来，需要按照那使它成为活东西的内在力量的趋向生长和发展起来。进步的惟一可靠而永久的源泉还是

---

① ［英］约翰·密尔：《穆勒自传》，吴良健、吴衡康译，商务印书馆1986年版，第38页。

自由,因为一有自由,有多少个人就可能有多少独立的进步中心①。从总体上说,追求自由是符合功利主义的伦理要求的。

在功利主义看来,自由对于人的德性成长具有重要作用。“没有人会抱有这样一个观念,认为人们行为中的美德只是彼此照抄”,“自由若得不到承认,或者若无人不顾禁令而加以力主,那么在人的智性方面并从而也在人的德性方面便有毁灭性的后果”②。没有思想自由和言论自由的社会会塑造出畸形的人。一方面,社会压制了富有正义感和道德感的人,使许多本来可以有益于社会和人民的思想不得不默默地埋在心中;另一方面,社会又造就出这样一些人,他们不是滥调的应声虫,就是真理的应时货,他们所说的一切都是为了迎合公众而不是自己真正信服的东西。密尔认为,在他所处的时代,人们比以前更倾向于“指定行为的普遍规律,并力图使每人都适合于被认可的标准”,而这些标准的“作用只在把人心硬化和僵化起来以挡住投给人性更高部分的一切其他影响;其力量只表现在不容任何新的和活的信念进入人心,而其本身则除作为一名哨兵监守心脑使其空虚以外也对它们别无任何作为”③。

功利主义在寻找终极价值或目的时,进行了两步还原,把正当或道德还原为“好”,再把好还原为快乐,而且更多的是一种感性快乐。功利主义提出还原论的目的,一是为了获得一元论,在伦理学中确立统一的评判标准,以帮助人们在遇到道德两难时做出决定;二是还原为快乐的做法可以使得在终极目的的内容上不规定实质性的统一标准,“快乐”被选为“终极价值”,正是表达了现代性的特点,即在价值上不做任何统一规定或限定,以达到开放、多元和自由。每个人都有自己的终极价值,“快乐”只不过是任一终极价值之后的效应或之前

① 参阅[英]约翰·密尔:《论自由》,程崇华译,商务印书馆 1996 年版,第 63—76 页。

② [英]约翰·密尔:《论自由》,程崇华译,商务印书馆 1996 年版,第 59 页。

③ [英]约翰·密尔:《论自由》,程崇华译,商务印书馆 1996 年版,第 74、43 页。

的手段。现代性道德惟一可以谈论的就是,个人为了实现自己的独特的终极价值所不可或缺的前提条件,至于终极价值本身,则是每个人视为自己的内在之好,是因人而异的,不能统一规定。但外在性的条件是共同的,是人人都可以达成共识的。从这个意义上说,功利主义确实代表着最为典型的现代性伦理学,它与罗尔斯等的权利义务论有相同之处①。

但是,由于以心理主义的联想原理为方法论基础,功利主义伦理学的许多道德判断会因判断者的个人差别而带有强烈的主观性。比如,对快乐本身的量的计算和质的辨别,往往诉诸个人的偏好或直觉,使道德判断最终依赖于人的内在洞察力,使伦理理论失去了应有的稳定性和内在一贯性,在实际生活中不但不能指导人的欲望或情感,反而为这些欲望或情感所制约,导致道德相对主义。功利主义理论上的这些内在缺陷在实践中很容易被庸俗化为不择手段攫取私利的人生态度,演变为享乐主义价值观,演变为道德虚无主义。黑格尔对功利论先驱伊壁鸠鲁的批评可谓是对整个功利主义伦理学非道德性质的批评,他指出:“如果感觉、愉快和不愉快可以作为衡量正义、善良、真实的标准,可以作为衡量什么应当是人生的目的的标准,那么,真正说来,道德学就被取消,或者说,道德的原则事实上也就成了一个不道德的原则了;——我们相信,如果这样,一切任意妄为将都可以通行无阻。”②

功用主义伦理学把“功利或幸福的最大化”作为其基本原则,但这种对“功利最大化”的追求可能导致一些违背基本道德原则的行为,在实际生活中可能出现为着利益的最大化而无视个体利益和个体痛苦,容许对少数人的自由与权利的粗暴干涉,这实际上是对个人

① 参阅包民等:《现代性价值辩证论——规范伦理的形态学及其资源》,学林出版社2000年版,第59—64页。

② [德]黑格尔:《哲学史讲演录》第3卷,贺麟、王太庆译,商务印书馆1978年版,第73页。

尊严的严重侵犯,是把人当做了手段。比如,如果将一个健康的人杀死,将其器官捐献给另外五个人,可以拯救这五个人的生命,这样做达到了功利的最大化,但它显然违背了基本的道德原则,而且侵犯了个人的利益和权利,这恰恰又是与功利主义的主旨以及它的自由原则相悖的。

功利主义伦理学的"功利或幸福最大化"要求,是以个人最大化自己的利益这种理性预期为基础的,但是,现代经济学理论的发展使人们对个人理性的普遍适用性产生了怀疑。"囚徒困境"说明了个人理性与集体理性往往不一致,在自由竞争的条件下追求个体利益的最大化并不一定就导致集体利益的最大化,比如"公地悲剧",这就与功利主义伦理所确信的个人利益的追求必然导致公益最大化的理念相悖。根源在于,功利主义把个人利益作为道德的根基,作为最大多数的个人利益总和的社会利益或公共利益,必须服从个人利益。正是根据这一观点,后来的一些社会经验主义者把社会利益或公共利益庸俗化为对个人利益的维护。还有,"最大多数人的最大幸福"是功利主义的总原则,这一原则在理论上内含双重最大化的要求,即幸福总量的最大化和所涉及的人数的最大化。但从现实看,这种双重最大化要求往往不能同时实现。而当这种双重最大化要求之间产生矛盾时,功利主义者往往更多地主张以"最大幸福"作为追求的对象。功利主义的这种价值取向,在实践中被置换为一种支持单纯的"利润最大化"理论和一种为不择手段地攫取私利的个人主义作辩护的理论。所以,恩格斯指出:"利益被升格为人类的纽带——只要利益仍然正好是主体的和纯粹利己的——就必然会造成普遍的分散状态,必然会使人们只管自己,使人类彼此隔绝,变成一堆互相排斥的原子。"①

① 《马克思恩格斯文集》第1卷,人民出版社2009年版,第94页。

(二)义务伦理:“自由是德性的存在理由”

现代道义论可以分为两种,一种是义务论,以康德为代表;一种是权利论,以罗尔斯等当代自由主义者为代表。义务论是内指型伦理,强调自我约束和自我牺牲,强调理性对于欲望的压制;权利论是外指型伦理,认为道德首先要关注的是外部“敌人”对个体自由和权利的侵犯,认为对权利进行制度性道德安排,是伦理学的首要目标。

西方近代的道义论继承了古希腊智者派的契约伦理思想和斯多亚派的自然法伦理思想,经霍布斯、洛克和卢梭的理论加工和完善,在康德那里达到了理论的完型,形成了一种义务论道义伦理。义务论伦理关注的中心是道德行为的动机,它把义务和责任作为其理论的核心概念,认为一个行为的善恶不是由这个行为所产生的后果所决定的,而是由这个行为的动机、行为本身的特性所决定的;它强调道德理性的基础性地位,把道德理性看做是道德行为的内在本质。义务论伦理学的基本原则反映在康德的下述言论中,“一切道德判断中最为重要的就是,格外准确地注意一切准则的主观原则,这样,行为的一切道德性才被安置在行为出于职责和出于对法则的敬重必然性之中,而不是安置在行为出于对行为可能产生的东西的热爱和倾心的必然性之中”①。

康德时代的伦理学家们面临的道德问题是,人的意志自由的失落,以及由此产生的人格危机。这一问题产生的根源在于,一方面,功利主义把功利视为德性和自由的根基,使自由演变为一种感性主义的“动物性的任意”(康德),使人成为一个“体验快乐的机器”(诺齐克);另一方面,启蒙运动以来的许多思想家,尤其是唯理主义伦理学家,把理性从根本上理解为一种“科学理性”,以科学的机械世界观推出“人是机器”的结论,否定了人的自由意志。而如果人的一切行为都是被决定的,道德问题也就被取消了。意志自由是如何可

① [德]康德:《实践理性批判》,韩水法译,商务印书馆1999年版,第88页。

能的？道德是如何可能的？这是康德面临的基本问题之一。从人学的角度看，这个问题表现为，人除了（功利主义和科学理性所注重的）自然属性和工具理性之外，还有没有能够真正体现人之为人的价值与尊严的"德性人格"问题？

康德继承了霍布斯、洛克、卢梭等人的伦理思想，尤其是卢梭的道德自由思想，它对康德具有直接的启迪意义。卢梭认为，"人生来是自由的，但却无处不在枷锁中"。人在自然状态中，是自然人，是最自由的，是最具道德和富有同情心的。但进入社会状态后，人被迫成为社会的人，人失去了在自然状态中的自由和本性，不平等的社会摧残了人性中的自然的同情心，使人变恶。人在社会状态中失去自由，成为社会的附属品，这是不道德产生的真正根源。"取消了自己意志的一切自由，也就取消了自己行为的一切道德性。"通过社会契约论，卢梭把道德归结为个体相互妥协所形成的一种"公意"，强调个体必须用这种"公意"来取代自己得之于自然界的生理意义上的自由和生命，使自己获得道德意义上的自由和生命。"唯有道德的自由才使人类真正成为自己的主人；因为仅有嗜欲的冲动便是奴隶状态，而唯有服从人们自己为自己所规定的法律，才是自由。"①

为了解决人的自由与人的人格尊严问题，康德首先通过划分现象与物自体的界限，把必然和自由划归现象与本体两个不同的世界，解决了自由与必然之间的二律背反，确立了先验自由的可能性。进而在此基础上解决了道德自由的根据问题。其次，他又通过把人理解为一种双重性格的存在物，把人的人格作为融通德性与自由的中介，解决了人格尊严与德性的本体问题。

通过划分现象与物自体，康德在理论理性层面上解决了必然与自由之间的二律背反。对这一悖论的解决，限制了科学知识的范围，摈弃了独断的传统形而上学，为理性的实践运用留下了地盘，理性的

① [法]卢梭：《社会契约论》，何兆武译，商务印书馆 1980 年版，第 16、30 页。

实践运用是人类道德的基础。同时,对科学知识的限制也意味着,自然的因果关系并不是因果关系的惟一形式,自由的因果关系也是可以思维的。从这个意义上讲,康德“哥白尼革命”本质上是伦理学的革命。它的真正意义并不是为科学作论证而是为道德自由作论证,它以不可知论而限制知识为道德自由留地盘,为伦理学提供了根本前提;它把理性从科学理性扩展到道德理性,用“德性就是力量”取代了“知识就是力量”的口号,在科学理性之上确定道德理性作为最高价值和人类理性的方向与主宰,建立了一种新的形而上学的“道德世界观”①。

康德确立先验自由其实就是把自由从经验的束缚中拯救出来,把它还给人的纯粹理性,使人获得先验的自由,使自由成为不以任何经验条件为转移的主体的道德意志,成为先验的实践理性的能力,也使道德成为一种内在命令。康德指出:“倘若人们还想拯救自由的话,那么只余下一种方法:将只有在时间中才能决定的事物,从而也把依照自然必然性法则的因果性单单赋予现象,却把自由赋予作为物自身的同一个存在者。”②确立了思辨的、宇宙论意义上的先验自由的可能性,并不等于就建立起了自由概念的实在性。只有证明自由是一类经验的先天的必要条件,它的实在性才能得到确立。在康德看来,这类经验就是人的道德经验。

人的道德活动是人的实践理性的领域,实践理性就是纯粹理性的意志功能,它是按照对于规律的观念、按照理性自身的法则而自己决定自己的行动的理性能力。如果人类理性只有理论理性的功能,那么它仍然不过是自然存在物,因为它不可能超越自然的限制而具有自由的品格。人类理性的实践运用真正体现了人之为人,人不同

① 参阅张志扬:《康德的道德世界观》,中国人民大学出版社 1995 年版,第 25—39 页。

② [德]康德:《实践理性批判》,韩水法译,商务印书馆 1999 年版,第 103—104 页。

于一切自然存在物的价值和尊严。实践理性涉及的是“我应该做什么”的问题。人之所以为人，人的尊严、价值和人格，不取决于我们知道什么，而取决于我们应该做什么以及怎样去做，取决于我们的意志自由和道德完善的程度。在康德看来，人为自然立法（知识），是人类理性的基本目的；人为自由立法（道德），则是人类理性的最高目的。人不同于动物，只知服从规律；人也不同于神，只知颁布规律。人是自己服从自己颁布的规律。道德的自律，使人获得了自由，也获得了做人的尊严和价值，并具有了真正的人格。

康德通过道德确立了自由概念的实在性，实际上也就挑明了道德与自由的内在联系。康德认为，自由是道德的存在理由，道德则是自由的认识理由。自由是道德的存在理由，因为，就存在次序而言，自由“逻辑上”先于道德法则，惟有在自由的基础上，道德法则才能成立。当且仅当人不仅仅是一种自然的存在，而且是一种自由的存在之时，人才有可能是道德的存在。道德的存在是“理性的一个事实”，它的普遍性和必然性来源于实践理性本身，自由意志把道德法则强加于自身，“道德法则无非表达了纯粹实践理性的自律，亦即自由的自律”①。道德是自由的认识理由，因为，在康德看来，自由概念是个否定性的概念，没有任何肯定的内容，自由概念本身是不能被直接意识到的，但道德可以揭示出这种自由。道德的存在表明，人不仅是感性世界的成员，而且也是理智世界的成员。这意味着，我们必须逻辑地从我们心中有一个绝对命令的事实推断出一个承担道德法则的自由意志。

从普遍道义论出发，康德认为，德性就是体现了抽象的道德法则的行为和意志，就是对道德法则的绝对命令的服从，也就是恪尽自己的“义务”。康德指出：“德性的唯一原则就在于它对于法则的一切质料（亦即欲求的客体）的独立性，同时还在于通过一个准则必定具

① ［德］康德：《实践理性批判》，韩水法译，商务印书馆1999年版，第32、34—35页。

有的单纯的普遍立法形式来决定意愿。但是,前一种独立性是消极意义上的自由,而纯粹的并且本身实践的理性的自己立法,则是积极意义上的自由。"[①]道德法则体现了人类理性之超验的自由本性,体现了人类理性作为自身原因性(自因)的本体属性。"有限的实践理性能够成就的极限,就是确信他们的准则朝着这个法则的无穷前进,以及他们向着持续不断的进步的坚定不移:这就是德行。"[②]对道德法则的服从,即德性的拥有,是人的自由本性的自我确证。

为了保证德性的自由本质,康德拒斥任何感性经验对于德性的侵蚀。他认为,德性是与功利或幸福无涉的。因为,幸福是经验的和感性的,德性则是超感性的和理性的;幸福归根结底是个人性的、个别性的和不确定的,对它不可能形成一条普遍的法则;幸福所追求的对象与意志的关系乃是对象决定意志,意志服从对象,这只能产生他律性。没有自由,就不会有道德法则,更不会有德性。幸福的获得靠知识、能力和机遇,而作为对道德法则的服从的德性,却是人自己的人格就能决定的,既用不着训练,也不靠机会,它是绝对的,来自于理性的绝对命令。如果允许感性经验混杂到道德法则中来,那就会败坏德性,就会把德性降低为一种牟取幸福的手段。在康德那里,德性并不向人们承诺幸福,德性与幸福之间没有必然的联系,德性只是人们配享幸福的价值,实际上有无幸福,则是另一回事。但康德并不否认人们有追求幸福的权利,而只是要求人们必须放弃把感性经验或幸福作为道德动机的权利,对道德法则怀一种"敬仰和敬畏"的态度,使人们在做出德性的抉择时能够保持纯粹意志自由。所以,他说:"幸福原则与德性原则的这种区别并不因此立即就成了两者的对立,而且纯粹实践理性并不希望人们应当放弃对于幸福的要求,而

① [德]康德:《实践理性批判》,韩水法译,商务印书馆1999年版,第34页。
② [德]康德:《实践理性批判》,韩水法译,商务印书馆1999年版,第34页。

只是希望一旦谈到职责，人们应当完全不瞻顾幸福。"①德性不是要脱离各种各样的感性动机，而是要超越它，从而升华到"纯粹"的道德领域。

当然，康德也清醒地意识到，人是一种感性和理性的双重性格的存在物。人生活在现象界，也生活在本体世界。人作为现象存在是不能自我创造的，他受制于外在的必然性，人脱离不了感性的世界，人类的理性无时无刻不受到其经验的品格的限制。在实际生活中，受感性决定的自我，往往"仍然仿佛造就了我们整个的自我，而试图首先提出它的要求并且使它们成为首要的和始源的要求"。因而理性自身确证的道德法则就不是必然会被遵守的法则，而是"应该"被遵守的法则。但是，人作为本体存在是能够自我创造的，因为在本体世界，一切存在都是尚未发生的，先验的自由是可能的。人有权认为自己是自由的。一旦人把自己当做本体的存在，认为自己是自由的同时，他也就必须承认自由的后果即道德，承认作为本体的理性的人应该对作为现象的感性的人进行束缚，自由的行为必然要对行为的后果承担责任。

为了"拯救自由"，进而真正实现人的人格尊严和价值，人们不论愿意与否，他们都必须戴上道德法则的"束轭"②。负荷道德法则的"束轭"就是尽责，于是，康德提出了职责概念。职责乃是来自理性的呼声，具有客观必然性，对人具有强制性，是一种义务。但这种职责是人的天职，是人应该并且也能够承担得起的，"因为这束轭是理性本身给我们套上的，所以依然是柔软的"③。这种职责的尊贵渊源于人的"人格"，这种人格就是"超越了整个自然的机械作用的自由和独立性，而这种自由与独立性同时还被看作是存在者委身于特

① ［德］康德：《实践理性批判》，韩水法译，商务印书馆1999年版，第101页。
② ［德］康德：《实践理性批判》，韩水法译，商务印书馆1999年版，第80页。
③ ［德］康德：《实践理性批判》，韩水法译，商务印书馆1999年版，第92页。

殊的、即由他自己的理性所给予的纯粹实践法则的能力"[①]。这种人格实质上就是理性自我对感性自我的超越,对于每个理性存在者来说,具有"人格"就意味着,他们必须遵从这样的法则,即"不论是谁在任何时候都不应把自己和他人仅仅当作工具,而应该永远看作自身就是目的"[②]。也就是说,"我们始终那样的活动着,以至把构成我们的人性的力量,决不单纯地看做是一个手段,而且同时看做是一个目的,即作为自在的善的实现和检验的力量,并且在善良意志的道德力量那里,在所有世界里自在地绝对善的东西"[③]。如果人人都遵从这一法则,那么就会产生一个由这一法则约束起来的目的王国。在这个王国,人只受那些他自己制定的法则的约束,因而这是一个自由的王国。"人是目的"的道德命令,为自由提供了最为确定的道德内容,它表明了,人是绝对不许受人随意摆布、受到奴役的,而是必须受到尊重的对象。如果一个人希望自己是自由的,他就应当把自己和别人都当做绝对的目的。

义务论伦理学强调理性在道德领域的能动性,强调意志自由与道德的内在关联性,强调道德法则的至上性和神圣性,强调人凭借自己的道德力量和道德感受力能够成为拥有善良意志能力的主体,强调人的责任和义务的崇高性和绝对性,等等。义务论伦理学的这些观点对人们的行为构成了比功利论伦理学更为严格的限制,表现出对道德更为有力和纯正的弘扬。它强调道德的崇高性、绝对性和纯洁性,在一定意义上,校正了功利主义的经验主义倾向,有助于抑制道德生活中个人主义、享乐主义、情欲主义的泛滥。

但义务论伦理学走过了头,走向了极端理性主义,表现出强烈的

---

① [德]康德:《实践理性批判》,韩水法译,商务印书馆1999年版,第94页。

② [德]康德:《道德形而上学原理》,苗力田译,上海人民出版社2002年版,第86页。

③ [美]约翰·罗尔斯:《道德哲学史讲义》,张国清译,上海三联书店2003年版,第257页。

道德规则主义、道德形式主义和道德独断主义倾向，有可能彻底割断道德与生活、道德与人生之间的内在联系，使道德成为完全枯燥、空洞和生硬的东西，成为吃人的教条。康德认为，自由意志动机是纯形式的，与一切经验冲动无关，强调只有理性的实践（道德）法则决定意志动机，强调理性的自由律令是一切道德法则的形式条件，它是普遍有效的。他排斥任何感性经验对于道德法则的侵袭，他说的道德自由也只在于超出感性经验的范围，获得一种形式上的普遍性。对此，黑格尔提出批评："什么是这个道德律的内容呢？这里我们所看到的又是空无内容。因为所谓道德律除了只是同一性、自我一致性、普遍性之外不是任何别的东西。形式的立法原则在这种孤立的境地里不能获得任何内容、任何规定。这个原则所具有的惟一形式就是自己与自己同一。"①这样一来，康德就使伦理学这门本来很富有实际意义的学科变为冷冰冰的道德形式。他没有看到，任何形式化准则的普遍意义只能在实践经验领域中体现出来，并受到实践经验的检验。康德义务论是作为对所有道德的解释被提出的，但在生活的很多场合并不出现义务论问题。如果一切通过"绝对命令"的事情都是义务，而人又必须为义务而义务，那么必然会使生活清教化，也会使义务平庸化。

康德把人的人格作为融通自由与德性的中介。但康德的人格概念是分裂的，他把人的自我分为两个部分，即经验性的或动物性的自我与理性的或真实的自我，并认为，自由的实质在于理性的自我引导，只有用真实的自我压抑和超越感性的自我时，人才能获得自由，达到自我主宰的道德自由境界。但这种人格分裂的人，只"是一个纯粹概念，它不但纯粹掉社会关系，也纯粹掉血肉机体，甚至连人这个词都嫌太重浊了，而泛泛称之为'有理性的东西'。先天论的德性

① [德]黑格尔：《哲学史讲演录》第4卷，贺麟、王太庆译，商务印书馆1978年版，第290页。

论,宛如一束断了线的气球,高入云端,五彩斑斓,熠煌耀眼,但永远落不到实处”[①]。以这种人性概念为基础的德性原理,只能是一个“应该”,实际上并不是人人必定遵守的,对现实世界来说,它的实际力量并不是很大的,它只是在理论上为理性所要求的一种理想。这种德性原则具有浓厚的道德理想主义色彩,它虽然十分威严,但又是十分抽象的,毫无具体内容。对此,黑格尔提出了批评意见:“惯于运用理智的人特别喜欢把理念与现实分离开,他们把理智的抽象作用所产生的梦想当成真实可靠,以命令式的‘应当’自夸,并且尤其喜欢在政治领域中去规定‘应当’”,而“如果这个世界已经达到了‘应当如此’的程度,哪里还有他们表现其老成深虑的余地呢?”[②]

(三)权利伦理:“自由(权利)优先于德性”

以罗尔斯为代表的新自由主义对近代古典自由主义进行了全面的修正[③],这种修正在伦理学上的总体表现就是,新自由主义者试图用一种社会正义规范伦理学替代古典功利主义伦理学和康德式义务论伦理学。新自由主义伦理学把社会基本结构或社会制度的正义性问题作为其理论研究的主题,试图为社会制度的公正安排提供伦理根据,它实质上是一种制度伦理学。但是,新自由主义伦理学的最终目标与古典自由主义伦理学是一致的,即为个人自由和权利进行伦理辩护,为自由理念寻找更为坚实的伦理根据。在对这一最终目标的理论求解过程中,新自由主义伦理学修正了古典自由主义伦理学关于德性与自由及其关系问题的观点,表达了新自由主义在这个问题上的新思考、新看法和新观点。

---

① 苗力田:《德性就是力量》,见[德]康德:《道德形而上学原理》,苗力田译,上海人民出版社2002年版,《代序》,第37页。

② [德]黑格尔:《小逻辑》,贺麟译,商务印书馆1981年版,第44—45页。

③ 廖申白先生就罗尔斯《正义论》对古典自由主义的修正,作了很精当的阐述,从中可见新自由主义伦理的创新之处。参阅廖申白:《〈正义论〉对古典自由主义的修正》,载《中国社会科学》2003年第5期,第126—137页。

以密尔等为代表的古典功利主义和以康德为代表的义务论伦理学，无论其具体道德立场和伦理观点如何，它们在德性与自由及其关系问题上，有一个共同的缺陷。它们总是依赖于某种先定的道德预设或德性原则来解释自由理念及其根据，这种道德预设或德性原则根本上是个体主义的，在功利主义那里是“自然的个人”，在义务论那里是“理性的个人”。而且，这种预设往往服从于思想家们预先判定的某种理论结论。其结果，正如前述，古典自由主义伦理学既没有为个体自由建构起具有现实合理性的伦理根基（功利主义从个体利益原则扩展出社会公益合成原则进而得出为了社会功利总额的最大化可以损害个体自由与权利的结论，康德从个体意志自由扩展出道德法则的绝对命令进而得出只有完全无视人的感性需要或幸福才能保持义务的纯粹性和绝对性的结论），又因它们的道德预设内蕴着人格的功利化（纯粹实利化）或理性化（纯粹理想化）倾向，从而损伤了德性存在的主体根据。

无论是从何种道德预设或德性原则出发，古典自由主义伦理学家都会面临一个理论难题，即根据这种先定的具有明显价值倾向的道德预设或德性原则，如何推出具有客观普遍性和正当合理性的伦理学结论？事实证明，任何从某一先定的道德价值立场出发对道德所作的解释，都只能是特殊主义的。如果仅仅停留于这种特殊主义的道德立场，就会导致道德相对主义和道德虚无主义，古典功利主义的发展具有这样的倾向；如果企图把这种特殊主义的结论普遍化，则会走向道德独断论和道德专制主义，康德义务论的发展具有这样的倾向。这两种结果恰恰与自由主义伦理学所追求的自由和公正的社会伦理理想相悖。

新自由主义伦理强调个人自由（权利）压倒一切的优先性，认为个人自由（权利）不依赖于个人的道德价值或德性观念，每个人都有各自的目的、利益和对道德的感知，人们都在寻求一种正义的权利框架，它能使我们实现自己作为自由的道德人的能力。在罗尔斯看来，将自由(权利)置于道德之上就是将善置于权利之前,这会产生无视人的价值与尊严的后果;对于诺齐克(Robert Nozick,1938—2002)来说,将权利与道德价值相联,将会削弱人们所选择的自由。

总体上看,新自由主义伦理是一种权利论的道义论伦理。它与义务论的道义论伦理有共同点,但也有区别。"以权利和义务为基础的理论都把个人放在中心地位,并且把个人的决定或者行为看作具有根本重要性的东西。但是,这两种类型将个人置于不同的角度。以义务为基础的理论关心个人行为的道德质量,因为这样的理论认为,个人未能使自己的行为符合某种行为标准,如果不是更严重,也是错误的。……相反,以权利为基础的理论关心个人的独立,而不是关心个人行为的服从性。它们预先假设并且保护个人思想和选择的价值。这两种类型的理论在个人问题上,都运用遵守道德规则、行为准则的观念,并且不考虑个人利益。以义务为基础的理论把这种行为准则看作是基本的,不管他们是由社会对个人的规定,还是个人给自己的规定。在这种理论的中心的个人,是必须与这样的行为准则保持一致的个人,如果他未能做到这一点,他就会受到惩罚或者就是败坏。然而,以权利为基础的理论把行为准则看作是工具性的,可能它对于保护他人的权利是重要的,但是它们自身并不具有基本的价值。在权利理论的中心的个人是从他人的服从行为中受益的个人,而不是通过自己的服从而过道德生活的个人。"①

新自由主义关于德性与自由之间关系的观点可以概括为一个命题,即"自由(权利)优先于德性"②。"自由(权利)优先于德性"以

① [美]罗纳德·德沃金:《认真对待权利》,信春鹰、吴玉章译,中国大百科全书出版社1998年版,第228—229页。

② 新自由主义在反对功利主义的意义上提出"自由(正义、权利)优先于善"等命题,其中的"善"与一般意义的"好"相通,包括了广泛的含义,既包括社会善如功利、平等等,也包括个人善如德性等。本文只从个体德性角度解读这些命题,所以,把"善"限定于或转换为"德性"。

“自我优先于目的”为形式根据，以“正义（权利）优先于德性”为质料内容。

可以从两个意义上理解“自我优先于目的”的含义[①]，一是道德意义上的“必须”，即它体现的是康德的“人是目的”的要求，“反映出应当珍视个体的自律，应当把人类个体看作是超出他所扮演的角色和他所追求的目的之外的有尊严者”，反映了对个人自主性和个人尊严的尊重。二是知识论意义上的“需要”，即伦理学有必要区分伦理主体与其环境。自我的优先性将“什么是我的”与“什么是我”区别开来，将作为主体的“自我”与其“目的”区别开来，主体不同于目的，但目的是主体的目的。这就使伦理学获得一个独立于偶然需求和偶然目的的道德主体观念。在新自由主义看来，每个个体都是自由而独立的，对于他来说，首要的问题不是他所选择的目的，而是他选择这些目的的能力，这种能力存在于主体自身，先于主体的任何特殊的目的，个体的目的、价值以及善的观念都是有待他去选择的。“自我优先于目的”的实质是以康德式义务论主体反对和超越古典功利主义的目的论主体。功利主义主张为了达到功利最大化，可以牺牲个别人的利益，这种观点实际上是把人本身当做手段而不是目的。新自由主义的“自我优先于目的”是要确立人在任何时候都是目的的理念，这个命题类似于存在主义所说的“人的存在先于人的本质”。它凸现了个体自由与权利的优先性，其实质在于为个人自由和权利的至上性进行辩护。

“正义（权利）优先于德性”[②]也可以从两个方面理解。一是道

① ［美］迈克尔. J. 桑德尔：《自由主义与正义的局限》，万俊人等译，译林出版社 2001 年版，第 25 页。

② 按照新自由主义的理解，正义原则是用以规范个人平等选择的权利的，它属于权利的范畴；同时，新自由主义讲的正义是社会政治意义上的正义、制度等的正义等。因而，从个体意义看，正义优先于德性，也就是个人的（社会）权利优先于德性。

德意义，即道德上的优先性。这意味着，正义原则限制了个人可能选择追求的德性观念，当个人的德性观念与正义发生冲突时，正义占支配地位。在这个意义上它反对功利主义的效果论。二是知识论意义，即逻辑证明的优先性。这意味着，正义的优先性是一种证明的特权形式，正义（权利）的优先性，“不仅是指其要求在先，而且在于其原则是独立推导出来的。这就意味着，与其它实践诫律不同，正义的原则是以一种不依赖于任何特殊善观点的方式而得到辩护的。相反，权利还因其独立的特性约束着善并设定着善的界限”[①]。正义不仅独立于其他价值，而且是评价其他价值的标准，正义原则是评价社会基本结构的“阿基米德点”。在这个意义上它反对功利主义目的论。

在权利伦理看来，正义（权利）对于德性的优先性是对下述事实的一种回应，即在现代民主社会中，人们对德性的看法分歧颇大。自由主义的一个关键假设是，人格平等的公民都有着各自不同的因而也的确是无公度的和不可调和的善观念。自由主义既力图表明德性观念的多元性是可欲的，也力图表明一种现代自由社会如何适应这种多元性，以实现人类多样性的多方面的发展。“正义（权利）优先于德性”是人类本质多样性和构成人类个人完整性的要求，它为个人的自由平等找到了一个比基于目的论假设更为坚实的基础，表现出了新自由主义伦理学的道义论倾向。

罗尔斯认为，功利主义的错误之一就是将社会伦理看成是个人道德的合理延伸，把适用于个人的原则扩展为适用于社会的原则，它没有看到个人之善（德性）与社会整体之善的差异性。就罗尔斯整个理论逻辑进程而言，首先是（两个）正义原则的确立，其次是依照两个正义原则来确定社会的基本结构及制度，由此再在体现正义原

① ［美］迈克尔.J.桑德尔：《自由主义与正义的局限》，万俊人等译，译林出版社2001年版，第3页。

则的社会制度条件下培养个人的正义道德感(德性)。因而,这种优先性,是对决定根本制度的原则的选择,要把正义作为制度选择的首要伦理原则,这个原则比任何其他社会道德价值和个人道德价值都更重要。罗尔斯社会正义伦理学的根基在于对个人自由与权利的保护,社会伦理的优先性实质上是维护个人自由和权利的正义原则的优先性。它强调社会制度对于个人自由与权利的保护,并在这种制度背景下形成和实践相应的个人道德。

罗尔斯主要是从政治自由主义角度阐述德性与自由之间的内在联系。一方面,罗尔斯明确强调政治正义观念不能以任何完备性道德学说为理论基础,相反,它是建立在多种完备性学说的重叠共识基础上的,是超越任何一种特殊完备性学说的。但是,另一方面,他又有限制地承认其政治自由主义的核心理念"公平的正义"是一种政治的道德观念,反复强调道德美德与政治正义的某种相容性和互补性,认为政治自由主义"仍然可以认肯某种道德品格的优越性并鼓励某些道德美德",如宽容美德、理性与公平感的美德等[①]。从这个意义上说,正义的优先性是针对政治社会的,而不是针对美德的。正义优先,是因为社会需要正义的秩序,这样每个人可以在价值选择和道德判断问题上自由地行事而不受公共权力的干扰。只有这样的社会结构或秩序才能给所有社会成员追求善、幸福或美德提供平等的机会和可能性。自由主义没有自己关于善和美德的具体主张,但它相信只有在自由的环境中,善和美德才能够生长。关于这一点,密尔也早有先见,他认为不能把自由主义的伦理原则理解为是"各人自扫门前雪,不管他人瓦上霜",并指出"若说有谁低估个人道德,我是倒数第一名;个人道德在重要性上仅仅次于,假如还能说是次于,社会道德"。自由主义伦理原则仅仅在于指出:"无私的慈善尽能够找

① [美]约翰·罗尔斯:《政治自由主义》,万俊人译,译林出版社2000年版,第206页。

到其它工具劝使人们得到好处，而不必使用鞭子或板子"①。

权利伦理是在"自由（权利）优先于德性"的框架中来理解德性的。罗尔斯认为，德性是指"那些按照基本的正当原则去行为的强烈的通常有效的欲望"，"德性是一些引导我们按照一定的正当原则行为的情感和习惯态度"，"德性是由一种较高层次的欲望调节的情感，这些情感亦即相互联系着的一组组气质和性格"，"德性是人的美德和特性，这些美德与特性因其自身原因就值得赞赏或在活动中表现得令人赏心悦目，因而是人们可以合理地要求于自己并相互要求的"②。在罗尔斯看来，个人的自我统一是道德人格的统一，而道德人格的统一即德性，它以人的两种道德能力（即获得善的观念的能力和获得正义感的能力）为基础。这种道德人格的统一在实践上表现为一个人的合理生活计划的统一。获得善的观念的能力使人有能力选择适合于他的合理生活计划，获得正义感的能力使人有能力用正义原则调整生活计划，以便他在选择自己的合理生活计划时，不违反正义原则。合理生活计划的实质是把个人追求的各种目标（善）统一起来，从而实现人格的统一。

但罗尔斯认为，构成正义原则基础的个体德性不应是理想主义的（即"善的强理论"），而应是基本的个体德性（即"善的弱理论"）。为此，他提出了"相互冷淡的理性"的道德预设。"相互冷淡的理性"，即人既不是自私自利的，也不是无私利他的，而是"既不想赠送利益也不想损害他人，既不嫉妒也不虚荣。借用比赛的术语我们可以说：他们在努力为自己寻求一种尽可能高的绝对的分，而不去希望他们的对手的一个高或低的分，也不寻求最大限度地增加或减少自

① ［英］约翰·密尔：《论自由》，程崇华译，商务印书馆 1996 年版，第 82 页。

② ［美］约翰·罗尔斯：《正义论》，何怀宏等译，中国社会科学出版社 2001 年版，第 438、439、190、531 页。

己的成功与别人的成功之间的差别"[①]。罗尔斯认为，这种相互冷淡是一种有限的利他主义。相对于"仁爱"原则，这种"相互冷淡"的道德预设更为符合现代市场经济的实际。因为，仁爱的最低限度的要求是关怀他人，最高层次的要求是为他人利益或社会利益牺牲自己的一切利益。相互冷淡的道德预设并不要求付出，而是在不关心但又不伤害他人利益的前提下，坚持自我利益的正当合理性。只有这样，才能保护个人的自由与权利。仁爱德性恰恰在于号召人们牺牲自己的利益，它往往成为专制主义的辩词。

罗尔斯不像霍布斯那样，把人设想为都是自私贪婪并总想伤害他人；也不像洛克和卢梭那样，认为人们在自然状态下是充满仁爱之心的，有着天然的利他美德。罗尔斯将其德性论的基点从一种"最优化的"价值理想层面，下移到最起码要求、最基本正义的社会道义层面。这一由上而下的转移，更符合现代多元化民主社会的道德现实，比功利主义目的论伦理和康德理想主义的义务伦理更能解释民主多元社会条件下的社会道德问题。"相互冷淡的理性"是形成正义环境的主观条件，它将正义原则与人的愿望联系起来，为合理选择提供了最低程度的道德根据，以避免康德义务论的武断性。

在新自由主义者看来，某种形式的道德理论或德性完善论虽然不可能成为自由（权利）观念的充分条件，但它是自由（权利）观念存在的必要条件之一。"无知之幕"是罗尔斯建立其正义论的一种理论预设，"无知之幕"是以社会契约论为根据的。但对罗尔斯来说，处在"无知之幕"的人，不是抽象的"自然个人"，而是作为民主社会参与者的自由平等的个人。罗尔斯从一开始便给予"个人"概念以严格的"社会公民"规定，赋予个人特定的社会属性。同时，罗尔斯从揭示人的社会合作行为开始，而非从"理性化个人"预设开始，使

① ［美］约翰·罗尔斯：《正义论》，何怀宏等译，中国社会科学出版社 2001 年版，第 143—144 页。

其个人概念比康德的"理性人"概念更为具体和明确。罗尔斯认为,"如果原初状态要产生正义的契约,各方必须是地位公平的,被作为道德的人同等地对待"[①]。这种道德的人产生于将人和动物区别开来的道德人格。

这种道德人格是能够给予正义的人所具有的,而且,只有这样的人才能够签订社会契约。这种"道德的人"有两种基本的道德能力,一是具有获得正义感的能力,这种道德能力与理性相配,即"在假定别人也会如此的情况下,提出社会合作的公平项目,并按此项目而行动的能力";二是具有获得善的观念的能力,这种道德能力与合理性相配,就形成了一种具有在那些公平项目的界限内来追求合理而连贯的善观念的能力。当然,这两种道德能力并没有穷尽个人道德能力的全部,因为个人还有一种决定性的善观念,即一种对诸终极目的和利益、对个人和联合体的种种依附和忠诚。实际上,罗尔斯本人也强调,他的"原初状态"预设体现了专属于道德理论的特征,它"除了试图解释我们的道德判断和帮助说明我们拥有的正义感之外,并不打算解释我们的行为"[②]。他提出"契约"的目的"只是要接受某些道德原则"[③]。

权利伦理认为,自由是个体德性形成和践履的必要条件。对于发展和发挥个人的道德能力来说,个人的独立和自尊都是根本性的。正义感的道德能力关乎正义原则在社会基本结构及其社会政策中的应用,对于正义感的形成和实践来说,政治自由和政治言论与思想的自由,乃是根本性的;追求善的观念的能力关乎道德理性在指导一个

---

① [美]约翰·罗尔斯:《正义论》,何怀宏等译,中国社会科学出版社 2001 年版,第 140 页。

② [美]约翰·罗尔斯:《正义论》,何怀宏等译,中国社会科学出版社 2001 年版,第 120 页。

③ [美]约翰·罗尔斯:《正义论》,何怀宏等译,中国社会科学出版社 2001 年版,第 16 页。

人终身行为过程中的应用，对于追求善观念的能力的形成与实践来说，良心自由和思想自由要比结社自由更为普遍，平等的政治自由和思想自由将确保公民们自由而明智地并且充分有效地实践其正义感，将正义原则应用到社会的基本结构之中，而良心自由和结社自由是为了确保公民终身都能充分地、明智地和有效地运用它们形成、修正并合理追求善观念的慎思理性能力①。

罗尔斯认为，公民拥有诸如政治权利、言论自由、思想自由、良心自由等基本自由，这些基本自由构成一个体系。对于这个基本自由体系，罗尔斯集中讨论了两种自由，一是良心的自由，一是政治的自由。在罗尔斯看来，公民的基本自由是环绕着两个方向展开的。良心自由涉及个人的道德信仰问题，涉及个人的内在意志问题。罗尔斯从个人自由不可侵犯的意义上看待良心自由，这种自由的不可侵犯性决定了人们持有的内心自由的正当合理性。在这个意义上，罗尔斯所捍卫的良心自由就是一种多元主义的自由。这种多元主义的自由不允许由于多数人或一些人的偏爱，而将自己的兴趣和爱好强加在别人身上，因此，自由意味着宽容，不宽容实际上是对自由的侵犯。自由孕育着宽容美德。

权利伦理存在的问题也是明显的。权利伦理为坚持个人主义而削弱了人们的共同体归属感，为坚持权利优先立场而淡化了人们对德性的追求，为坚持中立性原则而抑制甚至否定道德教化的功能。自由主义把个人的自主选择权置于至高无上的地位，认为这种自主选择权高于善价值；即使一个人选择平庸的生活，只要这种生活不侵害他人，人们也应予以尊重；这种信念必然造成自由选择权与德性要求的内在紧张，可能带来道德衰微的结果。自由主义的权利优先立场力图保护个人的生活空间，给个人完全的自由，只要他不伤害他

---

① 参阅[美]约翰·罗尔斯：《政治自由主义》，万俊人译，译林出版社2000年版，第316、444、354页。

人;至于人们用这种自由去干什么,别人管不着;这种信念会使自由理念变为一种封闭的自私思想,人们可能最大限度地发展个人自由,却不考虑或不顾及对他人承担的义务;这种信念也可能带来“正当的恶”的问题。自由主义的中立原则,强调对国家道德作用的限制,把限制国家权力以保护个人权利作为首要考虑,这种信念会放纵强者对弱者的侵犯,富者对贫者的伤害。基于自由主义中立原则的宽容在实际生活中很容易演变为“无原则宽容”,成为一种过度宽容,人们在诸如法律之类的“游戏规则”中,把对行为“正确与错误”的价值性判断完全置换为对行为“合法与非法”的技术性判断,大大降低了人的道德自律水平,使对包括德性在内的各种优秀价值的追求成为一种“孤军奋战”①。具体地说,权利伦理存在以下主要问题:

其一,权利伦理试图通过使自我摆脱世界来假定自我的自律,这类似于罗尔斯决心避免的康德式的超验的或抽象的主体,“它通过使个体成为无形的东西而使它成为一个不可侵犯的个体,并且使自由主义首先要努力确保的尊严和自律成为问题”②。原因在于新自由主义把自我仅仅理解为个人的一种纯粹的选择能力,对自我的这种看法实际上延续了自笛卡儿以来近现代西方哲学对自我的看法,即自我是一个可以独立于外在世界而存在的实体,是“无负累的自我”或“为选择而选择的自我”(桑德尔)、“自我定义的自我”(泰勒),是一个“孤独的权利持有人”(福山)。这是一些天生不喜欢交际的人,一切以是否违反了自己的权利为最高衡量标准,他们虽然联合起来进行一些合作,但只是把这种合作仅仅当做一种达到个人目的的手段。既然新自由主义的自我只是一种纯粹的选择能力,而选择的价值和目标又不是自我的一部分;同时,按照新自由主义的观

① 参阅周枫:《自由主义的道德处境》,载《人文杂志》2004年第1期。

② [美]迈克尔.J.桑德尔:《自由主义与正义的局限》,万俊人等译,译林出版社2001年版,第118页。

点，外在世界不存在一种客观的选择标准，那么，个人的选择也就变成了个人的随意性了。

其二，自我与目的的分离，人的选择目标可以随时改变而又不会影响到自我内部结构及其性质。如果这样，那么任何一种自我选择的目标对于自我而言就只具有附属的或偶然的意义，这样，生命的意义、人生的目的等安身立命的问题便在这种自我概念中被消解了。这种自我的自由选择，就像马一样，把人从它的背上摔下来以后，径直向前跑去，这种自由主义的自我概念最后变成了一种对自我的剥夺，导致对公共自由的摧毁。

其三，“权利伦理”只适用于社会基本制度，而不适用于个人，或者只在这个意义上适用于个人：一个人如果是有理性的，他便会同意这样的原则，这意味着，他将支持以这样的原则来调节社会的基本制度。这样，对实践理性的正当原则的说明被局限到基本制度的方面。这个方面是重要的，但是假定个人的选择同正当没有太大关系，却是与人们的道德直觉相悖的。事实上，正义是一种德性，它首先关乎个人的选择，同时也关乎制度[①]。

其四，“权利伦理”具有非历史的直觉主义倾向。罗尔斯认为，道德原则是以人们的直觉为基础的，“任何伦理学观点都必然在许多点上和某种程度上依赖直觉”，“任何正义观无疑都要在某种程度上依赖直觉”，“在正义论的基础部分，有一种对直觉的诉诸”[②]。这种非历史的直觉主义方法导致权利伦理的内容中主观设定强于客观运思，逻辑推演强于经验论证，从而使其结论的实践可信性与可行性大打折扣。

① 廖申白：《〈正义论〉对古典自由主义的修正》，载《中国社会科学》2003 年第 5 期。

② ［美］约翰·罗尔斯：《正义论》，何怀宏等译，中国社会科学出版社 2001 年版，第 39、41、124 页。

四、超越现代规范伦理的理论尝试

现代自由主义规范伦理遭到了诸多伦理学派的责难和批评。20世纪60年代以前，对现代规范伦理的批判主要来自现代西方伦理学中的人本主义流派，这些流派以现代人学或人性哲学为理论基础，以人的存在、自由、选择、行为和责任等为中心，以对“人的关切”为共同主题和目标，探寻道德的人性根据和人学本质。尤其是以弗洛姆、马斯洛（Abraham Maslow，1908—1970）等为代表的人本主义心理学家，公开宣讲人的优秀和德性，对人性的发展持积极乐观信念，崇尚人的自我实现，形成了一种人本主义的自我实现伦理学思潮。他们更多地从心理发展的规律推出人的本性是朝向德性的，并以此展开对现代规范伦理的批判。20世纪70年代以来，对现代规范伦理最有力的批判主要来自社群主义和后现代主义思潮。从理论主旨和理论特征来看，现代新儒家也具有超越现代规范伦理的倾向。

（一）社群伦理：“德性优先于自由（权利）”

以麦金太尔为代表的社群主义伦理学更倾向于一种现代德性伦理的谋划和建构。这种现代德性伦理既反对古典功利主义伦理，也反对康德主义义务论伦理，更激烈反对以罗尔斯为代表的当代自由主义权利论伦理。社群主义德性伦理认为，功利论和道义论（包括康德主义义务论伦理和当代自由主义权利论伦理）都过分强调个人的利益、自由和权利，二者都把道德规范作为其理论的中心；它们或者将德性看做是外在的东西而忽视德性的内在性，或者提出一些不确定的概念（如自由、权利等）来排挤或消解德性。社群主义德性伦理反对功利论伦理的原欲式自然主义，因为它是一种还原论的、动物性的自然；也反对道义论伦理的命令式理性主义，因为它不够自然，它企图以人为的、主体性的、征服性的理性或意志去虚构不自然的全新的人生理想和生活形式。社群主义伦理试图恢复一种基于社群的自然的道德生活，即一种人性的、历史的、社会的道德生活[①]。

社群主义的基本观点是，社群优先于自我和个人，共同体的善优先于个人的利益和自由权利。它以社群的共同实践和交往活动说明个人权利的产生和基础，以社群的历史传统说明自我人格的生成，否定先验的自我人格。社群主义的基本结论是：其一，在理论层次上认为原子式的个人主义不可能成立，每一个人都属于特定的社群；其二，在经验层次上认为现代自由社会像是一个"失舵的集合体"，由于过分渲染了个人自由与权利，导致人们只顾自己的私利，丧失了对所属社群的承诺；其三，在实践层次上积极地开拓公共议题，认为自由主义长期支配公共空间，但却无法增进民主的参与，主张放弃"权力政治"，而代之以"共同善的政治"[②]。通过批判权利伦理的两个命题，即"自我优先于目的"和"正义优先于德性"，社群伦理确立了"目的优先于自我"和"德性优先于自由（权利）"的原则。

通过"自我—社群"之辩，确立"目的优先于自我"的原则。社群主义认为，当代自由主义权利伦理预设了有缺陷的自我观，没有认识到自我是根植于并部分地由并非我们选择的道德承诺和公共价值所构成的。这种原子式自我预设根源于当代自由主义者把自我与社会共同体进行了有害的割裂。在权利伦理体系中，"个人第一，社会第二，而且对个人利益的认定优先于、并独立于人们之间的任何道德的或社会的联结结构"[③]。在社群主义看来，自我的本质就是它的构成性，即它是由其目的构成的；自我是在他所处的共同体中形成的，不

① 参阅包利民等：《现代性价值辩证论——规范伦理的形态学及其资源》，学林出版社 2000 年版，第 200 页。

② 韩震：《后自由主义的一种话语》，载刘军宁等：《自由与社群》，三联书店 1998 年版，第 22 页。

③ ［美］麦金太尔：《德性之后》，龚群等译，中国社会科学出版社 1997 年版，第 315 页。

可能脱离人们赖以生存的共同体来讨论自我的目的,个人必须在与他人共享的理想中才能真正实现自己的目的,这些与他人共享的理想成为自我不可分割的构成性要素;与他人共享的理想与目的,不仅构成自我本身,而且因为共同体中的自我与他人一道共享这一目的,从而对共同体起着构成性的作用。事实上,人们生活的世界是一个充满价值判断的道德世界。一个人的社会环境提供了一个不可选择的框架。这个框架规定了有价值的生活理想和生活形式。试图完全以个人选择的生活计划而生活的想法是不现实的,也是不可能的。

在社群伦理看来,当代社会出现了诸多道德问题,如人与人之间感情的淡漠、公民责任意识和义务意识的日益缺乏、奉献精神和牺牲精神的日渐衰微,等等。这些道德问题产生的根源在于,当代自由主义权利伦理忽视了社会共同体及其利益的存在,无视集体价值和社群价值,使社会共同关注的道德得不到认同和保障,使个人主义的自由主义得到极端发展。这些都与当代自由主义权利伦理的"自我优先于目的"的原则相关。所以,麦金太尔指出:"对自由主义来说,值得注意的是这样一个特别重要的中心问题,即自由主义的自我与自由主义社会秩序中的共同善问题。"①当代自由主义权利伦理无法解决个人利益与社会利益、个体愿望和社会规范之间的矛盾,找不到不同的利益、不同的愿望下,不同的人们的共同道德观念和规范,使伦理陷入困境。社群伦理认为,道德观念根植于一个共同体,其基本的纽带是对人类的善和共同体的善的共同认知。社群主义追求公共善,这种公共善有两种基本形式,即物化形式与非物化形式,物化形式就是公共利益,非物化形式主要体现为各种德性或美德,如忠信、勇敢、奉献、友谊、博爱、宽容、公正、爱国等。

通过"正义—德性"之辩,确立"善(德性)优先于正义(规范)"

---

① [美]麦金太尔:《谁之正义？何种合理性?》,万俊人等译,当代中国出版社 1996 年版,第 453 页。

的原则。在权利伦理中，正义是保障个人自由权利得以实现的最重要的原则或规范。规则或规范优先是权利伦理的要害，权利伦理把正义拔高为社会制度的首要美德，强调个人的自由与平等对于社会善或公共利益的优先性。罗尔斯指出："一个正义体系回答了人们有权要求什么的问题，满足了他们建立在社会制度之上的合法期望。但是他们有权利得到的东西并不与他们的内在价值相称，也不依赖于他们的内在价值。……没有一个正义准则旨在奖赏美德。……奖励美德的观念是不切实际的，在人们强调按需要分配的准则而忽略道德价值时显然就是如此。"①社群主义则认为，作为公平的正义是一种正当行为原则，但人的正当行为与其道德目的或善是不可分割的。道德原则与道德本身是不可分割的，把作为公平原则的正义视为人类社会首要的善，这就忽视了道德品格或美德对于人类社会的意义。权利伦理寻求那些不预先设定任何特定的善的概念的原则，这类似于康德的道德至上律。它秉承了康德的道德法则至上性的普遍主义传统，把正义原则视为一种超时空的普遍原则。在当代自由主义看来，正义是调整和匡正个体权利的一种道德原则或道德规范，对于每一个人来说，正义意味着一种权利的拥有和保障。从这个意义上说，正义优先于善，就是"道德原则或道德规范优先于德性"，就是"权利优先于德性"。

麦金太尔在《德性之后》一书中主要批驳了当代自由主义权利伦理所主张的道德原则优先论。他认为，道德的原始意义确实含有行为规则或实践训诫的意思，但它首先是指个人的品格或德性。麦金太尔的结论是，对于个人来说，不应当是(正义)规范优先，而应当是美德优先。包括正义原则在内的所有道德原则或道德规范都有其历史传统，它们在本质上都是历史的；关于这些观念或原则的证明或

① ［美］罗尔斯：《正义论》，何怀宏等译，中国社会科学出版社2001年版，第300—301页。

争论都与其历史起源及发展相关;历史和传统是丰富多样的,这决定了正义原则或道德观念的多样性;包括正义原则在内的所有道德观念或政治原则都应理解为是"传统构成的",是后天形成的,而不是先验的。正义原则应从特殊共同体或特定文化传统中人们共同信奉或广泛分享的那些价值中汲取其道德力量,共同体的价值观念规定着何为正义、何为不正义。

众所周知,只有基本自由或权利不提出不相容的要求时,正义才能远离价值冲突。但是,事实上,当代自由主义所说的基本自由或权利必然要发生冲突,因为权利问题无法完全与有关权利所保护的实践之道德价值的实质性判断分离开来,人类的价值观念具有客观的"不可通约性","当我们对于善的内容有着深刻的分歧时,求助于权利并没有用。关于权利的基本差异表达了对立的善的概念。当理性的探索使我们对于善有着对立的观点时,求助于权利是徒劳无益的","对于善的不同观点支持着不同的正义观"①。因此,重要的是必须对自由或权利所保护的人类利益的重要性做出判断,这些判断随着对善的不同理解而不同。在一组相互对立的自由之间哪一种自由应该得到保护,应该受到多大程度的保护,这样的争论必然是关于善的争论。从而,价值冲突就成为道德哲学的核心,这时权利伦理所致力的"(自由或权利)正义优先于善"的计划便面临破产的可能②。

在社群伦理看来,当代自由主义权利伦理没有看到,正义充其量只是当更高的社群美德已经崩溃的条件下才需要的"补救性的美德"。按照罗尔斯对"正义环境"的论述,"只要相互冷淡的人们对中等匮乏条件下社会利益的划分提出了相互冲突的要求,正义的环境就算达到了。除非这些环境因素存在,(否则)就不会有任何适合于

---

① [英]约翰·格雷:《自由主义的两张面孔》,顾爱彬等译,江苏人民出版社2002年版,第15—16页。

② [英]约翰·格雷:《自由主义的两张面孔》,顾爱彬等译,江苏人民出版社2002年版,第84页。

正义德性的机会；正像没有损害生命和肢体的危险，就不会有在体力上表现勇敢的机会一样"[1]。如果是这样，那么，罗尔斯只能说正义是某些社会的首要美德。也就是那些处于如下状况中的社会的首要美德：在这个社会里，解决互无利益关涉的各方之间的冲突要求具有最为紧迫的社会优先性。比如，在部落、家庭、宗教等共同体中就缺乏罗尔斯所说的"正义环境条件"。

社群伦理认为，如果对罗尔斯的原初状态做一经验主义的解释，那么，我们只能说，正义仅仅在那些被大量分歧所困扰的社会里才是首要的。诚如休谟所说："随着人们的仁慈和自然的慷慨之程度日益增长，使你觉得正义的作用愈发微小，你会将更为高尚的美德和更有利的祝福置于正义的（首要）地位。""把人类的仁慈或者自然的施予提高到足够的程度，正义将失去用武之地，取而代之的将是一些更高贵的美德，更有价值的祝福。"如果物质充足取代了物质匮乏，"如果每个人对他人就像对自己一样具有同样的爱和尊重；正义与非正义同样都不会为人所知"。因而，"公正起源于大自然提供的人类所需的分配的缺乏"，"正义的实现意味着某种较为高尚而又珍稀的美德的缺乏"[2]。就此而言，正义原则只能是一种对道德衰落的补救，是一种矫正性价值，其首要性谈不上。

总之，社群伦理认为，正义并非是人类的首要价值，而是在特定的人类关系恶化之后的德性，是陌生人之间的道德原则。因为在这样一个社会中，人们都是从自我利益出发的，人们之间的利益冲突成了首要问题，调节这种冲突需要正义规范；而在一个共同体内部，如家庭、宗教团体等，共同的善是人们行为的首要目标，共同体成员对共同体的利益能普遍共同享有。这样，追求共同的善、相互关爱等德

① ［美］约翰·罗尔斯：《正义论》，何怀宏等译，中国社会科学出版社 2001 年版，第 127 页。

② 转引自［美］迈克尔. J. 桑德尔：《自由主义与正义的局限》，万俊人等译，译林出版社 2001 年版，第 40、203—204 页。

性就成为人们的首选目标。

社群伦理旨在揭示权利伦理所存在的内在人格或品德解释力的缺陷。权利伦理认为,在一个社会中,只要人们在行为上能够遵从普遍的道德规范,那么就足以保持社会的道德秩序;只有人们的道德信念、道德理想等在自主自觉的基础上保持多样性,社会的道德生活才能充满活力。社群伦理对此提出的质疑是:如果一个社会在人的内在品质问题上保持沉默,那么人与人之间如何能够有心灵的交流与沟通?又如何在人的自我价值的实现和自我人格的完善上达成共识?权利伦理所强调的正义原则只是一种公正的分配个人利益和保护个人自由权利的社会规则,事实上,正义不仅是一种规范人与人之间关系的基本社会规则,它首先是个人的一种美德。麦金太尔认为,正义概念具有双重含义,即作为美德和作为规则。作为美德的正义是用卓越来界定的,指的是个人的一种道德品质,即根据每个人应当得到的善或功绩给予他相应的回报的品德,这也就是人的公正、正直的品德。作为规则的正义是按照有效性来界定的,指的是个人遵守正义规则的品德,如为达到一种社会的道德理想而对社会合作规则的服从。一个遵守社会规则的人未必是一个正义的人,因为它可能只是因为惧怕惩罚而遵守正义规则。

社群伦理是在反对新自由主义权利伦理的过程中形成的,但作为一种伦理思潮,它也只能在自由主义的文化传统中形成,从这个意义上说,社群伦理是一种后自由主义伦理学说。然而,“社群主义不是反对个人自由,而是主张把自由放在其适当的位置;它也不主张取消个人权利,而是为个人权利划定适当的界限;它并不否认自我的个性,而是为这种个性的形成与存在寻找历史和社会的基础”①。社群伦理“强调内在于人性中的群性,重视个人在社群生活中运用自由

① 韩震:《后自由主义的一种话语》,载刘军宁等:《自由与社群》,三联书店 1998 年版,第 22 页。

去实现人性的理想目标,亦即个人的自我实现"[①]。所以,社群主义"有潜力帮助我们找到一种将共同体与对基本自由权利的承诺相结合的政治",它"带给我们的值得一提的挑战,不是共同体主义要取代自由正义,而是要完善自由正义"[②]。

社群伦理在当代西方并不能对当代自由主义权利伦理在总体的社会实践层面构成挑战。但它在理论层面,或者在理解当代西方社会道德面临的种种问题上,是有一定贡献的,它提出的许多观点值得重视。比如,情感主义的(高度个体化)伦理学不能构成道德的令人信服的基础;人性是复杂的,社群归属感对于个人以及社会生活的高度重要性;道德实践的意义和前提都是社群;等等。社群伦理试图用社群利益加强日益冷漠的公民相互关系,但由于它形而上学地对待社群价值和历史传统,对社群和传统采取毫无批判的态度,缺少衡量社群本身价值的前瞻性标准。这样就可能产生诸多问题,如,并非所有社群都有益于社会;在无法保证社群优劣性质的情况下,片面强调社群利益有可能对言论自由、宗教信仰等采取不宽容的态度;一旦社群权力扩大就会遇到权力集中的问题;社群间的利益冲突;它力图恢复某些传统的社群制度和传统道德的约束力,是保守的和守旧的;等等[③]。

社群伦理抽象地谈论社群利益和共同善。这种共同善,不仅在现代社会,就是在古希腊的城邦社会也不具有现实性。亚里士多德主义的共同善,实际上是亚里士多德伦理学的一种理想,一种把希腊城邦的社会共同体理想化的产物。这种理想化的共同善,实际上只

① 何信全:《儒学与现代民主——当代新儒家政治哲学研究》,中国社会科学出版社2001年版,第107页。

② [美]罗尔斯等:《政治自由主义:批评与辩护》,万俊人等译,广东人民出版社2003年版,第230、233页。

③ 韩震:《后自由主义的一种话语》,载刘军宁等:《自由与社群》,三联书店1998年版,第20—21页。

在古希腊时期的斯巴达式的古典军事共产主义的国家中可能实现过。这种共同善是以牺牲自由为代价的，在漫长的西方历史上，除了家庭这种血缘共同体之外，这种共同的善只在宗教团体这样的小型社会共同体中实现过。在这样的宗教团体中，由于有共同的信仰、共同的道德信条、共同的利益，人们之间既不会发生公正问题，也不存在自由与善的冲突问题。但是，现代社会是一个多元利益主体的社会，这些利益必然具有冲突性。社群主义伦理力图恢复某些传统的社群制度和传统道德的约束力，要求回归亚里士多德式的伦理共同体，这些想法无疑带有强烈的保守色彩。

（二）后现代伦理："伦理的终结"与"道德的解放"

要理解后现代伦理的含义，首先必须理解"后现代"的含义。大多数后现代主义者为"后现代"一词提供的定义和理解经常互相冲突，有些人描述性地使用这个词，用它来指称新实践、新生活、新现象；有些人则规范性地使用这个词，用它来指称新理论、新文化、新政治等。我认为，法国思想家利奥塔（Jean-Francois Lyotard，1924—1998）对"后现代"含义的解释是有建设性意义的。利奥塔认为，"后现代"中的"后"字并不是指时间意义上的"后"，也不是指"返回"和"重复"，而是指"分解"、"回忆"、"变形"。因而，"后现代"意味着对"现代"的分解、回忆和变形，这种分解、回忆和变形意味着一种接替和转向。这就表明，"后现代"是对"现代"的怀疑和批判，但它并不完全弃绝"现代"。"后现代"实际上体现了人们对待现代性的两种不同态度，一是指非现代，在肯定的意义上可理解为，积极主动地与先前的东西决裂，从旧的压迫和限制中解放出来，走进新的领域；在否定的意义上可理解为，传统价值、确定性和稳定性的丧失。二是指高度现代即依赖现代，是对现代的继续和强化，是现代的新发展。"后现代"一词实际上更多涉及的是人们对现代性的态度以及超越现代性的方式，我们必须"把后现代性看成'现代性开始理解其自身'，而不是对其本身的超越"。因为，"我们实际上并没有迈进一个所谓的后现代性时期，而是正在进入这样一个阶段，在其中现代性的后果比从前任何一个时期都更加剧烈化更加普遍化了"[①]。

后现代伦理是在应对现代伦理危机的挑战中形成的，是一种对待现代伦理的态度，以及力图超越现代伦理的一种努力。后现代伦理学既反对规范伦理学，也反对德性伦理学。因为，在后现代伦理学家看来，其一，人不应受制于各种"权力"的支配，人应该从各种社会"规范"中解放出来，因而，规范伦理学不具有合理性和合法性；其二，人不具有先天成善的本质，人不是"理性的主体"，他不具有理性主义者所言谈的所谓"主体性"，因而，德性伦理不具有现实可能性。后现代伦理认为，所有道德都将被审美的快感取代，即将出现的是一种无道德的道德。这是一种鼓励异调与杂音、追求相对与变幻、强调当下体验与情绪解放的游戏化和审美化的道德。后现代道德实质上是适应当代西方市场经济或消费生活方式的快感享乐文化的要求而产生的。

后现代伦理学明确针对现代伦理学的"规范暴政"。在后现代伦理学看来，现代规范伦理存有一种信念，"这种信念就是相信一种无矛盾的、非先验的伦理学法典（存在）的可能性"，对这样一种可能性的怀疑构成后现代伦理学的主题[②]。后现代伦理认为，现代伦理试图发现人性的内在真理，把人造就成规范化的主体。现代道德意识是一种立法意识，现代伦理沉迷于自我立法，现代性的时代必然是伦理的时代，即"为道德立法的时代"。现代伦理的"规范暴政"具有总体性特征，它使个体的道德自由空间逐渐缩小。

后现代伦理学在"伦理世界"与"道德世界"相区别的意义上，批判现代规范伦理学的规则主义倾向。在后现代伦理学看来，伦理是

---

① ［英］吉登斯：《现代性的后果》，田禾译，译林出版社2000年版，第42、3页。

② ［英］齐格蒙特·鲍曼：《后现代伦理学》，张成岗译，江苏人民出版社2003年版，第11—12页。

对道德与非道德的区别所作的法律般的表述，它是一个有“言明的要求”的世界。言明的要求就是表达出来的要求、言语化的要求。它具有规则的特点，它像法规一样，表明了什么是应该做的或可以做的，什么是不该做的或不能做的。在有规则控制的行为中，行为者不是面对另一个人，而是面对一个“言明的要求”。真正的联系不是发生于人与人之间，而是发生于行为者与规则之间，另一个人仅仅是在权利和义务的棋盘上活动的棋子。规则控制的行为，要求的是人与人之间的伦理性“礼貌”。在这种礼貌中，“他者”变得贫乏而黯淡，礼貌成为一种与他者隔离、使自己孤立的手段。人们由于畏惧（伦理规则等的惩罚）而进入伦理世界。

相反，道德世界则是一个“没有言明的要求”的世界，这种“没有言明的要求”，是说人们突破了所有强制性的伦理规则或形式，剥掉所有社会角色意义上的面具，以面孔来面对他者。“没有言明的要求”是一种对爱的要求、一种对他者的关怀的要求；人们由于承诺（爱、同情、关怀等）而进入道德的世界。道德不是伦理工作的成品，道德并不随着有效地按伦理原则制定的法则的死亡而消失，相反，道德找回了它自己。在道德的世界中，人们的注意力将不再投向对伦理立法的关注，而可能会自由地直截了当地面对他们的“道德自治”这一现实。“如果客观原因要求我们去掉道德情操以便‘客观地’认识它们，为了进行这项测验，我们需要召集什么资源呢？为了做到公平，我们必须使用我们的道德敏感性，包括情操。这里没有中立的场所。如果它对我们有一些实践意义的话，那就是道德哲学必须是一项‘内部的工作’，不论有人怎么希望相反的情况。”①

后现代伦理认为，后现代将是“道德的时代”。后现代伦理仅仅在这样一种意义上称后现代是一个道德的时代，即“由于‘解除禁

① [英]齐格蒙特·鲍曼：《后现代伦理学》，张成岗译，江苏人民出版社 2003 年版，第 41 页。

锢'——紧紧地包裹并模糊了道德自身和道德责任的现实的伦理的乌云的消散——现在,当道德问题从人类的生活经历中出现时,当它们在一切不可挽救并且无法更改的矛盾情绪中面对道德本身时,我们有可能而且必须在它们裸露的真相中直接面对道德问题"[①]。

后现代伦理认为,人类正在进入"后义务论时代"。在这个时代里,人们的行为已经从强制性的"无限责任""戒律"和"绝对义务"中解放出来。"后义务论时代"所需要的是"没有伦理规范的道德",将道德从人为创设的伦理规范的坚硬盔甲中释放出来,或者是放弃将其保留在伦理规范中的雄心,意味着将道德重新个人化。福柯认为,现代伦理学关注人与其他人的关系,特别是人对其他人的责任和义务,强调人对道德法则的服从,以及人对责任和义务的履行。福柯试图恢复古希腊式的自我伦理,这种伦理关注个人与其自身的关系,关注个人的道德实践,以及存在于这种实践中的自由、自主和自我控制。道德成为一种个人自己改造自己的活动。

在后现代伦理看来,道德是地方性的,并且不可避免地是非理性的,即是不可计算的和不可进行逻辑推理的[②]。道德不能被表达为遵从非个人的规则,也不能被描述为遵从在原则上可以普遍化的规则。道德呼吁是完全个人化的。道德是个人化的行为实践,是因人而异的多元样态的自我生活实践。道德与其说是社会调整和个人教育的结果,不如说是它建构了社会调整和个人教育的原始场景。因为,每个人不可避免地要与他者相遇,这种相遇必然使个体面临着善与恶的选择。不管人们愿意选择与否,他面对的境况首先是一种道德的选择,是一种道德的境况。所以,道德是先于任何基于利益计算、契约支持的某种具体责任要求的。福柯认为,自由是道德的先决

① [英]齐格蒙特·鲍曼:《生活在碎片之中——论后现代道德》,郁建兴等译,学林出版社2002年版,第41页。

② 参阅[英]齐格蒙特·鲍曼:《后现代伦理学》,张成岗译,江苏人民出版社2003年版,第36、39、69页。

性条件，道德则是自由所采取的一种自我创造的形式。人应当摒弃那些以禁律和规训为定向的伦理体系，把自己当做一件艺术品来创造。但是，伦理立法的长期统治和伦理立法者的长期说教，已经产生了按照伦理形象来解释道德的全面影响，道德成为官方对伦理的描述。“伦理就是已经被先占的、集体化的、神化的道德。”[①]道德的本相被遮蔽。

后现代伦理认为，权力支持下的伦理规则遍布于现代社会道德生活的各个领域，它不仅铸就了个体的道德知识和道德体验，而且还对人的身体进行“殖民统治”，使其臣服于整个社会权力的控制。伦理规则成为道德的“坚硬的牢笼”，向本真道德的回归，意味着伦理危机的来临，意味着“伦理时代”的终结。但是，在后现代伦理看来，伦理的危机并不必然预兆着道德的危机，“伦理时代”的终结也并不就明显地意味着道德的终结。相反，伦理的危机或“伦理时代”的终结恰恰是道德的解放或道德的大发展。英国学者鲍曼认为，必须唤起人们对道德的纯正理解，使人们更加清楚地洞悉道德的本相。人们远在被告诫遵从一定的行为准则之前，就已经处于一种道德选择的状态中。因为，人始终处于与他者相互依存的状态，不得不面对他者的挑战。道德不是一部分人统治、剥削和压迫另一部分人的工具，它应该是人人都享有的一种权利。道德将保证每个人都能够处于一种良好的生存状态，都有权去享受合情合理的幸福。道德的本质就是要使个体都能在道德世界中自由和充分地成长，成为具有主宰能力的自我，过上真正德性的生活。

后现代伦理提出，要用一种自我伦理学替代现代规范伦理学。这种自我伦理学是一种非规范性的伦理学，它以自由原则为基础，拒绝任何人性假设。它要把理性的道德主体变成欲望的主体，把“听

① ［英］齐格蒙特·鲍曼：《生活在碎片之中——论后现代道德》，郁建兴等译，学林出版社 2002 年版，第 76 页。

话的身体”变成“享用的身体”，把禁令式的伦理要求变成创造性的道德实践。这种自我伦理把关切自我作为第一要求，强调使人成为无拘无束的自由的生命存在，反对建构一种普适性的、人人必须服从的伦理准则。在后现代伦理看来，“所有道德之道德，都将是‘审美的’快感”①。这种自我伦理学拒绝规范，拒绝服从，拒绝一致，追求一种审美化的道德自由境界。它相信，一个人只要达到了这种审美化的道德自由境界，无论他是处于马尔库塞的“单向度社会”，还是海德格尔所说的“技术座架”，抑或是哈贝马斯的殖民化的生活世界，他都能保持自己“作为人”而存在。

围绕使道德真正摆脱理性构织的伦理罗网这一主题，后现代伦理提出了一些具体的道德主张。后现代道德要求彻底改变“邪恶”概念，认为传统道德中的所谓“邪恶”主要是“杰出人物”、理性思维、有闲贵族和国家权力的规定，是当权者出于维护自己权力和利益的专门规定，是一种纯粹主观的阐释，是人们日常生活的约定俗成；这种规定缺乏科学性，使得邪恶的性质本末倒置；邪恶是一个社会历史概念，在后现代需要重新规范它。后现代道德要求瓦解“自我完善”，认为传统道德中的所谓“完善”只是一种玩弄老百姓的把戏，是理性的自我造作和自我欣赏；要求瓦解“自我完善”，就是要求瓦解人的自我膨胀欲，要求人顺其自然，无为而治。后现代道德要求建构表面人格与深层人格的妥协，让人性的“阴暗面”分享人间的自由生活；传统道德所建构和追求的表面人格往往是概念化的、形式化的和理想化的，它常常与人的内在人格相对立、相冲突；应该重新发现人性中的原始成分，使其与理性所塑造的表面人格和谐相处，成为人格的构成因子之一。后现代道德要求关心弱者，关心病人、残疾人、心理变态者和精神病患者等，这些人的道德权利是不可剥夺的；对心理

① ［法］利奥塔：《后现代道德》，莫伟民译，学林出版社2000年版，引言。

变态者和精神病患者，不单单要进行医学治疗，同时也要进行道德治疗[①]。后现代伦理关注个人与自我的关系，强调道德的个体基础和个体维度，要求把道德视作个体的一种自我改造的艺术活动，具有浓厚的德性主义倾向。

（三）现代新儒学伦理："内圣开出新外王"

现代新儒学认为，近代以来中华民族的危机根源于，西方文化冲击与中华民族文化失调所导致的文化危机。民族文化失调的原因可归结为两个方面：另是民族文化的生命不畅，由此导致伦理精神的失落；一是民族文化生命的不圆满，没有能发展出近代意义的科学和民主。前者需要疏导的工作，即"返本"；后者需要转化的工作，即"开新"。"返本"是继承儒家的内圣之学，重建儒家的伦理精神；"开新"则旨在把儒家的伦理精神落实到"外王"的事业上，开出"新外王"，即科学与民主。现代新儒学承接了这一"返本开新"的使命。

牟宗三把现代新儒学的使命归结为三个方面："一、道统之肯定，即肯定道德宗教之价值，护住孔孟所开辟之人生宇宙之本源。二、学统之开出，此即转出'知性主体'以融纳希腊传统，开出学术之独立性。三、政统之继续，此即由认识政体之发展而肯定民主政治为必然。"[②]"道统之肯定"就是肯定儒家的"内圣成德之教"。这种"内圣成德之教"即儒家的"内圣外王之学"。"内圣外王"已经成为对儒家思想的一个最基本的概括，现代新儒学把"内圣开出新外王"作为儒学回应现代社会发展的一种策略。

现代新儒学认为，心性之学是儒家伦理思想的根本，是儒家的"道统"。牟宗三、徐复观、张君劢、唐君毅于1958年联名发表《为中国文化敬告世界人士宣言》一文，对儒家的"道统"进行了概括。在

① 参阅张之沧：《"后现代"道德》，载《人文杂志》2001年第3期。

② 牟宗三：《道德理想主义》序，转引自郑家栋：《现代新儒学概论》，广西人民出版社1990年版，第25—26页。

儒家的道统中，“人生之一切行道而成物之事，皆为成德而成己之事。凡从外面看来，只是随从社会之礼法，或上遵天命，或为天下后世，立德、立功、立言者，从此内在之觉悟中看，皆不外尽自己之心性。……以印证吾人与天地万物实为一体。而由此印证，即见此心此性，同时即通于天。于是人能尽心知性则知天，人之存心养性亦即所以事天。而人性即天性，人德即天德，人之尽性成德之事，皆所以赞天地之化育。所以宋明儒由此而有性理即天理，人之本心即天心，人之良知之灵明，即天地万物之灵明，人之良知良能，即乾知坤能等之思想，亦即所谓天人合一思想。……然由先秦之孔孟，以至宋明儒，明有一贯之共同认识。……共认人能尽此内在心性，即所以达天德，天理，天心而与天地合德，或与天地参。此即中国心性之学之传统”①。现代新儒学的首要任务就是重建儒家道统，确立心性之学的意义结构和价值信念，这是使中国文化摆脱危机的前提，也是“开出新外王”的基础。科学与民主即“新外王”是现代化的基本内容，也是儒家道德发展和完善的必然要求。这就是所谓的“内圣开出新外王”②。

传统的“内圣外王”建立起了个体德性与自我实现之间的紧密联系，其内在逻辑包括：外王必须内圣，内圣才能外王；内圣必然外王；内圣为了外王；外王就是内圣。其基本精神是以“内圣”即个体的德性作为“外王”即政治上的自我实现的前提和必要条件，当然也隐含着修养的“内圣”以政治的“外王”为直接目的。同时，它也相信个体的“内圣”一定能够获得“外王”的实现。现代新儒家“内圣开出

① 牟宗三等：《为中国文化敬告世界人士宣言》，载封祖盛：《当代新儒家》，三联书店1989年版，第20—21页。

② 方克立认为：“承继传统儒学‘内圣外王’的思维模式，现代新儒家提出了‘内圣开出新外王’的思想纲领。这里所谓‘内圣’就是作为价值之源的仁心或仁性，所谓‘外王’则是以民主、科学为代表的现代文明。”（方克立：《现代新儒学与中国现代化》，天津人民出版社1997年版，第225页。）

新外王”的实质是,从道德伦理精神中引发出科学精神和自由民主精神,也就是,“要使中国人不仅由其心性之学,以自觉其自我之为一‘道德实践的主体’,同时当求在政治上,能自觉为一‘政治的主体’,在自然界、知识界成为‘认识的主体’及‘实用技术的活动之主体’”①。实现伦理德性、自由民主、科学知识三种价值观念的整合。

这种“内圣开出新外王”的思路有其理论的根据与现实的根据。就理论而言,现代新儒学认为,良知本心既是客观的世界之本体,又是主观的人心之所在。它既“涵盖乾坤”,又“随波逐流”,既是“体”又是“用”。由于本体被置于内心,因而本体问题就与内圣问题合二为一了。就现实而言,“科学之发展固是知识上之佳事,然人之心思为科学所吸引住,转而为对于价值德性学问之忽视,则亦正是时代之大病。自由民主之实现固是政体上之佳事,然于一般生活上亦易使人之心思益趋于社会化(泛化),庸俗化,而流于真实个性、真实主观性之丧失,真实人格、创造灵感之丧失,则亦是时代精神向下低沉之征象”②。

在现代新儒学看来,由“内圣”到“新外王”必须经过一个“主体的转化之创造”过程,这种创造必须从儒家的“内圣之学”出发,以儒家道德精神作为形上根据。于是,民主与科学的根本便是主体的建构,而主体建构的本质又是道德主体的自我转化。因而,宋明理学的心性之学必然成为现代新儒学的起点。现代新儒学接着宋明新儒学讲,以弘扬中国传统儒家文化为志向,企图由心性内圣之学,开出自由、民主、科学的现代外王事功,使之适应现代社会。也正因为如此,现代新儒学把建立“道德形上学”作为其理论创新的突破口。从这个意义上说,“内圣开出新外王”也就是“从德性开出现代自由”。熊

① 牟宗三等:《为中国文化敬告世界人士宣言》,载封祖盛:《当代新儒家》,三联书店1989年版,第27页。

② 牟宗三:《道德理想主义》序,转引自郑家栋:《现代新儒学概论》,广西人民出版社1990年版,第26页。

十力对“内圣外王”的解释模式在形式上与传统无异，即是一种“直通”模式，也就是，希望由内在的理想德性人格能够直接开出外在的理想社会。熊十力的创造性解释在于，认为科学知识导源于道德心性，强调道德心性真理与科学知识真理的依附和融通关系。牟宗三则提出“内圣外王”的“曲通”解释模式，即通过“道德良知自我坎陷”实现“内圣开出新外王”。

唐君毅把自由划分为八个层次，即满足欲望的自由、立异的自由、保持选择的自由、人权的自由、群体的自由、个人从事文化活动以实现其人生精神理想或文化价值的自由、胸襟度量的自由、仁心呈露的自由等等。但他认为这八个层次的自由，有着价值高低之别。前三种自由是纯粹个人主观的和消极的自由，追求这三种自由并不能对社会文化有真实贡献，因而不值得重视。人权的自由和群体的自由不过是为实现社会性和文化性的生活价值，它们是外在的自由。而最后三种自由是个人人格内部之内在自由，这三种自由的实现，有待于个人的努力。在唐君毅的自由观中，西方近代意义上的个人自由权利只是自由实现的基点、始点，而不是终点，个人的自由权利只在于促进社会性和文化性的活动，以成就人文价值之实现。自由的最高目标乃在于人文精神的实现，这种人文精神是指“对于人性、人伦、人道、人格、人之文化及其在历史之存在与其价值，愿意全幅加以肯定尊重……以免人同于人以外、人以下之自然物”。这种核心自由或最高自由就是唐君毅所说的“仁心呈露之自由”，这是人类追求的最高层次的自由，这种自由“能涵盖一切现实的与可能的人生文化之价值，而加以肯定、赞叹、生发、成就”。这种“仁心呈露之自由”也就是孔子所说的“为仁由己”的自由。唐君毅认为，就孔子首倡为仁由己而言，他可被称为中国自由之父①。唐君毅的自由观是一种

① 参阅何信全：《儒学与现代民主——当代新儒家政治哲学研究》，中国社会科学出版社2001年版，第87—93页。

积极自由观,他认为,自由不应仅局限于个人自由权利的保障(消极自由),而应积极指向个人的人生目标和人文价值的实现(积极自由)。唐君毅的积极自由观旨在为自由确立理想主义德性根据。

徐复观认为,儒家的人性善是从道德层面上凸现个人的自由平等的基石,因为儒家人性论展示了人性的尊严与人格的平等,而平等是自由的前提条件。同时,人性善展示出人是一种具有内在道德价值的存在物,这种人性的内在价值标准必然会成为衡量现实政治生活的尺度,要求政治处于人的道德良知的控制之下,使政治成为每一个人实现其政治自由的工具,而不是少数人奴役大多数人的工具。在徐复观看来,自由是一种生活的精神状态,它表现为一种人性的自觉或人性的自作主宰。也就是说,让自己的良心理性决定自己的行为取舍,支配自己的生活。社会政治自由等乃根源于这种人性的自作主宰(即人性自由),从这个意义上看 ,儒家的德治观念体现了自由民主的精神。所谓德治是指,统治者"不以自己的私意治人民,不以强制的手段治人民:而要在自己良好的影响之下,鼓励人民'自为'"①。在这种德治框架中,统治者通过自修其德,把自己的好恶消解于天下人的好恶之中,"屈己以从天下之人",使自己处于一种"无为的状态",即非主体性的状态。也就是说,统治者"只是要把自己转化为一张白纸,以方便人民在上面画图案;而不是自己硬性地去规定一种图案,强制人民照着来画。这种思想的后面是蕴藏着对人性之无限的尊重,对人性之无限的信赖;而此种尊重与信赖,即所以显露圣人的无限的仁心"②。徐复观所说的自由是一种内在的积极自由,即致力于重建道德自我,从德性上来建立积极的人生价值取向。

现代新儒学把积极自由限定于个人层面,而把消极自由限定于

---

① 徐复观:《孔子德治思想发微》,转引自何信全:《儒学与现代民主——当代新儒家政治哲学研究》,中国社会科学出版社 2001 年版,第 119 页。

② 徐复观:《孔子德治思想发微》,转引自何信全:《儒学与现代民主——当代新儒家政治哲学研究》,中国社会科学出版社 2001 年版,第 122 页。

社会政治层面，形成了积极自由的伦理学与消极自由的政治学。由于对传统心性之学的推崇，现代新儒学走向积极自由的伦理学，它更多地从内在道德德性的自主性论述自由的实现。但是，以内圣之学为本位，认为自由民主与科学等“新外王”是由内圣之本所引出，现代新儒学的这种思路意味着，他们对儒家道统的维护压倒了对自由民主与科学的追求。较之心性之学的本体地位，自由民主与科学等“新外王”似乎只具有工具的意义，其作用仅仅在于完成“内圣”。这种主张本质上未超出传统儒家“内圣外王”的视域。

对于现代新儒学伦理来说，它面临的最大理论问题是，要从理论上说明，从道德的心性如何开出现实生活中的科学与民主。现代新儒学看到了道德伦理精神与科学精神、民主精神之间的契合性与一致性，但没有看到或者忽视了三者间的矛盾甚至对立。所以，它企图从传统内圣之学中开出现代的科学和民主，混淆了伦理与政治的界限，最多只能是一种美好的理想，很难在现实中得以贯彻。也因此，现代新儒学更多地局限于在思想文化界知识人群中的效力，它的德性主体是精英主义的，它所高扬的个体自主伦理意识尽管可“与天同德”，但因缺乏社会群体基础，其道德意识的社会功能无从显现。

第三章

德性重建的自由前提与伦理保障

——现代道德困境的理论消解

从最一般意义看,伦理学的基本问题包括两方面:“我应该做什么”和“我应该成就什么”。前者以人的行为的完善为目的,可归结为“道德秩序如何可能”的问题;后者以人自身人格的完善为目的,可归结为“德性人生如何可能”的问题。围绕对“我应该做什么”的问题的研究和解答形成了规范伦理学,围绕对“我应该成就什么”的问题的研究和解答形成了德性伦理学。规范伦理学和德性伦理学是伦理学的两种最基本的理论形态。

综观人类伦理思想史,可以看到,德性伦理一直是前现代社会中伦理学的主导理论形态,而进入现代社会以后,规范伦理则成为伦理学的主导理论形态。以麦金太尔为代表的社群主义者力图复兴传统德性伦理思想,建构现代德性伦理,现代德性伦理倡导者的矛头直接针对的是现代规范伦理。现代德性伦理学更多地反映着当代社群主义的伦理主张,现代规范伦理学更多地反映着现代自由主义的伦理主张。但社群主义与自由主义的伦理争论,总体上是现代性伦理理论内部的争论，这种争论指向一个共同的目标，即建构现代性伦理学[①]。借用哈贝马斯的话来说，现代性伦理学仍然是"一项尚未完成的理论谋划"，这种理论谋划的完成在很大程度上取决于现代德性伦理学与现代规范伦理学的融通和有机统一。

一、德性：心灵秩序的塑造与守护

（一）德性的指称：内在善

1. 德性概念的文化学内涵：内在化

在导论中已论及，"德性"的词源学含义之一就是使客观的、外在的东西"主观化和内在化"的意思。"德性"概念的这种"内在化"含义可以在人类文化思想的演进中得到印证。从文化人类学角度看，"德性"观念实际上是人类早期文化向"内在化"方向发展的产物。韦伯对早期宗教演变的分析说明了这一点。韦伯认为，从宗教史上看，在早期发展中，"宗教上应该做的事情"体现为"仪式和礼仪的准则"，它所关心的是行为不要违反这些行为的准则，如禁忌。但随着历史的变迁、文化的发展和理性的提高，产生了对"突破个别准则的固定化"的要求，产生了"内在化"的变化，即它不再关注什么是外在的仪式准则，而更关注"意向""思想"之类的内在性东西。这种内在性的东西"不承认什么'神圣的法'，而是承认'神圣的思想'，因

① 根据哈贝马斯"现代性是一场尚未完成的谋划"的说法，可以推定，"现代性伦理学"不同于"现代伦理学"。"现代伦理学"是指近现代以来发展起来的、以规范伦理学为主导类型的伦理学，而"现代性伦理学"则指称一种在当代初显雏形、但尚有待根据现代性的进一步发展来建构和完成的伦理学类型。现代性伦理学将剔除现代规范伦理学的偏颇，吸纳其合理性的内容。

为神圣的思想可以根据情况而认可不同的准则”①。韦伯把专注于仪式礼仪的伦理叫做“仪式伦理”，把内在化的伦理叫做“心志伦理”。

据中国学者考证，“德”的原始含义是“图腾”，古人有“异姓则异德，异德则异类”（《国语·晋书》）之说。图腾最初由氏族成员共享，后来被由氏族首领演化而来的人王所独享。图腾设定的根据，是氏族与某种自然物的集体亲缘性。人们把图腾看做本氏族的始源或祖先，图腾就是本氏族的至上神或祖先神。根据徐中舒对甲骨文的研究，殷代时，“德”被释为“循”，“循”即“顺”。所以，殷人“德”的基本含义是“遵循至上神（或祖先神）的意旨而行事”。其隐喻在于，人对自然物的认同和遵从是人生存的前提和保证②。郭沫若释“德”为“征伐”，可引申为征伐的结果，表示对土地、财富和奴隶的获得和占有。到西周时，人们逐步认识到，完全听命于至上神或祖先神，并不能保证人的生存。要长期占有疆土、财富和奴隶就必须“尽人事”，做出主观努力，这样才能得到“天”的保佑。“天道无亲，唯德是授。”（《国语·晋语》）天道是没有偏私的，只把福命授给有德的人。周代对商代含有宗教或天命的“德”进行了一种人文理性的洗涤，发展出一种富有道德和亲情色彩的“礼”的秩序规范体系。“礼”不是原始宗教的禁忌体系，而是相当发达的文明仪式准则体系。但“礼”仍然是一种外在的约束体系，是“仪式准则”的约束体系。到了孔子生活的春秋时代，这种“礼”的秩序已面临“礼崩乐坏”的局面，内在化的“心志（德性）伦理”应运而生。周人的“德”与人心相联接，含有了提高自我能力以便揣摩天的意志的意思。周人的“德”的人化倾向是使“德”摆脱神性的异化而返归儒家之人性规定的一个重要环节。

① ［德］马克斯·韦伯：《经济与社会》上卷，林荣远译，商务印书馆1998年版，第646页。

② 巴新生：《西周伦理形态研究》，天津古籍出版社1997年版，第22—23页。

“德”被用来指称人王从至上神即“天”那里得到的保民的能力,“有德者”就是天命在身者,就是聪明睿智之人。“德”由“顺天”“占有”的含义演化为“尽人事”的意思。孔子由此对人生及道德问题进行了深刻反思,尤其是对道德的主体性和道德的内在资源进行了开发,发展出一种以“仁”为中心的道德理论。孟子则把人道原则与人的内在心性联系起来,开创了宋明新儒家“心性之学”的先河。得“心性”成为儒家德性概念的基本含义之一。在中国传统思想中,德性是指人的品质、品性,指人的自然至诚之性。《中庸》曰:“故君子尊德性而道问学。”郑玄注:“德性,谓性至诚者也。”孔颖达疏:“‘君子之尊德性’者,谓君子贤人尊敬此圣人道德之性,自然至诚也。”

麦金太尔通过对德性概念在西方思想史上演变过程的分析,也指证了德性概念的“内在化”特质。在荷马时代,德性是一种能使人负起他或她的社会角色的品质,也就是一个人充当某种社会角色所需要的任何一种卓越品质,这些品质可以是体质上的,如跑得快的人展示了他的脚的德性;也可以是精神上的,如勇敢、荣誉等。亚里士多德认为,德性可泛指使事物成为完美事物的特性或规定。他说:“每种德性都既使得它是其德性的那事物的状态好,又使得那事物的活动完成得好……人的德性就是既使得一个人好又使得他出色地完成他的活动的品质”。① 德性是一种使个人能够接近实现人的特有目的的品质,不论这目的是自然的,还是超自然的。古希腊人的理想就是努力追求各种卓越的德性,并在各种德性之间保持一种和谐与平衡。到了近代,世俗、功利、制度和规范逐步支配社会生活,伦理学也转向以功利、原则和规则为中心,德性概念世俗化、伦理化和单一化了。这时,德性是指一种人在获得尘世的成功方面的功用性品质,或者是指一种履行道德原则和道德规范的个人秉性和品质。这

① [古希腊]亚里士多德:《尼各马可伦理学》,廖申白译注,商务印书馆2003年版,第45页。

时人们更多地关注道德原则和规范,注重道德的外在性的东西,德性本身则被忽视,变成了边缘性概念。甚至德性本身变成了外在的规范,失去了原有的丰富性。由此现代社会进入了"德性之后"的时代。"德性之后"的时代就是"道德被外在化"的时代,道德成了一种规则主义或律法主义的规范体系,失去了其内在化的特质。

2. 德性概念的人学内涵:人性之"善"

在导论中已论及,德性的词源学含义之二是指"优秀"或"卓越"的意思。把这种意思与上述第一个含义结合起来,可知德性在词源学意义上是指人的"内在的卓越或优秀"。这是德性概念的人学之维。从德性与人性的关系来看,德性既是人性构成的重要因素,又是人性成熟和完美的重要标志。

恩格斯指出:"人来源于动物界这一事实已经决定人永远不能完全摆脱兽性,所以问题永远只能在于摆脱得多些或少些,在于兽性或人性的程度上的差异。"①德性是人在不断超越自身的"兽性"的过程中所获得的一种优秀的"人性"。现代基督教伦理学家马利坦(Jacques Maritain,1882—1973)说:"任何伟大的道德体系事实上都是这样的一种努力,那就是要求人们以这样或那样的方式,在这样或那样的程度上,无论如何要超脱自己的自然处境。"②"人的自然处境"是两方面的,一是德性领域,要解决的是人的灵魂与肉体的关系;二是知性领域,要解决的是人同自然世界的关系。马利坦所说的"自然处境"主要是从德性方面讲的,即指人自身的自然性状,如肉体、本能、欲望等。本能欲望等是人性的基础,但它不构成人性本身,因为本能在未人性化的状态下是个别性的,本能的构成因素往往相互冲突,不能彼此协调。本能性的冲动或情感本身无所谓善恶,它们如何表现和实现才会有善恶评价问题。人的自然本能和情感的社会

① 《马克思恩格斯文集》第9卷,人民出版社2009年版,第106页。

② 刘小枫:《20世纪西方宗教哲学文选》上卷,上海三联书店1991年版,第35页。

化才是人性的本质内容，而理性化是社会化的最核心方面之一。

德性是人性在理性基础上的进一步发展，理性把人与存在的关系设定为主体与客体的关系，德性则进一步把这种主体与客体的关系转化为主体内或主体间的关系，使欲望和情感得到理性的过滤。德性是一种普遍化和理智化了的人性，它突破了个人欲望和情感的狭隘性，使自己的欲望和情感能够与他者相通并彼此尊重，在一种“共在”和“共识”中满足自己的欲望和情感需要。包尔生认为，“冲动构成德性的基础”，但冲动并不构成德性本身，“冲动被理性塑成德性或美德”[①]。英国著名伦理学家西季威克（Henry Sidgwick，1838—1900）认为，应当在德性与义务的关系中考察德性的含义。在他看来，德性是一种展示在义务行为，或超出了严格的义务范围的好行为中的行为者的心灵或品性，它是心灵或灵魂的持久的特性[②]。在存在论意义上，德性意味着，人的内在精神获得了一个空间，人的情感、理智和意志在这一空间中相互化通，从而使人的精神达到高尚的境界。所以，包尔生认为，德性“就它们代表着善者的品性而言，它们也不仅是一个外在的目的的外在手段，而是本身也是完善的人生和至善的一部分”。德性“既是完善的生命的手段和工具，又是这一完善的生命内容的一部分”[③]。一般地说，德性包含着人性的提升、人的目的性、自我实现、义务感等含义，是人的一种内在的、稳定的“善”品质。在否定意义上，德性是人的一种自我约束、自我规范，显现的是人的独特性和人的尊严；在肯定意义上，德性是人的一种自我完善、自我提升，显现的是人在超越中不断实现自己的生命的意义

① ［德］包尔生：《伦理学体系》，何怀宏、廖申白译，中国社会科学出版社 1988 年版，第 405— 406 页。

② 参阅［英］西季威克：《伦理学方法》，廖申白译，中国社会科学出版社 1993 年版，第 236— 249 页。

③ ［德］包尔生：《伦理学体系》，何怀宏、廖申白译，中国社会科学出版社 1988 年版，第 213、236 页。

和人生的价值。

德性与人的个性有密切关系。现代人所谈论的“道德”，往往是一些要求人们共同遵守的准则，这些准则或多或少又与个人的实际功利相关联，带有外在强制性特征。德性则着眼于个人品性的培养和个体精神境界的提升，它昭示的是个人对幸福人生的自觉体验和对完美人生的自觉追求。但德性又不同于个性。德性是个性结构中可以进行善恶评价的那部分心理特质和行为方式，它是一种与价值相关的个性特质。德性是个体出于调整自身与他人、自身与社会关系的需要，在道德实践中逐步形成的，可以用善恶来评价，也可以而且也应该用主体的内在价值尺度来衡量的个性特质。德性是标志个体自身完善的一种境界，它是个性发展的最高层次和个性成熟的标志。

黑格尔认为，德性是伦理性的东西（即伦理原则或规范）在个性中的体现。他说：“伦理性的东西，如果在本性所规定的个人性格本身中得到反映，那便是德。”又说：“一个人做了这样或那样一件合乎伦理的事，还不能就说他是有德的；只有当这种行为方式成为他性格中的固定要素时，他才可以说是有德的。”①从伦理学意义上看，德性是指个体所具有的理解、内化与践履伦理原则和道德规范的秉性、气质和能力。这种秉性、气质和能力的内在统一形成个体的一种自觉的道德意识，使伦理原则和道德规范内化于个体的本性之中，成为一种真正稳定的属于个体自己的东西，使外在的规范变成了内心的原则，成为一种自然而然的行为习惯和行为方式。德性就是化“（道）德（规范）”为“（个体的本）性”，使人达到孔子说的“从心所欲不逾矩”的境界。

---

① ［德］黑格尔：《法哲学原理》，范扬、张企泰译，商务印书馆1961年版，第168、170页。

3. 德性概念的伦理学内涵:从“品德”到“美德”

黑格尔指出:“因为德是伦理性的东西而应用于特殊物,又因为从这个主观方面来看德是某种没有规定性的东西,所以对德的规定就出现了较多和较少的量的因素。”[①]同时,对德的规定也出现了质的区分。前者引出的是“品德”概念,后者引出的是“美德”概念。“品德”一词中的“品”既可理解为“品质”的“品”,又可理解为形容词“众多的、不同等级的、不同类型的”等意思。《说文解字》曰,“品,众庶也,从三口”,后引申为多种不同的等级。作为“德”的限定词,“品德”意指众多种类、不同等级的德性。

从广义上说,德性是一个中性词,是主体在长期的、一系列道德实践活动中所表现出来的比较稳定的行为特征和心理倾向。稳定的德性状态具体指向什么方向和目的,还需要善与恶来具体规定。从德性的内容规定上看,德性的不同性质来自于善与恶的规范,这样就出现了美德与恶德的区别。诚实、守信、仁慈、热忱等品德在行为实践中一般能够表现出对他人和社会利益的维护,在行为方向上趋向于善,因而这些品德就是善德或美德;欺诈、背信弃义、狠毒、偷窃等在行为实践中一般总是带来对他人和社会利益的损害,甚至危害到行为者自身利益的满足,这些品德就是恶德。由于善恶的规定和要求是随着社会历史条件的发展而变化的,因而德性的具体规定也不是一成不变的。由此可见,确立合理的善恶观对确立合理的德性观有着重要意义[②]。

品德与美德有着密切的联系,在宽泛的意义上,二者常常被互换使用。但在严格的学理意义上,二者有着重要的区别。品德就是人在行为中表现出来的各种德性,它不仅有量的差异,而且还有质的区别,是指兼含有美德和恶德等多种德性并具有不同层次和等级的个

① [德]黑格尔:《法哲学原理》,范扬、张企泰译,商务印书馆1961年版,第169页。
② 参阅倪愫襄:《善恶论》,武汉大学出版社2001年版,第121—131页。

性特征。我们常说的"品质""品性"等概念也就是这里说的品德概念。品德是人们在调节与处理对己、对人、对事的过程中表现出来的一种稳定的心理—行为特征与倾向,在外表现为行为态度和行为特征,在内表现为个人信念与行为准则。品德首先是对德性的一种量的标度,它说明德性既可以表现为自我灵魂的高尚,但更表现为自我行为的高尚。因为,善待他人的道德价值远远大于善待自我的道德价值。

西季威克认为,德性必须具备这样的条件,即当环境为德性的实现提供机会时,所有普通人都可以凭意志直接获得,否则德性便不能称之为德性。美德则不同,美德与德性之间的重要区别是"意愿性"。德性代表着主体的某种意愿性和实现这一意愿的可能性,而美德代表着德性中那些体现道德理想的东西,代表着主体为实现道德理想而进行的实践努力。美德存在于德性之中,但并不是所有的德性都可以称之为美德。美德是代表主体的道德理想、在伦理生活中得到比较普遍的尊崇、在一定意义上具有普遍和永恒价值的那些品德①。它是品德中优秀的部分,是一种优秀的品德。美德是"美"与"德"的统一,这种统一实质上就是中国传统伦理所强调的善与美的统一。"君子成人之美,不成人之恶"(《论语·泰伯》),"君子之学也,以美其身"(《荀子·劝学》)。

"美"与"德"的统一即"美德"是最高的德性境界,"当良知业已形成,正确原理取得一种直接的威信时,我们对这些原理的态度也将成为审美的态度。节操、诚实、清廉,就是明显的例子。如果缺乏这些美德会引起本能的厌恶,像有教养的人们所感到的,那么这种反应在本质上就是审美的,因为它不是根据反省和仁爱,而是根据天性的敏感。然而,这种审美的敏感本应称之为道德的敏感,因为它是良知

---

① 参阅樊浩:《伦理精神的价值生态》,中国社会科学出版社2001年版,第179—180页。

训练的结果，比诸苦心培养的德行对于社会的善更有感受力，因为它更恒久更动人得多。这就是'美善'，是对道德的善的审美要求。这也许是人性中最美丽的花朵"①。具有美德的人，就是毛泽东所说的，是一个高尚的人，一个纯粹的人，一个有道德的人，一个脱离了低级趣味的人，一个有益于人民的人。

（二）德性的构成：知善能力、向善意愿、为善勇气

道德行为的构成大体上有四个主要环节，即道德认知、道德情感、道德意志和道德行动。道德认知关注行为"应如何"的问题，道德情感关注行为"愿如何"的问题，道德意志关注行为"敢如何"的问题，道德行动关注行为"实如何"的问题。道德认知、道德情感、道德意志涉及的是主观的世界，三者的有机统一构成"德性"；道德行动涉及的是客观的世界，它是"德性"的外化和客观化，构成"德行"。

构成德性的三要件在孔子那里被表述为"知、仁、勇"，孔子说："知者不惑，仁者不忧，勇者不惧。"（《论语·子罕》）"知"是理性原则，"仁"是情感原则，"勇"是意志原则。冯契先生指出："真正自由的道德行为就是出于自觉自愿，具有自觉原则与自愿原则统一、意志和理智统一的特征。一方面，道德行为合乎规范是根据理性认识来的，是自觉的；另一方面，道德行为合乎规范要出于意志的自由选择，是自愿的。"②自觉来自于道德认知能力的提高，自愿来自于道德情感和道德意志的养成。

1. 道德认知：知"善"的能力

道德认知是一种理性能力，它是科学认知能力与人文价值判断能力的统一。作为一种科学认知能力，道德认知是一种对象性思维，它旨在揭示道德及其发展的一般规律，包括对道德行为事实的认识，

① ［美］乔治·桑塔耶纳：《美感》，缪灵珠译，中国社会科学出版社1982年版，第21页。

② 冯契：《人的自由和真善美》，华东师范大学出版社1996年版，第220页。

对道德主体、道德目的、道德评判标准等的认识,对道德原则和道德规范的认识,等等。作为一种人文价值判断能力,道德认知是一种切己性思维,它是人们对自己如何处理与周围其他人的关系,采取何种手段或行为,以及关于这一系列行为或手段的意识等进行的价值性思考,它旨在解决自我的意识、思想、情感、行为是否应当的问题,以便形成行为"应如何"的价值理念。

道德认知是道德行为的理性—精神驱动力。德性是一种选择性的品质,它以求取适度为目的,体现为一种适度原则。所有德性都表现为对适当的人、以适当的程度、在适当的时间、出于适当的理由、以适当的方式做个好人或做好某事。适度的获得取决于人的正确选择,这种选择是对行为方式的正当、合理、恰当的考虑。这种选择既是一个基于概念分析和判断推理之上的道德认知过程,更是一个蕴含人文价值和实践权衡的道德评判过程。古典德性伦理大都提出过"中道"之说,孔子的"中庸"学说、孟子的"权"变观点、亚里士多德的"中道"理论,等等,都旨在告诉人们,德性落实于具体环境和行为境遇中,往往表现为人们在"过"与"不及"之间能够作出正确的理性判断和公正的实践权衡。孔子说:"未知,焉得仁。"(《论语·公冶长》)又说:"博学而笃志,切问而近思,仁在其中矣。"(《论语·子张》)柏拉图提出"美德即知识"的观点;康德提出基于"实践理性"之上的"人为自己立法"的道德原理;包尔生认为,冲动构成德性的自然基础,但冲动被理性塑造成德性或美德;哈贝马斯提出基于"交往理性"之上的话语伦理思想;等等。他们都旨在为德性提供一个具有普遍意义的理性基础。

2. 道德情感:向"善"的意愿

一个人有了道德认知,知道了什么是道德的和不道德的,但他未必想做、愿做、欲做道德的事情,而不做不道德的事情。当主体面临具体的道德冲突与选择时,其情感反应的状况是决定其选择方式的必要环节。具备了一定道德情感,个体才能从"应如何"走向"愿如何”或“想如何”。

德性是一种选择的、可称赞的品质，“选择的也就是出于意愿的，是意愿在人身上的特殊的形式”①。德性是与意愿联系在一起的。在道德领域，如果只问应该不应该，而不问愿意不愿意，那就会产生伪道德和伪君子。因而，道德情感是道德行动的内在情感—精神驱动力，一如孔子所说：“知之者不如好之者，好之者不如乐之者。”（《论语·雍也》）

道德情感是一种心理性的情感，但不是自然情感（儒家忽视了理性对自然情感的提升），也不是理性的绝对命令（基督教伦理、康德伦理忽视了自然情感的基础地位），而是对理性价值所产生的情感。道德情感是一种具有普遍意义的精神性情感。道德情感从本质上说是道德的理性内容通过感性形式（即个体行为）体现出来的一种情感形式，它体现的是一种人文精神。情与欲是人的存在的基本感性内容，从一般意义上讲，“情”是标志主客体之间的一种喜爱、思恋等的心理倾向，“欲”则是标志主客体之间的一种需求、占有和满足的心理倾向。道德情感表达和代表的是人文尺度，体现人之高尚的一面，没有情也就不会有道德。道德情感表现的也是一种利他倾向，达尔文在谈到道德情感时指出：“可以简单扼要地用‘应当（ought）’一词来概括，这个词含有高深的含义。它是人的一切属性中最崇高的属性，它使人可以为了同类的生命，毫不犹豫地去牺牲自己的生命。或经过深思熟虑之后，在纯全受深刻的权力感或义务感的驱使下，为大义而牺牲生命。”②

在道德心理层面上，道德情感常常表现为一种道德冲动和道德激情；在道德意识层面上，道德情感往往表现为同情、羞耻感、内疚等

① ［古希腊］亚里士多德：《尼各马可伦理学》，廖申白译注，商务印书馆2003年版，第58页注②。

② 周辅成：《西方伦理学名著选辑》下册，商务印书馆1987年版，第271页。

形式；在人的道德行为中，道德情感表现为愿望爱好与道德义务的融通。义务和爱好之间存在冲突，在行动之前，义务的感情反对爱好，但并不敌视或取代爱好。自康德以来，德性一直被理解为是经受得住感情趋向影响的能力，是借助于理性抵制和拒绝感情。理性主义规范伦理学企图把道德冲动和道德激情作为非理性的东西排除于伦理学体系之外，这种做法就“相当于说我们只有挪开墙，才能很好地看到是什么东西支持着天花板。正是道德冲动、道德责任和道德隐私最初的、最重要的‘善行’提供了人类共同生活的道德赖以形成之材料”①。密尔认为，“无论我们的义务标准是什么，义务的内部制裁力只是同一种东西——我们自己心内的一种情感，一种伴随违反义务而起的相当强烈的痛苦；……这种情感，假如是无偏私的，与纯粹的义务观念相联而不只牵涉特种义务或任何附属的情景，那么，它就是良心的精髓”②。

按照17世纪剑桥柏拉图学派的说法，道德情感是人性先验的道德本能。可按照苏格兰常识学说的解释，道德情感首先是人类生活经验和习惯的产物，它取决于人类生活的道德环境和在此道德环境下逐渐养成的一种道德直觉型常识。而后的道德情感主义伦理思想家们，如休谟和亚当·斯密（Adam Smith，1723—1790），则进一步地用人的内在情感与外在道德环境之相互作用来解释道德情感的产生，并将它称之为人的“第六感觉”，仿佛人的眼、耳、鼻、舌、声五官的感觉一般自然而然。这些说法的共同提示是，道德情感一如人性本身，需要合宜的社会文化环境滋润培养。

3. 道德意志：为“善”的勇气

由“愿如何”或“想如何”到“能如何”或“敢如何”是需要坚强的

① [英]齐格蒙特·鲍曼：《后现代伦理学》，张成岗译，江苏人民出版社2003年版，第41页。

② [英]穆勒·密尔：《功用主义》，唐钺译，商务印书馆1957年版，第29页。

意志力量才能完成的。道德意志就是个体的道德行为从观念认同、思想确定到实际实现的整个心理过程,道德意志是道德行为的心理—精神驱动力。

一个人有了道德认知和道德情感,想做某种道德的事情。但是,如果他没有相应的道德意志,或者他的道德意志薄弱,那么,他就很难实际地做这件道德的事情,比如,“见义不为”。因为,做道德的事情,就意味着一定的自我牺牲,可能要承受一定的代价,而且,很多时候,可能也会面临诸多真实的或想象的危险,从而需要足够的意志和勇气。一个有德性的人,不仅是有敏锐道德认知能力和丰富道德感情的人,而且更是一个有坚强道德意志的人,是一个善于和敢于做道德的事情的人。

英国学者塞缪尔·斯迈尔斯(Samuel Smiles)在《品格的力量》一书中,将“道德勇气”作为德性的基本构成部分之一,认为“这种道德勇气是一种探求和坚持真理的勇气,是一种坚持正义的勇气,是一种诚实无欺的勇气,是一种抑制诱惑的勇气,还是一种恪尽职守的勇气”。他认为意志力“是任何一种伟大品格的灵魂”,并抨击了社会生活中的各种“道德懦弱”现象。

这种“道德懦弱”现象在我国社会转型期表现得也较为突出,比如,人们表达的道德态度与实际的道德行为存在一定程度的脱节。很多人能够就某一道德事实表明自己的立场和态度,并作出善恶评价,但也只是仅此而已,没有去实施道德行为的动力,“只说不做”;很多人把道德仅仅看做是人生的理想追求,只在心理层面表示认同和赞许,缺乏实实在在的道德努力。个体缺乏道德意志,就会缺乏自我的道德激励,他就不可能自觉地发展和实施道德价值和道德行为。

(三)德性的本质:内在超越与自律

1. 德性的内在超越性

作为个体自身的品质,德性内在于人的个性结构或人格结构之中,它内在地规定着个体的行为选择和行为方式。一个有德性的人,就是内在地具有某些“值得称赞的品质”的人。品质不同于规范、制度，规范、制度往往外在于个体，而品质则为个体所内在地具有。作为个体自身的品质，德性内在地要求个体做或不做某种行为，规范、制度则是从外部规定个体的行为。

德性的内在性确证的是德性的自足性，“自足是指一事物自身便使得生活值得欲求且无所缺乏”，自足即自身完备。在希腊语中，自足常常与幸福概念联系在一起，幸福就是“因其自身而不是因某种其他事物而值得欲求的实现活动。因为，幸福是不缺乏任何东西的、自足的”，“幸福是一种合于完满德性的实现活动”①。借用康德对“善良意志”的论述，德性“并不因它所促成的事物而善，并不因它期望的事物而善，也不因它善于达到预定的目标而善，而仅是由于意愿而善，它是自在的善”②。

德性的内在性并不意味着它是个体在与外界毫无关联的情况下生成的。恰恰相反，内在的德性有着无可置疑的外在源泉。德性形成的外部环境与人类个体的心理因素相结合，才有可能酿就所谓个体自身的德性。德性的内在性也不意味着闭锁性，恰恰相反，内在的德性总是可能通过诸种途径显现于外。道德的实践品格，使得德性注定要通过个体的行为外化出来，即所谓“得于心则形于外”。德性在实践、行为中的外化，不仅确证了个体的德性，而且体现出德性的社会功能。

超越性是德性功能的集中表现。超越是一种对现实存有的否定状态，它表达一种人类对主体自身的信仰与理想的无限追求。超越有外在超越与内在超越之分。外在超越即向外的超越，人类把自己的信仰及人生价值目标置于人之外的必然性中，以认识和利用外在

① [古希腊]亚里士多德:《尼各马可伦理学》，廖申白译注，商务印书馆2003年版，第19、303、32页。

② [德]康德:《道德形而上学原理》，苗力田译，上海人民出版社2002年版，第9页。

功利目的作为理想境界，如功利主义伦理学。内在超越即向内的超越，人类追求自己精神世界的价值，追求人之为人的、体现人的尊严与幸福的东西。德性是人对于其自然属性的超越，和对于更高层次的生活与生命境界的追求。对德性的本体论探索不是一般意义的哲学本体论对"存在"的解答，而是对"应该存在"的追问与解释，这种追问和解释是人类对自身终极价值的关怀。

恩格斯指出："人们每次都不是在他们关于人的理想所规定和所容许的范围之内，而是在现有的生产力所规定和所容许的范围之内取得自由的。"①人的内在超越性是有限度的。但是，这并不意味着，"为了对非英雄式的、平凡的生活有效，道德必须切掉圣人的英雄标准；更准确一点就是为了自己的范围，道德必须保持圣人的圣洁性。道德实践只能具有不切实际的根基。为了成为其所是，道德实践必须为自己设定它不能达到的标准。它从来不能用自我保证或者他人保证已经达到了的标准来安抚自己"。作为人的一种内在品性，德性是一种"先于存在的存在"。"先于"仅仅是一种在道德意义上的"先于"，即在变得"更好"意义上的"先于"②。

2. 德性的自律性

亚里士多德认为，自愿性和选择性是德性的两个本质特征，自愿性和选择性使德性具有了自律性。出自德性的自律行为，内蕴着个体从事这种行为的自觉与自愿。没有自觉与自愿，就不是德性主导的自律行为，而只可能是偶然的或被强制的行为。亚里士多德在论述"公正"德性时曾经说过："一个行为是否是一个公正的或不公正的行为，取决于它是出于意愿还是违反意愿的。"③不自愿的行为，虽

① 马克思、恩格斯：《德意志意识形态》（节选本），人民出版社2003年版，第96页。

② ［英］齐格蒙特·鲍曼：《后现代伦理学》，张成岗译，江苏人民出版社2003年版，第95、88页。

③ ［古希腊］亚里士多德：《尼各马可伦理学》，廖申白译注，商务印书馆2003年版，第151页。

然有可能在表面上与德性要求相一致,但由于不是出自自愿和自觉,没有了自律特性,不可能是真正的德性行为。

在伦理思想史上,唯理论者只讲自觉原则,把人的理性当做自律的根基,认为自律就是人的理性对于感性(情欲)的超越。斯宾诺莎说:“遵循德性而行不是别的,即是以理性为指导而行动。”但唯理论者又把人的理性视为一种“自然法”,把理性的法则和自然界的必然规律混为一谈,最后得出“在心灵中没有绝对的或自由的意志”的结论[①]。康德把人们遵循普遍法则的行为称为意志自律,他说:“意志自律是一切道德法则以及合乎这些法则的职责的独一无二的原则;与此相反,意愿的一切他律非但没有建立任何职责,反而与职责的原则,与意志的德性,正相反对。德性的惟一原则就在于它对于法则的一切质料(亦即欲求的客体)的独立性,同时还在于通过一个准则必定具有的单纯的普遍立法形式来决定意愿。”[②]由于完全排除了(情感和欲望等的)自发性和偶然性,唯理论者所说的自律原则就只剩下一个空洞的形式,里面包含的只有“他律”的内容:一切都是原则规定好了的,只有遵守既定的规则才能获得自由。这等于最终否定了自律。由此可见,离开了自愿原则,离开了主体的利益,光讲自觉原则,只讲对客观法则的理性认识和服从,不是真正的自律。而经验论者和法国唯物论者只讲自愿原则,把人的自发的情感、情欲看成自律的根基,认为自由就是对情欲和本能欲望的满足,最根本的自由不在于对欲望的认识,而就是欲望本身。这实际上等于放弃了自律。

自律即自由的规律,也就是人自己为自己所定的规律。自律本身首先是一种具有一贯性的自由意志,它是对自由意志的任意性和自发性的一种克制,是对自由意志的任意选择的预先选择,因而可以说是一种高出于单纯任意性之上的更高级的意志自由。意志自由的

---

① 周辅成编:《西方伦理学名著选辑》下册,商务印书馆 1987 年版,第 632、613 页。

② [德]康德:《实践理性批判》,韩水法译,商务印书馆 1999 年版,第 34 页。

自发性和任意性选择还只是自由的一个初步规定，真正的自由意志乃是自律。这种自律，使自由意志从纯粹的偶然性中摆脱出来，使之具有了自身的规律性。但正因为它是自由意志本身内在的规律性，它就决不可能像自然规律那样被当做达到别的目的的工具来利用，而是本身成了每个人（不管他是否明确意识到）生存的最高目的。如果说自由意志本身是道德的根基，但本身还不是道德的话，那么自律才是比一切宗教观念、一切政治规范和法律制度都更纯粹的道德。自律就是道德本身[①]。

德性自律就是主体道德认知、情感、意志和信念对行为动机、方向和方式的选择进行的积极自主的自我调控。有德性的个体的行为是个体的自我约束行为，即自律行为。出自德性的自律行为，内蕴着个体从事这种行为的自愿与自觉。个体自身具有什么样的内在德性，就会表现出什么样的外在行为。从这个意义上说，自律是一种更高层次的自由，它体现的是一种自由的必然性：人为自己的行为立法。当这个自己所定的法规畅行无阻时，人便达到了自由的境界。自由意志使人具有了个性，自律则使人具有了前后一贯的人格，有了高于一切自然物的尊严，这是一种真正独立的个性。

包尔生指出："全部道德文化的主要目的是塑造和培养理性意志使之成为全部行动的调节原则。我们把这种德性或美德称为自我控制。"这种自我控制的德性可以规定为"以目的和理想来调节生活的能力。它是全部道德德性的基本条件，是全部人类价值的基本前提，甚至，是人类本性的基本特征"，"离开了自我控制，就没有自由和个性"[②]。自我克制是一切美德的基础，自我克制能力真正区分了物质生活和道德生活，它构成了品格的主要基础之一。作为一种自

① 参阅邓晓芒：《灵与舞——中西人格的表演性》，东方出版社1995年版，第186、205页。

② ［德］包尔生：《伦理学体系》，何怀宏、廖申白译，中国社会科学出版社1988年版，第412页。

我控制的德性，对于人来说是一种受动，但“按人的方式来理解的受动，是人的一种自我享受”①。自律使“德性具有艺术的性质”②，这种艺术性质用孟子的话来概括就是：“君子深造之以道，欲其自得之也。自得之，则居之安；居之安，则资之深；资之深，则取之左右逢其原。”（《孟子·离娄下》）

（四）德性的功能：塑造和守护心灵的秩序

人的行为价值的大小与人的心灵状态密切相关。“对于没有音乐感的耳朵来说，最美的音乐也毫无意义”，“经营矿物的商人只看到矿物的商业价值，而看不到矿物的美和独特性”。人的心灵状态制约着人的行为状态，或者说，人的行为状态是他的心灵状态的外在表现。心灵是道德的城堡，纯洁的心灵容易引向纯洁的行为。人的心灵不能不存在，但它又不是一种本体性的存在，它不是自足的，而是具有极大的可塑性。“人的灵魂是世界上所有事物中最复杂最难驾驭的，因而驾驭灵魂的技艺也是最难的技艺。而且，由于它是我们的幸福最为重要的一种技艺，它需要人们以更大的注意力加以研究。”③

在个体心理领域，人的心灵结构分为知、情、意，即认识、情感、意志三个部分。人的心灵一旦走出个人的心理领域，带上社会的属性，便具有了道德的内涵。从哲学人学角度看，人的生命有两种表现形式，一是以“人欲”表现出来的生物性的生命，这是初级的生命；一是以“天理”呈现出来的伦理道德生命，是高级生命。人的完善的生命是一种心智在其中自由和充分地生长，各种精神力量在思维、想像和行动方面都达到最高完善的生命。但不能把完善的生命精神化，应该看到，人的感官的甚至动物性的功能也有它们的权利，我们不能从

---

① 《马克思恩格斯文集》第1卷，人民出版社2009年版，第189页。

② 冯契：《人的自由和真善美》，华东师范大学出版社1996年版，第286页。

③ ［德］包尔生：《伦理学体系》，何怀宏、廖申白译，中国社会科学出版社1988年版，第429—430页。

完善的生命中排除人的这些功能，只是它们决不能僭越为主。德性是人的内在的道德自我，它对人的本能、欲望、情感、意志等因素进行调节与导向，赋予这些因素以人的生命的秩序与意义，赋予人的生命的初级形态即"欲（得）"以价值与秩序，使人超出自然必然性的本能，与本能取得距离，对本能进行改造和升华，获得一个自主的精神空间，这种精神空间是人的灵魂的安顿之处。对于个人来说，德性有其绝对的价值，它是一种正常的意志力量，有助于保护和发展人的精神生活。

德性之所以能够塑造和守护人的心灵秩序，根源于德性的统一性或有机性。德性并不仅仅表现为人的互不相关的特性或品质，它所表征的是人的品质的整体特性。"所有美德都是整体的一个器官，同时又构成生活的一部分，因而它像整体一样，也是一个自在的目的，道德精神生活是这样一种有机体，所有的力量和功能都在其中既是手段，又是目的，它们都有自在的价值，但又都从它们与整体的联系中得到另外一种意义。"[①]许多伦理学家都在其道德理论中预设了诸多的德性，其中总有一个德性是首要的德性。智慧是苏格拉底伦理体系中的首要德性，正义是柏拉图伦理体系中的首要德性，理智是亚里士多德伦理体系中的首要德性，爱是基督教伦理体系中的首要德性。首要的德性涵盖其他所有的德性，使所有德性构成一个有机整体。对一个人来说，把握和拥有首要德性非常重要。但是，一个人要更好地拥有首要德性，他就必须拥有其他所有的德性。只有这样，他拥有的首要德性才可能是完善的，他的德性才可能是完备的和有力量的。

"德性是心灵的秩序"，指明了德性的功能，但也昭示了德性的统一性。"心灵秩序"的塑造和守护根源于德性的整体性、统一性和

---

① ［德］包尔生：《伦理学体系》，何怀宏、廖申白译，中国社会科学出版社 1988 年版，第 235 页。

有机性。柏拉图认为,灵魂具有不朽的性质,它由理智、意志和情欲三部分组成,灵魂的安宁就是灵魂各个部分之间的恰当联系和秩序。只有当灵魂的三个部分处于恰当的关联状态或达到公正秩序时,它才能获得不朽的性质。人的理智犹如一位老练的御者,意志如同一位受过训练的良驹,情欲则是一批尚未驯服的劣马。三者的关系如同御者驾驶着一驾由驯服的良驹和尚未驯服的劣马一起拉动的马车,其成功与否的关键在于御者能否合理地控制劣马。这就是说,灵魂的秩序来源于理智对于情欲的合理控制。因而,与灵魂中理智、意志和情欲三个构成部分相对应的德性分别是智慧、勇敢和节制。正义德性是上述三种德性的统一,它的功能在于使这三种德性相互间保持一种和谐的关系。"合乎公正的人不允许他内心的各个元素做不属于本分的任何工作,也不允许他灵魂中分开来的阶层彼此干涉,而要实实在在地使他内部秩序井然;而既已主宰了他自身,他因此便把他自己性格调整得能和他自己很和谐,并使那三个元素在一起很融合,仿佛它们真个是一个谐调的三个和弦。……他把本性的许多元素化为一个真正的统一体之后,作为一个有节制的和调节得很适当的人,他终于要去作他应该做的事。"①正义德性成就了灵魂的内在秩序,这种内在秩序是一切外在伦理行为的源泉、根据和尺度。在这个意义上说,一个人要么具有所有的德性,要么就一点也没有。只有这样,人才能保持自己心灵的秩序。

德性之所以能够塑造和守护心灵的秩序,还根源于德性的相对稳定性。德性一旦形成,便逐渐凝聚为一种较为稳定的精神定势,这种精神定势在某种意义上成为人的第二天性,并相应地具有恒常的性质。荀子说:"生乎由是,死乎由是,夫是之谓德操。"(《荀子·劝学》)"德操"即德性或品德。康德认为,具有相对稳定的德性的人的存在表明,并非仿佛是人拥有德性,毋宁说,它所表明的是德性拥有

① 周辅成编:《西方伦理学名著选辑》上册,商务印书馆1964年版,第162—163页。

人。麦金太尔也指出："一种德性不是一种使人只在某种特定类型的场合中获得成功的品质……某人真正拥有一种德性，就可以指望他能在非常不同类型的环境场合中表现出它来。"①当然，由于善恶的规定和要求是随着社会历史条件的发展而变化的，德性的具体规定也不是一成不变的。因而德性的稳定性也是相对的。

人是由各种因素构成的复杂统一体，这些因素相互矛盾地交织在一起，共同推动着人性的发展。当代法国著名思想家埃德加·莫兰(Edgar Morin)把人的形象描述为"智者+狂徒"："制造工具的人和制造神话的人；客观—技术—逻辑—经验的思想和主观—幻觉—神话—巫术的思想；一方面是理性的，能够控制自己的，善于怀疑、检验、建设、组织、完成任务的人，另一方面是非理性的，对自我无意识的，不能控制的，不能完成任务的人，破坏的，用离奇事物来启发的，冒失的人。"一个人是多面性的，他是一个"生产的人、技术的人、建设的人、焦虑的人、享乐的人、亢奋的人、歌舞的人、不稳定的人、主观的人、想像的人、神话的人、充满危机感的人、神经症的人、色情的人、放纵的人、破坏的人、有意识的人、无意识的人、巫术的人、理性的人。这是同一面孔的许多侧面……所有这些特点分散、组合、再组合，根据个人、社会、时代而不同，增加着人类难以置信的多样性。这种多样性不能从一个简单的统一原则出发来理解。它的基础处于一种不确定的可塑性中，任由环境和文化根据特殊的情况来塑造"②。拥有德性是人的多样性"自我整合"的可能途径之一，德性使人能够在主观意义上，把构成自己人性的复杂的多样性因素有机地统一起来，使人的心灵处于稳定的有序状态。

现代人经历着心灵内部的伦理冲突与不和谐，经历着欲望、情感

---

① [美]麦金太尔：《德性之后》，龚群等译，中国社会科学出版社1995年版，第258页。

② [法]埃德加·莫兰：《迷失的范式：人性研究》，陈一壮译，北京大学出版社1999年版，第97、130页。

与理性的矛盾，灵魂的内在不和谐意味着灵魂的自我治理能力的丧失，也意味着德性的丧失。“一个人如果既没有愿望、目的和理想的层次结构，也不清楚自己在其所属的主观世界中在何处安身立命，那他将成为本身所有构成因素冲突的战场，被这些因素拖来拖去，最后毫无希望地土崩瓦解。这样的人丧失了自主性，并非因为他是一个因袭他人价值的墨守成规者，而是因为他的欲望、理想、思虑缺乏内在的秩序和结构，尽管它们本身可能是真实的并为他自己所固有的。……一个放纵散漫的人会不断陷入内在的冲突、无出路的困境和反复无常中，他虽然并不受外界或内在支配力量的约束，却始终是不自由的。换句话说，他是一个没有外在束缚的人，但却被他自身的欲望之绳束缚着。”①

事实上，随着社会文明程度的提高和人的精神生活的丰富，道德需要会越来越成为人的一种基本精神需求，道德生活会越来越成为人的一种自我实现的需要。道德生活是一种德性支配下的精神生活，这种生活本质上是人对自身生命意义的体认和追求，特定的道德生活是实现人生价值的本体。

二、自由：德性的前提和基础

自由很容易被理解为是非道德的和反道德的。在中国传统文化中，一说到自由，人们就联想到为所欲为，放纵情欲，扰乱治安，违法犯纪。因而主张对自由加以压制。对中国古代思想家来说，人性本恶并不可怕，“教”就是了，“诛”就是了；但如果人性是自由的，那就糟了，分不清好人与坏人，无法对人的“性”加以规范和整治。古希

① ［美］J. 范伯格：《自由、权利和社会正义——现代社会哲学》，王守昌等译，贵州人民出版社1998年版，第16—17页。

腊罗马文化中,人的自由一开始就被描述为杀父、乱伦、对原始氏族血缘关系的肆意破坏和践踏、亲骨肉之间的血腥谋杀等。基督教更是把自由意志与原罪联系在一起。康德为了清洗自由意志的罪感色彩,却把自由感本身也清洗掉了,使自由意志成了不带任何感情的抽象普遍律。现当代思想突破了对自由的传统理解模式,指明了自由的道德内涵以及自由与道德的内在勾连。

(一)自由的道德底蕴

可以从三个方面理解自由概念的道德底蕴:一是从人类的生存状态与意义上来理解;二是从人类的精神状态与意义上来理解;三是从人类的行为状态与意义上来理解。在宽泛的意义上,可以说,现代西方存在主义哲学,尤其是萨特的"两种自由观"提供了第一种意义上的自由概念;西方古典自由主义理性自由观提供了第二种意义上的自由概念;现代西方自由主义代表人物伯林(Isaiah Berlin,1909—1997)的"两种自由"学说提供了第三种意义上的自由概念。

萨特在两个意义上理解人的自由。一是对自由的本体论解释,这个意义上的自由可称之为"命定的自由";一是对自由的实践论解释,这个意义上的自由可称之为"境况的自由"。人的本质先于人的存在,"人并不是首先存在以便后来成为自由的,人的存在和他'是自由的'这两者之间没有区别"[①]。人的存在本身即是自由无待的,人只能是一种自由的存在。"命定的自由"表明,自由是人的价值的基础,人因了"命定的自由"而具有超乎所有存在物之上的高贵尊严和绝对自由。这种尊严和自由使人的自觉选择和自律行动成为可能,人的行为的道德价值就体现在这种自觉选择和自律行动之中。绝对的命定的自由必须有显示其自身的背景,这便是人的生活境况。它包括人的存在"位置"(在此)、人的存在"时间"(曾在与现在)、人的存在"环境"(在世)、人与他人(为他的存在)、人的死亡(不在)等

① [法]萨特:《存在与虚无》,陈宣良等译,三联书店1987年版,第56页。

五个方面。其中,“他人”和“死亡”构成对人的绝对的命定自由的根本性限制,但对于人存在的“位置”“时间”及“环境”等,人是可以超越的,它们的存在正好衬托出了人的自由创造能力和人的道德本性。命定的自由赋予人的选择的无限性,在具体实践境遇中会演变为具体价值选择的矛盾性和有限性,人可能在具体实践境遇中从绝对自由选择的主人变成了不自由的奴隶。为了摆脱这一困境,萨特提出了他的责任伦理学。他认为,责任是自由选择的必然后果,诚如人不能不自由选择一样,人也不能不为自己的这种自由选择承担责任。人必须对自己的自由存在和他所在的世界负责,人必须对其选择行为负责。总之,萨特的自由理论指明了,选择和责任既是人的存在和人的价值的本体论规定,也是人的存在和人的价值的实践论规定,人的行为的道德价值根源于人的存在的这种双重规定之中。

西方古典自由主义的自由概念是一种理性(的自我)导向的自由。自由被理解为借助理性的力量摆脱情感、欲望对人的奴役。在这种自由学说中,理性是最高的法则,是人的自主力量,也是人得以拯救的力量。人被赋予某种崇高的使命,如实现至善,但惟有理性能够使人认识到自己的使命和认识到至善。这种自由学说中含有一套关于自我的辩证法,自我是矛盾的,他一方面有善的理念,他趋向于一种终极性的真善美相统一的境界;但另一方面,自我或人又是世间的俗物,受欲望的诱惑(柏拉图),受恐惧(伊壁鸠鲁)、激情(斯多葛学派)和情感(斯宾诺莎)的奴役。在这种自由学说看来,人所受的束缚或奴役不是或主要不是指外在的政治力量的压迫,而是指人自身的欲望的束缚。从这个意义上说,奴隶可能是自由的,国王反而可能受奴役。

与人的最终得救和至善相比,人自身的欲望以及世间的诱惑可以说是对人的意志的考验。人的灵魂是升入天堂还是下入地狱,完全取决于人的理性的自决。奴役说到底是一种无知的状态,理性是自主的力量,是解除奴役的自由状态。自由就是解脱,解脱自我加之于自身的枷锁。这种解脱或者是通过自我克制来进行，或者是通过自我实现来进行。通过自我克制，人退回到自己的“内在城堡——我的理性、我的灵魂、我的‘不朽’自我中，不管是外部自然的盲目力量，还是人类的恶，都无法靠近”。这种自我克制式的自由学说不折不扣地是一种酸葡萄学说：我没有把握得到的东西，就不是我真正想要的东西。通过自我实现，自由成为“理性的自我导向”，所有理性存在者的目的在这种“理性的自我导向”中必然组成一个单一的、普遍而和谐的模式，有的人能够比其他人更清楚地领会这个模式。只有当缺乏理性的人都被“改造”成理性存在者的时候，他们才能够成为完全自由的人[①]。

伯林自由学说的基本价值取向，是要为道德寻求一种更彻底更根本的自由基础。伯林把自由划分为消极自由与积极自由两种。消极自由是指一个人能够不受阻碍地做自己想做的事，就是个人对个人以外的干涉力量持否定态度，在个人与国家或社会之间划定一个清晰的界限，为个人保留一个国家或社会力量绝对不允许进入、不允许干涉的“私人领域”。消极自由是“不受限于……（free from）”意义的自由，是以“不让别人妨碍我的选择为要旨的自由”。消极自由涉及的是个人自由的最低限度，或个人最低限度的基本自由。积极自由是指自我引导与自我主宰，以做自己的主人为要旨的自由，也就是“可自由地去做……（free to）”意义的自由。积极自由是对下述问题的解答：“什么东西或什么人有权控制或干涉，从而决定某人去做这件事，成为这种人，而不应该去做另一件事，成为另一种人？”积极自由的重心在控制、统治和应该。持积极自由观念的人关注的是必然、必须，是“我应该”“我必须”式的思维取向，表达的是人自己所期望、所愿望、所立志要实现的价值目标和权利。如果说消极自由更多地指向了个人的基本政治自由，那么积极自由则更多地指向了个人

① ［英］以赛亚·伯林：《自由论》，胡传胜译，译林出版社2003年版，第226页。

对道德自由的更高期望。从人类终极价值取向上看，积极自由较之消极自由具有更大的人道意义，所以，马克思指出："人不是由于具有避免某种事物发生的消极力量，而是由于具有表现本身的真正个性的积极力量才是自由的。"①

但是，从人类社会生活的现实运作来看，消极自由较之积极自由具有更大的道德价值。因为人想摆脱或减轻自己受阻碍的愿望并不容易完全实现，即使人可以使自己不做自然和社会的奴隶，他也很难保证使自己完全摆脱自我精神与情感的牵累和奴役。在人类思想史上，许多思想家更多地倾情于一种基于"真实自我"的"自我实现"的伦理自由，力图实现一种不受自己内在情欲驱动的内在自由，由此产生了各种激进主义的自由构想。但是，这种激进的、积极的自由在现实社会的运作中往往走向自由的反面：主张自我实现的自由常常成为压制个人（自我实现的）自由的借口，以至产生自由压迫自由、自由导致不自由的矛盾后果。卢梭激进而浪漫的自由主义主张，最终滑向对"公共意志"和"公共权威"的强调，出现了"强迫人自由"的历史悲剧。造成这种后果的根源在于，自我作主与自我控制的所谓积极自由在现实生活中往往容易演变为一种所谓真实的、理性的自我对虚假的、感性的自我的征服。这种自由"很容易把人格分裂为二：超验的、主导性的控制者，与需要加以约束并使其就范的欲望与激情的集合"②。

积极自由中关键的概念是"真实的或高级的自我"，这个概念包含着非常任意而武断的内容，不管什么人，一旦处于某种优势，就可以把自己所喜欢的价值称作是真实的或高级的，而把与自己倡导的价值不同或相反的价值说成是虚假的或低级的。与此对应，社会中

---

① 《马克思恩格斯文集》第1卷，人民出版社2009年版，第335页。

② ［英］以赛亚·伯林：《自由论》，胡传胜译，译林出版社2003年版，第203—204页。

的人们被分割为立法者、先知先觉者、启蒙者与守法者、后知后觉者和被启蒙者，出现卢梭说的，强迫人自由。同时，这种"'高级的'自我有可能充分地与制度、教会、民族、种族、国家、阶级、文化、政党，以及更含糊的实体，如普遍意志、共同利益、社会的启蒙力量、最先进阶级的先锋队、神意的显露等相同一。我的观点是，在这个过程中，开始时作为自由学说的东西结果成了权威的学说，常常成为压迫的学说，成为专制主义的有益武器"。信奉"积极自由"的人，往往"无视个人或社会的实际愿望，以他们的'真实'自我之名并代表这种自我来威胁、压迫与拷打他们"①。这种自由意味着"应该"、使命、责任的暴虐，这是一种"牧羊人的自由"、自居的自由、先知的自由，而不是一般人的自由；是干涉、干预、入侵甚至改造、摧毁的自由，而不是做自己想做的事情的自由。

积极自由的极端形式之一是主张个人内心的绝对自由，如萨特所说的"囚徒的自由"。这种自由仅仅可以作为一种伦理上的信条，但不能把它作为人实现自由的理想方式。如果以这种内心的自由理想来要求社会，企图以此来超越现实的约束与规范，那么，社会本身也会变得疯狂起来，最终不但这种所谓的内心的积极自由不能实现，而且连消极的自由也会化为泡影。正是在这个意义上，伯林反对把自由界定为"行动的自由"或"自由的行动"本身。他认为，"自由是行动的机会，而不是行动本身"②，是行动的"可能性"而非行动的"动态实现"。人的自由最根本的是指人的某种权利，即他能够做什么的资格，资格涉及人自身的因素与外在环境的各种因素。

消极自由是有限度的自由，因为行动的机会或可能性既要受制于个人自身的能力，也要受制于行动的外部条件。但是，把"消极自由"理解为不受干涉的程度和能力条件，并不表明"消极自由"的低

① ［英］以赛亚·伯林：《自由论》，胡传胜译，译林出版社 2003 年版，第 42、202 页。

② ［英］以赛亚·伯林：《自由论》，胡传胜译，译林出版社 2003 年版，第 39 页。

限度要求,而只是为了保证个人自由的最低限度即基本人权成为可能。也就是说,个人自由无论如何都应有一个不可侵犯的最小范围或最小限度。这种“最小限度应该是什么?一个人不经殊死搏斗便不能放弃的,是他的人性的本质”①。消极自由所要求的,不是追求高限度的权利、机会和价值目标,而是坚守“底线”,以“不受干涉”和“不干涉别人”为界限。伯林的两种自由理论主张以消极自由为人类自由的底线和基准,对自由作一种低限度的政治的和现实可能的解释。这与萨特本体论化的、理想化的和可言说不可操作的自由学说形成鲜明对照。

马克思主义认为,自由是人的一种自觉、自为、自主的活动状态,这种状态体现的是主体与客体之间的一种统一关系,这种统一具体表现在真善美三个方面。追求真,就是认识世界,在这个意义上,自由就是对必然的认识;追求善,就是在认识的指导下改造世界,使之符合自己的目的,在这个意义上,自由就是对世界的改造;追求美,就是在最无愧于人类本性的条件下从事改造世界的活动,在这个意义上,自由就是主体对世界的创造性的认识和改造。因而,真善美可以看做人追求和获得自由从而达到主客体统一的三个层面,自由是人的一种真、善、美统一的生存状态②。自由的道德底蕴即在于此。

(二)意志自由:德性存在与发展的先决条件

在词源学意义上,意志包含着意向、意愿、愿望、志气、立志等意思,指人的意向性、自愿性、自主性、选择性等,蕴含着自由的属性。在人类思想史上,人们往往把意志更多地与自由连接起来,力图揭示意志与自由的内在关联,指明自由是意志的内在属性和本质规定之一。

洛克说:“自由要先前设理解力和意志——一个网球不论为球拍所击动,或静立在地上,人们都不认它是一个自由的主体。我们如

① [英]以赛亚·伯林:《自由论》,胡传胜译,译林出版社2003年版,第194页。
② 袁贵仁:《马克思的人学思想》,北京师范大学出版社1996年版,第218—219页。

果一研究这种道理，就会看到，这是因为我们想像网球不能思想，没有意欲，不能选择动静的缘故"，"离了思想、离了意欲、离了意志，就无所谓自由"[①]。卢梭认为，"自由不仅在于实现自己的意志，而尤其在于不屈服于别人的意志。自由还在于不使别人的意志屈服于我们的意志"[②]。康德把意志看做实践的理性，认为实践的理性必须把自己看做是自由的，也就是说，人的意志只有在自由观念下才能是他自己的意志；在康德看来，意志自由是一种理性认识基础上的必然结果，它是人完全摆脱了物质利益和感性欲望的纠缠而达到的一种道德自律境界，这种意志自由是道德行为产生的前提。黑格尔认为，"自由是意志的根本规定……意志而没有自由，只是一句空话；同时，自由只有作为意志，作为主体，才是现实的"[③]。马克思更是从人的本质和人的生存本体论的高度揭示了意志与自由的内在关联，他认为，人的生命活动与动物的生命活动有着根本性的区别，人能够"使自己的生命活动本身变成自己意志的和自己意识的对象。……仅仅由于这一点，他的活动才是自由的活动"[④]。正是基于意志与自由的这种内在勾连，有学者认为，自由本身是不可定义的，自由从根本上说就是"自由感"，即人自己感到的自由。这种自由感不仅仅是一种单纯心理学意义上的心理或情绪感受，而是在意志的自决活动和实践活动中所获得的某种形而上的感受。真正的自由感的获得是以对自由意志的自我体验为基础的，它是意志自由的一种现实性体现[⑤]。

---

① 周辅成编:《西方伦理学名著选辑》上册，商务印书馆 1996 年版，第 721 页。
② [法]卢梭:《社会契约论》，何兆武译，商务印书馆 1996 年版，第 23 页注释③。
③ [德]黑格尔:《法哲学原理》，范扬、张企泰译，商务印书馆 1961 年版，第 11—12 页。
④ 《马克思恩格斯文集》第 1 卷，人民出版社 2009 年版，第 162 页。
⑤ 参阅邓晓芒:《灵与舞——中西人格的表演性》，东方出版社 1995 年版，第 213—254 页。

意志如果是自由的,那么意志自由与道德又是什么样的关系呢?一般地说,道德行为不仅是自觉的,而且是有选择的。在善与恶、理性原则与自然欲望相冲突的情况下,人能够自觉地抑恶而扬善,限制自然本能而遵从理性原则,他的行为就具有道德价值。人如果取消了自己意志的一切自由,也就是取消了自己行为的一切道德性。没有自由选择就不可能有道德。人的行为道德性的前提是人有意志自由,人的意志能够自由地支配自己的行为,人因此才能够、也必须而且更应该对自己的行为负责,道德的高尚性和自觉性以意志自由为前提。

中国古代思想家常常将意志与人的德性勾连起来,强调人的意志品格在德性活动中的重要作用,传统儒家心性伦理更是把意志视为判断善恶标准甚至人之为人的根据。在西方,亚里士多德提出"德性和过恶都出自自愿",认为人凭依其意志自由能够选择和决定自己的行为,人必须对自己的行为负道德责任。基督伦理认为上帝的意志创造一切,但人世间的恶则是人类始祖"滥用自由意志"的结果。笛卡儿(Rene Descartes,1596—1650)认为,自由意志本身就是我们所能拥有的最崇高的事物,因为它以特定的样式使我们与上帝平等,而不是把我们当做他的臣民,除了自由意志之外,没有别的什么能够给予我们最伟大的满足。黑格尔把道德伦理看做是自由意志的体现,自由意志借外物(财产)实现自身,就是抽象法;自由意志在内心中实现,就是道德。

任意性和选择性体现了意志自由的两个不可分割的方面,前者使自由意志与人的情感倾向相联系,后者使自由意志与人的理智考虑相关联。任意性是自由的最基本含义,黑格尔指出:"就任性作为决定这样或那样的能力而言,无疑地是自由意志的一个重要环节(按照意志的概念来说它本身就是自由的);不过,任性却不是自由的本身,而首先只是一种形式的自由。"[①]因为,"任性并不是合乎真理的意志,而是作为矛盾的意志"[②]。作为意志自由的一个方面,任意性不是"无法无天""损人利己",它不同于动物式随心所欲的本能行为。动物式的随心所欲的本能行为仍然是服从必然规律的,而作为意志自由的一个方面的任意性则是超越必然规律的,它赋予一切必然规律以意义,并且自身成为了一种新型的必然性(如体现为社会生活的必然性)的内在原则。这种作为意志自由一个方面的任意性是一切道德原则之所以能确立起来的原动力。从这个意义上说,意志自由本身并不是一条道德原则,但它是一切道德之所以能够成立的前提。

当选择性作为意志自由的一个内在规定时,意志自由本身就具有了道德的意义。包尔生认为,意志的发展可以区分为三个不同层次:冲动、欲望和狭义的意志。冲动和欲望是自然意志,狭义的意志即理性意志,亦即由意图、原则、理想支配的意志,它通过一种不断的审察和选择的过程来控制较低形式的意志——冲动和欲望。理性意志教育和训练自然意志的能力就是意志自由。意志自由"表现了人性中一种真实、积极的能力",它"意味着那种依靠理性和良心,根据目标和法则,独立于感官冲动和爱好,而决定一个人的生活的能力;意志自由意味着人拥有这样一种能力,实际上正是这种能力构成了人的本质"[③]。意志自由表明,"人不是被他的冲动决定的,而是他自己根据目的的观念决定自己。在他的意图中,人可以说把他的全部活动、全部的生活理解为一个统一体,按照各个特殊行为跟这一原则的联系来选择它们。动物的生活可以划分出各种各样孤立、分离的功能,人的生活则被纳入一个观念的统一体之中。实践的自我意识

① [德]黑格尔:《小逻辑》,贺麟译,商务印书馆1981年版,第302页。

② [德]黑格尔:《法哲学原理》,范扬、张企泰译,商务印书馆1961年版,第26页。

③ [德]包尔生:《伦理学体系》,何怀宏、廖申白译,中国社会科学出版社1988年版,第189、397、401页。

的统一，或者说良心，不断地对内在生活的各个特殊过程实行控制——对感情、努力、行为、思想的过程实行控制。这种按照人的生活的观念来调整和决定生命的各个特殊功能的能力，正是我们所说的自由意志。因此，如果一个人不是被当下的刺激及其引起的暂时的欲望所决定，而是被目的的观念和理想所决定（指他整个人被推动），被义务和良心所决定（仅仅指他的行为），那么我们说这个人是自由的"①。意志自由不是人性中的一种天赋因素，而是一种后天获得的特征，是整个人类在其历史发展过程中获得的。但对每一个人来说，他必须不断培育并重新去获得这种意志自由。

马克思主义认为，事物及其必然性是意志自由的客观根据。选择性是意志自由的一个基本规定，意志自由归根结底不过是人"借助于对事物的认识来作出决定的那种能力"。道义论往往把道德的必然性局限在精神领域的范围之内，进而又把对这种必然性的理解而达到的意志自由限制在行为动机的领域；功利论把道德必然性直接等同于客观事物（经济关系）的必然性，常常忽视了意志自由这个中介环节，难免把道德看成是一种外在的约束，看成只能由效果来加以鉴定的行为。事实上，意志自由的客观根据既不是先验的人性，也不是纯粹的经济规律，而是人们的社会生活实践。

（三）实践理性：德性抉择的理性基础

实践理性本质上是主体求"善"的价值理性，有别于主体求"真"的认知理性。"善"不是一种对客体本质的认识，也不是一种停留在主观领域的东西，而是人所具有的一种精神意志，这种意志的力量就在于行动。真正的"善"是一种意志支配下的行动，为此，康德把伦理道德视为一种"实践理性"，马克思则称道德是一种"实践—精神"。

---

① ［德］包尔生：《伦理学体系》，何怀宏、廖申白译，中国社会科学出版社1988年版，第398页。

德性是一种实践性的品质。从亚里士多德到麦金太尔，许多伦理学家都是德性实践主义者，他们都主张把德性贯彻到实践中去，在实践中获取和践履德性。亚里士多德认为，最高善就是最完满的德性实现活动，幸福是合乎德性的实现活动，合乎德性的实现活动必然是快乐的。如果一个人离群索居，脱离社会生活，其追求的德性必然是虚幻的。德性在实践活动中显现出来，这些合乎德性的实现活动，会给人带来内在的快乐和幸福。"一个人若不喜欢公正地做事情就没有人称他是公正的人；一个人若不喜欢慷慨的事情就没有人称他慷慨，其他德性亦可类推。"[①]包尔生认为，德性"首先必须被实践；仅仅听人谈论它是不够的"[②]。麦金太尔在亚里士多德的基础上把个人的实践领域扩大到整个社会协作的交往领域，指出实践是涉及与他人合作的社会性活动，赋予了德性的践行以更丰富的社会内涵。麦金太尔认为，在实践理性意义上，"德性表现在一种判断能力中，行为者具有这种能力，在于知道如何在相关的许多准则中选择准则和如何在特殊的环境中运用准则"[③]。

德性是一种选择性的品质，它以求取适度为目的，体现为一种适度原则。亚里士多德认为，德性同感情与实践相关，而感情与实践中存在着过度、不及与适度，过度与不及都是错误的，适度则意味着成功并受人称赞，而成功和受人称赞是德性的特征。所有德性都是适度的品质，德性以选取感情与实践中的适度为目的，它体现为对适当的人、以适当的程度、在适当的时间、出于适当的理由、以适当的方式做好某事。适度的获得取决于人的正确选择，德性是选择的或包含

① [古希腊]亚里士多德：《尼各马可伦理学》，廖申白译注，商务印书馆2003年版，第23—24页。

② [德]包尔生：《伦理学体系》，何怀宏、廖申白译，中国社会科学出版社1988年版，第407页。

③ [美]麦金太尔：《德性之后》，龚群等译，中国社会科学出版社1995年版，第282页。

着选择的,选择与“德性有最紧密的联系,并且比行为更能判断一个人的品质”,“德性是灵魂的进行选择的品质”①。在这里,选择不是一种纯粹理性的形式化推理,而是愿意为善,并有能力知善和行善。因此,德性的获得是一个难度很大的实践选择事务。这种选择是对行为方式的正当、合理、恰当的考虑,是一种实践理性。古典德性伦理大都提出过“中道”之说,孔子的“中庸”学说、孟子的“权”变观点、亚里士多德的“中道”理论,等等,都旨在告诉人们,德性落实于具体环境和行为境遇中,往往表现为人们在“过”与“不及”之间能够作出公正的理性的权衡。德性是一种实践性的“中道理性”。

实践理性本质上是一种亚里士多德所说的“明智”。“明智是一种同人的善恶相关的、合乎逻各斯的、求真的实践品质。”②廖申白先生认为,相应于理智的两个部分,亚里士多德把灵魂所欲把握的真也区别为两种,即“沉思的理智”与“实践的理智”。“沉思的理智”把握的是事物的本然的真,因为它不是欲求,没有目的;而“实践的理智”把握的是相对于目的或经过考虑的欲求的真③。“德性离开了明智就不可能产生”,“德性是一种合乎明智的品质”。“明智不仅是要知而且要实践。”④在康德看来,实践理性为人在实践中的超越建构了先验的自由和提供了意志的力量,并且使人承担出自道德律令的普遍的道德责任,使人作为自为的道德存在者而存在。实践理性的自我立法意味着,作为道德存在物,人自身作为自己的目的而存在,同时也以自身作为绝对的目的而存在。但是,康德的实践理性概念

① [古希腊]亚里士多德:《尼各马可伦理学》,廖申白译注,商务印书馆2003年版,第64—65、168页。

② [古希腊]亚里士多德:《尼各马可伦理学》,廖申白译注,商务印书馆2003年版,第173页。

③ 参阅[古希腊]亚里士多德:《尼各马可伦理学》,廖申白译注,商务印书馆2003年版,第168页注⑤。

④ [古希腊]亚里士多德:《尼各马可伦理学》,廖申白译注,商务印书馆2003年版,第189、214页。

缺乏主体间性的含义，理性对理性自身立法。康德的实践理性仍然是抽象的绝对主体的理性的自我独白，而不是不同主体的对白。在康德的道德理论中，存在着一种绝对真实的道德领域，存在着绝对放之四海而皆准的道德准则，理性的任务就是建立并遵从它。在康德的道德框架中，实践理性虽然高于理论理性，但实践理性是在理论理性的大框架中展开的。因为，如果理性已经设定了一种理想的道德状态，并且是惟一的道德理想状态，那么，实现这种状态就被视为是理性的绝对命令，人的使命就是实现这种理想状态。可见，康德的实践理性概念实质上是一种理论理性概念，它追求独一无二的道德真理。

遵守实践理性，就是寻求中庸之道，寻求适度，不仅在对立的道德要求与道德主张之间寻求适度，而且在道德理想与道德现实之间寻求适度。不存在先验绝对的道德理想状态，道德理想基于人类之间的对话。近现代以来的道德理性主义者混淆理论理性与实践理性，企图用理论理性取代实践理性。遵循理论理性，就是要去认识道德的独一无二的本质，实现至高无上的道德目的。在道德理性主义者看来，存在着由人的共同本性决定的、像自然规律那样可以被认识的、永恒不变的人类道德理想。绝对自足的理性给人类规定了一个归宿，一条道路，一种方法。既然能够“科学地发现”人类只有一条道德上的金光大道，且达到金光大道的途径是惟一的，那么，个人自由、个人选择就是不必要的、不可能的和无意义的。但是，在现实的道德生活中，这种理论理性追求的道德状况是不可能实现的。

20世纪中后期以来，对理性本身的批判成为思想变革的标志之一。理性主义的道德观念及其社会方案，如认为人具有无限的自我完善化能力，并能通过理性功能的发挥达到最完善的状态；力图一下子克服社会道德弊端、解救人类道德困境的社会方案；等等，都受到了批判。思想家们开始回到进化、适应、一点一滴解决问题、追求满意而非最佳的思想方向，反对把自然科学的思维方式运用于道德的领域,反对理论理性与实践理性的混淆,反对理论理性对实践理性的入侵,这种反对一如哈贝马斯所说,是反对作为意识形态的科学技术对交往领域或公共领域的“殖民化”。注重实践理性的思想家把理性的基础放到公共政治文化之上(罗尔斯),或人的实践交往活动之上(哈贝马斯)。他们认为,人的本性、人的理想、人的需求都是流动的,人的目的和道德理想与其说是先验的、既定的存在,不如说是历史地、偶然地形成的。实践理性不寻求最理想的道德状态,而是寻求在社会力量的交往中形成的现实合理的道德状态。哈贝马斯的交往伦理或商谈伦理昭示了实践理性之于道德的至关重要性。

三、现代性伦理学的完型

在现实的道德生活中,人们所认同的道德要求、道德原则、道德理想等总是通过某种伦理学理论被建构起来的。关于伦理学的宗旨,中外伦理学家多有论述。包尔生认为,伦理学的宗旨是双重的,一是决定人生的目的或至善,二是指出实现这一目的的方式或手段。西季威克也把伦理学分为对行为准则的研究和对人的终极目的及真正的善的研究两个方面。成中英区分了两类伦理体系,一类为“着重追求道德目的性和实现此一目的性的德性能力”的“德性伦理”,一类为“着重从客体现象的道德责任性和承担此一责任性的理性能力”的“责任伦理”;他认为,德性伦理是以“个人主体的自觉建立和实现精神的自由和人格的价值”为目的的[①]。所以,从最一般意义上看,伦理学的基本问题包括两方面:“我应该做什么”和“我应该成就什么”,前者以人的行为的完善为目的,可归结为“道德秩序如何可

① 成中英:《文化、伦理与管理——中国现代化的哲学省思》,贵州人民出版社 1991 年版,第 132、129 页。

能”的问题;后者以人自身人格的完善为目的,可归结为“德性生活如何可能”的问题。围绕对“我应该做什么”的问题的研究和解答形成了规范伦理学,围绕对“我应该成就什么”的问题的研究和解答形成了德性伦理学。规范伦理学和德性伦理学是伦理学的两种最基本的理论形态。

综观人类伦理思想史,可以看到,德性伦理一直是前现代社会中伦理学的主导形态,而进入现代社会以后,规范伦理则成为伦理学的主导形态。西季威克认为,现代伦理学更应注重对行为准则的研究,因为伦理学所研究的善只限于人的努力所能获得的善,终极目的或至善对于确定什么是正当行为并不具有可行性和根本性意义,因而他把伦理学主要看做是有关行为正当与否的研究。关于现代伦理的宗旨和性质的代表性观点是由弗兰克纳提出的。他认为,伦理学的首要任务是提供一种具有一般框架意义的原则或规范,借以回答何为正当或应当做什么的问题。在他看来,道德是一种契约,是一种用于指导社会成员行为的社会规范体系。以麦金太尔为代表的社群主义者力图复兴传统德性伦理思想,建构现代德性伦理,现代德性伦理倡导者的矛头直接针对的是现代规范伦理。现代德性伦理学更多地反映当代社群主义的伦理主张,现代规范伦理学更多地反映现代自由主义的伦理主张。但社群主义与自由主义的伦理争论,总体上是现代性伦理理论内部的争论,这种争论指向一个共同的目标,即建构现代性伦理学。借用哈贝马斯的话来说,现代性伦理学仍然是“一项尚未完成的理论谋划”。这种理论谋划的完成取决于现代德性伦理学与现代规范伦理学的融合和有机统一。

(一)现代规范伦理及其限度

20 世纪初,摩尔(George Edward Moore,1873—1958)发表《伦理学原理》一书,力图创立“一种能够作为科学出现的未来伦理学导论"[1],即元伦理学。元伦理学把伦理学定位于对道德语言的逻辑、形式、意义和功能本身的研究,认为伦理学不必研究道德主体及其道德行为,无须关注现实的道德问题和实践的道德要求,只须分析道德概念的定义及概念之间的逻辑关系,对伦理概念和命题进行语义分析。元伦理学最终陷入了自身所设定的形式主义困境之中,这种困境造就了现代规范伦理学的兴起和发展。

现代规范伦理学主要关注三方面的主题:一是对道德规范制度化的伦理论证,由此形成所谓的伦理制度学,这也是传统规范伦理学的基本主题之一;二是对社会制度道德性的伦理论证,由此形成所谓的制度伦理学;三是对社会现实问题的伦理论证,由此形成所谓的应用伦理学,如经济伦理学、生命伦理学、生态伦理学等。罗尔斯的正义论伦理学率先将社会制度问题纳入道德框架进行思考和求证,开辟了现代规范伦理学的先河。

现代规范伦理的价值取向是自由主义,它有两个主要的前提性预设观念。其一,自利是人的天性,利益是人的根本,人是惟利是图的,人与人之间的关系所需要的只是让步性或约束性的规范。其二,做一个什么样的人是每一个人自己的事情,每一个人都有权决定自己成为一个什么样的人,任何人包括社会本身都无权干涉个人的这一权利;但无论一个人成为什么样的人,他的外在行为都必须符合社会的普遍道德规范,都应具有道德上的"正当"。基于这两个预设,现代规范伦理学认为,伦理学没有必要去关注和研究人的内在品质,它应当从社会生活的现实出发,研究和提出针对人的行为的普遍道德原则和道德规范。人的行为只要符合道德原则和道德规范,这个行为在道德上就是好的,就是善。从这个意义上说,现代规范伦理是一种道义论伦理,它认为,人的行为的道德性质和道德意义首先不在于其所达成的目的或所体现的内在价值,而在于它所具有的伦理正

① [英]摩尔:《伦理学原理》,长河译,商务印书馆1983年版,第3页。

当性。行为的伦理正当性必定是伦理的而非单个道德主体自身行为目的或价值的实现程度。行为的伦理正当性的根本在于它合乎具有普遍道义性的道德原则或道德规范。道德原则或道德规范的合法性和正当性在于它们公正合理地规定了人们道德行为的权利和义务，为道德实践确定了正确合理的权利范围和相应的义务承诺，为人的自由提供了可靠的伦理保障。道德原则和道德规范是行为是否符合道义的基本评价标准，制定这种具有普遍有效性的道德原则和道德规范是伦理学的第一要务。

现代规范伦理所言谈的道德原则和道德规范与社会的制度安排有着内在的关联。由于人的道德境遇、道德能力、道德观念等彼此存在差异，决定了一种具有普遍规范效力的道德原则和道德规范只能是某种特定社会道德生活条件下的道德共识或伦理契约的结果，而不可能是某种道德权威或神圣意志的颁定。在特定社会中，人们的各种特殊性价值要求总是多样的和有分歧的，为了达成某种可普遍化的道德原则和道德规范，就必须超越各种特殊化的实质性价值要求，寻求某种普遍的规范形式，以便作为整个社会道德共识的基础。在现代民主社会条件下，这种可普遍化的道德原则和道德规范的有效性在于其社会合法性，而社会合法性本身必须是民主选择和共同决策的结果，这就是“道德民主”①。道德民主不仅是关于人类道德生活的民主理念或价值理念，而且更为根本的是一种人类道德规范的生产制度和效应功能化程序。这样一来，道德原则和道德规范就与社会的基本制度或结构具有了内在的关联性。同时，现代规范伦理是以个人自由权利为价值原点的，正如桑德尔等西方学者所说的，现代道德主要是“基于权利的道德”。权利的本质是个人主体对自身利益或特定价值的自主要求，它往往表现为个人与他人、个人与社会之间的权利诉求与权利保障的关系。这种观念强化了现代规范伦

---

① 万俊人:《论道德目的论与伦理道义论》，载《学术月刊》2003 年第 1 期。

理与现代社会制度的内在关联性。因此，英国学者沃诺克（Mary Warnock）认为，在20世纪六七十年代之后，“几乎不可能划一条界限，把伦理学与政治哲学甚至社会学区分开来”①。

由上述可见，现代规范伦理给自己提出的任务，不再是造就品行高尚的君子，而是欲求人们的行为合乎某些普遍的和基本的行为规范，使人们在现代自由社会的生存竞争中不至于相互之间动辄动武，诉诸“丛林规则”而使社会陷入无序状态。现代规范伦理关注的是人的外在行为，它的任务就是根据理性原则来制定行为的道德原则和道德规范。从道德实践来看，一种在行为规范层面上可普遍化的道德原则和道德规范往往只能是低限度的，它表现为最基本的社会正义和最起码的个人义务，表现为某种齐一化的普遍性社会道德要求和外在约束，甚至常常诉求于社会对道德原则的制度化安排。所以，有学者认为，现代规范伦理是一种“普遍主义的底线伦理”，是“一种试图阐述现代社会所有成员都应遵守的基本义务之内容、范围和根据的伦理学。‘底线’是一个比喻，一是说这里所讲的‘伦理’并非人生的全部，也不是人生的最高理想，而只是下面的基础，但这种基础又极其重要，拥有一种相对于价值理想的优先性；二是说它还是一种人们行为的最起码的界限，人不能够完全为所欲为，而是总要有所不为。‘普遍’的含义则一是说它无一例外地要求所有人；二是说它寻求所有人的赞同、所有人的共识。而要如此，这种道德当然又必须是最基本和最起码的，所以‘普遍’与‘底线’两者总是互相联系的”。同时，“底线可以说是一个单数，底线只有一个，并不是说对不同的人有不同的标准，它是对全社会的，它对所有人都是同等要求的，并且它在某些范围内还可以有某种法律和舆论的强制；而今天人们的生活理想却可以说是趋向于一个复数，人们的价值追求和终极

---

① ［英］玛丽·沃诺克：《1900年以来的伦理学》，陆晓禾译，商务印书馆1987年版，第140页。

关切是不一样的，它们也是属于个人自愿的选择。现在优先的问题是需要如此阐述一种底线伦理，以使它得到不是仅仅一种人生理想与价值体系的独断的支持和阐释，而是得到各种合理的人生理想与价值体系的共同支持”①。

伦理的制度化和制度的伦理化是现代规范伦理着力强调的两个方面。如果没有伦理制度，那么任何道德的要求就无法具体地、明确地、系统地展示出来，道德就会成为抽象的存在，丧失其可操作性。伦理制度是明示的，它通过一系列具体的道德规范直接制约人们的行为，能够为人们所直观地把握和操作。作为一种制度，伦理制度也像其他制度形式一样，必然有与之相应的诸种制度措施，如奖或惩、赞扬或谴责。这些制度措施，从外部激励个体做出合乎伦理道德的行为，或从外部给那些违背伦理道德的个体以必要的压力，以便减少这样的行为。如果没有制度伦理，在设立经济、法律、政治等方面的制度时没有任何道德上的考虑，在这些制度中排斥任何伦理因素的影响，那么，合乎经济制度、法律制度、政治制度等要求的行为就可能同时是违背伦理要求或道德规范的行为。在这种情况下，由于经济制度、法律制度、政治制度等的外在压力强于伦理道德的外在压力，道德的实际作用就会被大大削减。

规范伦理有其内在限度。第一，规范伦理学的前提预设是，利益是人的根本，规范是人们在利益追求中的一种让步或妥协；人是惟利是图的，人与人之间的关系所需要的只是让步性或约束性的规范。道德仅仅是人与人之间的一种契约。但事实上，人生及其理想要比利益及建构于利益之上的目标更为宽广和丰富。生活目的表现为人们所企求的东西，但人们企求的东西中具有决定意义的东西不可能是利益。凡是利益都是有条件的、偶然的、不确定的企求，它不足以使生活成为有意义的或者说幸福的。利益和规范都只是目标，它们

① 何怀宏：《底线伦理》，辽宁人民出版社1998年版，第191—192页。

相对于生活目的来说永远是手段，利益和规范到底有利于人去做什么，这才是一个目的论问题[①]。马克思说，“作者当然必须挣钱才能生活，写作，但是他决不应该为了挣钱而生活，写作”，“作者绝不把自己的作品看作手段。作品就是目的本身”，“诗一旦变成诗人的手段，诗人就不成其为诗人了”[②]。道德不可能仅仅是一种基于利益协调的契约性工具，正如1994年诺贝尔经济学奖得主之一哈萨尼(John Harsanyi)所指出的：“道德并不依赖于社会契约。这是因为契约从人们对道德的一种验前的恪守中获得其所有的约束力。”[③]

第二，规范伦理学把“伦理学问题”完全等同于“规范问题”，遗忘了伦理学应该解决的根本问题。“规范问题”所涉及的是如何通过利益上的让步而确立某种可以得到公认的准则，规范总是含有“应该”这一意义，规范就是通过“应该”这一形式表达出来的行为规则，规范意味着为行为规定某种“度”，它总是企图劝告人们做某事或不做某事。一般地说，宗教学、政治学、经济学、社会学等学科都致力于解决“规范问题”。而“伦理学问题”则考察一个规范如何才是正当的，或者说，是什么使得一个规范是正当的[④]。这需要一种人生目的论的价值论论证。比如，孔子在回答弟子问“孝”时，回答是，你这么做，对得起你父母的养育吗？这是十分有力的德性主义论证法。而规范伦理只能这样论证，即如果大家都不守孝三年，那么这一伦理制度就不会存在了，你是否愿意或敢于承担破坏这种伦理制度的责任或罪名？显然，规范伦理的这种论证不具有终极论证的意义，因为

① 参阅赵汀阳：《论可能生活——一种关于幸福和公正的理论》，中国人民大学出版社2004，第34—35页。

② 《马克思恩格斯全集》第1卷，人民出版社1995年版，第192页。

③ 转引自韦森：《经济学与伦理学——探寻市场经济的伦理纬度与道德基础》，上海人民出版社2002年版，第169页。

④ 赵汀阳：《论可能生活——一种关于幸福和公正的理论》，中国人民大学出版社2004年版，第1—6页。

人们是否应当接受某种道德规范或伦理制度的存在或消失，有待于它是否是道德的来判断。

第三，规范具有确定性和稳定性，具体的规范总是确定地对应于一些具体的行为，并且因其稳定才可能被贯彻、落实。规范作为普遍的行为准则，具有无人格、外在于个体的特点，其功能更多地展现于外在的公共行为领域。规范在尚未为个体接收时，总是表现为一种外在的律令，它与个体的具体行为之间往往存在着一种距离。而且，规范的确定性、稳定性常常可能蜕变为封闭性、僵化性，面对新境遇和新行为，既有的规范可能会显得不适应、不够用。规范伦理学只关注人的行为，把人视为只知道服从外在规范，缺乏内在道德品质和道德主体性的机械物，这与人的全面发展的要求不完全相符。

（二）现代德性伦理及其限度

20 世纪中期，一些国外学者已开始关注和研究德性伦理问题。1958 年英国女哲学家伊丽莎白·安斯可姆（Elizabeth Anscombe）发表的《现代道德哲学》一文，较早唤起人们对德性问题的关注[①]。但现代德性伦理的系统研究是从 20 世纪 80 年代初开始的。20 世纪晚期以来，由于以麦金太尔等为代表的社群主义和伦理学中的“反理论”思潮等的努力，在西方出现了一场声势浩大的“德性伦理学”运动，它以反思西方传统伦理思想的面目出现，对以功利论（边沁、密尔）、义务论（康德）和新契约论（罗尔斯）等为代表的新旧规范伦理学思想进行批评，力图恢复古典的亚里士多德主义德性伦理传统，建构现代德性伦理学。

麦金太尔 1981 年出版的《德性之后》可以说是现代德性伦理研究的一个纲领性文献，该书站在亚里士多德德性伦理传统的基础上，对启蒙运动以来以功利和权利概念为理论研究中心的现代西方规范

---

① Gregory Velazco y Trianosky：*What is Virtue ethics all about?*，Daniel Statman：Virtue ethics，Edinburgh university press，1997，P44.

伦理学进行了批判性分析,要求重建德性伦理,重树德性伦理在当代社会道德生活和道德理论中的主导地位。1984 年美国学者迈伦德尔(Gilbert C. Meilaender)出版《德性的理论与实践》一书,该书以麦金太尔《德性之后》关于德性伦理的论述为根据,追溯了柏拉图等西方思想家的德性伦理思想,阐释了当代道德教育及其存在的问题,阐明德性伦理在当代社会的重要地位。1989 年,美国学者克拉克(S. G. Clarke)与辛普森(E. Simpson)合著出版了《伦理学中的反理论与道德保守主义》一书,提出了伦理学中的"反理论",即反对现行道德理论对道德的理解,反对把道德原则和道德规范普遍化、抽象化、程序化和技术化,要求恢复道德的德性意义。美国学者斯洛特(Michael Slote)于 1994 年出版《从道德到德性》一书,重点论述了德性伦理在当代社会的合理性问题。英国学者奥尼尔(Onora O'Neill)于 1996 年出版《朝向正义与德性》,重新解释了实践理性、规则、正义、德性等概念,力图在一种新的实践理性的基础上使新自由主义规范伦理与社群主义德性伦理达到统一。1997 年,美国学者斯达特曼(Daniel Statman)编辑出版了《德性伦理学》一书,该书由 16 篇论文构成,较为全面系统地论述了现代德性伦理产生的社会背景、本质特征和基本内容等,这本书可以说是迄今为止一本较为系统的"现代德性伦理学"著作。

我国学者对现代德性伦理的研究在时间上大体与西方同步,20 世纪 80 年代以来,中国社会转型期出现的道德生活危机和道德理论危机,引起了伦理学界对规范(制度)伦理与德性伦理及其关系等问题的热烈讨论。在这场讨论中,很多学者在肯定规范(制度)伦理及其价值的基础上充分阐释了德性伦理及其当代价值。有的学者直接回应西方现代德性伦理思想的复兴浪潮,对以麦金太尔为代表的当代西方德性伦理思想进行了较为系统的介绍和研究;有的学者从中西伦理思想史出发,侧重研究了以古希腊伦理思想和中国古代儒家伦理思想为代表的传统德性伦理思想及其现代价值;更多的学者则在与现代规范(制度)伦理的比较中,或在对现代规范(制度)伦理的批判中,阐明德性伦理及其当代价值。德性伦理在当代社会的兴起,有着丰富的理论背景和深厚的现实基础,具有重要的理论和实践意义。中外学者就德性伦理问题提出了诸多新观点和新看法,为进一步深入研究现代德性伦理提供了丰富的理论资源[①]。

麦金太尔等人创立现代德性伦理学的意图在于[②],揭示现代自由主义正义规范伦理所存在的内在人格或品德解释力的缺陷,解决"谁之正义"的问题;揭示当代西方伦理学界盛行的追求道德普遍合理性基础的种种道德论证方式所呈现的多元歧向事实,以及这一事实所内含的不相容性或无公度性困境,解决"何种合理性"的问题。具体说表现为以下几个方面:其一,在一种理论类型学意义上,把德性伦理看做是一种与现代自由主义规范伦理相对应的伦理学类型;其二,在一种方法论意义上,把德性伦理视为一种与现代自由主义规范伦理的非历史探究方法相对应的历史主义的伦理学论证方法;其三,在一种政治学意义上,把德性伦理看做是一种与现代自由主义规范伦理的"自由主义的个人主义"主张相对应的"共同体主义"主张,以此为基础,要求放弃"权力政治",代之以"共同善的政治",把德性伦理看成是一种批判和重建现代市民社会的价值理念;其四,在一种目的论意义上,把德性伦理看做是摆脱现代自由主义伦理困境的最有希望的道路,力图通过重新阐述和解释亚里士多德式的德性伦理传统,解决现代规范伦理学的各种理论争论和疑难,解决现代社会面临的各种道德实践难题。

"德性伦理学(Virtue Ethics)"作为一个概念提出来,最初是为了与现代规范伦理学相区别。与强调责任或规范的义务论(是否符

---

① 寇东亮:《"德性伦理"研究述评》,载《哲学动态》2003年第6期。

② 参阅万俊人:《关于美德伦理的传统叙述、重述和辩述》,载[美]麦金太尔:《谁之正义?何种合理性?》,当代中国出版社1996年版,译者序言,第21—22页。

合道德原则）和强调后果或效果的功利论（能否最大化福利）不同，“德性伦理学”以德性或道德品质为其研究的核心。现代德性伦理既反对功利主义，也反对现代自由主义规范伦理。它认为这些理论或者将德性看做是外在的或工具性的东西，未能关注德性的内在性；或者是提出了一些似是而非的概念（如权利），而且都是以道德规范为中心的理论。在德性伦理看来，现代规范伦理没有充分地解答道德哲学的诸多课题，如道德品格、道德智慧、道德情感、道德教育、人们之间的爱和友谊、人生幸福、人生意义等问题。

德性伦理学的主张可以归结为两点，“首先，它确信至少有一些德性判断能够独立于任何诉诸行为正当性的判断而被证实……其次，根据纯粹德性伦理学，德性是在先的，它最终决定任何正当行为的正当性”①。在德性伦理学看来，现代规范伦理学本质上是一种僵硬的“责任伦理学”（Duty Ethics），它存在着诸多缺陷。比如，现代规范伦理把“道德责任”（moral duty）作为伦理道德的核心，但它所说的“道德责任”概念是空洞的和宗教性的，这种道德责任概念导致道德宿命论（moral luck）、“自我与他人”的非对称性（self—other asymmetry，即道德意味着有责任为他人谋幸福而不能为自己谋幸福）等问题；现代规范伦理把普遍的、不变的原理和规则作为伦理学理论的基石，强调道德原则、道德规则和道德义务，忽视对人本身的关怀，造成普遍的“人格分裂”（schizophrenia）；等等②。

与规范伦理学不同，德性伦理学是一种“以人的德性为中心”的伦理学，而不是“以人的行为为中心”的伦理学，它强调的是“我应该成为什么类型的人”，而不是“我应该做什么类型的行为”。德性伦理关注人的内在品质，以个体道德人格的整体生成和个体道德行为

---

① Gregory Velazcoy Trianosky: *What is Virtue ethics all about?*, Daniel Statman: Virtue ethics, Edinburgh university press, 1997, P43.

② Daniel Statman: *Introduction to Virtue ethics*, Daniel Statman: Virtue ethics, Edinburgh university press, 1997, P3—7.

的高度自律为核心内容，以个体道德精神的高尚性和个体道德行为的完美性为核心目标。德性伦理的前提性预设观念是，“行为的正当性或由德性界定，或根源于德性，或被德性确证，或依德性来阐明”①。主体行为的正当性来源于主体品质的道德性，主体品质的善是主体行为正当性的源头，只有具有德性的人才能做出有道德价值的行为。以此为基础，德性伦理强调行为的道德动机，认为道德是内在的，是人对善恶界限的一种自觉意识，这种自觉意识能够使人出于自己的品性而行动；德性伦理把好、德性、良心等概念作为基本概念，强调以“自我实现”为价值取向的主体品质的培养和个体道德人格的完善，注重具有“自我约束”性的自律型道德主体的养成，认为德性是人性的本质要素，道德是人的生活的内在组成部分和人生应追求的价值目标；德性伦理强调道德人格在道德评价中的核心地位，认为实际生活中的道德问题都是十分具体的，不可能凭借普遍的道德原则和道德规范的纯粹逻辑推演来解决，对行为的评价或者可以还原为对主体品格的评价，或者可以用对主体品格的评价所取代。总之，在德性伦理看来，做一个道德的人，一如亚里士多德所言，“在于举止高尚[高贵]而不只是避免做卑贱的事情”，在于养成“一种爱高尚[高贵]的事物和恨卑贱的事物”的道德精神。

透过现代德性伦理的具体主张，可以看到它所要张扬的价值理念，即共同体、人格、内在善、秩序、美德、责任、文化传统等。在当代西方德性伦理的复兴运动中，具有亚里士多德主义倾向的学者，如麦金太尔等，强调道德与文化传统、善与共同体等的内在关联，凸现了文化传统、共同体等在现代社会的价值；具有斯多亚主义倾向的学者，如努斯鲍姆(M. Nussbaum)等，强调幸福生活与个体德性的内在关联，凸现了人格、品质等在现代生活中的价值；具有道德情感主义

① Gerasimos X Santas：*Does Aristotle a Virtue ethics*?，Daniel Statman：Virtue ethics，Edinburgh university press，1997，P262.

倾向的学者,如斯洛特(Michael Slote)等,强调情感在道德判断和道德活动中的主导地位,凸现了情感、良知等在现代道德生活中的价值;具有女性主义倾向的学者,如吉里甘(Carol Gilligan)等,针对具有浓厚男权主义色彩的规范伦理从“利益”“权利”“规则”等出发来考虑道德问题的偏颇,提出一种着眼于女性视角的“关怀”的德性伦理,强调关怀、教养、同情、交流、多样性和差异性等在伦理学和道德生活中的主导地位,凸现了爱、关怀、同情等在现代社会中的价值;具有自由主义倾向的学者,如奥尼尔(Onora O'Neill)等,试图把正义(规范或制度)与德性结合起来,在二者之间建立一种良性互动关系,凸现正义(规范或制度)与德性的内在关联;具有生态主义倾向的学者,如施韦泽(A. Schweitzer)等,提出“敬畏生命”的德性伦理,要求把人的德性如爱、奉献、同情等扩展于一切生命体,通过在更加宽广的生态层面来践履这些德性,使人不断提升自己的生命质量,完善自己的道德境界。

德性伦理对德性、品格、友爱等的强调,一定程度上克服了规范伦理的律法主义倾向,凸现了道德的人性根据、主体向度和人学本质,高扬了人的道德自主性和自律性,使人们不再是仅仅机械地遵守道德规范的人,而是成为具有高尚道德动机、强烈道德情感,能够作出明智道德判断和进行正确道德抉择,从而过着真正道德生活的人。德性伦理并不否认道德规范本身存在的合理性,相反,它也根据德性推出各种具体的道德规范,如仁爱、友善、诚实等。但在德性伦理看来,在引导人的行为的过程中,良好品格的培养和形成比遵循道德规范更重要、更根本,道德规范的重要性表现在它有助于培养美德和塑造完善的人格,道德规范仅仅是良好品格的有机组成部分之一。

我们在论及“社群伦理”时已指出了德性伦理的一些局限性。德性伦理学面临的最大问题是:“如果确证德性的根据不是正当的行为，那么，人们自然要问，德性的根据又在哪里？"[①]许多德性伦理学家借助于形上人学目的论回答这一问题，但在理论上并不能完全令人信服和满意。从学理层面看，德性伦理的内在限度还表现为，其一，它过于推崇内在好、内在善，有用道德价值取代生活价值的倾向，蕴含着道德理想主义倾向，具有一种精英论的、等级主义的道德思想。其二，它所言谈的"内在好"与共同体密不可分。但是，在现代社会，具有普遍意义的真正的共同体是很难达成的，它需要个体恰好处于既没有完全被集体吞没，又不是不再认同集体的那一个"中道"上，惟在此时，主客的真正统一才会出现。其三，德性伦理认为对道德行为的评价可以从对道德主体及其品格的评价中直接推演而来的观点是可疑的，德性与行为的正当性之间不具有必然的因果关系，一个具有美德的人，其行为并不必然就是正当的。德性伦理提出的道德要求和道德评价标准是隐性的、难于普遍化的，在现代社会的道德实践中难以有效操作。德性伦理没有很好地解决行为的道德评价这一伦理学的重要问题。

德性伦理的限度本质上反映的是人性的限度，是人的有限性。在伦理思想史上，许多人对人类德性与道德能力抱有浪漫主义的过高估计，比如理性主义者和宗教主义者，他们认为社会冲突和不公正根源于人的无知（理性主义者）和自私（宗教主义者），因而希望通过提高个体的理性能力和完善个体的道德人格来消除人的无知和自私，实现梦想中的千年道德王国。

（三）现代性伦理精神的两面性

前已述及，一种完整的伦理学体系，一般包含两大内容，即规范伦理学和德性伦理学，前者解决"人应当做什么"和"为什么要这样做"以及"如何做"的问题，后者解决"人成为什么类型的人"和"为

---

① Daniel Statman：*Introduction to Virtue ethics*, Virtue ethics, Edinburgh university press, 1997, P8.

什么要成为这种类型的人”以及“如何成为这种类型的人”的问题。前一个问题属于社会实践交往层面的“行为规范”问题，后一个问题属于个体内在心性层面的“人格塑造”问题。一般说来，现代性伦理学的基本内容也是由这两部分构成的。但由于人们对规范伦理与德性伦理在现代社会中的地位和作用的认识不尽一致，导致对现代性伦理学性质的不同理解。

麦金太尔和科尔伯格提出了两种截然对立的观点。麦金太尔认为，随着现代性的推进和扩张，德性伦理在现代社会生活和现代伦理学中愈来愈被边缘化，甚至已无法立足；现代社会的道德危机根源于德性伦理的这种边缘化，危机的消解取决于德性伦理在现代道德生活和现代性伦理学中主流地位的回归和确立。科尔伯格则认为，德性伦理是“前道德的”“习俗水平”的、特殊的、社团取向的伦理，尚未达到“规则的”“理论水平”的、普遍的、人类取向的伦理层次；现代性的道德力量正体现在规范伦理对传统德性伦理的替代。我们认为，麦金太尔力图使德性伦理在当代社会主流化的努力可能过于天真，但科尔伯格完全否定德性伦理在当代社会的价值的观点恐怕也难以立足。

众所公认，在现代伦理学体系中，规范伦理优先于德性伦理，它是现代伦理学的主体部分。规范伦理的这种主体地位从根本上说是由现代社会发展的客观进程决定的。其一，进入现代社会以后，市场经济的兴起、民主政治的发展、科学技术的进步等，使每个个体成为一个独立、自由、平等的主体，社会结构的多元化和价值观念的多元化成为社会发展的客观事实和必然要求，社会权利和社会义务的平等与公正成为个人的正当要求，规范伦理由此得以凸现。

其二，现代社会是普遍交往的社会，随着交往的扩大，社会的公共生活领域和公共利益不断扩大，人们之间的利益关系更加复杂，这就使道德开始获得了一种超出人格价值目的的普遍规范性功能，成为维系社会生活健康发展的重要方式和力量。在现代社会，道德不仅是个人德性的圆满成就和实现，而且更是对人际关系、群际关系、族际关系乃至国际关系的道义承诺和正当行为规范。同时，交往的扩大使整个社会呈现为一个“陌生人社会”，存在着大量的道德上“乘黑车”的诱惑，需要用刚性的或制度化的伦理来规范社会。

其三，在现代社会，人们行为的结果往往不取决于个人的品德或动机，而取决于许多人的协调行动，社会为保证整体机制的正常运转，必然赋予规范伦理越来越重要的地位。同时，规范伦理反映了社会对进入公共生活领域的个体行为的最低道德要求，它也易于为人们接受，在现实中可行性较大。

其四，现代社会分工日益细密，社会组织日趋复杂和严密，社会各部门间的依赖性日益增强，社会的良性发展首先在于各部门内部的良性运转，同时也依赖于各部门间的和谐沟通。为达此目的，各部门都有必要制定详细的规则条例，以直接约束就业者的行为，从而形成职业道德；人们也有必要对社会的制度及其建构进行道德的审视，从而形成制度伦理。

迄今为止，现代性的客观进程使个人、利益、权利、自由、理性、规则等价值理念深入人心，得到了长足的发展，而与之对应的共同体、内在善、秩序、感性、美德、传统等价值理念被不断侵蚀，甚至消解。价值观发展过程中的这种单面性或不对称性引发了 20 世纪后期以来被人们广泛言谈的“现代性问题”。这也正是哈贝马斯的“现代性是一个未完成的方案”的说法的底蕴之一。当然，哈贝马斯的这种说法也是对所谓的“后现代性”理论的一个反击，因为，“我们实际上并没有迈进一个所谓的后现代性时期，而是正在进入这样一个阶段，在其中现代性的后果比从前任何一个时期都更加剧烈化更加普遍化了”①。

现代规范伦理学注目于个人、利益、权利、自由、理性、规则等价

① ［英］吉登斯：《现代性的后果》，田禾译，译林出版社 2000 年版，第 3 页。

值理念,将事实与价值、经验与理性、道德与传统、个人与社群、权利与义务、规则与品质等加以二元分割,使道德与真实生活分离开来,共同体、内在善、秩序、感性、美德、传统等价值理念被忽视,甚至被拒斥于伦理学的视野之外,使现代性伦理学理论陷入了内在的不协调的断裂之中。但是,从现代性自身的客观演进及其后果来看,仅仅有现代规范伦理学的逻辑演变,还不足以显示现代性伦理精神的全部内涵。现代规范伦理学仅仅有效地阐释了现代性伦理精神的一个方面的内容,即个人主义、自由、理性、规则、多元化等。在人类社会发展的一定阶段,这种阐释既有学理上的合理性,更有实践上的合理性。但是,面对当代社会发展的新特点和新趋势,我们如果仍然仅仅坚执规范伦理所阐释和张扬的上述道德价值理念,那就只能导致人类整个价值体系的内在失衡,乃至断裂,导致道德相对主义,使道德生活和道德理论陷入危机。

西方现代性价值谱系的这种内在失衡与断裂现象,在当代中国社会的现代性进程中也明显地表现出来了。现在,越来越多的人把经济利益的实现视为幸福的绝对尺度,金钱成为人们疯狂追求的对象,社会上物欲横流、拜金主义泛滥、享乐主义盛行;不少人倾向于让"身体"限制、挤压和虚化心灵,高喊"玩的就是心跳,活的就是下半身";放纵本能欲望,嘲讽一切理想,躲避任何崇高,渴望精神堕落,成为很多人对待生活和人生的一种时尚。物质利益成为人们行动的最直接动力,个人欲望的满足成为人们普遍追求的目标,而情感在人们行动和生活中的作用不断下降;人们比以往更加重视自我,而对他人和社会的冷漠与日俱增;许多人信奉只关心自己不过问他人的所谓自由主义处世原则,这使得人们彼此间的心灵沟通变得越来越困难。文化传统中的许多美德日益淡化,无私奉献正在越来越广的范围被有偿服务所替代,被个人中心主义价值观所消解;人的道德感在下降,道德冷漠在社会生活中扩展和蔓延,很多丑恶行为已经达到了使人见怪不怪的地步。但是,如果一个社会盛行的是"高尚是高尚者的墓志铭，卑劣是卑劣者的通行证"，那么，许多崇高的价值理念和高尚的道德行为就只能成为社会的奢侈品，甚至成为社会的嘲讽品，而不会成为受到普遍青睐的社会财富。这样的社会，不可能拥有良好的社会风尚和和谐的社会秩序。生活在这样的社会中，人不可能拥有真正的意义感和幸福感。

现代德性伦理学注目于社群、共同善、秩序、美德、传统等价值理念，但它并不拒斥规范伦理所内蕴的现代性价值观，而只是想遏制这种价值观的"霸权地位"和单边主义倾向，以便将现代规范伦理所忽视的、但对人类的健康持续发展来说是必不可少的那些价值理念，有效地纳入和整合到人类整个价值体系的框架之中，将启蒙以来规范伦理学所忽视的这些伦理精神有效地纳入到现代性伦理学的致思范围。有人认为，麦金太尔的德性伦理具有后现代性倾向，这种认识如果是在"把后现代性看成'现代性开始理解其自身'，而不是对其本身的超越"①的意义上来理解的，那就有一定的合理性。事实上，麦金太尔对于德性伦理学的呼唤，不仅在于批判启蒙以来的规范伦理学，更在于重构现代性伦理学。从某种意义上说，麦金太尔仍然是在西方启蒙以来伦理学问题的范围内来展开他的伦理思考的，只不过他将规范伦理学忽视或轻视的一面进行了着力强调。麦金太尔曾反驳了有人认为他要以德性伦理学取代规范伦理学的误解，他指出，有人"误把这本书（指《德性之后》一书——作者注）解释为对作为代替'一种规则伦理'的'一种美德伦理'的辩护。这种批评没有注意到下面这个方面：在此方面，任何充分的德性伦理都需要'一种规则伦理'作为其副本"②。现代德性伦理学的意义在于，将现代性伦理学的启蒙板块之另一面展现在了我们面前。在这里，现代性伦理学的

① ［英］吉登斯：《现代性的后果》，田禾译，译林出版社2000年版，第42页。

② ［美］麦金太尔：《谁之正义？何种合理性？》，万俊人等译，当代中国出版社1996年版，前言，第1—2页。

完型,成为一件可以期望的事情。

共同体、内在善、秩序、感性、美德、传统等价值理念也是20世纪60年代以来在西方发展起来的“女性伦理学”关注的基本主题。女性伦理学从女性的角度探讨伦理问题,它强调教养、关怀、同情、关系(交流网络等)、多样性和差异性等在伦理学中的核心地位,认为传统伦理学是一种男性伦理学,它基于男性的偏见,局限于男性的视野探讨伦理问题,把男性的体验规范化和普遍化,把男性在市场竞争中所获得的体验当成整个人类的体验,使伦理学充斥着男性化的概念,如个体性、自主性、公正、平等等,忽视了伦理的另一面精神即“关怀”精神(关怀伦理学是女性伦理学的典型形态)。契约论和功利论是这种男性伦理学的典型理论形态。男性伦理学注目于原则或规范,其主要任务是澄清个人的义务,把这些人看做是平等的、独立的、理性的和自主的,男性伦理学是一种“规范伦理学”。女性伦理学注目于关系或情境,强调人是关系的产物,应该在关系背景中考虑道德问题,现实中的人际关系并不是平等的,而是由各种有着权利、社会地位、种族以及性别等差异的人们组成的复杂的、相互依赖的关系,女性伦理学是一种“关怀伦理学”。

男性伦理学与女性伦理学的区别在于,其一,男性伦理学基于对人的权利、主体性、自主性、独立的承认,以自然法思想和社会契约论精神来建立道德原则,以保护自我权利为目的,使道德责任和义务具有了宗教式的消极、防范性质,因而男性伦理学是从否定的方面论证道德的必然性;关怀伦理学基于人与人之间相互依赖的关系,以及由这种关系所产生的相互责任的意识,道德责任是对他人的需要作出反应,因而女性伦理学是从肯定方面论证道德的必然性。其二,男性伦理学把道德视为一种权利、准则的等级制结构,把道德选择和判断看成似数学计算或逻辑推理;关怀伦理学把道德视为网络性的关系结构,把道德选择和判断看做是关系中的理解与对话。其三,男性伦理学对人的自主性和权利的强调是以人与人之间的分离为基础的,这种分离容易导致对他人的漠不关心和冷淡,以及道德责任心的衰微甚至丧失;关怀伦理学强调以人与人之间的相互依赖来凝聚人际关系。其四,男性伦理学是理性主义的,它把人与自然、身与心、理性与情感、自我与他人、私与公、男与女等分裂开,认为前者优于后者,并把德性理解为是以前者压抑甚至取代后者,把后者视为前者的工具和手段。同时,它公开轻视妇女,如在亚里士多德、卢梭、康德、黑格尔、孔孟儒家等伦理体系中,男性代表着人、理性、人性,女性代表着自然、动物性、情感等;女性的推理能力被设定为劣于男性,女性在道德上没有自主性,应奉行服从、沉默、忠诚等美德;女性被排斥于社会公共生活之外;等等①。

总之,利益、权利、自由、理性、规则等只是现代性价值谱系的一个方面的内容,这一方面的内容总体上是可计量的、有价的。为了实现人类自近代以来一直谋求的、迄今为止尚未完成的"现代性谋划",从伦理学意义上说,必须完善现代性价值谱系。我们应把不可计量的、无价的精神价值清楚地揭示出来,让这些价值在人类的价值谱系中居于醒目的位置,即应在人类的价值谱系中,凸现德性、境界、智慧、真理、正义、气节、人格、友谊、爱情等无形的、不可计量的、无价的价值的位置②。

(四)在德性伦理与规范伦理的融通中建构现代性伦理学

现代规范伦理学与现代德性伦理学的分野,并不在于规范伦理学只讲"规范"而德性伦理学只讲"德性"。因为,任何一种伦理学说都包含着两方面的内容,即关于主体道德品质的德性论和关于主体道德行为的规范论,每一种伦理学理论实质上都是关于"品质"与"行为"或者"德性"与"规范"及其统一的学说。现代规范伦理与现

---

① 参阅肖巍:《女性主义伦理学》,四川人民出版社2000年版,第37、194页。

② 卢风:《启蒙之后——近代以来西方人价值追求的得与失》,湖南大学出版社2003年版,第399页。

代德性伦理的分野在于，二者对个体德性与行为规范何者为先的理解不同①。规范伦理认为，行为规范优先于德性，行为只要符合道德规则就具有道德价值；德性伦理则认为，德性优先于行为规范，只有出于德性的行为才具有真正的道德价值，较之“做什么”，“成就什么”对人自身的存在来说更具本体意义和价值意义。

麦金太尔认为，他提出德性伦理并不是企图用德性伦理完全消解规范伦理，而只是想表明，德性伦理优先于规范伦理，规范伦理是德性伦理的一个“副本”。现代规范伦理认为，在一个社会中，只要人们在行为上能够遵从普遍的道德规范，那么就足以保持社会的道德秩序；只有人们的道德信念、道德理想等在自主自觉的基础上保持多样性，社会的道德生活才能充满活力。而现代德性伦理对此提出的质疑是，如果一个社会在人的内在品质问题上保持沉默，那么，人与人之间如何能够有心灵的交流与沟通？又如何在人的自我价值的实现和自我人格的完善上达成共识？这也是以麦金太尔为代表的现代德性伦理学批判新自由主义正义规范伦理学时提出的要害问题。

现代规范伦理学与现代德性伦理学之间关于“规范”与“德性”主次轻重的争论，实际上反映的是人们在如何为伦理学定位问题上的分歧。现代规范伦理学认为，伦理学主要研究行为规范，旨在规正和范导人的行为，使其正当合理；德性伦理学则认为，伦理学研究以人的品质修养为主，意在促人向善，实现完满的人生价值。何怀宏先生曾以“排队买票”的例子说明二者的区别，如果按照现代规范伦理的要求，人们如果能遵守先来先买后来后买的正义规范，那就做到了

---

① 万俊人先生认为，必须把道德的规范性与规范伦理学区别开来，规范性是道德的最基本特性，它是作为一种特殊价值和文化而存在的；规范伦理学则是把伦理学看做是给人们制定道德规范的科学，它是作为一种系统性理论形态而呈现的。那种把二者混淆起来，希望建立一种“不含规范的伦理学”的企图是可疑的。（参阅万俊人：《寻求普世伦理》，商务印书馆 2001 年版，第 119—122 页。）因而，我们不能把德性伦理学理解为“不含规范的伦理学”。

正当。但德性伦理要求人们为残疾人或老人让位，让他们先买。显然，正当是对人的一种起码的道德要求，而德性或美德则是一种较高的道德要求。

前已述及，就学理层面而言，现代规范伦理学和现代德性伦理学各自都有着自身无法克服的内在局限性。现代规范伦理"对理解与规范人的行为，具备了理性的分析力和精密度，故较能掌握权利和义务的分野，并较重视行为的效率和效果。然而，它却因之消减了人的主体性整体的投入，限制了自我担当的道德创造力，使人的品质平庸化和现实化，把人推向机械化商品的存在，根本无法真正凸显人的崇高和尊严"。相反，"德性伦理体系具有强烈的目的性，也更能激励人性中的创发力量，展现人的道德勇气、智慧和活力以及为理想牺牲的精神。这是人的主体性的至高表现，且基于其与宇宙本体的连贯性，充满淋漓尽致的生命精神。但是在社会与国家层次，它面临现代科技与经济分工的需要，却无法有效地动员协合众人的力量"①。因而，从学理角度看，要完成现代性道德尚未完成的"理论谋划"，走出现代规范伦理学所面临的理论危机，建构完型意义上的现代性伦理学，就必须实现德性伦理与规范伦理的融通。

一般地说，"道德原则和道德规则在逻辑上先于道德美德，只有参照它们，人们有义务加以培养和实践的那些品性和素质才能得以识别"②。德性不可能仅仅停留在主观品性、人格等精神形态的存在方式中，随着道德生活的不断重复，德性必然而且也应该进一步转化为某种"制度化的事实(institutional facts)"，因为德性不仅仅是涉"己"的，更是涉"他"的。德性必然要展现于人际关系和人际互动之中，它内蕴着对行为正当性的承诺与担保。这种承诺和担保必须转

① 成中英：《文化、伦理与管理——中国现代化的哲学省思》，贵州人民出版社1991年版，第133页。

② [英]米尔恩：《人的权利与人的多样性——人权哲学》，夏勇等译，中国大百科全书出版社1995年版，第38—39页。

化为一种“制度化事实”，才可能是稳定的和有效的。道德规范是这种“制度化事实”的集中表现。道德规范是对道德生活中道德经验、道德理性、道德智慧等的概括、总结和提炼，相对于道德德性，道德规范更多地表现出形式的、系统的特点。道德规范具有普遍性的品格，它内蕴着一定的具有普遍意义的道德理想和道德价值，规定了社会成员应当履行的义务和责任，提供了对行为加以评判的一般准则，为行为规定了某种“度”。因而，道德规范既是社会秩序生成中的一种整合机制，又是社会成员行为运作的一种普遍约束机制。作为一种内在的整体性的精神品质，德性总是包含着普遍性的规定，这种规定显然难以离开对道德规范的自觉认同。德性的形成过程包含着规范的内在化，德性的形成过程很大程度上就是个体按照一定的道德规范塑造自我的过程。对规范的认同有助于避免使德性养成演变为一种自我中心的、封闭性的甚至神秘的纯粹“心性修炼”。

但是，就道德的终极目的而言，德性则具有根本性意义。美国学者艾尔德曼(Harold Alderman)认为，“德性在逻辑上更为根本”，“在道德生活中，规范是后起的”①。德性以人格为其整体的存在形式。在道德生活中，德性往往表现为某种理想人格，这种理想人格本质上就是人的一种完美的存在范型，它对一般社会成员具有定向和范导意义。德性在理想人格中的具体化，从一个方面为道德规范的形成提供了前提。道德规范系统在很大程度上是对凝聚于理想人格之中的道德价值和道德理想的概括、提炼和加工。德性既提升着人的整体精神境界和成就着道德的整个面貌，又构成道德规范得以确认、其现实作用得以可能的前提条件。现代规范伦理提出了一个诸如命令或准绳那样的道德规则体系，而德性伦理揭示的是人们的道德能力体系，“规则体系的目的正是通过能力体系的运用而实现的”。规范

① Harold Alderman: *By virtue of virtue*, Daniel Statman: Virtue ethics, Edinburgh university press, 1997, P156—157.

伦理“所能做的只是确定一般的规范，而使这些规范适合于特殊条件的事情则留给了良心和个人的智慧”①。麦金太尔说：“在美德与法律之间还有另一种非常关键的联系，因为只有那些拥有正义德性的人才可能知道怎样运用法律。”②有关道德的各种规范、制度，毕竟总是以外在于人的形式存在的。只要人还没有形成内在的德性，还没有成为真正的自由的道德主体，有关道德的规范、制度的道德意义就是不完全的。因为在规范、制度的压力、强制下，可能导致产生某些合于道德但却并非出于道德的行为。

德性使人的行为不仅合乎道德，而且出乎道德。没有充分深厚的个人美德基础，任何普遍的规范伦理都不可能完全落实于人们的实际行动，其实践效果也会大打折扣。“人而不仁，如礼何？人而不仁，如乐何？”（《论语·八佾》）“‘美丽的灵魂’也是可靠地受着本能的指引，经历着一种完善和美丽的生活，而无需不断地思考道德的法则。美学和伦理学的规则并不具有一种天生固有的推动力，它们的职能是防止僭越和违犯；它们不是创造性的，而是限制性的。在艺术品或道德行为的产生过程中，规则并不一定总要出现在意识中，更不是一定要占据注意的中心；实际上这倒会妨碍和扰乱有机生长的过程。”③价值准则、道德规范并不能帮助我们选择生活的道路，也不可能完全决定人们行为的正确方式。这些准则或规范只是我们观察世界、体验世界、思考世界和解释世界的工具。德性是个体的能动品质，这种品质使得个体能够自主地选择或做出正确的行为。即使在没有外在的具体规范约束的情况之下，在既有的规范已经不适应、不

① ［德］包尔生：《伦理学体系》，何怀宏、廖申白译，中国社会科学出版社 1988 年版，第 405、26 页。

② ［美］麦金太尔：《德性之后》，龚群等译，中国社会科学出版社 1995 年版，第 192 页。

③ ［德］包尔生：《伦理学体系》，何怀宏、廖申白译，中国社会科学出版社 1988 年版，第 303 页。

够用之时,基本的德性也可能引导个体自主地寻求和实现应有的道德价值。

事实上,德性既包含着作为规范内化的普遍内容,又展开为理性、意志和情感等相统一的个体意识结构。这种二重性,为德性将特定情境的分析与普遍规范的引用这二者加以结合提供了可能。作为一种稳定、统一的人格结构,德性使个体在身处各种特定境遇时,既避免走向无视情景特殊性的独断论,又超越蔑视普遍规范制约的相对主义。德性能够超越既有规范的局限,在规范不能起作用的时间和场合发挥独特的作用。“你无法预先规定应当做什么的固定不变的规则。你可以查明这个实际问题中包含的价值观念是什么,并且根据它们合乎理性地行动。这就是我们针对任何一个人提出的全部要求。当我们反对一个人的行为举止时,我们说他并未认识到这些价值观念,或者说他虽然认识到它们,但是并没有根据它们合乎理性地活动。这是伦理学所能够提出的唯一方法。”[①]德性伦理既可以看做是关于个体自我道德追求的学说,也可以看做是一种提升个人的人生境界的理想伦理学说,它能使人上升到更高的道德境界,有利于人的全面、自由的发展。

德性伦理与规范伦理的融通体现了道德的完整本质,这主要表现在以下几个方面:其一,德性伦理更多地凸现了道德的主体性特征,规范伦理更多地凸现了道德的规范性特征,二者的融通成就了道德的主体性本质与规范性本质的有机统一。从道德的本原方面看,道德是人的需要和人的生命活动的一种特殊表现形式,是作为活动主体的人在拓展自己的对象世界的活动中产生的一种自我生命的存在方式。人是道德活动的发起者和承担者,在道德实践中人具有主动性、能动性和创造性。从道德的功能方面看,人对道德的需要最初来自于集体生存的需要,道德的产生意味着人在集体生存的过程中

---

① [美]米德:《心灵、自我与社会》,霍桂恒译,华夏出版社1999年版,第417页。

形成了一系列特定的行为规范，这些规范对社会成员有着较强的约束性。主体性和规范性本身单独不可能体现道德的本质，道德是人的自我人格的完善方式和人际关系的协调方式。道德与人的本性及其内在需要密切相关，就深层本质而言，道德是人类为了满足自身的发展和完善的需要及其社会稳定和谐的需要，在个人欲望的满足和社会和谐的需要之间建构起来的一种平衡机制。道德既体现着个人自我认识、自我发展、自我完善的需要，也体现着社会和谐、稳定和发展的需要。迄今为止，道德主要表现为一种协调人际关系和社会关系的方式，但随着社会的发展和文明程度的提高，道德作为人的自我完善的方式（即德性伦理），将在道德的本质中占据越来越重要的位置。

其二，德性伦理更多地凸现了道德的个体性特征，规范伦理更多地凸现了道德的社会性特征，二者的融通成就了道德的个体性本质与社会性本质的有机统一。道德的个体性是说，个体所处的道德境遇和个体的道德素质、接受道德教育的状况以及个体的道德体验、判断、抉择、践行等的差异性、个别性、独立性；在通常情况下个体都必须对自己的行为担当道德责任的不可替代性；不同个体对道德的把握方式和形成良好的道德品质、提高自身道德境界、求得自身完满、实现全面发展的自由个性的实现途径的个别性和多样性；保持自己的独立人格和维护自己的人格尊严这一道德权利的不可剥夺性和不可让渡性；个体在道德活动中以自己独特的方式进行道德选择的自主性、自觉性和能动性[①]。道德的个体性是人的自由发展和自我实现的一个重要方面，道德作为人的一种内在需要，是自主选择和自主承担，是人的自由意志的确证和表现。道德的社会性是说，道德产生和发展的物质根源的社会客观性，道德原则、道德规范和道德标准的社会规定性，道德观念、道德判断、道德评价的社会过程性，等等。

---

① 李肃东：《个体道德论》，华中理工大学出版社1994年版，第4—6页。

其三,德性伦理更多地凸现了道德的实质性规定,规范伦理更多地凸现了道德的形式性规定,二者的融通成就了道德的实质性规定与形式性规定的有机统一。道德离不开实质性内容,作为人的"在"世方式,道德所涉及的价值问题始终与人自身的存在息息相关。道德的实质规定在于它是以人为目的的,人的道德存在中包含着丰富的经验性和感性的内容。就道德行为的动力因来看,主体的目的、意向、情感、意志等因素与个体的具体存在有更切近的关系,往往是行为更直接的推动力。但是,形式化是道德原则和道德规范超越特定的时空关系从而获得普遍性品格的前提;逻辑形式上的自洽性和无矛盾既是道德原则和道德规范所以成立的前提,也是道德原则和道德规范发挥有效作用的条件,这也可以说是道德的一种理性化的要求。从道德法则到道德决定再到道德行为,都存在形式化的规定,道德原则和道德规范的形成过程也就是一个形式化的过程,它抽去了人伦关系的具体内容,将这种关系所规定的义务提升为一般的道德要求。在伦理思想史上,康德从形而上学角度强化道德的普遍形式,元伦理学在道德语言的层面上关注道德的逻辑形式,罗尔斯等更多地从道德决定的程序上突出道德的理性化形式。道德的形式化也表现在道德实践过程中的行为方式方面,即道德行为方式的文明化和完美化,道德行为在形式上的完美性。

其四,德性伦理更多地凸现了道德的自律性要求,规范伦理更多地凸现了道德的他律性要求,二者的融通成就了道德的自律性要求与他律性要求的有机统一。马克思说:"道德的基础是人类精神的自律。"[①]道德的自律性本质既显现了道德的人学根据,也显现了道德的自觉自愿性特征。道德的根据在人本身之内而不在人之外,道德是以人类理性为基础的,是人类精神的"自我立法,自我执法"。在个体层面上,道德的自律性表现为,个体自愿的认同和践履社会道

① 《马克思恩格斯全集》第1卷,人民出版社1995年版,第119页。

德规范,把外在的道德要求变为自己内在的良心自觉。马克思强调道德的自律性,直接针对的是宗教和法律。而就道德本身的存在和运作来说,他律性也是必不可少的。道德根植于社会经济基础和现实生活,道德观念本身来源于社会实践和人们的实际生活。作为一种社会意识,道德是一种社会的或集体的公共理性,它是人类把握自我的一种能力,这种理性能力通过把社会或集体的道德价值用道德规范的形式明确肯定下来,使之成为一种约束个人行为的外在性社会力量。它调节与约束着集体利益与个体利益的关系,对个体利益具有一定的导向意义。因而,道德的他律性是约束性和导向性的统一。道德必须是自律的,道德要求最终要通过个体的自律得到实现,但个体的自律又必须以社会的他律为基础和根据。

其五,德性伦理更多地凸现了道德的超功利性价值,规范伦理更多地凸现了道德的功利性价值,二者的融通成就了道德的超功利性价值与功利性价值的有机统一。道德本身是人性的内在构成部分,它显示出人类生活的主体精神结构和无限向上的价值取向,是人类社会或个体自我的理想聚居地之一。因而,道德是理想性的,它常常对人们提出更具精神取向的理想主义要求。但是,利益和互利是人类行为和生活实践的现实动力,也是道德的物质根据。在道德实践中,道德常常要通过利益这个价值原则的折射,发挥它对人类行为和生活实践的社会道义约束和普遍伦理规范。因而,道德又是现实性的,它往往对人们提出更具物质取向的现实主义要求。道德的理想性与现实性体现了道德的超功利性与功利性的本质。

第四章

德性重建的自由根基与社会保障
——现代道德困境的实践消解

我们总是习惯于主要从观念、精神、教育等角度解决人的德性的养成、践履以及道德建设等问题，往往脱离社会现实生活谈论个体道德品质的塑造，忽视社会伦理环境建设，这种思路的实际效果并不尽如人意。从人类历史来看，没有仅仅诉诸观念架构就能解决道德问题的先例。健全的人格是与健全的社会密切相关的，个人德性的养成和自由的获得，以及德性与自由的融通，都需要一定的社会基础、实践条件和历史传统。“没有社会秩序的变革，对大多数人来说，精神更新势必不起作用。”①“社会人的一定性质，即他所生活的那个社会的一定性质。”②我们不能把个体的德性设置在个体自我的自成目的性的孤岛上。

① [德]弗洛姆：《健全的社会》，载《弗洛姆文集》，改革出版社1997年版，第260页。

② 《马克思恩格斯全集》第19卷，人民出版社1971年版，第404页。

一、"尼布尔悖论":道德的人与不道德的社会

莱因霍尔德·尼布尔(Reinhold Niebuhr,1892—1960)是美国著名基督教哲学家,他"对人类社会中所存在的问题进行现实的分析,揭示出这样一个长期存在并且表面上看是难以调和的冲突,即社会需要和敏感的良心命令之间的冲突。这一冲突可以最简要地概括为政治和伦理之间的冲突。由于道德生活有两个集中点,故而使这一冲突不可避免。一个集中点存在于个人的内在生活中,另一个集中点存在于维持人类社会生活的必要性中。从社会角度看,最高的道德理想是公正;从个人角度看,最高道德理想则是无私。社会必须努力实现公正,即使不得不使用诸如自我维护、抵抗、强制甚至怨恨等手段,对它们的运用不会受到最敏感的道德精神的制裁;个人必须忘我于更伟大的事物中,并从中发现自己,才能努力实现其生命价值"①。个体道德与社会群体道德是不同的。

尼布尔认为,作为个体的人可以成为道德的人,因为作为个体的人的本性中有自私和非自私两种冲动,后者使人具有同情心、正义感、利他等倾向,在涉及行为的关键问题上他们能够考虑与自己利益不同的利益,有时甚至能够做到把他人的利益放到自己的利益之上。而社会群体仅有自私的倾向,往往缺乏理性和自我超越的能力,不能理解另一群体的需要,与个体相比,群体更难克服自我中心主义。"人类精神中存在着一个悲剧:人类没有能力使自己的群体生活符合个人的理想。作为个人,人相信他们应该爱,应该相互关心,应该在彼此之间建立起公正的秩序;而作为他们自己认为的种族的、经济

---

① [美]莱因霍尔德·尼布尔:《道德的人与不道德的社会》,蒋庆等译,贵州人民出版社1998年版,第201页。

的和国家的群体，他们则想尽一切办法占有能攫取的一切权力。"[1]因此，社会群体的道德往往低于个体的道德。

当个体的高尚品质"运用到更复杂、更间接的人类集体关系上去时，其社会有效性就会逐渐地减弱。要使一个群体对另一个群体充分保持一贯无私的态度，并赋予它非常有效的拯救能力，这不仅是不可想象的，而且对于任何一个参与竞争的群体来说，想象它会赞赏这种态度并能取得道德功效也是不可能的"[2]。于是就出现了"道德的人与不道德的社会"的悖论。虽然对这一悖论的最终解决持悲观的态度，但尼布尔还是提出了解决"不道德的社会"问题的三个途径，即宗教信仰、人类理性和社会强制，希望能有助于"道德的人与不道德的社会"这一悖论的解决。其中理性伦理的建构是核心，理性伦理追求社会公正，力图平等地考虑他人的需要和自己的需要之间的关系，努力在个人利益与他人利益、个人利益与社会利益之间达成平衡与和谐。

道德追求的是善的价值，这种善的价值既可以体现为个体的善，也可以体现为社会的善，个体的善与社会的善既有联系又有区别。尼布尔认为，必须严格区分个体道德与群体道德。如果用个体道德去要求和规范群体行为、社会秩序和社会制度，或者反过来，仅仅用群体道德、社会伦理来要求个体，都可能造成道德的沦丧，既无助于个体德性的持存、完善和践履，也无助于解决"不道德的社会"问题。但是，个体至善与社会至善又是互为前提的。从逻辑意义上看，个体德性是对外在的、社会的"道"与"理"的分享和内化，并由此外化为自己的道德行为，个体至善包含着对社会秩序和社会规范的维护。从伦理运行规律来看，社会至善应当比个体至善更有意义，因为在现

---

① [美]莱因霍尔德·尼布尔：《道德的人与不道德的社会》，蒋庆等译，贵州人民出版社1998年版，第7页。

② [美]莱因霍尔德·尼布尔：《道德的人与不道德的社会》，蒋庆等译，贵州人民出版社1998年版，第209页。

实的社会生活中，个体至善与社会至善之间存在矛盾，“尼布尔悖论”揭示了这种矛盾的一个方面，这种矛盾在中国传统道德理论与实践中表现得较为突出。中国传统道德的基本取向是注重追求个体至善，即“只求改变自己的愿望，不求改变社会的秩序”。其逻辑思路是，只要每个人都成为善人，那么整个社会也就善了。但是，这种思路在现实社会中只能是一种不切实际的幻想，一旦被统治阶级利用，这种幻想就变为一种欺骗，导致道德专制主义。结果是，个体的成圣成贤客观上成全的是封建专制制度，个体越是修养，越是有德性，社会则越不合理。这不能不说是传统伦理的一个悲剧。

“尼布尔悖论”的意义在于提醒人们，个体德性的养成及其践履与社会的善有着内在的关联性。在个体德性之外，必须考虑社会的善，应该在社会的善的实现中来谋求个体德性的养成及其有效践履。一如马克思指出的：“既然人是从感性世界和感性世界中的经验中获得一切知识、感觉等等的，那就必须这样安排经验的世界，使人在其中能体验到真正合乎人性的东西，使他常常体验到自己是人。……使每个人都有社会空间来展示他的重要的生命表现。”①

麦金太尔认为，应该从三个方面理解德性：“第一，把德性看作是获得实践的内在利益的必需的品质；第二，把德性看作是有益于一种整体生活的善的品质；第三，把德性与对人而言的善的追求相联系，这个善的概念只有在一种继续存在的社会传统的范围内才可得到阐释和才能拥有。”德性内在于人的实践，内在于个人的整体生活，内在于文化传统，完整的德性是这三方面内容的高度统一。“一种德性是有益于一种整体生活的善的，在这个整体生活中，特殊实践的利益被整合进了一个目标的总体模式中”，这个总体模式是一种

---

① 《马克思恩格斯文集》第1卷，人民出版社2009年版，第334—335页。

“涵人了对善和至善的寻求的一种传统的总体模式”①。在麦金太尔看来，德性立足于具有内在善的实践活动、具有整体性结构的个人生活以及蕴含着丰富文化内容的历史传统。在这里，麦金太尔既揭示了德性的三个基本性质，又指出了德性存在与发展的三个基本社会条件，即社会实践及其秩序的优化、生活世界及其整体性的建构和文化传统的维系及其变革等。

二、现代德性的实践基础与制度保障

（一）现代德性的实践基础

麦金太尔认为，德性的确定与“实践”因素有密切关系。在麦金太尔看来，必须首先根据他所谓的人类活动特殊形式的“实践”来理解德性。表明一种品质是一种德性，就是去表明拥有这种品质对于支持一种或更多的实践，并且去实现实践所要促进的那些善是不可或缺的。德性是一种获取“实践的内在善”的品质，这种品质只有通过某种特定的实践才能获取，这种实践是获得某种善的惟一方式。比如在绘画中，创作技法的革新，创作风格的突破，作品本身所体现的优秀，以及画家本人在创作过程中感受到的生命意义，这些善都只能根据绘画这种特定的活动形式来阐释，是内在于绘画的善。而一个优秀的画家可能还会获得荣誉、金钱、地位，但这些善也可能通过其他实践形式获得，甚至不进人某种实践也能获得，故而是外在善。同时，外在善总是体现为个体的一种占有或拥有，一个人占有的越多，意味着别人占有的可能会越少。所以，外在的善是竞争的对象，在竞争中总有输赢。与之相反，内在善尽管也是竞争——竞争成为

① 参阅［美］麦金太尔：《德性之后》，龚群等译，中国社会科学出版社 1995 年版，第 343—346 页。

优秀者——的产物，但它会使所有参与到竞争中的人受益，那些优秀者的成就会丰富与之相关的整个实践共同体。实践的内在善是根据它必然只能通过参与到那种实践中去才能达到这一事实而与实践的外在善区分开来的。

英国学者米勒(David Miller)把麦金太尔所谓的具有内在善的实践称作"自我包含的实践"，即"其存在的理由完全在于参与者所达到的内在的好和对其他人作出的那些成就的沉思的实践"；把麦金太尔所谓具有外在善的实践称作"目的性实践"，即"其存在用来为它们自身之外的社会目标服务的实践"[①]。从性质上说，人类的实践可以是"自我包含的实践"，也可以是"目的性实践"，还可以是"自我包含的实践"与"目的性实践"相统一的实践。

麦金太尔认为，德性应当首先根据它们在支持"自我包含的实践"中的作用加以理解，而现代市场社会培育的贪得无厌的文化驱使人们从对于实践的内在善的追求转向对金钱、地位以及其他外在善的追求，因而德性在现代社会被边缘化了。这种理解导致麦金太尔对德性的狭隘理解，他认为，真正的德性就是对实现内在于一种或多种实践的善是必需的品质，当实践发展时，这些善会随着时间改变，德性本身并不是永远不变的，但任何时候德性清单都必须被看做是给定的，它不能通过诉求于某些社会目标或目的而被修正。在麦金太尔看来，如果德性首先根据目的性实践加以理解，那么，不参照实践所服务的社会目的，就不可能为任何特定的德目进行辩护。这样，德性就将不再是自足的，它们就具有一种依附性的地位。把德性理解为对实现某些社会目标或目的所需要的品质的观点，是自由主义的和个人主义的。麦金太尔的德性论是拒斥甚至反对"目的性实践"的，也因此，麦金太尔提出的在现代社会恢复亚里士多德主义德

① [英]戴维·米勒：《社会正义原则》，应奇译，江苏人民出版社2001年版，第128页。

性伦理的方案便具有了空幻性和保守性。

在马克思实践唯物主义框架中，德性在形式上表现为人的一种内在的善，但在内容上，这种“善”是人“对外部现实性的要求，这就是说，‘善’被理解为人的实践＝要求（1）和外部现实（2）”①。实践是一种协作性的人类活动形式，当我们进入实践时，也就同时进入了自我与外在世界（包括他人）的关系之中，这种关系的维持以及维持的好坏决定着实践的发展水平。现代社会实践更多地表现为一种“目的性实践”，它对于规范有更强烈的需求。但是，正义、诚实、勇敢、守信等美德，也是建构和维系人与人之间良好关系的润滑剂。美德是这种目的性实践的内在构成要素。

事实上，自我包含的实践只有在更为基本的社会职责已经被履行的条件下才能存在，也就是说，只有在一个社会的资源和人类的能力不再被要求用来满足物质生产的要求、社会秩序的维护以及诸如此类的东西的范围内，自我包含的实践才能获得繁荣。在这个意义上，自我包含的实践是一种奢侈的东西。现代经济的高速发展，创造了允许“自我包含的实践”得以繁荣发展的资源和闲暇。因而，现代社会比亚里士多德时代更适合于“自我包含的实践”的发展。从这个意义上说，在现代社会，德性的存在和运作可能要更多地依赖于目的性实践，只有根据社会目标或目的，不同的个人品质才会呈现出不同的德性特征。“自我包含的实践”以目的性实践为基础，并且孕育于目的性实践之中。我们可以努力使目的性实践不断向“自我包含的实践”转化，这种转化意味着人类实践的自主性的整体增长。实践自主性的增长有助于人的德性的生成、发展与践履。

西方近代以来的自由主义者一直坚信，真正自主的行为倾向于善良，限制自主的行为就是限制良善的行动。道德和自主的要求是基本重合的；如果人们自主地行动，那么他们就倾向于基于善而行

---

① 《列宁全集》，人民出版社2017年版，第183页。

动;导致邪恶的往往是自主的失败;而使邪恶较少盛行的办法就是转变政治安排,从而消除社会对人的自主活动的干涉。因而,自由主义者认为,良善社会的制度安排应当把增进生活于其中的人们的自主作为目标。自由主义者赞成自由、平等、权利、利益、多元主义和分配正义等价值观念。因为,在自由主义者看来,这些价值观念是人类自主活动的必要条件。邪恶根源于个人利益的无保障,个人自由、平等和权利的匮乏。而这又根源于糟糕的社会制度安排,如专制主义制度无视个人的利益、自由、平等和权利,倾向于泯灭人的道德能力。如前所述,现代社会及其制度安排在保持解放人的可能性之外,同时也创造着压迫人的可能性。

自由主义的这些观点有很大的合理性,它提醒我们,德性与制度之间具有内在的关联性,也存在着内在的紧张性。就价值地位而言,德性高于制度;但就建构程序而言,制度则高于德性。如果不凭借强有力的制度有效地抑制不道德行为的发生,那么,即使已经生成的德性也难以继续存活下去。从这个意义上说,在德性的形成和发展中,制度又要先于德性,必须不断地对社会的制度安排进行适时的变革或调整,以便为德性的存在和发展提供有效的制度保障。

(二)利益确认与互利原则:从“恒产”到“恒心”

经济学诺贝尔奖得主、美国著名学者赫希曼(Albert Hirschman)认为,在前现代社会,物质利益的追求被视为一种贪婪的罪恶,不含有任何道德的价值;近代以来,对物质利益的追求则被看做是借以控制人类难以驾驭的破坏性欲望的一种有效手段,包含着深厚的道德底蕴。因为,从一般意义上说,人的欲望的约束方式在性质上可以分为两种,即自我克制与自我实现。前现代社会主要采用自我克制型的道德说教和宗教律令等方式约束人的欲望,规范人的行为;古希腊理性主义教导人们沉思冥想,封建专制主义强制人们克制欲望,宗教禁欲主义消灭人的情欲,它们都企图通过抑制或压制人的欲望来成就人的德性。到17世纪,人们普遍感觉到必须寻找约束人的欲望的新方法,探寻一种比道德说教和宗教律令更有效的方式来成就人的德性和规范人的行为。这时提出的约束欲望的方式总体上是自我实现型的,这种自我实现型欲望约束方式的核心理念是“利益”。在西方思想史上,利益概念最初(16 世纪末和 17 世纪初)是作为欲望与理性的中介范畴被提出和界定的,它被看成是兼具欲望与理性这两个范畴各自的优良秉性。一方面,利益是“被理性所强加和容纳的‘自利’欲望”,是被过滤、克制、驯化和制衡了的人的欲望;另一方面,利益又是“由‘自利’的欲望所给予指导和赋予力量的理性”。利益既消除了欲望的破坏性,也克服了理性无效用的缺点,把利益概念置于关于人类行为动机的欲望与理性这两个传统解释范畴之间,为揭示人类行为动机提供了一个新的视角。只是到后来(18 世纪初)利益概念的经济含义才成为该词的主导含义,利益被狭义地界定为经济利益或物质利益①。

受经济利益支配的行为具有两个优点:一是可预见性,二是恒久性。这种行为的典型形式就是商业,商业使人的欲望转换为一种赚钱愿望,商业和赚钱等行为“会抑制并很可能减少人性中更具破坏性和灾难性的成分”②。因为,商业和赚钱等行为使人们从“寻求上帝的天国的狂热开始逐渐转变为冷静的经济德性”③。利益追求使欲望冲动转变为一种具有规范性质的理性行为。当时的思想家普遍认为,商业、贸易等的发展,成就了一个不断壮大的市民阶层和一个交往广泛的市民社会,引发了自由精神的普遍产生和发展。正是在这种背景下,人们把利益与道德、利益与德性勾连到了一起,人们开

① 参阅[美]赫希曼:《欲望和利益——资本主义走向胜利前的政治争论》,李新华等译,上海文艺出版社 2003 年版,第 26—51 页。

② 参阅[美]赫希曼:《欲望和利益——资本主义走向胜利前的政治争论》,李新华等译,上海文艺出版社 2003 年版,第 62 页。

③ [德]马克斯·韦伯:《新教伦理与资本主义精神》,于晓等译,三联书店 1987 年版,第 138 页。

始探究道德或德性的利益之维。

德性与利益的内在关联根源于市场经济的发展。市场经济是现代性的催化剂，市场经济使利益“升格为普遍原则”，“升格为对人类的纽带”，“升格为对人的统治”①。在这种情形下，“只要人们还没有学会透过任何有关道德、宗教、政治和社会的言论、声明、诺言，揭示出这些或那些阶级的利益，那他们始终是而且会永远是政治上受人欺骗和自己欺骗自己的愚蠢的牺牲品”②。因此，在马克思主义看来，要了解某一特定的美德行为是否有存在的理由，就得分析其赖以生存和发展的经济社会结构，利益是经济社会结构的轴心。“正确理解的个人利益，是全部道德的基础”③。

利益既是一种分离的力量，也是一种联结的力量。利益的分离性在于，它瓦解了中古时期基于血缘或地缘的共同体组织，凸现了人的“自利”本质，自我利益作为驱动人的行为的根本动机这一点被强化和张扬。人的“自利”本质的凸现具有重要的道德意义，美国学者奥肯（Arthur M. Okun，1928—1990）对“利己”的辩护说明了这一点。“我还没有找到一种反对自我利益的信念，来作为经济体的组织原则。第一，利己主义对于盲目忠诚某一领导人或国家所造成的更大危险是一种自卫。第二，当制度有利于个人并扩大了个人利益的范围时，自我利益便由一种进步的利己主义构成，这种利己主义产生出对家庭，对社区以及对国家的忠诚。第三，历史的镜鉴告诉我们，对个人自我利益倾向的竭力压制——在高贵如修道院中或低劣如法西斯专政之下——也曾经严重地限制了个人权利。”④但是，资源稀缺的生存环境，使人在追求自我利益的过程中，往往产生“机会主义”

① 《马克思恩格斯文集》第1卷，人民出版社2009年版，第94、105页。

② 《列宁选集》第2卷，人民出版社2012年版，第314页。

③ 《马克思恩格斯文集》第1卷，人民出版社2009年版，第333页。

④ ［美］阿瑟·奥肯：《平等与效率》，王奔洲等译，华夏出版社1999年版，第47—48页。

的行为倾向，个体很可能会不顾一切地恣意追求自我利益的最大化，撕破了覆盖在中古时期社会关系上的温情脉脉的面纱，使这些社会关系转换为赤裸裸的金钱关系，引发了自由主义、极端利己主义、分散主义等现象。

利益的联结性在于，对个人利益的追求客观上成就了共同利益的产生和发展。这种共同利益不是个人利益的简单相加，它是由个人利益中带共通性的部分游移出来的整体利益。所谓共通性，就是说，这种利益不仅包含我的利益，也包含你和他的利益。许多思想家都致力于解读现代社会"共同利益"的形成之谜。有些思想家侧重于从道德哲学角度寻找这一谜底，如沙夫茨伯里（Shaftesbury，1671—1713）、哈奇森（Francis Hutcheson，1694—1747）、巴特勒（Joseph Bulter，1692—1752）、休谟、作为伦理学家的斯密等，他们以人性结构中存在的一种内在道德感等来填补个人利益与共同利益之间的鸿沟；有些思想家则侧重于从历史哲学或经济哲学角度寻找这一谜底，如洛克、曼德维尔（Bernard Mandeville，1670—1733）、作为经济学家的斯密等，他们借助于"自然权利"、商业贸易史、劳动分工等来消解个人利益与共同利益的界限。在这些论证中，基于心理主义或情感主义的道德哲学论证往往缺乏足够的理论说服力和实践说服力，而基于历史主义和经验主义的经济哲学论证则更具说服力。斯密提出"看不见的手"、曼德维尔提出"蜜蜂的寓言"等思想，他们都力图说明，追求自利或个人利益是一种美德，因为个人通过对自我利益的追求能够对社会福利作出贡献。马克思认为，在现代市场社会中，"表现为全部行为的动因的共同利益，虽然被双方承认为事实，但是这种共同利益本身不是动因，它可以说只是发生在自身反映的特殊利益背后，发生在同另一个人的个别利益相对立的个别利益背后"。"共同利益恰恰只存在于双方、多方以及各方的独立之中，共同利益就是自私利益的交换。一般利益就是各种自私利益的一般性。”[①]而且，“这种共同利益不是仅仅作为一种‘普遍的东西’存在于观念之中，而首先是作为彼此有了分工的个人之间的相互依存关系存在于现实之中”[②]。

因而，在现代社会，美德决不是人的善良愿望的产物，而是利益互动的产物。“如果没有爱美德的利益，就决没有美德。”爱尔维修(Claude Adrien Helvetius，1715—1771)的这一见解，孟子早已先见性地预见到了。在孟子看来，德性养成的关键在于树立人的“恒心”。但是，“无恒产而有恒心者，惟士惟能。若民则无恒产，因无恒心”。(《孟子·梁惠王上》)没有“恒产”这一利益保障的基础，德性就不可能真正进入普通人的心中，成为人们的一种相对稳定持久的道德心理和道德意识，即“恒心”。“故明君制民之产，心使仰足以事父母，俯足以畜妻子；乐岁终身饱，凶年免于死亡；然后驱而之善，故民之从之也轻。”(《孟子·梁惠王上》)同时，孟子以性善论为根据，确认人若有了“恒产”，并在“恒产”的基础上实施一定的道德教化，就更有可能具有从善的“恒心”。人有了“恒产”，就不会终年为生存发愁、奔波，就会有真正意义上的“自由闲暇”时间来修身养性，保持自己的“四心”善端。

我国先秦时代的鲁国曾规定，凡将流落在别国当奴隶的鲁国人赎回鲁国的人，都能得到国库拨款的奖励。当孔子的一个学生救了一个鲁国人却不接受国库的奖励时，这个学生遭到了孔子的一顿臭骂，孔子同时称赞了另一位接受国库奖励的学生。因为，前一个学生的举动是高尚的，但这种举动不具有普遍性，一味宣扬这种举动，可能使解救鲁国人的行为受到遏制，无助于良好社会风尚的形成；而后一个学生的举动则有助于解救行为的普遍化，有助于整个社会道德

① 《马克思恩格斯全集》第30卷，人民出版社1995年版，第199页。
② 《马克思恩格斯文集》第1卷，人民出版社2009年版，第536页。

风尚的培育和提高。这个故事说明,社会道德风尚的培育离不开物质奖励,没有社会对道德实践者利益的维护,就不可能培养起大多数个体的道德品质,或者已经形成的道德品质也会受到伤害,社会的整体道德水平也会随之下降。

麦金太尔认为,决定德性的因素除了"实践"外,另一个因素就是"应得"观念。要知道什么是正义(德性),我们就必须知道在实践中的"应得"标准是什么。在现代社会,由于人们用外在的善来界定"应得"概念,使它失去了确定性。因而,"应得"概念无法被应用于现代社会的制度和实践中去,在现代社会中不再存在以"应得"为基础的真正的分配。也因此,德性在现代社会越来越被边缘化了。

与麦金太尔的信念相反,英国学者戴维·米勒则认为,现代社会不但没有证明应得概念的没落,而且甚至可能是其极顶。其理由在于,当代市场社会中的社会结构是开放的和流动的,正是凭着这种结构,使得在人们的个人品质和成就与他们所归属的社会地位之间划出一条界限要比亚里士多德的时代更为容易。我们不再具有认为人们可以凭着他们的身份和地位就该得物品的任何倾向,相反,希腊思想家们则不得不在倾向于把个人品质的要求和社会地位的要求混为一谈的伦理语汇中思考:例如,诸如善这样用作评价的关键性术语是应当应用到那些出身高贵的和富裕的人身上,还是应用到那些表现了道德上的德性的人身上,就是一个未决定的和可以争辩的问题。而市场经济在其中占有举足轻重的地位的社会的来临预告了应得将作为评价物品的分配的一个关键性的标准起作用。这也许是历史上第一次使几乎每个人都能向往的一种状态,在其中他的品质被承认并得到充分的酬劳。在包括希腊城邦在内的早期社会中,大多数男人和妇女被排除在应得或品质的概念在其中具有一席之地的实践——政治、艺术和科学、职业以及诸如此类的东西——之外。应得只在那些位居社会上层的人们中间才得到公开的承认和酬劳,对它的获得几乎完全依赖于出身、性别和其他可归属的特质①。

事实上，人们现在公认的诸多德性，如公正、正直、诚实、信誉等，其形成和发展也可能根植于人类灵魂的深处，也在人类社会历史的不同阶段不断地闪耀。但如果没有现代市场经济实践的支撑和强化，人类灵魂深处的这种德性欲望不仅无法获得完整的道德表现形式和博得人们的普遍认同，而且可能会不断衰竭甚至不复存在。

黑格尔认为，由于古希腊社会缺少市场经济的陶冶，没有一个市民社会，其成员便没有把他们自身看做是视作归己所有并愿追求之的具有特殊而独立的利益的人。因而，他们便无反思地把自身等同于他们的家庭或城邦。也就是说，他们视自身为特定家庭或特定城邦的成员，他们追求着家庭或城邦形式的利益，却从不考虑更为普遍的利益。在黑格尔看来，伴随市场经济而发展起来的所有权（比如私有制）体系，是对人的尊重，它使人的人格完整、人格尊严和人格平等等成为可能和现实。因为，拥有包括身体在内的完整自我，是成为人的前提，进而也是被人尊重的前提条件。所有权扬弃了人格的纯粹主观性，人格必须在所有权中获得定在，取得所有权即达到人格的定在，所有权是人格在自身之外的定在。所有权表明，人能使其意志变成物，使物变成他的意志，他能把物扬弃而变成自己的东西，人惟有在所有权中才是作为理性而存在的。所有权是以物权为中介的人与人的关系，人格在所有权面前是平等的，相对于所有权，人人都是绝对的目的。作为所有者，只要人能够一直做到尊重其他人的权利，人就能随心所欲地处置他自己的财产，因而，所有权是自由最初的定在，是自由的最适当体现②。

在以市场经济、民主政治和理性文化为标志的现代社会中，互利

① 参阅[英]戴维·米勒：《社会正义原则》，应奇译，江苏人民出版社2001年版，第138—140页。

② 参阅黑格尔：《法哲学原理》，范扬、张企泰译，商务印书馆1982年版，第50—80页。

主义原则可能是一种具有普遍意义的伦理原则。对此，亚当·斯密早有先见。斯密认为，利己是人的本性，是人的一切行为的动机和出发点。“利己心”是推动人们参与经济活动的根本动力，离开人自身利益的经济行为是难以持续的。但是，个体自身的力量又是有限的，在人的一切活动中，个体经常需要得到他人的帮助。但人们一般不会首先向他人无端地表示“利他心”，人们往往以自己的“利他心”去间接地满足自己的“利己心”。在斯密看来，“利己”是人的行为的出发点和归宿点，“利他”则是连接这一出发点和归宿点的桥梁。这个桥梁是建立在以互利原则为基础的市场交易行为当中的。在市场交易中，每个人要达到自己的目的，他既不能强迫自己的交易伙伴，也不能期望他的交易伙伴发善心，他只能借助于交易，将双方的“利己心”契合起来，使双方都能从交易中得到好处。斯密认为，在市场经济中，离开了“利他”的“利己”是难以实现的。“利己”必须在形式上表现为“利他”，只有这样，个人的经济期望和经济行为才可能被他人所接受。而只有当他人接受了个人的经济期望和经济行为，并采取了合作性的态度时，个人利己的目的才会真正实现。这就是说，市场交易这只“看不见的手”，把人的自觉的“利己心”与不情愿的“利他心”连接到了一起。

在由市场主导的现代社会中，互利主义可以得到更高的期望报酬，能够在现实生活中迅速扩散并占领整个社会，有助于个体德性的培育和发展。美国学者福山(Francis Fukuyama,1952—)认为，信任、诚实等美德形成的关键是人与人之间基于利益的“相互作用：如果你明白在很长一段时间内你将同一群人打交道，而且你也清楚他们会记住你何时欺骗了他们，何时诚实地对待过他们，那么此时你对他们真诚才符合你的个人利益。在这种情况下，自然就产生了互惠规范,因为信誉已成为一种资产”[①]。现代(市场)社会是人们彼此相互服务的社会,互利主义原则把利己与利他勾连了起来,体现出“我为人人,人人为我”的道德精神。互利主义的行为,是一种既利己又利人的行为,也是一种最有益于整个社会的行为。犹如古罗马诗人恩尼乌斯所言:“好心为迷路者带路的人,就像用自己的火把点燃他人的火把,他的火把不会因为点亮了朋友的火把而变得昏暗。”据《光明日报》(2004 年 2 月 5 日)报道,浙江省诸暨市新世纪社区于 2003 年 6 月创立“时间银行”,将社区志愿者参与社区公益活动或为居民提供的服务按时间、类别折算成标准时数存入本人存折,当存折主人需要时可按同等时间享受别人提供的志愿服务。“时间银行”存取的方式分零存整取和零存零取两种,可闲时存入,忙时支取,可以此类服务换他类服务,可己存亲贷,方法灵活。“时间银行”体现了市场经济条件下服务有偿、等价交换的互利原则,符合社会大众的道德要求。2007 年 10 月 1 日起施行的《中华人民共和国物权法》第一百一十二条规定:权利人领取遗失物时,应当向拾得人或者有关部门支付保管遗失物等支出的必要费用。这体现的也是一种市场经济条件下德性精神与互利原则的内在关联性。我们可以看到,无论是在传统社会,还是在现代社会,我们一直张扬道德理想主义层面的“拾金不昧”精神,但“拾金不昧”并没有成为凡夫俗子实践理性中的普遍行为。事实上,在现代社会,要让“拾金不昧”成为凡夫俗子的普遍行为,就必须以“利”为基础,辅之以法律的引导。所以,邓小平指出:“不重视物质利益,对少数先进分子可以,对广大群众不行,一段时间可以,长期不行。革命精神是非常宝贵的,没有革命精神就没有革命行动。但是,革命是在物质利益的基础上产生的,如果只讲牺

① [美]弗朗西斯·福山:《大分裂——人类本性与社会秩序的重建》,刘榜离等译,中国社会科学出版社 2002 年版,第 220 页。

牲精神，不讲物质利益，那就是唯心论。”①

道德理想主义就是一种“唯心论”的道德倾向，它无视人性的有限性，内蕴着一种“极端利他主义”思想。这种极端利他主义是对每个人的最高的道德要求，它认为只要目的利己便是不道德的，而把道德的最高境界“无私利他、自我牺牲”当做惟一道德的行为。在现实生活中，极端的利他主义是一种不稳定的道德策略，因为利己主义者生活在这些纯粹利他主义者中会在不付出必要努力或必要成本的情况下就能获取很高报酬，从而这种利己主义的价值取向就会被更多的人模仿，进而在整个社会活动中蔓延扩散开来，直到整个社会最终淘汰利他主义。所以，极端利他主义在某种意义上是产生利己主义的温床。茅于轼以《镜花缘》中的“君子国”为例说明，完全以别人的利益作为自己行动的原则会激化人际矛盾，无法实现人与人关系的均衡；君子国是最适宜于专门利己毫不顾人的“小人”们生长繁殖的环境；当“无私”的君子们在相互“让利”中吵得不可开交时，“小人”们跑来用使君子吃亏自己得利的办法解决了矛盾。长此以往，君子国将会被“小人国”替代。茅于轼的结论是，那种认为通过普及为别人做好事就可以改进社会风气和提高个人品质的想法是极大的误解，因为这样培养出来的专门占别人便宜的人将数倍于为别人做好事的人②。同时，这种极端利他主义也是对每个人欲望和自由的一种侵犯最为严重的道德观念，它侵犯、否定每个人的一切目的利己的欲望和自由，反对一切个人利益的追求。英国学者斯迈尔斯指出：“一切美德的最大魅力就在于它最大限度地满足日常生活的要求。这样，美德才崇高、永恒和持久。超出一般人水平的、哪怕是最高尚的美德，也只不过是充满诱惑力的和危险的东西。伯克指出：‘以英

① 《邓小平文选》第2卷，人民出版社1994年版，第146页。

② 茅于轼：《中国人的道德前景》，暨南大学出版社2003年版，第1—7页。

雄的品德为基础的人类制度，不定会有一个脆弱的或堕落的上层建筑’。”①

（三）权利确认与人权原则：从“人格平等”到“做人尊严”

自由是人的类本质，是人的主体性的确证。因而“没有一个人反对自由，如果有的话，最多也只是反对别人的自由。可见各种自由向来就是存在的，不过有时表现为特权，有时表现为普遍权利而已”。当自由表现为“特权”时，自由实际上是少数人的一种任性，是一种“专制的自由”；当自由表现为“普遍权利”时，“自由的存在具有普遍的、理论的、不取决于个别人的任性的性质”②。正是这一点决定了“普遍权利”是自由的真正的现实存在形式之一。对他人权利的承认构成了道德的基础，德性主体以权利主体为逻辑前提。

近代以来，对权利的解释是沿着两条思路展开的。一是形上思路，把权利置于道德的理由或超验的根据来理解，如格老秀斯（Hugo Grotius，1583—1645）、洛克、康德、黑格尔等；一是形下思路，把权利置于现实的利益关系来理解，如功利主义伦理和实证主义法学等。但两种思路提出的权利概念有一致性，二者把权利看做是或者由道德资格，或者由自由意志，或者由利益，或者由法律，赋予人的力量或能力。权利具有丰富的形上道德意蕴，权利意味着一种平等，这种“平等”表现为对所有公民在信仰、良心、表达自由、政治参与等方面的平等的认肯。这种“权利平等”一方面关注人，关注人的精神领域，关注人的人格尊严与平等；另一方面它又是一种评判性尺度，它关注物，关注现实，关注利益，它要求条件平等、利益平等。

康德的“道德形而上学”包含着对这种权利平等及其道德意义的阐述。康德的“道德形而上学”实际上分为两部分，一部分是“善

① ［英］塞缪尔·斯迈尔斯：《品格的力量》，宋景堂等译，北京图书馆出版社2001年版，第3页。

② 《马克思恩格斯全集》第1卷，人民出版社1995年版，第167、176页。

德的形而上学”,即道德哲学;一部分是“正义的哲学原理”,即权利哲学。道德哲学与权利哲学之间有着巨大差异,康德的道德目的王国在一定意义上是一个道德乌托邦,这个目的王国是根据“人是目的”为原则进行逻辑推演的结果,它在人类历史上还不曾存在,但可以看做人类未来可能的前景,因而是一个道德理性事实。就现实来看,人类社会并非是一个以善良意志为行为预设的社会。在文明社会,首要的问题是权利问题,人“通过权利的概念,他应该是他自己的主人”①。正是在这个意义上,康德认为,大自然迫使人类加以解决的最大问题是建立一个普遍法治的公民社会。在这种社会中,自由、平等与独立,是公民的基本权利,同时也是社会正义的准绳。但在康德看来,文明社会对权利的保障,与目的王国把人看做是目的而不仅仅是手段的绝对命令,都同样体现了对于普通个人的普遍尊重。权利的法律保障或社会保障在法理上的最基础性概念就是对每个人以及他的人格的尊重。

伯林也把权利保障视为自由的基础,他指出:“除非受两个多少相互关联的原则统治,没有一个社会能是自由的。一个原则是,只有权利,而非权力,才能被视为绝对的,从而使得所有人,不管什么样的权力统治着他们,都有绝对的权利拒绝非人性的举动。第二个原则是,存在着并非人为划定的疆界,在其中人必须是不可侵犯的;这些疆界之划定,依据的是这样一些规则:它们被如此长久与广泛地接受,以至于对它们的遵守,已经进入所谓正常人的概念之中,因此也进入什么样的行动是非人性与不健康的概念之中。”②在现代社会,权利保障的根据在于,现代社会生活的基本特征是普遍主体或“交互主体性”,它所要求的就是对对方或对象性主体的相互承认、相互

① [德]康德:《法的形而上学原理——权利的科学》,沈叔平等译,商务印书馆1991年版,第50页。

② [英]以赛亚·伯林:《自由论》,胡传胜译,译林出版社2003年版,第238页。

尊重。这是现代德性存在与发展的前提条件之一。

就一般意义而言,构成权利的基本要素是利益和行为自由。利益是权利的基础和根本内容,权利实际上是人们为满足一定的需要和获取一定的利益而采取一定行为的资格和可能性;行为自由是权利的存在形式和载体,权利实际上是一定社会中所允许的人们行为自由的方式、程度、范围、界限和标准。因此,权利是人们自觉地意识到自身的正当利益,并采取被社会所允许的积极行动获取正当利益的自由。就现实性而言,权利"实际上是对一定社会经济条件下人们的一定行为及其方式的价值确认,它表现'人在社会中的地位',体现一定的价值观"[①]。一个人拥有权利,就意味着他具有以下特征:一是有某种特定的利益;二是能够通过现实途径提出自己的要求;三是具备提出这种要求的法律资格;四是这种利益和要求得到某种现实权威的支持;五是他自己有起码的人身自由和选择自由。一句话,权利是个体作为社会成员所享有的为社会制度所承认的利益、要求、资格、权能和自由等的统一[②]。权利本身蕴含着对个体或群体行为的道德要求。对个体或群体的行为来说,权利是一种"道德的边际约束"。对于他人权利的认肯和尊重是最低限度的道德要求,任何侵犯个人权利的行为或行为准则都是不正当的,不道德的,他人的权利构成了对个体或群体行动的约束。权利的道德边际约束表明了他人的神圣不可侵犯性。因而,权利概念蕴含着特定的道德性质和道德规定。

个人道德水平的高低与个人权利的认肯、维护、保障和实现的程度有很大的关系。高度集权是中国传统社会结构和前改革开放社会结构的基本特征,权利与权力不分、国家权力僭越个人权利等现象在

① 袁贵仁:《马克思的人学思想》,北京师范大学出版社1996年版,第190页。

② 参阅夏勇:《人权概念起源——权利的历史哲学》,中国政法大学出版社2001年版,第46—55页。

社会生活中普遍存在。长此以往,人们往往把个人权利诉求视为“自私自利”和“无法无天”,把个人的道德“越轨”归结为国家权力的“失控”,希望借助于国家权力来“管理”个体,重整道德。结果是,个体很难学会自主地、正确地处理“一个人对一个人”,尤其是“陌生人对陌生人”的关系情景。日常生活中许多道德问题的产生很大程度上与人们对自己权利的误解和误用有关。比如,有的人可以理直气壮地在拥挤的公共汽车上当众亲昵,他们认为这属于自己的“表现权”,但他们没有意识到他们的行为同时侵犯了周围人的“不看权”。权利是自主的基础,一个人正确地维护和实现自己个人权利的过程,也就是他道德地生活的过程。从这个意义上说,对个人权利的认肯、维护和保障,也是一个社会道德生活健康发展的重要条件。

权利本质上是个体主体对特定价值(包括利益)的自主要求,它在现实性上表现为个人与他人、个人与社会之间的制度性的权利认肯或权利保障的关系。“权利的道德边际约束”体现为对这种制度性认肯或制度性保障的一种正义要求,而社会制度的正义是道德人格平等的体制保障。因为,“一切人,作为人来说,都有某些共同点,在这些共同点所及的范围内,他们是平等的,这样的观念自然是非常古老的。但是现代的平等要求与此完全不同;这种平等要求更应当是从人的这种共同特性中,从人就他们是人而言的这种平等中引申出这样的要求:一切人,或至少是一个国家的一切公民,或一个社会的一切成员,都应当有平等的政治地位和社会地位。要从这种相对平等的原始观念中得出国家和社会中的平等权利的结论,要使这个结论甚至能够成为某种自然而然的、不言而喻的东西”①。这种现代平等观念孕育着一种现代人权观念和人权制度。

在现代社会,人的权利表现为一种人权,制度形式的“人权”是人的德性存在与发展的重要社会保障机制之一。从人权的根据上

① 《马克思恩格斯文集》第9卷,人民出版社2009年版,第109页。

看，人权是一种道德权利，人权是人之作为人应该享有的权利，人权在根本上是由道德而非法律来支持的权利；从人权的主体和内容看，人权是一种普遍权利，是每一个人不因其社会身份和实际能力就应该享有的某些权利；从人权概念产生的社会历史过程来看，人权是一种反抗权利，人权要求反映了人们反抗特权、反抗社会压迫和剥削的愿望，人权概念的诞生是人们反抗人身依附、政治专制和精神压迫的斗争不断取得胜利的结果，它要求平等地认可、保护和促进人之作为人所应有的利益和要求。

但人权应该而且必须通过某种社会制度形式表现为法定权利，离开社会制度谈人权，就会使人权诉求流于空泛的道德理想主义。也正是在这个意义上，马克思主义创始人对近代西方人权观念和人权制度进行了批评，因为这种人权“无非是市民社会的成员的权利，就是说，无非是利己的人的权利、同其他人并同共同体分离开来的人的权利”，它“没有超出利己的人，没有超出作为市民社会的成员的人，即没有超出封闭于自身、封闭于自己的私人利益和自己的私人任意行为、脱离共同体的个体”①。在这种人权制度中，被宣布为最主要的人权之一的是资产阶级所有权，这种“人权本身就是特权”②。

马克思抨击过专制制度轻视人、蔑视人，使人不成其为人的反人性本质。鲁迅在《灯下漫笔》一文中指出，在封建专制制度统治下，中国人向来就没有争到过“人”的资格，至多不过是奴隶，总是在“一治一乱”的两个时代循环：一个是想做奴隶而不得的时代，一个是暂时做稳了奴隶的时代。鲁迅向往在中国能够出现“历史上未曾有过的第三样时代”，即每一个中国人都彻底清除了主奴意识、人人平等的自由民主时代。因为，“人”之不存，德性何依？“暴君治下的臣民，大抵比暴君更暴；暴君的暴政，时常还不能餍足暴君治下的臣民

① 《马克思恩格斯文集》第1卷，人民出版社2009年版，第40、42页。

② 《马克思恩格斯全集》第3卷，人民出版社1960年版，第229页。

的欲望。……暴君的臣民，只愿暴政暴在他人的头上，他却看着高兴，拿'残酷'做娱乐，拿'他人的苦'做赏玩，做安慰。自己的本领只是'幸免'。"①

在马克思主义看来，人权以人的需要为基础，并服务于人的需要。就现实性而言，"人权所反映和要求的是人类最必需的东西"②。对此，英国学者米尔恩（A. J. M. Milne）也有同感，他认为，作为制度形式的"人权"必须是一种"最低限度的人权"，这种"最低限度的人权"有七项低度权利，即生命权、公平对待的公正权、获得帮助权、在不受干涉这一消极意义上的自由权、诚实对待权、礼貌权和儿童的受照顾权等。这些低度权利在任何时代、任何国家都可以存在，只有它们才是普遍的权利，才称得上人权。这种低度人权体现的是九种"最低限度的道德"原则，即行善、敬重生命、公平对待、互助、社会责任、不受专横干涉、诚实信用、礼貌和抚幼等。米尔恩认为，人权绝不是解决社会问题的根本手段，人权在实质上只能提供某种道德原则，主要用来启发和影响人们的良知③。

（四）制度伦理：德性的体制保障

个体的利益和权利得到确认与保障，并不意味着个体德性就会自然地或必然地生成。从利益到美德何以可能？个人利益与公共利益能否融通、如何融通？人类道德发展的实践表明，从利益保障、权利维护到个体德性的养成，其间尚需要诸多中介环节。制度建构、制度伦理建设等是其中至关重要的环节。

制度伦理的含义可以作广义与狭义的理解。广义的制度伦理，主要是指以社会基本制度、社会结构和社会秩序的伦理维度为中心主题的社会性伦理文化、伦理规范和公民道德体系，如制度正义、社

① 鲁迅：《暴君的臣民》，载《鲁迅杂文选集》，人民文学出版社1993年版，第20页。
② 袁贵仁：《马克思的人学思想》，北京师范大学出版社1996年版，第196页。
③ ［英］米尔恩：《人的权利与人的多样性——人权哲学》，夏勇等译，中国大百科全书出版社1995年版，第171—173页。

会公平、社会信用体系、公民道德等等。在这个意义上，制度伦理包括三个基本的层面：一是以国家根本政治结构为核心的社会基本制度伦理系统；二是以社会公共生活秩序为基本内容的公共伦理系统，三是以公民道德建设为目标的社会日常生活伦理系统。这三大系统共同构成了社会制度伦理体系的基本内容。狭义的制度伦理仅仅指上述第一方面的内容，即指社会基本制度的合理性、价值性与道德性。也就是说，制度包含什么样的道德价值以及依据何种道德标准来评价制度。

邓小平指出："制度好可以使坏人无法任意横行，制度不好可以使好人无法充分做好事，甚至会走向反面。"[①]这里所谓的"制度"，主要是指那些并非由直接的道德规范组成的制度，即非伦理性的各种社会规范的组合。这些方面的制度好与不好，影响到人的好与坏；而这些方面的制度的好坏，取决于这种制度是否具有伦理的属性以及这种伦理具有何种性质。

制度是人的合目的性活动的结果，是各种社会力量彼此作用、各种利益相互博弈的产物。制度体现一种公共理性和公共意志，它必然包含着一些基本的价值理念。所以，作为社会的一种规范形式，制度与价值有着内在的必然联系。通过对制度的合理性与正义性的价值追问，制度伦理可以营造一种扬善抑恶的刚性的公共社会机制，以非道德化的制度间接作用于个体行为，培养个体的主体意识和公共精神。如果没有制度伦理，在设立经济、法律、政治等方面的制度时没有任何道德上的考虑，在这些制度设计中排斥任何伦理维度，那么，合乎经济、法律、政治等要求的行为就可能同时是违背伦理原则和道德规范的行为。在这种情况下，由于经济制度、法律制度、政治制度等的外在压力强于伦理道德的外在压力，伦理道德的实际作用就会被大大衰减。相反，制度伦理所决定的人们的行为，无论行为者

① 《邓小平文选》第2卷，人民出版社1993年版，第333页。

自觉与否，都可以在客观上与伦理道德的要求相和谐，这就为伦理道德的有效性、可行性或可接受性提供了客观条件。因此，“我们在调整社会机构组织的时候不应遵循减少人类私欲的原则，而应尽量使其成为发掘人类美德的有效机制”①。

诺齐克认为，一个人只要合法经营，他所积累的财富再多，在道德上都是正当的，政府不能借任何理由来削弱他的财富。这种说法的道德合理性在于，政府对合法收入的任何干预，都会挫伤那些有能力创造财富的人的积极性，而那些由于才能、机会等方面的原因获利最少的人应该自救。按照这种观点，罗尔斯的正义原则是不公平的。但是，从道德意义上说，诺齐克的观点不能体现社会存在的正当目的性与合法性，不能使人培养一种他人意识，不能有效地培养人的正义德性。从“尼布尔悖论”来看，这种所谓的中立性制度安排是不利于个体德性的存在和发展的。

新自由主义正义规范伦理本质上是一种制度伦理，它揭示了制度伦理的实质及其对于个体道德养成的重要性。从制度伦理意义上看，新自由主义所谓“正义（权利）优先于德性”的原则包含两方面的含义。其一，它意味着，社会的公共理性要求优先于个人的道德合理性要求。这种公共理性不是一种社会性的道德理性，而是一种社会性的制度理性或政治理性，它是新自由主义确立民主政治的合法性的依据。罗尔斯指出：“在公平正义中，权利的优先性意味着，政治的正义原则给各种可允许的生活方式强加了种种限制，因而公民的要求则是，任何追求僭越这些限制的行为都是没有价值的。”但是，“在其普遍形式上，这种优先性意味着，可允许的善理念必须尊重该政治正义观念的限制，并在该政治正义观念的范围内发挥作用”②。

---

① ［美］麦特·里德雷：《美德的起源：人类本能与协作的进化》，刘珩译，中央编译局出版社2004年版，第151页。

② ［美］约翰·罗尔斯：《政治自由主义》，万俊人译，译林出版社2000年版，第184、187页。

其二,它还意味着,社会伦理原则优先于个人道德原则。罗尔斯认为,功利主义的错误之一就是将社会伦理看成是个人道德的合理延伸,把适用于个人的原则扩展为适用于社会的原则,它没有看到个人之善(德性)与社会整体之善的差异性。应该看到,在罗尔斯那里,制度伦理的优先性仅仅确立了一个基础和前提,它强调社会制度对于个人自由与权利的保护,并在这种制度背景下形成和实践相应的个人道德。社会伦理原则优先于个人道德原则,仅仅意味着,"我们在考虑道德或伦理体系时,首先要考虑制度伦理,考虑它是否符合正义,这不是因为它是我们最高的道德目标,而宁可说它是最起码的,但也是最基本的,甚至对我们每一个人都是生死攸关的规范标准"①。从这个意义上说,自由主义并没有提供给我们一套完备的道德理论,它只是规范了我们的社会制度,而不是我们的整个生活。因为它代表了一个多元化社会最公平的可能的生活方式。

在罗尔斯看来,制度伦理优先于个人道德。他的论证逻辑是,首先是(两个)正义原则的确立,其次是依照两个正义原则来确定社会的基本结构及其制度,最后是在体现社会正义的制度条件下培养个人的正义道德感。制度伦理的优先性,是对决定根本制度的原则的选择,把正义看做是制度的首要德性,它比任何其他社会道德价值和个人道德价值都更为重要。这种优先性是维护个人权利与自由的正义原则的优先性,社会伦理的优先性在于强调社会制度对于个人自由与权利的保护,并在这种制度保护下形成相应的个人道德。

罗尔斯认为,没有制度的正义,就没有正义感的产生。"一个人的职责和义务预先假定了一种对制度的道德观,因此,在对个人的要求能够提出之前,必须确定正义制度的内容。这就是说,在大多数情况里,有关职责和义务的原则应当在对于社会基本结构的原则确定之后再确定。"在制度的正义下,正义感才能形成,而形成了的正义

---

① 何怀宏:《契约伦理与社会正义》,中国人民大学出版社1993年版,第160页。

感又将对制度的正义提供个人道德上的稳固支持。“当制度公正时,那些参与着这些社会安排的人们就获得一种相应的正义感和努力维护这种制度的欲望。”①

总之,制度伦理是个体德性养成与践履的必要条件。如果社会的各种制度存在价值缺陷,那么个体的道德行为可能仅仅变成个体独善其身的手段,这种道德行为不可能起到多大的社会作用。没有一定的制度伦理作为保障,个体德性的培育与养成就可能成为无源之水,就可能枯竭。离开了制度的合理性来谈个体德性的塑造与完善,甚至对个体提出各种严格的道德要求,那就有可能既纵容不合理制度更加不合理,也可能导致伪道德的盛行。制度伦理对于个体德性的养成或践履具有原生性和基础性意义。

(五)法治:德性的“硬”推力

法律是现代社会最重要的制度形式,在更为根本的意义上,现代制度在本性上是“法治”。在现代社会,一切正式的、基本的和重要的制度,在形式上都是法律的。法治是现代政治文明的最高形式,法治内在的道德指向和形式正当性使法治成为一种最为典型的“制度道德”。中外思想家们对法律的起源及作用的论证,都不约而同地立足于人性恶预设,把法律与人性的改造勾连起来,认为教化和改造人性是法律的主要功能之一。柏拉图在《法律篇》中,赋予法律的职能是灵魂和德性的教化,在他看来,法律针对的不是人的身体和行为,而是人的灵魂本身。因而,他把德性视为法律的本质。在黑格尔的法哲学体系中,抽象的法、道德、伦理三者是合一的。道德是法的一种,它扬弃了抽象的法,是具有特殊规定性的内心的法。但前现代社会总体上是一种“人治社会”或“神治社会”。在这种社会中,法律与道德之间很难建立起一种合理的互动关系,人们要么把法律完全

① [美]约翰·罗尔斯:《正义论》,何怀宏等译,中国社会科学出版社 2001 年版,第 110、456 页。

道德化，要么把道德完全法律化。只有在现代意义的"法治"和"法治社会"中，法律与道德或德性之间才有可能形成一种良性的互动关系。

在最宽泛的意义上，可以把法治理解为"法的统治"，它是一种基本的社会秩序生产方式，其目的在于，凭借强制性社会机制来规范人的行为和维护社会秩序。自有阶级以来，"法的统治"就存在于一切阶级社会形态之中。但在严格意义上，"法的统治"不等于"法治"，有"法的统治"的社会不等于法治社会。"法治社会"或"法治国家"完全是一个现代性概念，它是以自由、权利和利益为导向的世俗社会的独特创造，是现代自由社会最重要的制度创新成就之一。

按照亚里士多德的理解，"法治应包含两重含义：已经成立的法律秩序获得普遍的服从，而大家所服从的法律又应该本身是制定良好的法律"①。在他看来，法的至上性（这是法治的关键）和法的良好性（这是法治的基石）是法治的两个基本特征或两个基本标志。法治社会就是以法治为社会秩序的主导生产方式和社会治理的主导机制的社会，与它对应的是"非法治社会"，如德治社会（以道德为社会秩序的主导性生产方式）、神治社会（以宗教为社会秩序的主导性生产方式）等，"非法治社会"本质上是一种"人治社会"。法治社会与人治社会的区别不在于有无"法的统治"，人治社会也存在"法的统治"现象。法治社会与人治社会的区别在于，二者所凭依的"法"是良法还是劣法，体现于"法"中的意志是专制性的还是民主性的。人治社会所言的"法"，是少数人意志的体现，是一种少数人用来"统治"大多数人的专制性的"私法"。所以，人治社会的根本特征是"少数人的统治"。法治社会所言的"法"，则是指具有民主政治背景并体现大众意志的法，是一种保证公众彼此自由、权利和利益的"契约"。现代意义的法治是民主政治的产物，它既是一种社会治理方

① ［古希腊］亚里士多德：《政治学》，吴寿彭译，商务印书馆 1997 年版，第 199 页。

式和手段,又是一种价值目标。

法治与德性有着内在的关联性。一方面,法治需要德性。良法获得人们普遍的服从,这是法治的基本标志之一。如果良法不能得到人们的普遍遵循,那么,所谓的法治是不可能真正实现的。但是,正如德谟克里特(Dēmocritos,约前460—前370)所说,对遵守法律的人,法律才是有效的。因为,"法律可以创设特定的义务,却无法创设服从法律的一般义务。一项要求服从法律的法律将是没有意义的。它必须以它竭力创设的那种东西的存在为先决条件,这种东西就是服从法律的一般义务。这种义务必须、也有必要是道德性的"①。德性是守法的必要条件,毋宁说,守法本身就是一种德性。另一方面,德性的养成和践履也需要法治的支撑。因为,"出于总体的德性的行为基本上就是法律要求的行为。因为法律要求我们实行所有德性,禁止我们实行任何邪恶。为使人们养成对公共事务的关切而建立的法规也就是使人们养成总体的德性的规则"②。因此,亚里士多德认为,一个人,尤其是青年,如果不是在正直的法律环境下成长的话,那么,他就很难向着德性。他提出有必要通过法律教育来促进人(尤其是那些天性卑劣的人)的德性的养成。

"法治"使个体获得公民身份,个体获得"公民"身份,意味着个体之间的关系进入一种普遍主义的价值框架之中,获得了一种普遍主义的价值规定,即自由、平等、独立。"公民"概念意味着,国家对个体以及个体相互间的经济地位、政治地位、文化地位的平等性确认,从这个意义上说,公民身份使个体获得了平等。同时,"公民"概念是由一套权利体系构成的,象征着政治国家对其成员的权利配置,因而,公民身份使个体获得了权利。还有,国家或法律规定的权利具

① [英]米尔恩:《人的权利与人的多样性——人权哲学》,夏勇等译,中国大百科全书出版社1995年版,第35页。

② [古希腊]亚里士多德:《尼各马可伦理学》,廖申白译注,商务印书馆2003年版,第133页。

有一般性、普遍性,它只有相对于具体的、独立的公民个体才有实际的价值。离开独立的公民个体,所谓公民权利毫无意义。人们一旦使用"公民"概念,就表明他们已开始对自身的地位、价值、权利等具有了自觉的认肯和追求。公民概念塑造了现代社会中个体的独立人格,使个体获得了自主与独立。因而,公民身份意味着个体获得了"自由的个性"。对于个体德性的养成和践履来说,这种"自由的个性具有本体论的意义"。

法治体现了利益诉求与正义要求的有机统一,它为化解人生的必需(欲求、利益、权利、财产、自由等)与人生的意义(义务、正义感等)之间的矛盾提供了一个强有力的社会平衡机制,为公民德性的养成和践履奠定了重要的社会基础。人的欲望的满足与人的精神的提升之间的矛盾,是人类社会面临的一个永恒性矛盾。这个矛盾是所有传统文明都无法避免但又无法真正解决的矛盾。现代法治为这一矛盾的解决提供了可能的和比较可行的现实路径。

卢梭在《社会契约论》卷首就提出了自己对理想社会秩序的构想,他说:"我要探讨在社会秩序之中,从人类的实际情况(即利益诉求——作者注)与法律所许可的可能情况(即正义要求——作者注)着眼,能不能有某种合法而又确切的政权规则。在这一研究中,我将努力把权利所许可的和利益所要求的结合在一起,以便使正义与功利二者不致有所分歧。"[①]卢梭理想中的社会实际上就是法治社会。法治保护人们的自利欲望和利益追求,它把个人的欲望和利益转化为权利。对人而言,权利意味着可以自由地做某事,权利就是自由;对物而言,权利就是财产权。在健全的法治社会中,个人的利益、权利、自由、财产等能够有机地统一起来。但就现实社会而言,个人权利相互之间、个人权利与各种共同体组织之间都存在着矛盾和冲突。事实上,近代西方法治进程的历史也表明,对政治权力合法性的考量

① [法]卢梭:《社会契约论》,何兆武译,商务印书馆1982年版,第7页。

是现代法治思想诞生的源头。考量政治权力往往成为人们关注和思考自己的利益、权利和自由的诱因,对政府或国家权力的制约是为了确保个人的利益、权利和自由。法治确定了权利享有者之间的相互义务,为协调权利与权利、权力与权力、权利与权力等之间的关系提供了一种理性的社会框架,这种社会框架体现了一种正义原则和道义要求。法治蕴含着尊重人、尊重人的自由和选择的实质指向,也包含着程序公开公正的正当性形式,它是个人被公正合理对待的前提,是个人获得自由个性从而有可能选择道德生活的前提。

这就是说,法治使人的欲望转换为一种社会权利,得以有效诉求和公正对待。在法治框架中,拥有权利也就意味着必须承担义务。因为,法治使个人获得真正的公民身份,这种公民身份一方面使人的个性得以张扬,自由得以确认,利益得以维护,权利得以保障;但另一方面,公民身份更使个体的公共理性、公共精神和社会责任感得以形成和提升。公民身份展现了个人在公共生活与私人生活中共性与个性、自由与责任、权利与义务的和谐统一,为现代德性主体的主体性人格的形塑提供了人学条件。

法治社会或法治国家的诞生表明,现代自由社会能够为个体德性的养成和践履提供较之前现代社会更加充分的制度条件。因为,法治能够为社会"提供符合公共利益的机制。法治国家是一种具有根本性意义的公共价值机制"①。作为一种"公共价值机制",法治为个体德性的养成和发展提供了丰富的价值理念。自由、平等、正义、人权等是人类善良愿望和美好追求的集中反映,法将其凝练和提升为自己的基本价值目标,确立为人们行为的基本价值观念和基本价值准则,因而,法治代表了一种普遍的社会道义原则。完备而良善的法律是现代法治的基础,良法是基本道德要求的条文化、程序化和制

① [德]米歇尔·鲍曼:《道德的市场》,肖君等译,中国社会科学出版社2003年版,第34页。

度化，是最低层次的道德。但是，在更为根本的意义上，法治之“法”不同于法律意义上的“法”，法治（the rule of law）“不是一种关注法律是什么的规则（a rule of the law），而是一种关注法律应当是什么的规则，亦即一种‘元法律原则’（a meta-legal doctrine）或一种政治理想”①。从这个意义上说，法治体现着一种道德原则和德性精神。作为一种制度，法治的道德精神更为集中地体现在宪政中。宪政是法治的最高形式，宪政即以宪法来统治和治理社会的政治制度。宪法本质上是一组被人们所普遍认同的基本价值理念的集合体，它包含着被社会所普遍认同的基本道德原则和基本道德规范。宪政的核心价值理念是，任何社会都必须尊重人的人格尊严和人格平等。传统德性思想对人的道德行为作了不平等的前提预设，认为有的人是君子，天生就拥有德性；有的人则是小人，天生就道德堕落。得出了“君子之德风，小人之德草。草上之风，必偃”（《论语·颜渊》）的结论。现代法治的人格平等原则打破了传统德性思想的等级主义色彩，使德性真正成为人人都可以追求也应该追求、并且人人都能够拥有的一种普遍性的价值理想。

作为一种“公共价值机制”，法治为个体德性的养成和践履提供了较为可靠的社会体制保障。这主要表现在，其一，法与人类的价值观内在关联，任何法都体现一定的价值观。良法体现先进的、美好的、值得人们追求的价值观，劣法则体现落后的、丑恶的、要求人们唾弃的价值观。法把人的基本价值观念和基本价值准则从一般道德意义的“应该”转换为特定法律意义的“必须”。在法治社会中，每一个人都必须依照法而生活和行动，人们对于法的遵守，显然是对于法所体现的价值原则和价值准则的遵守。在这种对法的遵守中，法所体现的价值原则和价值准则会更加深入人心，得到人们的普遍认可，进一步内化为人的内在精神追求，成为推动人向善的一种动力，使人的

① ［英］哈耶克：《自由秩序原理》上册，邓正来译，三联书店1997年版，第261页。

行为倾向于法所昭示的价值期望和价值目标。

其二，人性是随着社会历史的发展变化而发展变化的。每一个人的人性的发展变化都存在着良性发展与畸形恶变的双重可能性。法治社会通过"法"的具体规定和强制性制裁措施，建立起一套相对完整的"惩恶"机制，构筑起了防止人性畸形恶变的社会机制。面对这种社会机制，个体人性的变化受到警示和警告，他们或者坚守自己的善良本性，或者放弃既有的恶念而修正其人性。因而，法治抑制了人性畸形恶变的许多现实可能性，割断了人性畸形恶变的许多现实通道。

其三，道德在根本上要靠社会舆论、风俗习惯、内心信念等来维系。但是，现代社会打破了传统社会关系的封闭性、固定性和"熟人性"，人们之间的关系更为复杂多变，人际关系的流动性和匿名性越来越明显，个体面对着的常常是一个"陌生人社会"。在这种情形下，道德发挥调节作用的难度增加了。但是，"透明的法治可以在陌生人之间创造信任的半径"，"一种普遍的公正实施的法治，给不相关的陌生人提供了互相合作和解决争端的基础，以此便可大规模地扩大信任半径"①。事实上，法律的制定、执行和实施过程都与立法者、执法者和司法者的价值取向、道德理念等密切相关。法律的制定、执行和实施过程在一定程度上就是新的道德意识和道德规范的形成与不断被张扬的过程。同时，现代法治使基本的道德原则和道德规范不断进入到法律的实体领域，从而使这些道德原则和道德规范获得真正的贯彻和实施。

① [美]弗朗西斯·福山:《大分裂——人类本性与社会秩序的重建》，刘榜离等译，中国社会科学出版社 2002 年版，第 305 页。

三、现代德性的生活基础与现代伦理共同体

（一）现代德性的生活基础

生活是一种实现活动，我们是怎样的取决于我们的实现活动的性质，而成就着德性也就是德性的实现活动。个体德性与他的生活及生活关系的客观样态有直接的关系。人们都"希望过一种人的生活，在这种生活里包含着人的一切，也就是说，过一种精神的、历史的生活，在这种生活里为所有属人的精神力量和性格留有活动空间"[①]。这种活动空间为精神的自由提供了现实环境。个体的精神自由、个体对生活的感悟和体验以及对生活的评价和期望等等，是个体德性养成与发展的最重要条件之一。

麦金太尔认为，"整体性的生活"是德性的立足点之一。他指出："除非有一个目的，一个借助构成整体生活的善，即把一个人的生活看成是一个统一体的善，而超越了实践的有限利益的目的，否则就将是这两种情形：某种破坏性的专横将侵犯道德生活；我们将不能够适当地说明某些德性的背景条件。"麦金太尔认识到了现代人生活世界的破碎性，现代社会分工和科层组织"把每个人的生活分割成多种片段，每个片段都有它自己的准则和行为模式。工作与休息相分离，私人生活与公共生活相分离，团体则与个人相分离，人的童年和老年都被扭曲而从人的生活的其余部分分离出去，成了两个不同的领域。所有这些分离都已实现，所以个人所经历的，是这些相区别的片段，而不是生活的统一体，而且教育我们要立足于这些片段去

① ［美］包尔生：《伦理学体系》，何怀宏、廖申白译，中国社会科学出版社 1988 年版，第 230 页。

思考和体验"①。人被不同的角色所分割,散布在不同领域内。这些领域都各自有自己的行为准则和行为规范,人只需遵守这些准则或规范就能成为一个合乎道德要求的人。其结果是,人只知道机械地服从外在的准则或规范,人的美德被忽视,被掩盖,没有得到充分一贯的践行,内心缺乏一个完整的自我所必需的美德资源。

但是,麦金太尔相信,人能够克服和超越这种障碍,只要人们认识到,只有使生活上升到整体性的高度,人才能真正理解自己、才能把握自己真正的善,这时人就会放弃这种破碎的生活,去追求整体性的生活;放弃破碎的自我,去追求完整的自我。麦金太尔忽视了现代生活多元性的事实,把整体性的生活设定为人生的目的,要求人在生活的不同领域或阶段,都能以追求实践的内在善的方式,始终如一地追求由自我与他人、社会构成的"善",即追求生活整体的进步和发展。他认为,个人德性的生成与发展是由他人、社会以及生活的不同领域或阶段的这种整体性要求决定的,而与个人的利益、权利等具体要求无涉。麦金太尔所确定的这种德性实现原则,无视独立个体的地位与价值,具有前现代伦理所具有的那种总体压抑个体的道德专制特征,因而表现出一定的保守性。

但是,麦金太尔揭示了德性与生活之间的内在勾连,要求重构德性存在与发展的现代生活基础,这些思想是有启示意义的。现代生活破碎的根源在于,作为现代性基本内容的社会分工、社会竞争和社会结构等,人类不可能通过消除现代性的这些基本内容来克服现代生活的破碎性,只能通过矫正现代性的这些基本内容本身来重构现代生活的整体性。人类能够做到的是对这种破碎化的生活进行重新整合。这种整合的必要性和意义在于,为生活的开放性及生活的任何一种具有积极意义的可能性的实现创造条件,而不是用某种至上

---

① [美]麦金太尔:《德性之后》,龚群等译,中国社会科学出版社1995年版,第256、257页。

的终极目的来统治和支配生活。

（二）私人生活和公共生活的分化与整合：私德与公德

作为现代社会生活的显著特征之一，私人生活领域与公共生活领域的分化为现代人精神空间的敞开和扩展提供了现实的生活基础。没有这种分化，现代个体真实独立的人格和做人的起码尊严可能难以持有。

私人生活领域（即“私域”）是以个体独立人格为基础的私人或私人间的活动领域，也常常被称为“日常生活领域”，它包括家庭生活与交往（交友及其扩展的）生活两大部分。在这个领域内的活动直接受私人或私人间的情趣爱好、情感友谊、习惯风俗等调节，其伦理关系的基础是“亲情”与“友情”。在这个领域中，个人不受或不应受到别人的干涉，能够做和想他所中意的任何事情——按照他自己的方式去追求他自己的利益。伴随这个领域的是一种“隐私”的观念，“它意味着个人与某些相对广泛的‘公众’——包括国家——之间的一种消极关系，是对某些范围的个人思想或行为的不干涉或不侵犯。这种局面可以通过个人的退避或‘公众’的宽容来实现。自由主义认为，保护这个领域是可取的，因为它本身是一项终极价值，是可以用来评价其他价值的价值，也是实现其他价值的手段”[①]。从某种意义上说，自由主义就是一种关于私人领域的边界在哪里、依据什么原则来划定这种边界、干涉从何而来以及如何加以制止的学说。自由主义预先假定人是这样的：他有着自己的生活，隐私对他来说是必不可少的，甚至是神圣的。私域是一个人的人格自由和人格尊严的保护带之一。私域对个体价值观的影响巨大，直接的、大量的家庭生活和交往生活伦理是个体德性形成与发展的重要基础。

公共生活领域（即“公域”）是指人们共同的生活世界，它是由拥

---

① ［英］史蒂文·卢克斯：《个人主义》，阎克文译，江苏人民出版社2001年版，第61页。

有自由权利的人们通过积极参与和有效"对话"而发展起来的专门领域,包括社会的经济生活、政治生活、法律生活和文化生活等诸多领域。广义的"公域"包括国家政治生活在内,狭义的"公域"则不包括国家政治生活领域,反而是指与国家政治生活相对立的领域,也就是民间社会生活或市民社会生活领域。公共生活领域具有多元化特点,但这种多元性并不是简单的只有多个利益主体,而是指多个利益主体间相互平等的包容性、生活方式的开放性和价值评价体系的非单一性。多元化的公共生活领域是一个非排他性的生活世界,在这个生活世界中,所有人的身份都是平等的,并以一种理性的态度在经验生活中商谈、交流,构建其主体间关系。因而,"公域"实质上是相互矛盾和冲突着的私域的共同利益、共同愿望、共同需要所构成的领域。

公共生活领域是公共理性和公共精神形成的社会基础之一,这种公共理性和公共精神又是公共美德(即"公德")形成与发挥作用的主体根据。公共理性即社会的共识或公意,公共理性是建立在那些共享公共生活的、平等的、具有不同道德追求和价值取向的个人的理性基础之上的,它仅仅是在个人道德能力和理性能力基础上形成的、能够保证公共生活正常进行的一种理性形式,是在个人的理性和道德的自由发展中形成的。公共理性仅仅是处理公共生活的一种方式,而不是一种限制个人生活的最高价值原则,仅仅是在多元价值并存的社会实现"多元宽容",而不是基于某种完美理想和绝对真理建立的一种卢梭式的强制性"公意"。中国传统社会产生"共识"的方式主要有两种,一是道德的规范与训诫,二是由上而下所实施的强制性权威。这种"共识"的内容是道德的,其形成则是行政强制性的。对于普通民众来说,这种"共识"是外在强加的东西,而不是在日常生活中自己主动参与构成的。"民可使由之,不可使知之",一语道破的这种所谓"共识"的本质。

马克思指出:"人的个体生活和类生活不是各不相同的,尽管个体生活的存在方式是——必然是——类生活的较为特殊的或者较为普遍的方式,而类生活是较为特殊的或者较为普遍的个体生活。"①道德的自由选择和生活方式的自我确定是个人幸福的基础,但每个人的个人幸福都应该建立在不损害他人幸福的基础之上,这就意味着每个人的私人生活领域及其道德原则与社会的公共生活领域及其道德原则是内在相关的。道德价值的自由选择、道德实践的自由展开与社会的共同生活能够而且应该是彼此协调的。如果不能达到这一点,人们在彼此冲突中是无法实现个人幸福生活的。为此,人们有必要养成一种集私德与公德于一体的现代德性精神。

私德(即"私域美德",private morality)就是每个人在家庭生活和交往生活中应该遵循的道德原则和道德规范,涵盖了夫妻、长幼、邻里、亲友等之间的关系。梁启超把私德界定为"人人独善其身",一个人能够爱自己和家人,爱亲戚和朋友,这都是一种良好的私德。家庭是人们接受道德教育最早的地方,高尚的品德是从家庭生活和日常交往生活中逐步培育和发展起来的。公德(即"社会公共道德",public morality)就是人们在公共生活、职业活动中应该遵循的道德原则和道德规范,它涵盖了人与人、人与社会、人与自然等之间的关系。梁启超把公德界定为"人人相善其群"。在现代社会,公共生活领域不断扩大,人们相互交往日益频繁;随着现代社会分工的发展和专业化程度的增强,市场竞争日趋激烈,整个社会对每个从业人员职业观念、职业态度、职业技能、职业纪律和职业作风的要求越来越高。因而,包括职业道德在内的社会公德在维护公众利益、公共秩序,保持社会稳定方面的作用更加突出,成为个人道德修养和行为文明程度的重要标志。必须强调的是,公德与私德的划分更多地具有学理上的理论抽象意义。在实际生活中,人们的大多数行为,不论是在公共领域还是在私人领域,都可能具有公德与私德双重规定性。二者

---

① 《马克思恩格斯文集》第1卷,人民出版社2009年版,第188页。

可能仅仅是显与隐、现实与潜在的区别。事实上,在现实生活中,公德行为可能转化为私德行为,而私德行为也可能转化为公德行为。所以,公德与私德既可以指称不同行为的单一性质,也可以指称同一行为的双重性质。无论是公德还是私德,都是由个人承担的。个人的主体性产生了公德与私德的分殊和并存,又实现着公德和私德的互异和转换①。

私人生活领域与公共生活领域的分化,使个体获得了自然个人、家庭成员、社会公民、政治国民等不同的身份规定,个体德性进而也有了作为自然个人和家庭成员的"私人美德"、作为社会公民的"公民美德"或"公共美德"、作为政治国民的"政治美德"等的区分。这种区分使个体的道德生活有了具体明确的社会制度保障和伦理秩序的维系,有助于个体德性的全面发展。但是,传统中国社会既没有严格意义的公共生活,也没有真正意义的私人生活,只有家族生活。或者说,家族生活既是私人生活,又是公共生活。但家族生活只能培养出家族精神、宗法精神,这种精神遏制个体独立人格的生长,它对于家族血缘关系以外的领域具有排斥力。所以林语堂认为,中国人"缺乏公共精神"根源于家族制度的根深蒂固。公共生活是建立在个体独立人格基础之上的,没有私人生活领域的存在,就不可能有公共生活,家族生活中是不存在私人领域的。在新中国成立后的很长一段时间内,我们的生活世界一直存在两个越位,即公共生活对私人生活的越位,国家生活对社会公共生活的越位。公共生活的匮乏导致公共理性和公共精神的缺乏,后者引发了国人公德的淡漠。邵力子先生 1920 年在《中国人与同情心》一文中指出,中国人同情心薄弱的原因在于三方面,一是政治上的专制压抑人的同情心,二是儒家的"爱有差等"、佛家的善恶果报等学说减少了人的同情心,三是以家庭为本位的社会组织结构限制了人的同情心。他认为,"要同情

① 黄显中:《公德与私德》,载《光明日报》2003 年 7 月 8 日。

心发达,最要紧的条件,是养成共同生活的习惯",一旦"等到真正德谟克拉西实现,我可以断定同情心的发达,有一日千里之慨呢!"因而,应该提倡共同生活,"凡共同感情,必须有共同生活养成,集合各地的人,做同一生活,地方的隔阂,就可以打破。能集合各界的人,做同一生活,界别的隔阂,也就可以打破。多打破一层隔阂,便多培养一份同情心,这是现在第一要紧的事"①。

在我国,由于没有发达的公共生活传统,我们所能求助的只是由家庭的亲情伦理关系向外推展的"修齐治家"传统。这种推展产生了两种相反的倾向。一种是试图把家庭亲情推展至整个社会,从而把公共生活关系演化为某种准家庭关系的"大家庭伦理"倾向,这种倾向除了有浓厚的空想主义乌托邦色彩外,一个基本弱点是不能演化出关于社会成员的平等地位的观念。另一种倾向是在公共生活中产生一种排除对他人(复数的一般"他者")的考虑与关切的"非伦理"或"野蛮伦理"倾向。这两种倾向是相反相成的:在公共生活领域,如果"亲情伦理"无法通行,则一切都是"非伦理"的,即在伦理之外。也就是说,既然没有"情"的联系,则可以完全不考虑或不关心他人,有的只是"一切人对一切人的战争"。公共生活领域的这种排除性倾向引发的主要问题有二:一是承诺与契约的态度难以发展;二是公共生活的私人化。这些都不利于个体美德的全面发展。邵力子感叹国人同情心不够,我们今天感叹国人诚信匮乏、公德稀缺等,都与上述问题有着深刻关联。为此,有学者提出,应该进一步开放社会公共生活,发展尊重他人的公共生活伦理,只有这样,才能更多地容纳个体的独立化发展,才能使对他人的尊重、考虑和关切的态度得以发展,才能使理解、宽容、对话的精神得到发展②。

---

① 转引自何宗思:《中国人格病态批判》,中国社会出版社 2003 年版,第 267—268 页。

② 参阅廖申白等:《伦理新视点——转型时期的社会伦理与道德》,中国社会科学出版社 1997 年版,第 33—35、47—49、276—278 页。

改革开放以来,这种状况有了很大改观。20 世纪 90 年代以来在我国开始出现的具有规模化意义的“志愿者行动”,可以说是对个体德性的现代实现方式的一个很好的实践诠释。“志愿”的动力来自何处? 从行动动力上说,首先是因为存在着行动的道德基础。道德理想在此发挥着轴心作用,人从来不会丧失道德理想,只是表现这种道德理想的方式,在传统社会与现代社会,有很大的不同。传统社会依赖个人的道德良心,在一个组织程度较低、社会公共生活领域有限的社会,个人的行动只能更多地诉诸个人的动机,才可能给予很好的解释。在现代社会,人的社会化程度提高,虽然说人的道德与否,依然要从自律的角度加以确定,但在一个交往频繁、组织化程度极高、公共生活领域不断扩大的社会,一个人想要显示自己的德性修养,他就必须是在组织化的状态中,才可以有一个空间。志愿者行动不是一种个体化的行动方式,而是组织化的行动模式。志愿者行动需要一种规模化的行动才可能见到效果。因而,志愿者行动的动力是两方面的,即个人道德理想与组织推动力量。个人道德理想是基础和前提,没有个人的道德理想,志愿者行动不可能产生,即使产生了也很可能走向谋利性的活动。只有在道德理想的驱动下,志愿者的行动才可能是完全自律的,志愿者行动的道德性质才可以得到全面的维护。志愿者行动不是传统意义上的个人美德的单纯表现,而是个人美德在公共生活中的升华和展示。志愿者行动只有在个人美德与公共道德之间,才能够获得充分的道德资源支持①。

---

① 任剑涛:《道德理想主义与伦理中心主义——儒家伦理及其现代处境》,东方出版社 2003 年版,第 364 页。

(三)现代伦理共同体:德性的温床

人的现实生活都是在各种特定的共同体[①]中进行的,“只有在共同体中,个人才能获得全面发展其才能的手段,也就是说,只有在共同体中才可能有个人自由”[②]。个体德性与个体所生活于其中的共同体有着最紧密的联系,个体的完整人格是由在共同体的生活中所生长出来的共同的价值态度和行为方式所塑造的,每个人都秉承了共同体的社会意义和价值态度。包尔生认为,良心来源于义务,义务来源于风俗,风俗是在共同体的生活中形成的。所以,黑格尔指出:“一个人必须做些什么,应该尽些什么义务,才能成为有德的人,这在伦理性的共同体中是容易谈出的:他只须做在他的环境中所已指出的、明确的和他所熟知的事就行了。”[③]对于个体德性的形成和发展来说,伦理共同体的作用有点类似于“培养基”,它为个体的生活和德性的养成提供着营养。同时,“在这个共同体内,在追求共有的利益的过程中,对共同体的共同任务的贡献相关的赏罚概念,为德性和非正义的判断提供了基础”[④]。

---

① “共同体”一词的英文对应词是 community,社会学家往往把它译解为“社区”,这种译解太狭隘。从广义上讲,“共同体”指社会中存在的、基于主观的或客观的共同特征(这些共同特征包括种族、观念、地位、身份、使命等)而组成的各种层次的社会组织、团体,既可指小规模的社区组织,也可指更高层次的经济组织、政治组织、文化组织等,还可以包括最高层次的民族共同体或国家共同体。既可以指有形的共同体,也可指无形的共同体。本书的“共同体”概念是指“市民社会”意义上的、介于个人与国家之间的各种社会组织或社会团体。另外,很多人(麦金太尔等社群主义者)对“共同体”的理解往往带有价值论色彩,认为“共同体”是一个充满道德关怀、人们在其中可以互相依靠的温馨的地方。我认为,共同体的存在是客观事实,但客观存在的共同体有“好”与“坏”之分,“好”共同体的建构需要人们的不懈努力。也是在这个意义上,我才提出现代伦理共同体及其建构问题。

② 《马克思恩格斯文集》第1卷,人民出版社2009年版,第571页。

③ [德]黑格尔:《法哲学原理》,范扬、张企泰译,商务印书馆1961年版,第168页。

④ [美]麦金太尔:《德性之后》,龚群等译,中国社会科学出版社1995年版,第316页。

在前现代西方社会，个体德性所依赖的伦理共同体是以城邦（古希腊）或教团（中世纪）为本位的。古希腊伦理学家认为，个体美德是以城市—国家即民主城邦为基础的，个体的生活、行为、思想、自由意志都表现在城邦里，城邦是他的习惯和德性的现实基础。只有在正义的城邦中，个体德性才能获得表达和实现的机会。柏拉图的《理想国》提出了一个理想的伦理性的共同体国家，这个伦理共同体为个人灵魂与美德的培育和获得提供了不可或缺的实体基础。柏拉图试图在个人的伦理精神追求与伦理共同体的整体导向的统一中寻求德性的基础。庄园和教区构成中世纪人们生活的总体背景，宗教神学的一统天下，使教团成为人们思想观念和精神信仰的实体性载体，只有具体地在教团中生活，并通过教团，个体才能获得善，并实现自己的善。

在前现代中国社会，个体德性所依赖的伦理共同体是家族本位主义的，这种共同体的出发点是家，其运行的基本规则是家的抽象——血缘宗法，它的最高形式是放大了的家——国家，最高理想是“天下一家”。这种共同体总体上是一种风俗共同体，它基于血缘、宗法等之上，是一种“差序格局”性质的共同体。这种“差序格局”的共同体中的名分等级形成道德精英主义。在这种共同体中，压迫、欺凌、侮辱等可能成为普遍现象，这些在根本上不利于个体自由、独立、平等人格的形成。这种共同体往往使道德小型化（moral miniaturization），它的道德关怀半径是狭隘的和有限的。这种共同体对忠恕、仁爱等具有普遍主义情怀的德性原则形成阻隔，使其往往难以转换成一种具有普遍实践意义的公共美德。“固定群体内稳定的内部道德往往同对外采取敌意及对群体外个体进行压迫相伴而生。”①

近现代以来，市场经济的发展，公民社会的崛起，使许多风俗共

① ［德］米歇尔·鲍曼：《道德的市场》，肖君等译，中国社会科学出版社2003年版，第601—602页。

同体逐渐破裂。财产和利益的凸现,使个人获得了空前的独立和自由,但其极端发展也会导致个体的原子化、孤立化。同时,现代社会的异质性增加,经济竞争和劳动分工使得家庭生活、亲友交往、工作场所等之间往往发生分离。个体要能够有效地面对大规模、高密度和多样化的社会环境,他的最佳选择就是不断适应各种刚性的规范。如此一来,每个人在处理与他人的关系上就会变得冷淡、粗暴和无情,从而引发欺骗、冷漠、不公正等德性衰退现象,人们的孤独感和无援感也会增强。20 世纪中期以来,西方发达工业国家的道德失范问题日益突出,人们普遍认为,资本主义国家管理的官僚化发展,导致各种社会团体(共同体)解体,进而引发了普遍性的社会道德危机。要改变这种道德困境,就必须重新加强共同体的建设。因而,20 世纪晚期以来,对"共同体"的研究在西方形成一个新的高潮。麦金太尔在 20 世纪 80 年代初倡导"共同体主义"的德性伦理,目的之一就是希望通过建立一种现代伦理共同体,来恢复亚里士多德主义的德性传统,以消解自由主义伦理的社会实践后果。麦金太尔的失误在于,他没有看到传统的风俗性伦理共同体的局限性,主张建构传统共同体式的日常生活世界,在当代主流社会的边缘建立某种教团式的共同体,借此复兴德性伦理的社会地位。这种设想的现实可行性是非常有限的。

现代社会不存在古典意义上的共同体,现代社会中的共同体和古典的亚里士多德传统中的共同体已有本质区别。从德性与共同体的关系来看,这种区别至少有两点,其一,做一个好的共同体成员与做一个好人的分离。古典德性伦理强调个人与共同体的联系甚至统一,在此,做一个好人意味着做一个好的共同体成员,二者是统一的。在现代社会,每个共同体都制定有详细的道德规则,进入共同体的个体只需遵守这些道德规则,便是好成员。但这与个体是否是一个好人没有必然关系,因为人不是他的角色。其二,古典传统的共同体一般较为稳定,个人一生中所扮演的角色和所据有的地位变化也不大,易于人们把个人的生活看成一个连续的统一体，把美德看做是过一种连续的善生活的首要因素。而在现代社会中，共同体中的成员变动较大，个人在一生中可能进入多种共同体，担任不同的角色和职位。每个共同体都有其特殊的道德规则，个人的一生可以据此分为不同时期甚至不同部分，人生的统一性也就不再那么明显，或者说，更难于完成。

德性与共同体的关系在前现代社会一般是同一的，在现代社会则常常是分离的。麦金太尔曾不无忧虑地质问："如果亚里士多德的德性论的大量细节的前提是现在看来早已消亡的古代城邦的社会关系的背景条件，那么，怎么能够把亚里士多德的观点加工成为没有城邦的世界里的一种道德存在呢？或者换一种方式：是否有可能既是一个亚里士多德主义者，同时用一种历史的眼光，把城邦仅仅看作是一系列社会政治形式中的一种——即使是重要的一种——在这种政治形式里和通过这种形式，能够找到并加以教育那种作为各种德性的榜样的自我呢？而且，在这种形式里自我可以找到它的用武之地吗？"[①]麦金太尔本人后来也对在现代社会建构伦理性共同体持存疑态度。他1991年在给《回应的社区》杂志的一封信中说："我的判断是，这个国家先进的现代化的政治经济与道德结构，像其它地方的一样，排除了建立有价值的任何类型的社群（这种社群过去不同的时候曾经实现过，尽管形式并不完美）的任何可能性。我还相信，以系统的社群方式重建现代社会的尝试永远是无效的或灾难性的。"[②]因而，麦金太尔在他的德性理论中有意淡化共同体这一背景，将德性与共同体的关系置换成德性与实践的关系。因为实践是一个极为宽泛的概念，在一种没有特别界定的意义上，可以适用于人类社会的各

① ［美］麦金太尔：《德性之后》，龚群等译，中国社会科学出版社1995年版，第205页。

② ［美］丹尼尔·贝尔：《社群主义及其批评者》，李琨译，三联书店2002年版，第22页注释14。

个时期。如此一来，德性论似乎就不再局限于古典社会了。然而，麦金太尔又承认，实践不是孤立的个人行为，而是一种协作性的人类活动方式。如果实践是协作性的人类活动，那么它就必须通过一定的群体或组织来进行，而这种群体或组织恰恰是实践的基本形式。从这个意义上说，实践是通过共同体来实现的。共同体间的差异深刻地影响到不同共同体中人们的实践方式和目标，进而影响着人们德性的形塑。

1999年，麦金太尔在《依赖性的理性动物——为什么人需要德性》一书中立足于人的动物性存在的基本状态，即人的脆弱性与人的依赖性，指出了德性存在的生物学根据，以及德性与各种地方性共同体的内在关联。麦金太尔认为，由于人类生命的脆弱以及在不同生命阶段的无能，人在相当多的时间里是依赖性的存在者。因此，非算计性给予和接受的关系是人类赖以生存的普遍性关系。在这种关系中，人既需要独立性的德性，也需要依赖性的德性。人类的各种地方性共同体，如家庭、邻里、工作场所、行业性协会、地方教会等，都内在地具有这种基本的给予与接受的关系，它们的存在都以人们的相互性的给予与接受的德性来维持。这就是说，所有地方性共同体，在某种程度上是以人的生命的脆弱和无能为背景的，并且内在地具有给予与接受的关系，因而在一定程度上是依靠依赖性的德性和独立性的德性共同起作用才维持下来的①。

现代人的生活离不开各种各样的共同体，现代人道德生活的很大部分必然也是通过各种各样的伦理共同体来进行的。现代市场经济、民主政治和现代文化为真正意义上的伦理共同体的建构提供了平台。随着人们交往空间的扩大和交往程度的提高，随着现代社会分工的复杂化和精密化，社区共同体、职业共同体等越来越成为现代

① 参阅龚群：《德性思想的新维度——评麦金太尔的〈依赖性的理性动物——为什么人需要德性〉》，载《哲学动态》2003年第7期，第43—45页。

人德性养成与践履的重要载体。在现代社会，家族本位式的共同体形式已被打破，家庭或家族不可能成为现代伦理共同体的范型，但家庭或家族仍是培育和养成德性的社会细胞之一，对现代德性的形成与发展影响颇大。当然，由于社会制度、社会分工等的局限性，伴随现代社会发展而形成的许多生活共同体也会存在诸多缺陷，它们或者是为某种利益追求而暂时组成的，或者是被统治者的权力所渗透和控制的，从而把其成员贬低为谋求利益的纯粹工具。这种共同体也就是马克思说的“虚假的共同体”。“虚假的共同体，总是相对于各个人而独立的”，在这种共同体中，“个人自由只是对那些在统治阶级范围内发展起来的个人来说是存在的，他们之所以有个人自由，只是因为他们是这一阶级的个人”①。

“尼布尔悖论”一定程度上也反映了这种“虚假共同体”在现实生活中的存在。在这种“虚假的共同体”中所生长出来的道德是狭隘的和有限的，它“将是片面优先照顾群体成员的道德，是一种严格区分成员和非成员，拒绝对局外人提供保护的‘群体内部道德’”，面对这种道德，其成员“有什么理由不去为了增加本群体的财富而想方设法剥削和压迫‘他人’和‘外人’呢?”因而，“这种道德无法满足现代大型社会生活条件下自由社会秩序的特殊‘道德需求’”②。这就告诫人们，现代自由社会的伦理共同体更多地要靠人的自觉建构和不断完善。

马克思认为，人类共同体的发展有三种形式，即自然形成的共同体、虚假的或虚幻的共同体、真实的或真正的共同体。在“自然形成的共同体”中，个人的发展具有原始的丰富性，但总体上表现为一种“人的依赖关系”；在“虚假的或虚幻的共同体”中，个人发展是片面

---

① 《马克思恩格斯文集》第1卷，人民出版社2009年版，第571页。

② [德]米歇尔·鲍曼：《道德的市场》，肖君等译，中国社会科学出版社2003年版，第600页。

的、畸形的，总体上表现为一种“以物的依赖性为基础的人的独立性”；在“真实的或真正的共同体”中，个人发展是全面的、自由的，“在这种共同体中各个人都是作为个人参加的。它是各个人的这样一种联合(自然是以当时发达的生产力为前提的)，这种联合把个人的自由发展和运动的条件置于他们的控制之下”。通过这种共同体，“各个人在自己的联合中并通过这种联合获得自己的自由”[①]。现代伦理共同体的理想形式应该是马克思说的“相互教育的自由人的联合体”[②]，这种联合体是一种“真实的或真正的共同体”，是一种“真实的集体”。

毋庸置疑，当代中国社会转型期的伦理共同体，仍然处于马克思所说的“人对物的依赖为基础”的阶段，生活中的各种共同体也可能带有某些“虚幻的”色彩，置身于这种共同体中的人的本质力量也存在着“异化”的成分。但是，这种“契约”形式的共同体是向“真实的或真正的共同体”发展的一个必经环节，它无疑为个人的全面解放和自由人格的形成奠定了基础。这种“契约”形式的伦理共同体必须尊重、保护和发展个人的利益、权利及自由。只有不断满足共同体成员的个人利益，共同体才有凝聚力和向心力，共同体才能生存和发展，并为个人及其德性的进一步发展提供条件。只有在人格受到尊重的条件下，在有自尊也尊重别人的人际关系中，人的德性才可能得到健康的发展。

(四)社会资本:德性的催化剂

私人生活领域与公共生活领域如何整合，良好的公共生活秩序和“公德”如何形成，现代伦理共同体如何更好地建构，诸如此类的问题都可归结为“社会资本(Social Capital)”如何形成和创造的问题。

---

① 《马克思恩格斯文集》第1卷，人民出版社2009年版，第573、571页。

② 《马克思恩格斯全集》第1卷，人民出版社1995年版，第217页。

资本是经济学中的一个基本概念。一般来说,资本代表的是已经被生产出来的或者自然的生产因素的存储,这种存储被认为在将来的某个时候能够产生效益。自17世纪中叶开始的古典政治经济学时代到20世纪50年代,经济学视野中的“资本”只包括物质资本或物质资本的象征物,如土地、劳动和货币等。20世纪60年代,舒尔茨(Theodore William Schultz,1902—1998)和贝克尔(Gary stanley Becker,1930—)把人力资本概念引入经济学分析之中,认为受过教育和经过培训的健康工人的社会天赋决定了物质资本的利用率。“人力资本”与“物质资本”的不同,主要在于人力资本是指个人所具备的知识、才干、技能和资历等因素,它直接体现在人身上,而不是体现于物身上。“人力资本”概念的提出,扩展了“资本”概念的内涵,使资本成为可以带来价值增值的所有资源的代名词,为“社会资本”概念的提出奠定了词源学基础。然而,无论是物质资本,还是人力资本,都只是一种经济性的资本。20世纪70年代后期,一些经济学家从社会结构资源对经济活动影响的角度出发,提出了与物质资本、人力资本相对应的一个崭新的理论概念——社会资本。从表述形式上来看,社会资本不过是在“资本”的前面加了“社会”这样的限定词,依然是资本的一类。但“社会”这个限定词突出了非物质性、非经济性因素在经济发展中的积极作用。社会资本概念企图表明,当各经济主体都以一种相互信任、互惠合作与履行承诺的精神来把其特有的物质资本和人力资本结合起来时,他们就能够成倍地提高生产率,获得更多更加丰厚的报酬,“社会资本”就是一种由社会关系带来并能最终促进生产的社会资源。

20世纪80年代以来,社会资本成为一个被经济学、社会学、人类学、政治学等多学科所运用的跨学科概念,其内涵也发生了重大变化。在跨学科意义上,“社会资本是关于互动模式的共享知识、理解、规范、规则和期望,个人组成的群体利用这种模式来完成经常性活动"①。也就是说,社会资本是指人与人之间、人与组织之间、组织与组织之间,在长期交往和互利合作中所形成的一系列认同关系,以及由这些认同关系所衍生出来的历史传统、社会规范、价值理念、理想信仰和行为范式等,这种认同关系及其衍生物可以视为一种社会资源,它们有利于社会成员之间的有效合作和互利性协作行动。

如果说人力资本理论更多的是从经济学意义上凸现出人的知识和创新能力在财富创造中的作用的话,那么社会资本理论研究则可以说是从更为宽广的社会学意义上凸现出良好的人际关系在财富创造、社会治理、文化推进、道德发展等方面的作用。社会资本研究固然更多的是在经济学、社会学、政治学等学科领域展开的,不同学科对社会资本的具体理解不尽相同,但这些学科在下面一点上则达成了共识,即都认为社会信任、互惠规范和公民参与网络等是社会资本的最重要的构成部分。互惠规范和公民参与网络能够促进社会信任,它们都是具有高度生产性的社会资本,正是这样的社会资本使得遵守规范的公民共同体能够解决他们的集体行动问题,更好地促进经济繁荣、民主治理和社会发展。社会信任、互惠规范以及公民参与网络是相互加强的,它们对于自愿合作的形成,以及集体行动困境的解决都是必不可少的。其中,社会信任是社会资本最关键的因素。由此可见,不同学科对社会资本的研究,最终触摸到的都是一个伦理学问题,即人际关系和社会结构中的信任、合作、诚实守信等问题。

社会资本表现为人与人的关系,表征着人与人之间的特征。良好的人与人的关系,如有效的合作、彼此的信任和相互的诚实等,构成为一种优质的社会资本。这种社会资本是公民社会健康运行的润滑剂,也是公民德性养成与践履的催化剂。社会资本的伦理含义及伦理意义可以从三方面理解。

---

① 曹荣湘:《走出囚徒困境——社会资本与制度分析》,上海三联书店 2003 年版,第 27 页。

其一,在价值观或规范论意义上,社会资本就是特定群体的成员所共有的一套非正式的价值观或准则,是由公民的主要与信任、互惠和合作有关的一系列态度和价值观构成的,是"社会和政治文化的主观表象,它指的是人们关于公民同仁的集体态度,进而也指公民们相关联的方式"①。也就是处于一个共同体内的个人或组织通过与内部或外部对象的长期交往、互利合作所形成的一系列认同关系,以及在这些关系背后积淀下来的思想观念、价值理想、信念信仰和行为习性等。在这个意义上说,社会资本主要是指社会互动中共享的规范、共同的价值观以及正在使用的共同规则,它有助于解决集体行动的问题。

在这个意义上使用这一概念时,互惠原则和信任准则占有核心地位。互惠原则使社会资本类似于我们前文提到的"时间银行"或"道德银行",它可以促进互利主义道德观念在群体中的普及和发展,有效抑制自我主义和利己主义观念。更重要的是,这种互惠原则是人际关系运作中信任产生的社会基础,它可以促进"普遍主义信任"观念,遏制和抵消各种狭隘的、封闭的"特殊主义信任"观念。正是在这个意义上,福山认为:"信任自身并不是道德德性,而是德性的副产品。当人们共享诚实和互惠标准而因此能够与他人合作的时候,信任就产生了。"②社会资本就是由社会的"普遍信任所产生的一种力量"③。信任等价值观念把招致失败的对个人自由的关心转变为对集体自由和社会公正的一种可持续的关心,形成了合作与稳定的社会秩序的基础,从而促进了自发的集体行为,创造出使公民能够

① [英]肯尼思·纽顿:《社会资本与现代欧洲民主》,载李惠斌等:《社会资本与社会发展》,社会科学文献出版社2000年版,第380—381页。

② 曹荣湘:《走出囚徒困境——社会资本与制度分析》,上海三联书店2003年版,第243页。

③ [美]弗朗西斯·福山:《信任——社会美德与创造经济繁荣》,彭志华译,海南出版社2001年版,第30页。

和平地解决他们之间矛盾的友善和理解。因而，信任是社会内部最重要的综合力量之一，社会资本几乎总是通过加强行动者之间的信任来促进集体行动的产生和发展。依据互惠原则和信任准则，“社会资本通过把个体从缺乏社会良心和社会责任感的、自利的和自我中心主义的算计者，转变成具有共同利益的、对社会关系有共同假设和共同利益感的共同体的一员而构成了将社会捆绑在一起的粘合剂”①。

其二，在社会网络意义上，社会资本首先被理解为个体获取有利的人际关系网络的途径，社会资本就是一个人与朋友、同事的关系或者更一般的联系。通过这些关系，人们可以使已经获得的物质资本和人力资本的效用最大化。社会资本体现为那些将家庭、社区、职业单位以及公私生活联系起来的人格性网络，这种网络可以是正式的、高度组织化的，如市场机制或政府组织。但社会资本意义上的网络则是非正式的、非组织化的，它是根据非正式的、共有的价值观和规范来确定的，是人们之间的一种“互惠交换”形式，体现的是一种人格性的“信任道德关系”，是一种“恩惠性网络”②。作为人格性网络的社会资本以人际关系为物质载体，它存在于人际关系的结构之中。这种人际关系一般展现为亲缘关系（由人本身的生产和再生产而形成的亲情关系）、地缘关系（邻里乡亲关系）、业缘关系（同事的工作关系）、物缘关系（基于物质利益的交换关系）和神缘关系（精神性的信念关系）等等。这些关系的存在是客观的，但它们本身并不天然就是社会资本，因为这些关系的伦理性价值是需要挖掘和清理的；这些关系以及建基于这些关系之上的各种共同体都拥有着一定的共享的价值观和规范。

---

① ［英］肯尼思·纽顿：《社会资本与现代欧洲民主》，引自李惠斌等：《社会资本与社会发展》，社会科学文献出版社2000年版，第381页。

② ［美］弗朗西斯·福山：《大分裂——人类本性与社会秩序的重建》，刘榜离译，中国社会科学出版社2002年版，第254—258页。

但价值观和规范的共享本身并不能产生社会资本，因为价值观和规范也许是错误的。比如，裙带关系、任人唯亲、徇私偏袒、排斥异己等是根基于血缘地缘等自然性关系之上的前现代社会关系所普遍滋生的社会现象，它们仍然延续到现代社会生活之中，这种社会关系显然不具有现代社会资本的意义。产生社会资本的价值观和社会规范“必须能够促进群体内的合作，因此，它们往往跟诚实、遵守诺言、履行义务及互惠之类的传统美德存在联系”①，它们“必须在实质上包括讲真话、尽义务以及互惠互利这样的美德”②。只有当人际关系建筑于互惠原则与信任准则之上时，这些关系才能够以社会资本的形式存在，这种关系本身才能够转变为一种真正的社会资本，进而成为整合公私生活、润滑社会关系、提升个体德性的有效社会力量。

由于文化传统的影响和经济社会发展水平的制约，我国大部分的社会人际关系在根本上仍然是血缘和地缘关系的延伸和扩展，社会资本的主要载体是家庭、家乡。在我国，个体所拥有的最主要的社会资本是亲缘关系、地缘关系。这种社会资本相对封闭、单一和同质，是一种低水平的社会资本，它难以产生普遍意义的社会认同和信任关系，不利于个体德性的完整生成和公民道德建设的有效进行。为此，有必要通过制度创新，落实个体权利，推动公民社会的发展，扩大民间自治组织，整合亲缘、地缘、物缘、业缘、神缘等各种社会关系，培育个体的公民意识和公民精神。只有这样，才能创造出一种开放的、普遍的、具有规模意义的现代社会资本。这种社会资本能够有效地缓解和弥合个体理性与公共理性、个人选择与集体选择、私域与公域、私德与公德等之间存在的矛盾与裂缝。

其三，在实体意义上，社会资本是一种“公共品”，它是一种社会

---

① 曹荣湘：《走出囚徒困境——社会资本与制度分析》，上海三联书店2003年版，第72页。

② ［美］弗朗西斯·福山：《大分裂——人类本性与社会秩序的重建》，刘榜离译，中国社会科学出版社2002年版，第19页。

结构资源，而不是从中获益的那些人的私有财产。社会资本一旦形成，它只能存储于社会结构中的人际互动之中。与清洁的空气、安全的街道这样的公共品一样，社会资本不能由私人部门提供。只有那些投资于物质资本和人力资本的人才有权利获得更多的回报，而社会资本一经创造，就会有益于相关社会结构内的所有个体。社会资本的有效使用，可以使社会关系网络中的相关环节共同受益，达到互惠互利。这就是说，虽然社会资本有其所有者，但其利用的效果往往更具社会性，收益更具扩散性。通过利用不同形式的社会资本，行动者不仅可以实现他们个人的目标，而且可以实现集体行动目标。这就表明，社会资本不仅是个人利益增加的手段，也是解决集体行动问题的重要资源。这意味着大多数形式的社会资本只能作为其他活动的副产品。

社会资本体现的是一种与由政府或市场提供的产品相对不同的各种公共产品或服务，它可以是现实的、物理性产品的形式，如集体设施；也可以是进行富有成效的合作能力，如互惠互利服务等。为此，必须使人们在各种人际关系的运作中进行自由组合，构建各种社会自组织系统，比如利用亲缘和地缘关系建立社区组织，利用业缘和物缘关系建立行业商会，利用神缘关系建立文化社团，等等。只有这样，社会成员的个人利益和权利才能得到更好的尊重和保护，价值观和道德规范才能在社会成员的自由交往与“对话”中更加趋于科学、合理和合法。这个意义的社会资本是以前两个意义的社会资本为基础的，没有个人的、主观性的价值观态度和使合作成为可能的对信任和互惠的期望，没有作为这些态度和规范之结果的社会网络和组织，就不可能有实体意义上的志愿性公共设施和公共服务。

同物质资本或人力资本一样，社会资本也是通过积累而逐步扩张和壮大的，社会资本可以通过社会结构中人际关系互动、彼此信任和规范等多种渠道而实现扩张。世界价值观调查结果显示，影响社会资本创造的四个决定性因素依次是，生活满意度、想象的共同体、道德指数和志愿性活动，前三项对社会资本的影响都比志愿性活动强三倍以上。这说明，如果一个社会中的大多数个体对自己的生活是满意的，有幸福感，那么在这个社会中就会产生出高水平的合作、信任等社会资本；一个对民族国家或种族有强烈认同感的人比一个缺乏这种认同感的人能够更加信任他的公民同仁；一个具有强烈道德信仰的人比那些没有这种信仰的人更加信任他人[①]。就目前来看，绝大多数人将更多的时间、精力、责任和情感都投入到家庭、工作中去了，而不会投入到志愿性活动或志愿性团体，他们只是由于信任他人而加入志愿性组织，因而，志愿性活动或组织在创造社会资本中的作用是有限的。但是，就公民社会发展的前景而言，志愿性活动或团体在创造伦理意义的社会资本中具有更为重要的导向意义，其作用会越来越大。因为，社会资本来源于能够促进合作与协调行动的社会规范、社会网络和社会信任，这些社会规范、社会网络和社会信任得以形成和发展的最有效途径之一，就是志愿性社团内部个体之间的互动。同时，志愿性活动或组织以“志愿”和“公益”为基础，而连接“志愿”与“公益”两者的是个体的德性精神。个体以志愿奉献从事公益事业，这是志愿性活动或组织的灵魂。

英国学者怀特利(Paul F. Whiteley)从与个体的人格和道德密码有关的心理学变量出发，提出了创造社会资本的三种可供选择的伦理途径[②]：其一，社会资本是由个人的人格特征创造，这些人格特征主要是由家庭内部的社会化过程形成的；其二，社会资本是由个体关于规范的信仰和道德密码创造的，这些信仰和道德密码在根本上是从早期生活中习得的一组内化了的价值观；其三，社会资本是由“想象的”社群的成员身份创造的，“想象的”社群是指那种个体们认同

① 参阅[英]怀特利:《社会资本的起源》，载李惠斌等:《社会资本与社会发展》，社会科学文献出版社 2000 年版，第 56—72 页。

② 参阅[英]怀特利:《社会资本的起源》，载李惠斌等:《社会资本与社会发展》，社会科学文献出版社 2000 年版，第 53 页。

的、但他们从未在面对面的基础上实际互动过的社群，如民族国家、种族等。由此可见，社会资本的创造与德性养成有着内在的相依相生的关系。

四、现代德性的文化传统基础与传统德性资源的现代转换

德性不仅体现在实现各种内在于实践的善所必需的人类合作关系上，不仅体现在人类寻求作为他们整体生活之善的生活形式上，而且还体现在给实践和生活提供它们所必需的历史背景的那些传统上。德性在维持对实践和生活的关系的同时，也维持着对传统的关系。德性与文化传统密不可分。

（一）现代德性的文化传统基础

德性与文化传统是互为前提的。一方面，德性是被文化传统所建构的。德性不是抽象的、超历史的，德性就存在于持续着的文化传统中。这些文化传统是各种德性存在与发展的历史基础，即使是同一个德性概念，也因历史传统的不同，其所指可能相差甚远。维持一种文化传统就是维持一种德性体系。作为一种历史背景，文化传统给人的实践和生活以及根基于其上的各种德性以特殊性和丰富性，只有通过对这些文化传统的解读，各种德性才能被准确把握和正确理解。另一方面，德性又是文化传统的内在构成要素之一，它对于文化传统的延续具有重要意义，并对文化传统具有一定的建构作用。特定的德性维持并强化着某种特定的文化传统，相关德性的缺乏则削弱并破坏着某种特定的文化传统。

在人类道德的进化过程中，“规范性传统的稳定性已经演化得类似于物种稳定性。作为传统而存延下来的规则是那些最成功地适应了环境变化的规则；它们显示了其效益。道德传统之间的竞争导

致了某些传统获得选择,另一些遭到淘汰。存延的根据是,遵循这些行为规则所不断带来和积累的效益"[①]。能够带来"效益"的传统道德原则和道德规范就转换成了传统美德。传统美德不等同于传统道德,传统美德只是传统道德中那些为大部分人所接受并实际奉行的、对民族发展起积极作用的(即能带来"效益"的)、具有必然性和合理性的道德原则和道德规范。传统美德体现的伦理原理和道德观念以最简朴、最原始的形式体现了人性的本来面目和人类生活的原理,体现的是一种深邃的道德智慧。

文化传统是形塑德性主体的重要力量之一。个体不是作为纯粹的抽象个体去追求善和践履美德的,个体是文化传统的承继者。他从家庭、共同体、民族等的历史传统中承接了许多东西,个体是在对传统的这种不断承接中来成就和践履自己的德性的。麦金太尔把这样理解的个体称之为"叙述模式中的自我",并认为这种"叙述模式中的自我"是德性的承担主体。文化传统对德性主体具有启示和规范的意义,它为德性主体提供了一种精神信仰系统和行为范式体系。文化传统是人的第二天性,它给人的生活不断提供一种深远的意义,失去一种文化传统,将会使我们的生活失去一种意义源泉;维持一种文化传统,实际也就是维持我们有意义的生活。同时,道德传统给德性主体提供了审视道德问题的特定视角,这些视角带来的各种可能性构成了个体道德生活的重要内容。

现代自由主义把个体设定为不具有任何必然社会历史内容和必然社会历史身份的"民主化的自我",这种"民主化的自我"没有历史,也没有传统,麦金太尔称其是"没有历史的自我"[②]。他的存在只是具有偶然的社会特征,个体成为什么样的人,完全是他自己个人选

---

① ［美］西尔斯:《论传统》,上海人民出版社1991年版,第273—274页。

② ［美］麦金太尔:《德性之后》,龚群等译,中国社会科学出版社1995年版,第278页。

择的结果。这种自由主义的个体总是力图把自己与自己的过去切断，这是一种分裂的自我。这种分裂的自我不能理解德性的整体特质及其历史根源，他的道德生活缺乏历史维度，是破碎的。这种自由主义的个体不可能成为德性的承担者，他无法拥有和践履德性。

在现代社会，道德文化传统资源的匮乏已经成为个体道德能力不断下降和社会道德实践效果欠佳的重要原因之一。传统道德资源是人类生活意义的重要源泉之一，失去一种传统道德资源，将会使我们的生活失去一种意义的源泉。道德文化资源的匮乏与道德实践及其能力的降低是相辅相成的。现代社会和现代人似乎都患有一种道德遗忘症。缺乏足够的道德文化资源，使人们丧失了基本的道德回忆和道德记忆，进而使人们丧失了道德的敏感性和道德情感，导致人们对现实生活中的道德问题变得十分迟钝和冷漠，而道德敏感性正是人形成其道德意识的心理情感基础。麦金太尔认为，现代西方社会由于摒弃了亚里士多德主义伦理传统，阉割了西方古典伦理思想中有价值的道德文化传统，从而引发了各种现代道德困境，如不同道德主张的争论不休、德性在社会生活中的边缘化、个体心灵的“无家感”等。在麦金太尔看来，克服这种困境的根本途径在于，立足于前现代伦理传统，尤其是亚里士多德德性伦理传统，借此复兴德性在现代社会生活中的中心地位。中国具有悠久的道德传统，但在历史发展的不同时期的政治或文化运动，尤其是新中国成立以来的历次政治运动，对传统道德的激烈批判往往是“破”有余而“立”不足，产生了程度不等的文化传统虚无主义现象。道德文化传统的丧失是造成我国目前道德困境的重要原因之一。

（二）传统德性资源的现代转换

传统德性思想形成、发展以及发挥其作用所依赖的社会结构与社会体制，或者是城邦本位的，或者是家族本位的，或者是教团本位的；其所依赖的经济基础，或者是小商品经济，或者是小农经济，或者是庄园经济；其所依赖的文化土壤，或者是城邦公民文化，或者是农耕文化,或者是宗教文化。这样的社会结构、经济基础和文化土壤在现代社会已不具有普遍性或主导性。这就意味着,要使传统美德所蕴含的道德原理和道德智慧在现代社会生活中发挥作用和产生“效益”,使它成为滋养和培育现代个体德性的思想沃土,就必须根据现代社会及其发展的客观要求,对传统美德进行创造性的现代转换。

这种转换涉及的问题是多方面的和复杂的,大致说来主要有以下问题:一是传统美德何以要转换,即它实现其现代转换的必要性问题;二是传统美德能否转换,即它实现其现代转换的可能性问题;三是传统美德向哪里转换,即它的现代转换的指向问题;四是传统美德如何转换,即它的现代转换的方式问题;等等。前两个问题是不言而喻的,传统美德现代转换的必要性和可能性,一如上述,根源于现代与传统之间的内在关联性。对我们来说,更重要的是后两个问题,它们更为切实地涉及传统美德的基本内容、伦理精神及其在现代社会生活中的实现方式等问题。

传统德性思想具有二重性,它一方面反映了传统社会发展的客观要求,适应了当时经济社会生活的需要,具有特殊的针对性和鲜明的时代性;但另一方面,它又是对人类道德生活经验的总结和概括,包含着丰富而深邃的道德原理和道德智慧,具有普遍的道德启迪意义和现实借鉴意义。所以,传统道德与现代社会的关联需要中介环节,传统道德对现代社会生活的实际影响程度取决于其现代转化的程度。这就是说,“道德传统,与其认为是生产性的,不如说是提供了一种可能;与其说是冒险的,不如认为是防御、保守的;与其认为它是直接在某一目标指导下的,不如说是调节性的”①。如何从具有特殊性和时代性的传统德性资源中“推出”具有普遍启迪意义和现实借鉴意义的新思想,这中间需要进行一种创造性的转换。比如,传统

① [美]约翰·凯科斯:《为保守主义辩护》,应奇等译,江苏人民出版社2003年版,第125页。

儒家的个体心性美德伦理为现代人自身德性生活的改善和内在精神的追求提供了一种丰富的道德资源，但是，只有将这种个体心性美德转化为一种现代公民美德，才有可能使它在现代社会生活中发挥更大的作用。再比如，宗教也是现代德性养成与发展的重要道德文化资源。宗教是一种最为典型的“信念或信仰伦理”，它提供了一种纯粹理想或终极目的层面上的道德精神资源。宗教在很大程度上“帮助了个人的道德训练”[①]。作为一种文化现象，宗教本身在人类文化生活中以其独特的方式发挥着“原初道德”的功能。从一般宗教的构成要素来看，任何一种健全的宗教体系本身都包含着极强的道德理念或道德要素。在这个意义上，我们甚至可以说，宗教是道德的文化母体。“每一种宗教的基本特性实质上就在于它构成了一套道德规范。从历史上看，世界上的宗教构成了伦理道德的法则和惯例的丰富源泉。”因而，“宗教在它得以形成的社会中已经成为铸造道德价值的有力工具”[②]。但如何使宗教在现代人的道德修养和现代社会道德秩序的建构中发挥其正面的、积极的“信念伦理”的功能，有待于对宗教的内容和形式进行创造性转换。

传统德性资源的现代转换大体上受两方面因素的制约，一方面，经济发展及其结构演变对转换的内容和形式起着最终的决定作用。虽然“经济在这里并不重新创造出任何东西，但是它决定着现有思想材料的改变和进一步发展的方式”[③]。另一方面，这种转换又总是从已有的思想材料出发，形成一个相对独立的、前后相继的连续转换过程。由于这两点，转换的基本形式就有两种，一是“破旧立新”形式，一是“推陈出新”形式。前者表现了经济社会变革引发思想观念转换的事实，后者表现了思想观念转换的相对独立性的事实。“破

① ［德］包尔生：《伦理学体系》，何怀宏、廖申白译，中国社会科学出版社1988年版，第358页。

② ［美］罗斯特：《黄金法则》，赵稀方译，华夏出版社2000年版，第5、7页。

③ 《马克思恩格斯文集》第10卷，人民出版社2009年版，第600页。

旧立新”是“破中立”与“立中破”的统一,它本质上不是转换的问题,而是替代的问题。因而,从严格意义上说,“推陈出新”才是一个转换的问题。

“推陈出新”是“推陈”与“出新”的统一,“推陈”是前提和基础,“出新”是目的和归宿。“推陈”就是以历史主义的态度和历史叙述的方式,探明传统德性思想的基本内容、基本原则和基本精神,挑明传统德性思想的历史合理性和历史价值;“出新”就是以现代主义的态度和现代诠释方式,挖掘传统德性思想中具有普遍意义和现代意义的道德观念、道德规范和道德智慧,确立传统德性思想的现代合理性与当代社会价值。作为一种转换形式,“推陈出新”的本质要求就是,对于传统德性思想“必须从它的本来意义上‘扬弃’它,就是说,要批判地消灭它的形式,但是要救出通过这个形式获得的新内容”①。

从方法论意义上说,作为一种创造性的转化形式,“推陈出新”既要求对传统德性资源进行叙述式历史表达,更要求对传统德性资源进行评判式的现代诠释,在合理形态上把历史叙述方式与现代诠释方式有机地结合起来。当代美国著名教育专家、曾在里根和老布什两届政府中任要职的威廉·贝内特(William J. Bennett)曾主持编写了一部风靡全球的著作《美德书》,这是一部由诸多文化传统中的美德故事和美德箴言编辑而成的家教式道德教科书。贝内特在“序言”中指出,该书旨在帮助人们自觉地进行使人“心智向善”的道德训练,培养人们的道德情感和道德敏感性。在这本书中,贝内特没有构造高深的道德理论体系,也没有用僵硬的教条式语言和意识形态化的道德话语来宣讲某种道德原则。他只是选择了“同情”“责任”“友谊”“工作”“勇气”“毅力”“诚实”“忠诚”和“自律”等九种他认为对现代人来说最为基本的美德,以人们所喜闻乐见的小故事、小情

① 《马克思恩格斯文集》第4卷,人民出版社2009年版,第276页。

节、小诗歌的形式，来叙述人类生活中所蕴含着的上述美德。美德故事的叙述的确不如理论家的“道德推理”来得严密、系统、全面和深刻，但却能够比“道德推理”来得更直截了当、更简明易懂、更亲切可心。道德的知识最终要靠人们的道德生活体验和体悟。美德故事的叙述是人们倾听和吸纳传统道德思想的必不可少的途径之一。

当然，我们也不能赞同麦金太尔那种极力夸大通过历史叙述方式来维系道德传统的主张。事实上，任何对传统道德资源的历史叙述都或多或少地受到叙述主体的价值观念的影响，而且，任何历史叙述的目的都在于解读传统道德资源对于现代社会和现代道德生活的价值和意义，这决定了历史叙述本身同时又是一种对传统道德资源的现代诠释。所以，对传统道德资源的现代诠释是更为基本和更为重要的方法。对传统道德资源的现代诠释，就是以现代哲学诠释学的方式，重新梳理、解释和阐发传统道德思想的基本概念、基本原理和基本理念，并赋予它们一种现代意义，使其获得人们的普遍认可，具有广泛的社会可接受性。这种现代诠释是以现代社会生活的特征及其客观要求为根据，在多元文化传统的交融和对话中进行的。

五、德性教化的现代方略

德性的养成不仅仅是个人灵魂在自己生活实践中的自我反省与自我磨炼，更重要的是社会生活实践对于个体灵魂的引导和教化。如何在社会生活实践中形成一种能够真正培育和锻炼个体德性的教化实践，如何引导个体形成对道德生活和道德原理的正确理解与准确判断的能力，如何把一般的德性原则恰当地运用到道德生活的特殊情境中去，这些都是在道德生活实践中个体德性养成与发展所面临的突出问题。

(一)现代德性教化的必要性与可能性

在伦理思想史上,对德性教化的必要性及可能性的理解和认识是与特定的人性预设相关联的。从理论上看,人性恶预设,如中国古代的法家伦理思想、西方中世纪的基督伦理等,更多地认肯了德性教化的必要性,但人性恶预设本身必然会更多地否定德性教化的可能性,或者把德性教化理解为一种律法主义的“训诫”或“规训”活动。人性善预设有力地维护了德性教化的可能性,但人性善预设本身可能使德性教化面临一个悖论[①]:一方面,追求德性意味着对善的向往,它在逻辑上以主体已经具有某种德性为前提,如果主体缺乏善的德性,他就不可能将善确立为自己追求的目标;另一方面,既然主体已经具有德性,那么,德性教化似乎就是多余的和不必要的。

在前现代社会,德性伦理是伦理理论的主导形态,美德追求是人们道德生活的中心目标之一,德性主义的“人治”模式是社会治理的主导模式。在这种社会背景下,道德教化具有强烈的社会需求和深厚的社会基础,道德教化是不言而喻的。苏格拉底提出“美德即知识”的命题,蕴含着德性可教的思想。在苏格拉底看来,没有人愿意追求恶,作恶是由于人对善的无知,道德的真知是一种智慧,一个拥有真正知识的人,他的灵魂一定会将他引向正确的行动。一个人拥有善的灵魂,就不会做出不道德的事。德性的可教性根源于知识的可教性。但是,苏格拉底又认为,德性教化本质上是人的一种自我反思。因为,一切知识都根源于理性,都是人的精神本身具有的,德性是一种普遍的善,它源于精神自身。对普遍的善的认识以及人的德性的获得,都是人在自己的精神的主观性中、在生活实践本身中实现的,是人的自我教化。德性的可传达性是在人的自我教化中实现的,德性之教也是在人的自我追求中达成的。德性不是通过固定的方法

① 参阅杨荣国:《伦理与存在——道德哲学研究》,上海人民出版社 2002 年版,第 161 页。

由一些人“交给”另一些人，它滋生于每个人灵魂的深处，需要道德主体通过“无知的觉悟”才能彻底领悟。由此，苏格拉底的方法是“对话辩证法”，是助产术，帮助孕育于精神自身中的理性、知识、德性等从精神本身中出世和生长。因而，从反对诡辩论者用灌输主观臆见的方式传授道德的立场出发，苏格拉底又得出了“德是不可教”的结论。

在现代社会，德性教化是否必要、有否可能、如何可能？不少学者对现代教化的必要性与可能性持怀疑甚至否定的态度。他们认为，教化可能降低伦理学的纯科学性质，使其从知识变为说教；同时，现代社会以制度为本，道德教化难以有大的社会效果；还有，在人类历史上对人进行普遍教化的成功例子尚不多见。叔本华说：“德性和天才一样，都不是可以教得会的。概念对于德性是不生发的，只能作工具用；概念对于艺术也是如此。因此，我们如果期待我们的那些道德制度和伦理学来唤起有美德的人、高尚的人和圣者，或是期待我们的各种美学来唤起诗人、雕刻家和音乐家，那我们就太傻了。”[①]现代自由主义伦理学在德性问题上持“自由放任”立场，反对“同一化”地处理人性教化和人的优秀问题，反对灌输与传道，重视个体自我的自由决定权利。在自由主义者看来，只能谈人的行动的合法的外在界限和人的幸福的外在条件，至于人的内心生活以及每个人想成为什么样的人，则是每个人自己的事情，应该由个人自己去抉择和建构。

但大多数学者对在现代社会实施德性教化持肯定态度。康德根据“实践理性”原则，从形上角度论证了在现代社会实施德性教化的可能性。在康德看来，作为实践理性的拥有者，人在超越纯粹自然存在之上的领域能够自由地设计和建构自己。人的这种基于实践理性

① ［德］叔本华：《作为意志和表象的世界》，石冲白译，商务印书馆1982年版，第372页。

的自由本性，提供了人作为道德承担者践履道德原则，并通过道德行动而实现德性的自我教化的可能性。德性的追求是在自由和自律中自我教化的，这种教化为实践理性所指导，并使实践理性在生活中达到了自我实现。同时，实践理性为道德教化提供了可能的基础，道德教化从实践理性为自身所给出的德性的意志自由出发，沿着实践理性所开辟的道德的自我立法的方向而进行。这种道德教化是出于实践理性的，是自我给出的，是以自律为基础的，因而是本己的。

在一般意义上可以把"好"分为两阶，即生活上的一阶之好与道德上的二阶之好[①]。人的一切本能欲望、思想精神等的追求都是生活的内容，即孟子说的"可欲之谓善"(《孟子·离娄上》)，一切值得人追求的东西都是"好"东西。生活上的一阶之好不需要"教"，但道德上的二阶之好需要"教"，正如孔子所言的："吾未见好德如好色者。"(《论语·子罕》)道德上的"好"是在如何追求生活之好的过程中才产生的，是对生活之好的某种操作。对于个人幸福和社会良序来说，对生活之好的操作即道德教化都是必要的和必需的。在现代社会，一个有自由、有权利选择自己的道德价值观和追求自己的幸福生活的人，他也有义务、有责任把自己的这种选择和追求与社会整体的美好生活联结起来。在现代社会，这种道德上的"好"能否被普遍地教化和正当地强制推行？对此持肯定态度的学者提出了两个论据[②]：一是"防止分裂"的理据。道德是社会的黏合剂，没有道德的约束，人们无法凝聚成社会，强制性地推行道德上的"好"可以有效地防止社会的分裂。社会去强制推行普遍层次的道德是正义的。二是"道德是善"的理据。由于大多数人都相信道德是善的，因而人们便有权利更有义务服从自己的这一道德信念，接受道德教化并参与教

---

① 参阅包利民：《生命与逻各斯——希腊伦理思想史论》，东方出版社 1996 年版，第 7—14 页。

② 参阅［美］约翰·凯克斯：《为保守主义辩护》，应奇等译，江苏人民出版社 2003 年版，第 96—120 页。

化实践。

(二)现代德性教化的根本宗旨:培养能够从事道德探索的人

"教化"概念常常在多种意义上被理解和使用。黑格尔认为,教化是人的心灵、精神"从个别性向普遍性的提升";席勒(Johann Chriatoph Friedrich von Schiller,1759—1805)认为,教化就是"人的心灵诸能力的协调";伽达默尔以"教化"概念抗拒自然科学中的公理和可公度性标准对人文科学的僭越,认为,教化所关注的是那些用科学方法不能加以证实的真理借以显露自身的方式,教化是一个永不停止的过程,它把精神转变的结果描述为转变过程本身;雅斯贝斯(Karl Jaspers,1883—1969)认为,"教化是生活的一种形式,其支柱乃是精神之修养和思想的能力,其范围乃是一种成系统的认识"[①]。就一般伦理意义而言,德性教化的宗旨在于,心灵境界的不断升华和道德能力的不断提高。

人是一个对自身能够进行理性探询的、具有自我反省属性的存在物,凭借这种向自身进行探询的理性能力,人对自己的灵魂不断进行拷问。通过这种灵魂的拷问,人提升自己灵魂的境界,使自己成为道德的人。人的德性就包含在这种不断反复的理性探询和自我反省之中。柏拉图认为,教化的目的就是使个人的灵魂形成一种内在秩序(即正义),提高个人对灵魂的自我理解、自我治理和自我更新的能力,它最终导向心灵的健康。亚里士多德认为,道德教化的目的就是为了使人在生活中有合理的判断和合理的行动,也就是形成实践智慧和德性相融合的实践品格,"没有接受美德教育恰恰就是还不能对什么于自己是善的或是最善的作出正确判断的真正原因"[②]。在康德看来,德性教化以尊重个人的自由和自律为基点,以确立人的

① [德]卡尔·雅斯贝斯:《时代的精神状况》,王德峰译,上海译文出版社1997年版,第106页。

② [美]麦金太尔:《谁之正义?何种合理性?》,万俊人等译,当代中国出版社1996年版,第156页。

自由意志和道德决断能力为目的。教化在本质上是非质料的,不是把一些外在的道德规范灌输给人。强行灌输道德规范违背了实践理性的自由意志的要求,是把人作为道德的容器来填塞,人成为了实现某种伦理目的的工具。教化应该是形式的,它尊重并引导人的意志自由,使人能够善于运用自己的理性,能够自我立法,意识到并勇于承担自己的道德责任。

在现代社会,道德教化中的唯科学主义(技术意识形态化)倾向严重。人们拥有的关于道德的抽象概念和知识体系越来越多,许多人企图把道德教化完全奠基于心理学等具体学科之上,希望借助强大的道德逻辑推理能力,把道德教化等同于道德知识的纯粹灌输。道德教化的总体目标变成了这样的,即寻求道德的本质,建构完美的道德,塑造完美的人性,建构完美的社会。这种道德教化谋求总体性的道德生活,追寻宏大的道德理想,向往至善的社会,希望纯洁的人性。同时,现代道德教化也被不同程度地政治意识形态化。人们企图借助政治权力和思想控制进行教化,这产生了普遍的道德压制现象。教化的意识形态化,实质上是教化与权力的一体化,是权力统摄教化,或者是教化扩张为权力,企图实现一种“无我”的道德教化目的。其结果是,教化演变为“教训”,“无我”演变为道德冷漠。冯契先生指出:“有一种流行观点,认为德育就是进行政治思想教育,而政治思想教育要服从于政策,可是政策又是经常在变。这怎么能从道德上培养人?政策老变,思想教育今天这样讲,明天那样讲,结果只能培养随风倒的人。这对道德伦理是破坏。”①由于道德教化领域中技术意识形态化和政治意识形态化的影响,“在今天,教化的表现形式,要么是一种未被理解的、淡而无味的饶舌(在这种饶舌中,你可以随意使用任何词语),要么就是那取代了现实的长篇大论,一种

① 冯契:《人的自由和真善美》,华东师范大学出版社1996年版,第235页。

纯粹的演说时髦"①。道德教化领域存在的技术化、权力化和意识形态化倾向，无视个体的正当利益和道德权利，否定了个体在道德生活中的自主与自由，抑制了个体的道德判断能力和道德选择能力，使道德教化变成了纯粹的、强制性的道德灌输，变成了操纵和控制个体的工具，结果是"教"而不"化"。

包尔生认为，人们接受教育的过程，就是"一个把各种各样的（知识）材料按照内在形式原则来接受和吸收的过程"。如果一个人的内在生命能够与他接受教育的过程一致地、和谐地发展，如果一个人能够"把他在学校和社会获得的任何见解和经验都已经消化并转化为有机的东西和活的力量，那么他就是一个受过良好教育的人"。但是，在现代社会，教育很容易演变成一种"没有内在形式的（知识）质料"的纯粹灌输，这种教育或者表现为一种产生"半文化"的"半教育"，或者表现为一种产生"过度知识"的"过度教育"。"半教育的意思是占有各种各样的知识但是没有把它们消化并转化为一种活的力量"，"半文化"则"意味着尚未完成的文化，在这里材料已被接受，但是还没有被消化和转化为一种有机的力量，因而作为未被消化的东西，作为重压在有机生命之上的外来物存在于记忆之中"。"过度教育"则意味着给人们灌输了"过度知识"，使"很多人学了很多不适合于他们的能力和爱好的知识"，"过度教育不仅使头脑愚笨，而且使心胸狭隘"。"半教育""过度教育"都是"假教育"，都是"灵魂的退化"的标志②。

现代教化本质上是一种在尊重人性的基础上"修身养性"的生活形式。"修身"即调节个人需求结构，提升个人需求层次，修炼个人内在灵魂；"养性"即养育道德理性、道德情感和道德意志。其目

① ［德］卡尔·雅斯贝斯：《时代的精神状况》，王德峰译，上海译文出版社1997年版，第110页。

② 参阅［德］包尔生：《伦理学体系》，何怀宏、廖申白译，中国社会科学出版社1988年版，第469—477页。

的是使人提升自己的精神境界和获得探询现代道德生活和道德原理的能力,获得道德自律和道德自由。道德原则或准则的纯粹灌输、外在的约束或惩罚都是与道德教化相悖的,它们否定了人的理性探询和自我反思的权利,从根本上说是否定了人格自由本身。德性教化实质上是个体主观世界的一种自我改造,这种改造既不能相互代替,也不能相互转让,它始终属于改造者个人所有。现代教化的基本目标是,提升个体的心灵境界和成就个体的完善人格,使个体养成"做人"的德性品质,使他们成为"人",而不是成为"兽"或者"神"。柏杨1962年在《君子与小人》一文中指出,道德教化的目标"最好能简化一点,把人培养成一个人,不要培养成一条猪,不要培养成一条狗,也不要培养成一条狼,更不要培养成一个圣人。一旦想当圣人,或是被人希望当圣人,那就非花样百出不可",其结果只能是"不是君子就是小人"①。

现代教化更为重要的目标是,培养能够从事道德探索的人,培育个体理性的、自主性的道德判断能力和道德选择能力。现代生活的价值和意义带有越来越多的"个性化"色彩,价值冲突、道德冲突等更为广泛而复杂;人们对道德原则和道德规范的合理性与合法性本身提出了更高的要求,道德对于现实社会生活的批判功能更加突出;道德教育中的"技术意识形态化"和"政治意识形态化"现象仍不同程度地存在。凡此种种都表明,在现代社会,个体面临的道德决疑境遇和道德选择机会越来越多,一个人仅仅凭依"高尚的灵魂"是不足以应付自己所可能面临的复杂的道德问题的。

(三)现代德性教化的关键环节:实践教化

德性教化是一个复杂的过程,其基本环节包括,道德认知能力的提高,道德情感的陶冶,道德意志的锻炼,等等。根据马克思的实践认识论思想,借鉴黑格尔的教化观点,可以一般地把道德教化过程划

---

① 转引自何宗思:《中国人格病态批判》,中国社会出版社2003年版,第91页。

分为理论的教化过程与实践的教化过程两大阶段。与此对应，教化的基本类型也可以分为两类，即理论教化与实践教化。

理论教化“是在多种多样有兴趣的规定和对象上发展起来的，它不仅在于获得各种各样的观念和知识，而且在于使思想灵活敏捷，能从一个观念过渡到另一个观念，以及把握复杂的和普遍的关系等等。这是一般的理智教育”。实践教化是“从自我自身开始”的，就是说通过做一件事把自己的心智能力、意志集中在这件事上，并努力把它做成，也就是意志特定化自身。实践教化“首先在于使做事的需要和一般的勤劳习惯自然地产生；其次，在于限制人的活动，即一方面使其活动适应物质的性质，另一方面，而且是主要的，使其能适应别人的任性；最后，在于通过这种训练而产生客观活动的习惯和普遍有效的技能的习惯”①。

如果说理论教化侧重于“教”，那么，实践教化则可以说是侧重于“化”。“教”即传授道德原理和道德准则，进行道德说教；“化”就是把“教”融化于其中而又不见其踪，心灵起了变化而又无迹可寻。也就是，把一般的道德原理与道德准则融化于道德生活之中，并在这种融化的过程中提升人的道德能力和道德境界。正如冯契先生所说：“一切价值的创造都要出于自然而归于自然。出于自然是说一定要根据现实的可能性和人的需要。客观现实提供了现实的可能性，而人根据人的本性有某种需要，二者结合起来，这是自然的要求。归于自然是说最后要道德习惯成自然，经过人的创造活动，人的才能、智慧和德性仿佛就是人的天性所固有的。”②“教”而不“化”则不如不“教”，应该是“教”中有“化”，“化”中施“教”。道德教化是一个“教”与“化”互为前提、彼此融通的“潜移默化”过程。

① ［德］黑格尔：《法哲学原理》，范扬、张企泰译，商务印书馆1961年版，第209、13、209页。

② 冯契：《人的自由和真善美》，华东师范大学出版社1996年版，第312页。

但是，诚如前文所述，在很长一段时期，甚至直到目前，我们把德性教化演绎成了单纯的道德理论教化，进而又把理论教化演绎成道德原理和道德规范的纯粹灌输，使德性教化变成了一种"淡而无味的饶舌"或"纯粹的演说时髦"。这种道德说教虽然也可以帮助人们抵御一定的诱惑，防止一些不道德行为，但它常常达不到教化的根本目的。面对当今这个变化多端的世界，面对个人经常遭遇的新问题和新挑战，这种道德说教往往是无力的并很容易崩溃。导致这种情形的根本原因在于，这种道德说教脱离了个体的现实生活世界，缺乏"实践教化"的环节。

德性与实践是一体两面的关系，德性是人的一种实践性的品质，"一个人若不喜欢公正地做事情就没有人称他是公正的人；一个人若不喜欢慷慨的事情就没有人称他慷慨，其他德性亦可类推"。"我们通过做公正的事成为公正的人，通过节制成为节制的人，通过做事勇敢成为勇敢的人。"[①]亚里士多德针对柏拉图"美德即知识"的观点指出，知识对于美德的形成来说是必要的，但美德与知识不是一回事，有知识的人并不一定去做具有美德的事情。基于这一认识，亚里士多德把德性分为两类，即理智德性和伦理德性。他认为，没有一种伦理德性是自然生成的，而是通过习惯才达到的。一个人要形成美德，不仅要有关于美德的知识，而且必须在实践中反复训练和培育。他特别强调实践活动对于德性的重要性。在亚里士多德看来，人的德性的形成有三种力量在起作用，即天赋、习惯和理性。从实践意义看，德性的形成过程是一个"习惯—德性—习惯"不断循环往复的过程。"习惯"的引入把德性的养成带到了人的现实生活之中，德性由此成为一种获得性品质，其"获得"必须放到人的现实生活中才能准确把握和理解。皮亚杰（Jean Piaget，1896—1980）提出"发生认识

① ［古希腊］亚里士多德：《尼各马可伦理学》，廖申白译注，商务印书馆2003年版，第23—24、36页。

论”,米德(Mead)提出“符号互动理论”,哈贝马斯提出“商谈伦理学”,科尔伯格提出道德发展阶段理论,等等,他们都旨在超越“道德灌输说”,企图从主体间的互动和相互作用、个体的角色扮演、公共理性和公共精神的建构、个体道德认知发展的内在机理等实践性角度,阐明道德教化的机制问题。

实践教化体现了德性主体的精神自由,也体现了人与人之间在道德上的人格平等,它更符合现代社会发展对于道德教化的基本要求。纯粹的道德说教是以人们之间的不平等为前提的,它把人分为两部分,一部分是教育者,是道德高尚者;另一部分是被教育者,是道德欠缺者或道德低劣者。这种划分是先验的,其结果也是有目共睹的。面对目前道德教育由于偏重于道德说教而效果欠佳的状况,许多学者指出,解决问题的关键不是先“救救孩子(被教育者)”,而是要先“救救成人(教育者)”;不是仅仅“从孩子抓起”,也要“从成人抓起”。马克思认为,“教育者本人一定是受教育的”,真正的道德教育应该是人们之间的“相互教育”[①]。这种“相互教育”是以人们之间的人格平等和精神自由为前提的,只有当人与人之间的关系表现为一种主体间的关系时,这种关系才称得上是相互关系。因为主体间的关系是双向的和互动的,而主体与客体的关系是一种单向的主动与被动的关系。人们相互间对彼此主体身份的认同,也就是对彼此人格平等和精神自由的相互认同。这种认同只有在自由和平等的实践生活交往过程中才能形成。在实践交往中,人与人在精神上和物质上彼此创造着,交往就是人对人的加工。在这种“加工”中,个体彼此间的相互认同和相互理解得到实现,思想观念、情感等的共同性得到展示,个体的品质和能力得到集中提升和扩展。如果说“宗教源出于人类分享共同悟性的深切需要,它不是‘灵魂工程师’所能

① 《马克思恩格斯全集》第1卷,人民出版社1995年版,第217页。

制造的”①,那么,道德何尝不是更如此呢?我们不需要宗教教化,但我们需要一种“似宗教式”的实践教化。

实践教化就是人们在实践交往和生活交往过程中的“相互教育”,就是人与人之间的“相互教化”。只有通过这种“相互教化”,人们才能真正提炼、体悟和改进生活中的道德原理和道德规范,才能把一般的道德原理和道德规范真正“化”为个体自己的道德智慧和道德能力。伽达默尔指出:“我们学习一种技艺——并且也能够忘记这种技艺。但是我们并不学习道德知识,并且不能忘记道德知识。我们并不是这样地立于道德知识的对面,以至我们能够吸收它或不吸收它,有如我们能够选取或不选取一种实际能力或技艺一样。我们其实总是已经处于那种应当行动的人的情况中(这里不考虑儿童的情况),并且因此也总是必须已经具有和能够应用道德知识。”②道德知识并非那种“科学的”或“可编码化的(codification)”知识类型,而是一种地道的“非科学的知识(non-scientific knowledge)”或“意会性的知识(tacit knowing)”。道德知识从根本上说不可能靠道德推理获取和证明,它需要形象,需要感性,需要真实的道德生活经验的见证。道德教化取决于人们对道德生活的亲自体验和切身体认,通过人际的情感交流和心灵感动来提升个人的道德情感和心灵境界。

实践教化的过程也就是冯契先生说的“理论化为德性的过程”,这个过程表现为“理论—理想—信念—习惯—德性”。也就是说,一般的道德理论要指导人生,就不能是一种单纯的概念结构,它必须取得理想的形态;同时要进一步使理想成为信念;最后还要乐于从事,

---

① [美]丹尼尔·贝尔:《资本主义文化矛盾》,赵一凡等译,三联书店1989年版,第40页。

② [德]伽达默尔:《真理与方法》上卷,洪汉鼎译,上海译文出版社1993年版,第407页。

习之既久，习惯就可以成为自然，真正形成自己的德性[①]。从这个意义上说，“化”或实践教化是现代教化的关键环节。

① 参阅冯契：《人的自由和真善美》，华东师范大学出版社 1996 年版，第 322—324 页。

第五章
德性重建的人格基础与人格保障
——现代道德困境的主体消解

社会实践、社会生活、文化传统及其制度性安排，为个体德性的存在与践履提供了一个相对稳定的客观平台。但这种制度性安排的有效运行不仅取决于制度性安排本身的相对公正，更取决于社会成员对这种制度性安排的认同、敬重与遵从，取决于社会成员在社会实践和社会生活过程中的内在精神状况。尼布尔看到了"道德的人与不道德的社会"之间的矛盾，但他没有看到"道德的社会与不道德的人"之间的矛盾。"对于没有音乐感的耳朵说来，最美的音乐也毫无意义。"进一步看，社会及其制度性安排的公正，只是一种基本公正，它们不可能是完满无缺的。社会实践与社会生活及其制度性安排，都是由人来运作的，"如果它们是好的，那是它们被创造得好；如果它们是坏的，那是因为它们的创造者把它们创造成这样。……人类无疑有足够的可塑性从而可以受到政治安排的影响，但是这种可塑性并没有足够到不需要内在倾向就会使他们接受好的和坏的影响"[1]。因此,我们总是还要做"人的工作,那是永远不能少的"[2]。

一、现代德性主体的人格取向:主体性道德人格

(一)主体性道德人格的基本特征

"人格泛指人之为人的规格、人的做人的资格。由于不同的学科对于人是什么有不同的理解,对于做人的资格有不同的要求,因此便有了道德人格、心理人格、法律人格等不同的人格规定。在马克思的哲学中,真正的人是从事现实活动的人,是历史中行动的人,也就是作为活动主体的人。人格也就是人作为活动主体的资格。所谓道德人格、心理人格、法律人格,不过是哲学人格在人的不同活动领域中的具体表现。"[3]"道德人格"就是个体作为道德活动主体的资格,这种资格是由个体特定的道德认识、道德情感、道德意志、道德信念和道德习惯等因素决定的,这些因素的有机统一构成个体的道德人格;这些因素的性质及它们统一的程度,决定着道德人格的性质和高低;作为人格在道德上的规定,"道德人格"并不包含价值判断,它只是人格的现实存在形式之一。"主体性道德人格"就是具有主体性特征的道德人格,这个概念具有鲜明的价值判断意蕴,与之对立的概念是"依附性道德人格"或"奴性道德人格"等。

从类意义上看,人和主体是一致的,人的形成即主体的形成,从而"人格是人作为主体的资格,也是人作为人的资格。人和人之间在人格上应当是平等的"。但是,"对于人类的每一个体来说,人和主体是不同的。有的人表现了主体性,具有人格,有的人没有主体

① [美]约翰·凯克斯:《为保守主义辩护》,应奇等译,江苏人民出版社2003年版,第93页。

② 《邓小平文选》第3卷,人民出版社1993年版,第89页。

③ 袁贵仁:《马克思的人学思想》,北京师范大学出版社1996年版,第126页。

性,丧失了人格。所以,人和人在人格上是有所不同的"[1]。作为对道德人格的一种价值规定,"主体性道德人格"是人们希望和追求的一种能够保证人在道德活动中的主体资格、主体地位和主体作用的道德人格,可以说它是一种理想道德人格,需要人们自觉地培育、塑造和建构。这种"主体性道德人格"具有以下基本特征。

其一,道德人格的完整性。主体性道德人格强调个体必须在道德认识、道德情感、道德意志、道德信念和道德习惯等方面都获得发展,并且能够将这些方面有机地统一起来,内化为自己的人格结构。它一方面否定传统的人身依附关系对个体道德人格的压制,另一方面也否定没有任何社会规定性的纯粹道德自我。主体性道德人格最终成就的是一个完整的、具有社会规定性的"道德自我"。这种"道德自我"是个体德性的实体,它包括三方面规定,一是道德参与、调节、控制下的自我;二是道德性、道德化的自我,或"道德的"自我;三是在自我人格结构中与"本我"相对立的自我,即"道德性的自我",它是在自我人格中建构的一个道德宇宙。"道德调节下的自我"是就道德的活动方式来说的,强调的是自我的道德性质;"道德化的自我"是就最后结果来说的,是道德调节所达到的完全的程度,或建立的道德人格;"道德的自我"是就过程来说的,是自我人格结构中的一部分。"道德的自我"是体,"道德调节下的自我"是用,"道德化的自我"是体与用的合一,三者的统一构成完整意义的道德自我[2]。这种道德自我的完整性不仅在于其内在构成要素的有机凝聚,而且表现为其在时间展开中的绵延同一。道德自我在形成之后,往往具有相对稳定的性质,不会随着时间的转瞬即逝而飘忽不定。

麦金太尔认为,对道德人格的"情感主义"设定是当代道德危机产生的重要根源之一。在麦金太尔看来,当代社会的道德理想或道

① 袁贵仁:《马克思的人学思想》,北京师范大学出版社1996年版,第127—128页。
② 樊浩:《伦理精神的生态价值》,中国社会科学出版社2001年版,第183页。

德价值体现在某些社会规范或社会榜样身上,但道德判断则是由不同的个人作为道德主体做出的。但个人作为道德主体,被"情感主义自我"纠缠着,这种"情感主义自我"没有任何内在规定性,不具有任何实质性的道德人格属性;对于这种自我来说,不存在任何合理的评价标准,它也坚决反对这样的标准,任何事情都可以从任何观点加以接受或批评,"这是一种没有任何既定连续性的自我"。按照这种观点,成为一个道德主体,就是能够脱离它存在于其中的任何环境,免除其拥有的任何道德人格属性,从一种纯粹普遍和抽象的观点做出道德判断。由于把道德主体置于空洞的自我之上,因而任何人都可以成为道德主体。麦金太尔称这种道德主体是"民主化的自我",这种"民主化的自我能够是任何东西,能够扮演任何角色、采纳任何观点,因为它本身什么也不是,什么目的也没有"。麦金太尔指出了一条消解这种"情感主义自我"的途径,那就是强化德性人格的内在化和整体化①。

德性的整体性使人格的内在统一成为可能,是为"一";而德行是自我德性在不同道德侧面的外在化,表现为"多"。个体具备了整体性的道德人格,就能把不同道德领域中的"多"整合为德性"一"的整体,就会在不同的道德领域,以整体性的"德性"应对万变的道德情景,游刃有余地进行和谐一致的道德判断,选择和实施道德行为,把内在的德性在各个道德领域一致地、整体化地表现出来。

其二,道德人格的自主性。这种自主性有两个尺度,"第一个尺度描述个体的客观状况、生活环境,是指相对于外部强迫和外部控制的独立、自由,自决和自己支配生活的权利与可能。第二个尺度是对主观现实而言,是指能够合理利用自己的选择权利,有明确目标和坚忍不拔的进取心。自主的人能够认识并且善于确定自己的目标,不

① 参阅[美]麦金太尔:《德性之后》,龚群等译,中国社会科学出版社 1995 年版,第 42— 43 页。

仅能够成功地控制外部环境，而且能够控制自己的冲动”①。道德自主是个体的道德意志自由与个体的道德行动自由的统一。个体的道德意志自由是主体性道德人格的内在要求和基本特征，但这种自由对主体性道德人格而言，只是形式上的特征。个体将道德抉择付诸道德实践（即行善）过程中的无阻碍状态，才是道德自由的实在内容方面。个体的道德意志自由是主体性道德人格的主观的、内在的特征，个体的道德行动自由是主体性道德人格的客观的、现实的表征。

自律是人格自主性的表现，个体的道德自律是个体从道德意志自由到道德行动自由的主体性环节。在道德行动领域，由于道德法则与行动规则、个体的道德信念与事物的客观演变过程等之间存在着差异，有时甚至表现为尖锐的矛盾，因而，在其现实性上，个体的道德意志自由并不必然会导致个体的道德行动自由。但是，当这种差异或矛盾是由不合理的或反道德的行动规则或事物的演变过程所引发时，作为“应该”的道德法则，它的存在的必要性、可能性和合理性就显现出来了。“应该”之为“应该”的力量乃在于它是道德主体自己向自己颁发的命令，并且仅当其在上述情形中被道德主体遵守时，方才显示出道德法则的合理性，以及认同和遵从这一法则的道德主体的自律性。就个体具有主体性道德人格而言，道德法则对于个体的约束性和强制性是一种“自我约束性”和“自我强制性”。

如果把道德人格的完整性理解为“体”，那么道德人格的自主性就可以理解为是道德人格完整性的作用（“用”）过程。内蕴于道德人格的各种道德因素的完整统一，赋予道德人格的自律性以自觉、自愿、自然的特点；而道德人格的自主通过在道德实践中展开于个体与社会之间的互动过程及具体境遇，使构成道德人格的各种要素获得了现实的规定。在体与用的统一中，道德人格的完整性和道德人格的自主性不断地得到了具体的确证。

① ［苏联］科恩：《自我论》，佟景韩等译，三联书店1988年版，第407页。

其三，道德人格的自为性。“人格自为性是人格自主性的逻辑延伸。自主是自为的前提，只有自主的人才可能是自为的人；自为是自主的目的，自主是为了达到和实现自为的目的。”①自为性主要体现为两方面，一是自我目的性。对于个体来说，人格与主体是一体两面的关系，“一个人只有作为社会活动主体，才具有人格；一个人只有具备了独立的人格，才能成为真正的主体”②。没有完整自主人格的人，就会自认自己是工具，或被别人视为工具。完整自主的人格使人成就自己的主体资格，提升自己的生命质量，驾驭自己的人生方向；使人实现自我价值，获得健全个性，拥有做人尊严。二是自我成全性。完整自主的人格可以使个体不断超越外在环境的局限性，在道德价值取向、道德行为调节等方面实现自作主宰、自我选择，能够在任何条件下都把自己成全为一个有道德的人，做到“见贤思齐焉，见不贤而内自省也”（《论语·里仁》）；“穷则独善其身，达则兼济天下”（《孟子·尽心上》）；等等。

（二）主体性道德人格的伦理意义

现代社会的建构、维系和发展离不开具有现代性精神气质和现代性人格类型的人，同样，现代道德生活的建构、维系与发展也离不开具有现代性道德人格的人。韦伯的《新教伦理与资本主义精神》揭示了特定的道德精神和道德人格对于现代资本主义社会（现代性社会）兴起的前提性意义；“斯密悖论”则展示了资本主义社会发展进程中社会成员所特有的精神气质和道德人格类型的内在矛盾（集中表现为利己与利他的矛盾）及其可能引发的社会实践后果；马克思通过“商品拜物教”分析了物化人格结构在资本主义社会的起源及产生的严重社会后果；尼采高喊“上帝死了”，要求以“主人道德”替代“奴隶道德”，实际上是对西方现代社会侵蚀甚至泯灭个体自由

① 袁贵仁：《教育—哲学片论》，北京师范大学出版社2002年版，第248页。

② 袁贵仁：《教育—哲学片论》，北京师范大学出版社2002年版，第244页。

道德人格的境况的抨击，呼唤一种具有主体性道德人格的新型道德主体。

“主体性道德人格”是现代德性主体形塑现代道德人格的内在要求。现代道德生活复杂多变，既有的道德原则或道德规范的合理性与合法性不断被质疑，道德对于现实社会生活的批判功能更加突出，个体面临的道德决疑境遇和道德选择机会越来越多。对于现代人来说，做一个道德的人，并不仅仅意味着服从既定的道德原则或道德规范，也不仅仅意味着拥有一个高尚的灵魂，更为重要的在于拥有一种自主的、理性的道德探究能力、道德判断能力和道德选择能力。为此，现代人必须摆脱传统的权威性人格或依附性人格，形成一种自由人格。

“主体性道德人格”是现代德性主体成就道德善行的前提条件。恩格斯说：“一个人只有在他以完全自由的意志去行动时，他才能对他的这些行为负完全的责任，而对于任何强迫人从事不道德行为的做法进行反抗，乃是道德上的义务。”①道德行为必须出于意志的自由选择，是自愿的。如果行为不是出于意志的自愿选择，而是出于外力的强迫，那就谈不上善或恶。道德行为以自由意志、独立人格为必要前提。主体性道德人格可以使个体的道德行为根植于明智的判断、高尚的灵魂、无畏的毅力、坚定的信念和良好的习惯。具有主体性道德人格的人崇尚主体自由和对价值的自主抉择，具有自主的责任意识和较高的责任能力。他不再是一个纯粹的道德伦理原则或道德行为规范的承担者，而是一个能够独立地“从事道德探究”和选择善行的人。惟有这样，他才能获得一种对道德的真切认同。这种“道德认同”意味着，“个人在行为中不仅要接受一个在一份规范目录意义上的、由各种单一、彼此孤立的规范组成的、补充性的规范集的约束，而且其个人规范也是具有内在联系的规范秩序的组成部分，

① 《马克思恩格斯文集》第4卷，人民出版社2009年版，第93页。

该规范秩序既包括了具体的和特定的行为规范，也包括了作为‘基础规范’的特定的普遍的基本原则”①。

“主体性道德人格”是现代德性主体实现人生道德价值的集中体现。人格的发展与人的自由本性的发展是一体两面的关系，因为“人格作为主体性的体现，早已被认为是同创造、精神修养和克服时间地点的限制分不开的，而无人格则总是同消极被动、不自由、心胸狭隘和没有尊严联系在一起”②。个体生命的存在方式可以是多种多样的，每个人都有各种各样的要求，这些要求可以是生理意义上的，也可以是精神意义上的。进而一定的财富、权力、地位、健康、技能、学识等各种东西对于人来说都是可贵的和可欲的。但是无论是多么强大的要求或高尚的要求，如果离开了人格的要求，便没有任何价值；只有作为人格要求的一部分或者手段时，它们方可显现出自己的价值。因此，人生价值的最高境界必须以主体性人格的实现本身为目的。

（三）主体性道德人格的塑造

人格即人的主体资格，它是人的主体性的集中表现、凝结和升华。人有了主体性，符合了主体规格，才具有主体资格和人格。提高人的主体性是提高人格的基本前提。主体性是人作为活动主体在对客体的作用过程中所表现出来的能动性、自主性和自为性。其中“能动性主要表现人的主体能力，自主性主要表现人的主体权利，自为性主要表现人的主体目的”③。从这个意义上说，提高主体能力、保障主体权利、确认主体目的（利益）等，是塑造“主体性道德人格”的基本条件。对此，我们在前文已作了详细的阐述。这里着重谈一下自由个性及其发展对于塑造主体性道德人格的重要意义。

---

① ［德］米歇尔·鲍曼：《道德的市场》，肖君等译，中国社会科学出版社2003年版，第487页。

② ［苏联］科恩：《自我论》，佟景韩等译，三联书店1988年版，第47页。

③ 袁贵仁：《教育—哲学片论》，北京师范大学出版社2002年版，第246—247页。

人格作为人的主体资格集中体现了人的主体性,人有主体性就有人格,人没有主体性也就没有人格。但是在现实社会生活中,由于主观和客观方面的原因,每个人的主体性是不同的。这种不同主体性在个体身上的表现,这种体现在个体身上不同的人格特征,就是哲学所讲的个性。因而,主体性、人格和个性是同一层次的概念,都是对活动主体的某一方面的表征,是活动主体在不同参照系中表现出来的某种特性。不同的是主体性、人格,是活动主体的共性、普遍性,而个性则是每一主体的个别性、独特性①。个性是主体性、人格在个体身上的特殊表现,是人格和主体性的个体化。人的个性的发展有利于人的主体性的提高与道德人格的完善。

人的个性的发展主要表现在两个方面:一是人的独特性的发展;二是人的自主性的发展。在马克思主义创始人看来,人的发展过程在一定意义上就是"有个性的个人"逐步代替"偶然的个人"的过程。"所谓'有个性的个人'就是社会关系、交往条件与个人相适应,个人对社会关系有自主性;所谓'偶然的个人'就是社会关系、交往条件与个人不相适应,个人对社会关系没有自主性,处于被奴役的地位。"②"有个性的个人"就是有自由人格的个人,在人类的道德世界,这种"自由的个性具有本体论的意义"③。

中国传统伦理对道德主体人格的设定具有浓厚的理想化色彩,但缺少自主、个人权利、个人自由、个人尊严等关乎主体性道德人格的实质性要素。传统儒家伦理对道德人格的设定,在形式上表现出主体性原则,它以仁要求每一个人,具有明显的"反诸自我"倾向,也就是要求人人都必须从自我内部挖掘潜力以达到仁的境界。"仁远乎哉?我欲仁,斯仁至矣"(《论语·述而》);"人能弘道,非道弘人"

---

① 袁贵仁:《马克思的人学思想》,北京师范大学出版社1996年版,第130—131页。

② 袁贵仁:《教育—哲学片论》,北京师范大学出版社2002年版,第344—345页。

③ 冯契:《人的自由和真善美》,华东师范大学出版社1996年版,第321页。

(《论语·卫灵公》);“为仁由己,而由人乎哉”(《论语·颜渊》);等等,都是这种“反诸自我”心态的表现。孟子的“大丈夫”能够做到,“居天下之广居,立天下之正位,行天下之正道,得志与民由之,不得志独行其道;富贵不能淫,贫贱不能移,威武不能屈”(《孟子·滕文公下》);能够做到“得志,泽加于民;不得志,修身见于世,穷则独善其身,达则兼济天下”(《孟子·尽心上》)。但是,传统儒家伦理对道德主体的设定是以血缘关系和宗法观念为基础的,抑制了个体的人身自由和精神自由,以群体本位消泯道德主体的个体性和主体性人格。道家伦理倡导个体本位,但它保全的是人的自然性,是“身体自我”,这种自我“以曲求全”、“处弱用柔”、“不谴是非”、“安时而处顺”等,以与世俗处,往往表现出混世扬波、随波逐流、随遇而安的“混世为主、难得糊涂”的道德虚无主义和道德滑头主义。魏晋玄学把这一点表现得淋漓尽致。所以,道家伦理用个体的自然性把道德主体非道德化了。建立在这种客体性道德人格设定之上的传统道德教化,是一种“无我”的道德教化,儒家以“毋我”为最高境界,道家以“忘我”或“丧我”为最高境界,二者最终都走向了对主体性道德人格的否定,使道德理念缺乏个体意识的内在支持,缺乏自主与自律。这种道德教化造成的是普遍的道德虚饰和道德负担,其结果往往是教化出许多不择手段的无德性的“惟我主义者”。

陈独秀认为,中国封建道德的根本弊端在于它“损坏个人独立自尊之人格”。他在1915年的《敬告青年》一文中,将“自主”列为首要的启蒙课题。鲁迅先生在谈到中国传统道德时说:“我们自己是早已布置妥帖了,有贵贱,有大小,有上下。自己被人凌虐,但也可以凌虐别人;自己被人吃,但也可以吃别人。一级一级的制驭着,不能动弹,也不想动弹了。”[①]他把树立自由意志、张扬个性人格作为拯救国民性的第一步:“其首在立人,人立而后凡事举;若其道术,乃必尊

① 鲁迅:《灯下漫笔》,《鲁迅全集》第一卷,人民文学出版社2005年版,第227页。

个性而张精神。"[①]针对传统道德人格的过度理想化色彩,冯契先生也指出:"我们所要培养的新人是一种平民化的自由人格,并不要求培养全智全能的圣人,也不承认有终极意义的觉悟和绝对意义的自由","这样的人格也体现类的本质和历史的联系,但是首先要求成为自由的个性"[②]。

在现代社会,尤其是在当代中国社会,个体"自由的个性"的确立,需要实现整个社会结构从"身份社会"或"人治社会"向"契约社会"或"法治社会"的转型。社会结构的这种转型意味着,个体身份从"臣民"向"公民"的转换。个体获得"公民"身份,意味着个体之间的关系进入一种普遍主义的价值框架之中,即自由、平等、独立。"公民"概念意味着,国家对个体以及个体相互间的经济地位、政治地位、文化地位的确认。因而,"公民身份是平等的表述"[③]。同时,"公民"概念是由一套权利体系构成的,象征着政治国家对其成员的权利配置。因而,公民身份意味着权利。还有,人们一旦使用"公民"概念,就表明他们已开始对自身的地位、价值、权利等具有了自觉的认肯和追求。国家或法律规定的权利具有个别性、具体性,它只有相对于具体的、独立的公民个体才有实际的价值。离开独立的公民个体,所谓公民权利毫无意义。公民概念塑造了现代社会中个体的独立人格,使个体获得了自主与独立。因而,公民身份意味着公民个体的独立地位。

---

① 鲁迅:《文化偏至论》,《鲁迅全集》第一卷,人民文学出版社 2005 年版,第 58 页。

② 冯契:《人的自由和真善美》,华东师范大学出版社 1996 年版,第 309、320 页。

③ [英]爱德华·希尔斯:《市民社会的美德》,载邓正来等:《国家与市民社会》,中央编译出版社 2002 年版,第 13 页。

二、现代德性主体的精神凭依:道德信仰

德性养成离不开法律支持、政策导向和制度保障,但更离不开人们发自内心的道德自觉和道德自愿。只有当基本的道德原则和道德规范真正内化为个体的一种自觉的内心要求和内在精神力量,从而转化为人们的一种道德信仰时,我们才能说道德原则和道德规范真正落到了人"心"中。但是,在现代社会生活中,道德信仰恰恰陷入严重的危机之中。道德信仰危机必然引发道德危机,道德危机实质上也是一种道德信仰危机。因而,道德信仰的重建就成为德性养成的最重要环节之一。为此,我们有必要进一步明确,什么是道德信仰,道德信仰的本质和功能是什么,道德信仰之于道德有何意义,如何重振现代社会的道德信仰等问题。

(一)道德与信仰

信仰,《说文解字》释曰:"信,诚也。从人言。""仰,举也。从人,从卬。"在字面意义上,"信"即相信、确信、信服,"仰"即敬仰、尊崇、企求。合而言之,信仰即人对某个对象的"相信"达到了"敬仰"的状态,并心驰神往地"追求"这个对象;信仰就是人们于相信中敬仰某个对象,在敬仰中相信某个对象,最终在相信与敬仰的统一中追求某个对象。在学理意义上,信仰是指人对体现着自己所认同的最高生活价值或生活理想的某种对象的内心确信、无限敬仰和坚定追求。

可以从主客体两个维度来理解信仰,在其主体维度上,信仰主要表现为一种心理—精神状态或信仰心态,"信"更多地包含认知成分,"仰"更多地包含情感和意志成分,信仰心态是以"相信"为核心的知情意等因素的统一,这种统一是在自觉自愿的基础上达成的,表现的是人的一种自主的精神活动。在其客体意义上,信仰对象的存在形式是多种多样的,但本质上都表现为一种观念,这种观念是人所

追求的最高生活目标，代表着人生的最大化价值设定。因而，信仰是信仰心态与信仰对象的结合，是人的思想或观念的一种特殊存在状态。信仰包含着人类对自身存在和意义的体认，包含着人们的人生态度、价值取向和道德理想，反映着人类对自我及其处境的整体体认、评价和选择，是人通过观念或思维超越自我、超越有限性的一种精神活动和精神境界。

信仰对于人类社会的发展具有很大的作用，恩格斯说："中世纪的强烈信仰无疑地赋予这个时代以巨大的力量，虽然这种力量处于不自觉的萌芽状态，但并不是来自外面，而是来自人的本性。"①信仰在深层意义上是个体的，是通过个人的心理—精神活动来实现的。离开个人的心理—精神活动，信仰就不可能存在。从这个意义上讲，信仰对于个体的作用更为明显和强烈，信仰赋予个体生命以意义，统摄和整合个体人生的各种要素，对个体生命具有动力和定向的作用。对个体来说，信仰具有一种精神家园的意义。信仰对个体的意义可以通过信仰对道德的作用更真切地感受到。

信仰与道德有着密切的关系，一切信仰都必然向道德渗透，以便影响和支配道德；一切道德观念都主动地服务于自己所依赖的信仰，以便实现自己的价值目标。道德对信仰所体现的最高价值理念具有辩护与拱卫的作用，道德会加深人们对信仰的虔诚度，道德沦丧会使信仰失去一个强有力的外部保护层，从而使信仰岌岌可危。但是，同样作为人的一种价值要求在精神生活领域的体现，信仰较之道德更为重要。信仰内含了社会生活中最基本的和最高的价值观念，它往往存在于更加抽象的超验领域，不包含具体的规范性内容。因而，信仰并不直接来协调人们的社会关系，这一任务是由道德来履行的，但这并不意味着信仰对道德无涉。事实上，在一定意义上，道德是信仰力量的外化，信仰对于道德的存在和发展具有重要的意义。具体说，

① 《马克思恩格斯全集》第1卷，人民出版社1956年版，第647—648页。

这种意义体现在以下几个方面：

其一，信仰对道德存在的合理性与合法性的终极性论证意义。对道德存在的合理性与合法性进行“利益论证”是更为基础、更为现实的，因而是必要的，但这种论证是一种利害权衡中的论证。道德在更为深层的意义上是以超越利益权衡为本质的，利益权衡很容易使道德沦为一种纯粹的工具，成为一种工具性的“底线规范伦理”，失去其人文本质和人文价值。因而，必须同时从道德的“内在价值”角度论证道德的合理性与合法性，这种论证必须借助于信仰层面的终极性价值预设，一切道德原理和道德规范就是以这种终极性价值预设（即信仰）为前提形成的。儒家伦理的“天理”、基督教伦理的“上帝”、共产主义伦理的“全面发展的人”等都是一种信仰层面的终极性价值设定，是对道德的一种“信仰论证”。

其二，信仰对道德价值目标和道德规范的导向作用。信仰是人的实践目的和人生理想的最高程度的凝结与升华，它既来自现实又超越现实。信仰所蕴含的价值理念往往成为道德价值目标形成的基础，道德为了追求信仰所设定的价值目标，必然要制定一系列相应的行为规范来约束道德主体的实践行为。信仰为道德设定了价值坐标，只有在信仰的支撑下，道德价值目标和道德规范的变化才可能是有序的、合理的。

其三，信仰对道德主体的人格塑造与人格提升的作用。信仰首先是人的一种心理需求和心理活动，它既是一种心理确定性需求及活动（即“信”），又是一种心理崇拜需求及活动（即“仰”）。信仰的形成表明一种健全的心理的生成，健全的心理是健全人格的基础。信仰是人的一种精神超越性需求和精神超越性活动，它反映了人的精神能动性本质，表达的是人的一种“理想的意图”，体现了人对“现实自我”的超越和对“理想自我”的追求。人格的塑造和提升集中体现于人的精神品质和精神境界的完善，在这个意义上，信仰可以说是理想人格的内核。

其四,信仰对道德实践与道德行为具有中介意义和动力作用。信仰是道德主体把道德理论转化为道德实践的最重要的中介环节之一,它使道德主体能够坚持和坚守真理性的道德原理和道德规范。没有信仰的支撑,道德主体就难以坚持和实践道德原则和道德规范,信仰将基本的价值理念灌注到道德主体的人格结构中,形成一种道德理想,使道德主体不仅坚持自己确信的道德,而且使他更为积极地去实践这种道德。

(二)道德信仰及其伦理意义

"道德信仰"概念大体上可以从两个方面来理解,其一,道德信仰即"道德的信仰",也就是通过道德来实现信仰的功能和作用,使信仰道德化;强调道德是信仰的一种实现形式,与信仰的政治实现形式、宗教实现形式等相区别。其二,道德信仰即"信仰的道德",也就是对道德本身即道德原理、道德原则和道德规范等道德价值判断的信仰,并通过这种信仰来实现道德的功能和作用,使道德信仰化;这个意义的道德信仰概念,一方面强调信仰内容的道德性,以与信仰的政治内容、宗教内容等相区别,另一方面强调信仰是道德的一种实现形式,与道德的政治实现形式、宗教实现形式等相区别。

如果人们认识到道德也是信仰的一种有效实现形式,通过道德水准的提高可以提升人们的信仰水平,那么,人们就能够更好地理解道德的地位、价值和作用,进而有助于人们对道德本身的信仰。反之亦然,对道德本身的信仰肯定有助于人们的整体信仰水准的提高。所以,上述"道德信仰"两方面的含义是相互关联、内在一致的。但是,从严格意义上讲,我们一般所说的"道德信仰",是指称上述的第二种含义,指人们对道德本身的信仰,也就是使道德达到信仰的层面,使道德本身真正成为人们心理—精神活动的一种内在确信、神圣敬仰和坚定追求。也就是使道德信仰化。

使道德信仰化,能够凸现道德的实践理性本质,使道德本身内化为道德主体的一种人格特性[1]，转化为道德主体的一种精神力量。道德本质上是一种实践理性，既然是实践理性，就必然有“实践”和“理性”两方面的品质。道德既受理性指导并得到理性确证，又有转化为现实的能力。按照黑格尔的观点，最能体现理性与实践结合的概念是“精神”，他说：“当理性之确信其自身即是一切实在这一确定性已上升为真理性，亦即理性已意识到它的自身即是它的世界、它的世界即是它的自身时，理性就成了精神。”[2]黑格尔这里所说的“精神”就是我们通常所说的民族精神、文化精神、时代精神等。“精神”既具有理性的普遍性品格，又具有趋向现实性的能力。前已述及，在其主体维度上，信仰既包含一种认知性的确信，又包含一种实践性的情感投入和意志追求，它本质上也具有实践理性的品格。在这个意义上，“精神”与“信仰”是内在融通的，一种“精神”就意味着一种“信仰”，一种“信仰”也同时意味着一种“精神”。道德达到了“信仰”层面，也就达到了冯契先生所说的“德性自证”的层面。“这种自证是精神的‘自明、自主、自得’（即主体在反观中自证其明觉的理性、自主而坚定的意志、而且还因情感的升华而有自得的情操）。”[3]道德信仰的获得，表明道德主体真正理解和把握了道德，使道德凝聚为道德主体的一种“精神”力量和人格特性。

道德信仰为道德主体从道德认知领域向道德实践领域的转化提供了能动的、持久的内在心理—精神条件，使道德主体“知善”与“行善”的统一成为可能。弗洛姆把信仰分为非理性信仰与理性信仰。

① 弗洛姆把“信仰”分为两种，即作为一种态度或性格特征的信仰与作为一种相信某种对象的信仰，他认为作为一种性格特性的信仰体现了信仰的本质。据弗洛姆考证，“信仰”一词在《旧约圣书》中被称作“Emunah”，意为“坚定”，指人的一种性格特征。参阅弗洛姆：《为自己的人》，载《弗洛姆文集》，改革出版社 1997 年版，第 220 页。

② ［德］黑格尔：《精神现象学》下卷，贺麟译，商务印书馆 1979 年版，第 1 页。

③ 冯契：《认识世界和认识自己》，华东师范大学出版社 1996 年版，第 445 页。

非理性信仰就是对某个对象的信念并非出于人自己的思想或情感体验,而是以人对非理性权威的情感屈从为基础的。理性信仰是以人自己的"生产性体验"为基础,根植于人对自己的生产性观察和思考的独立确信。"生产性体验"就是人在创造性地开发和利用自己潜能的自我实现活动中所形成的切身体会和独特经验,在这种生产性体验中,人们生成了一种独立的观察力、判断力和抉择能力。因而,理性信仰不可能是消极的,它必然表现着人的真正的内在主动性。正确的道德信仰具有弗洛姆所说的理性信仰的一般特性。

道德信仰不仅仅是对某种具体的道德判断或道德规范的确信、敬仰和追求,更是对蕴含于这些道德判断或道德规范中的普遍性道德原理和道德要求的确信、敬仰和追求,它是在融通和整合具体道德判断或道德规范的基础上形成的一种相对稳定的道德心理—道德精神定势。事实上,只有当具体的道德判断或道德规范所蕴含的一般道德原理和道德要求经过个体的相信—赞同—接受—敬仰—追求等诸阶段,转化为个体的一种道德信仰时,这些道德判断或道德规范才可能被个体真正自觉自愿地并持久地认同与践履。道德信仰超越了具体道德判断或道德规范的时空限制,也因此,它使个体在面对实际道德生活中的道德难题或道德决疑时能够保持高度的道德自觉性、道德创造性和道德坚定性。这个过程一如孔子所说:"君子务本,本立而道生。"(《论语·学而》)"本"即道德信仰,"道"即道德行为。

(三)现代德性主体道德信仰的建构

在人类社会历史中,信仰任何时候都存在,区别仅在于对什么的信仰和以什么方式信仰。通过信仰对象的不同和信仰方式的差异,我们可以把信仰划分为科学信仰(或如弗洛姆说的"理性信仰")与非科学信仰(或如弗洛姆说的"非理性信仰")。人们说的"信仰危机"指称的应该是这样的信仰状况,即"非科学信仰"的泛滥与"科学信仰"的萎缩。中世纪时,宗教信仰泛滥成灾,因而近代以来,人们"反对信仰,是为了解脱精神枷锁,是反对非理性的信仰;它表现了人对理性的信仰，表现了人根据自由、平等、博爱原则，建立一种新社会秩序的能力”。但是，“今日缺乏信仰则表现了人的极度混乱和绝望”①。人们把对理性的信仰转换成了对经济理性和科技理性的信仰，进而又把对经济理性和科技理性的信仰转换成对商品、货币、资本、工具等的“盲目的信仰”（即马克思说的“拜物教”）。人的心理、心灵、精神等成为“物”的婢女，被物化、被放逐，人们不再信仰这些东西。道德也在这个“不信仰”之列。这是道德信仰危机的社会根源和社会表现。

自20世纪以来，作为道德理论中科学主义流派之一的“元伦理学”，实际上通过对道德知识合理性与合法性的质疑，不断消解着道德信仰的合理性与合法性。因为，“元伦理学”认为，道德、宗教、艺术等都是一种“非科学的知识”（non-scientific knowledge），而一切“非科学的知识”都无法取得严密的科学逻辑证明和普遍的经验事实证实，不具备科学知识的品格。它们只不过是个体主观情感或心理情绪的偶然表露，因而只具有文化信仰的性质。这种论断实际上是把信仰本身等同于非理性，等同于迷信，取消了包括道德信仰在内的一切信仰的知识合法性和理论合理性。道德要存在和发展，就必须走“科学化”的道路；道德要被人们认同和践履，就必须变成斯金纳所倡导的作为“行为技术学”的“行为技术伦理”。这样的伦理道德，只要求道德主体的“相信”，不要求也不需要道德主体的“敬仰和追求”。对伦理道德的这种科学主义设计和追求，也表现在道德教育实践之中，为此有学者提出在道德教育中应加强“信仰教育”环节。

显而易见，问题的关键不在于需要不需要道德信仰，而在于需要什么样的道德信仰，如何来重构现代德性主体的道德信仰。我们需

---

① ［美］弗洛姆：《为自己的人》，载《弗洛姆文集》，改革出版社1997年版，第219页。

要的道德信仰不可能是传统意义上的“终极设定型”的道德信仰,这种道德信仰观念在道德信仰与道德主体之间划了一条不可逾越的鸿沟,使道德信仰变成了外在于道德主体的某种终极性的东西,如“天道”“天理”“上帝”“绝对精神”等对人发出的绝对命令;我们需要的道德信仰也不可能是那种“主观设定型”的道德信仰,这种道德信仰观念在道德信仰与道德实践之间划了一条不可逾越的界限,使道德信仰失去了现实生活基础,把道德信仰变成道德主体仅凭其主观意念、情感、经验等而作出的一种主观随意性的预设。

我们需要的道德信仰自然是上述那种科学的、理性的道德信仰,它体现了一种终极性价值,但这种终极性价值指向的不是某种超人的和终极的实体,而是人的存在本身和人的道德实践活动及其过程本身,它是对人的存在本身和人的现实道德实践的一种终极性关切,关注并要求人能够不断超越特定的道德实践困境,使人的道德活动在新的层次上得以提升并不断绵延下去。这种道德信仰体现了道德主体的生产性特征,它具有个体性、观念性和精神性,它的确立离不开个体的道德生活,离不开个体对道德生活与道德观念的自由选择和独立判断。

信仰体现的是一种价值观,个体道德信仰的形成与其价值观的形成是同步的和一致的。道德信仰危机实际上表现为道德理性被经济理性、科技理性所不断挤压、驱逐甚至消解。包括道德信仰危机在内的一切信仰危机,实质上是人类各种不同的价值理念之间相互冲突、相互斗争的表现。这些不同的价值理念都是在现代社会发展的过程中形成的,这些不同的价值理念及其冲突根源于人自身的矛盾本性和社会发展进程的矛盾本性。我们不可能也不应该在它们之间进行那种“非此即彼”的选择,现代社会的进一步发展在客观上要求我们必须整合这些不同的价值理念,使它们之间形成一种相互作用、相互牵制、共同发展的关系,使人类的科学理性与人文理性相互交汇、工具性价值与目的性价值相互融通,合成一种新型理性和新型价值观。现代德性主体道德信仰的建构也必须是在这种对各种价值理念的吸收与整合的过程中来进行的。

对于社会或个体来说,信仰都是一个有机的体系或系统,它包括了各个方面,如政治信仰、宗教信仰、道德信仰等等。只有把所有这些信仰有机地统一起来,一个社会或一个人的信仰才能真正建立起来。个体道德信仰并非纯粹的道德信仰,它包含着个体的政治信仰、宗教信仰等其他信仰形式。个体道德信仰的建构必然受其他信仰形式的制约和影响,离不开个体政治信仰等的建构。比如,政治信仰,它更多地表现为个体对社会理想的外在求索,它可以与侧重于个体对自我完善理想的内在求索的道德信仰形成一种内外互补关系;政治信仰往往是确立道德信仰的动机、内核和基础之一,有远大政治信仰的人更容易超越生活中具体的利害冲突,道德抉择能力会更高。再比如,宗教信仰,宗教伦理本质上是一种信念伦理,它能够培育并牵引人对道德的崇敬情感和坚定追求,因为宗教本身是人的内在道德情感需要的一种表现,如果“从宗教中取走了道德的动因,则宗教就成了迷信”①。现代社会的信仰体系不可能是宗教的,但健康的宗教或宗教文化可以成为建构和支持个体信仰体系的文化资源。现代人可以不信仰宗教,但不能没有“宗教式”的信仰。

总之,现代个体的信仰体系不可能是单一的,我们不可能也不应该要求道德信仰成为个体惟一的、纯粹的信仰,我们必须培育和建构个体的道德信仰,在培育和建构的过程中需要整合各种其他信仰形式,使它们成为建构个体道德信仰的文化资源。

---

① [德]黑格尔:《黑格尔早期神学著作》,贺麟译,商务印书馆2016年版,第11页。

三、现代德性主体的自我认同：一种人生观意义的美德

从根本上说,信仰的形成表明人的精神世界的升华,这种升华体现为人对自己以及自己生存于其中的世界的认同。信仰的形成过程实际上也就是人对自身和对世界的认同过程,而人对世界的认同是以人对自身本质力量的认同为前提的。因而,这种认同包含着特定的人格属性和深厚的伦理精神。通过认同,人走向对人自身和对世界(包括他人)的更深刻的理解和更高层次的信仰,人的精神世界也因此而更加丰富和崇高。

(一)现代性之隐忧:个体现代认同的缺失

加拿大著名哲学家、社群主义的重要代表人物泰勒(Charles Taylor)认为,现代性有三个值得人们正视的隐忧:一是"意义的丧失和道德视野的褪色"。由于个人主义的扩张,人们崇尚个人利益至上主义原则,不再接受超越于他们之上的所谓神圣秩序的神圣要求。二是"目的的晦暗"。由于工具主义理性(instrumental reason)渗透到人们生活领域的各个方面,社会生成了一种无人情味的运行机制,人们的行为往往表现为身不由己。三是"自由的丧失"。由于建基于工具主义理性之上的现代"温和"专制主义的蔓延,人们参与公共事务的兴趣、机会和能力等在不断下降,每个人都成为了一个"封闭在自己的心中"的个人。人已经被现代性三分,即"他们自己内部、他们之间和自然界"①。也就是人与自我的分离、人与他者(包括社会)的分离和人与自然的分离。从个体角度看,这种分离显现的是

① [加]查尔斯·泰勒:《现代性之隐忧》,程炼译,中央编译出版社2001年版,第108页。

一种"个体认同的缺失"，人与自我的分离显现的是个体自我认同的缺失，人与他者的分离显现的是个体社会认同的缺失，人与自然的分离显现的是个体自然认同的缺失。关于个体自然认同及其伦理意义的问题将在本章第五部分论述，本部分和第四部分主要论述个体自我认同与社会认同及其伦理意义等问题。

马克思深刻洞察并系统阐述了早期现代社会（尤其是资本主义社会）中人的自我异化与社会异化的问题。他认为，在资本主义社会，物的关系对个人的统治、偶然性对个性的压抑，已具有最尖锐最普遍的形式，资本主义社会的一切发现和进步，似乎结果是使物质力量具有理智生命，而人的生命则化为愚钝的物质力量。在这种社会里，个人看上去是独立的，每个人似乎都拥有一个独立的"自我"。但"这种独立一般只不过是错觉，确切些说，可叫作——在彼此关系冷漠的意义上——彼此漠不关心"[①]。人们相互间更多的只是在互为手段的意义上彼此接受对方的。"每个人都指望使别人产生某种新的需要，以便迫使他作出新的牺牲，以便使他处于一种新的依赖地位"，"每个人都力图创造出一种支配他人的、异己的本质力量，以便从这里面获得他自己的利己需要的满足"[②]。

20世纪中后期以来，随着现代性进程在世界范围内的全面展开和纵深推进，人的自我异化与社会异化的程度也在不断扩展和加深。在现代社会所有的异化形式当中，"最坏的也是最后的异化形式是人的自我异化，实际上，其他异化都趋向于这一异化。在一个只要人高效地履行其特定社会职能的社会中，人就变得等同于这一职能，他的存在的其他部分则只允许尽其可能抽象地存在"[③]。弗洛姆的"人格市场"理论揭示了现代个体的"市场人格"，每个人为了在市场上

① 《马克思恩格斯全集》第30卷，人民出版社1995年版，第113页。

② 《马克思恩格斯文集》第1卷，人民出版社2009年版，第222页。

③ ［美］威廉·巴雷特：《非理性的人——存在主义哲学研究》，杨照明等译，商务印书馆1995年版，第35页。

获得成功,往往根据市场需要塑造自己,他不再是“我所是”,而成了“你所需”。海德格尔的“人的沉沦”命题揭示了现代个体的“常人人格”,每个人完全把自己消融在“常人”的存在方式中,做“常人”没有比做“自我”那么可怕;为此,现代社会为人们造就了大量的“逃避自我”的手段。同时,随着专业化的发展,一个人为获得一项专门职业就必须付出“专业性畸变”的代价,自我仅仅表现为对某种普遍模式的认同,在这种认同中,个性趋于泯灭,自我成了无差别的、程式化的“他者”。

人与人之间的疏离和异化也是明显的。人们越来越少地认为自己有必要与其他社会成员在共同的事业中相互忠诚地结合起来。人们可能的确会在共同事业中感到与一些他人的关联,但这种情况更多的是出现在小型群体里,而不是整个社会范围。这种认同的缺乏渊源于一种个人利益至上主义的观念,由于这种观念作祟,许多人以纯粹工具性的态度看待社会。对此,爱因斯坦早有同感,他指出:“我已经找到了构成我们时代危机的本质原因。这个原因应当追究个人与社会的关系。个人虽然比以前更加意识到他对社会的依赖性,但他没有把这种依赖性作为一份宝贵的财富、组织纽带和一种保护性的力量,相反它把社会视为对自身权利的威胁。更有甚者,个人在社会中过分强调以自我为中心,社会意识变得越来越淡薄。人类——不管他们在社会中处于何种地位——都在遭受这种非社会化倾向的痛苦,不知不觉地成为自我主义的囚徒。许多人感到无安全感、孤独,他们被剥夺了天真、单纯和对生活无忧无虑体验的权利。”①

自我异化和社会异化的存在,使现代个体缺乏一种吉登斯所说

① 爱因斯坦:《为什么要社会主义?》,载《光明日报》1991年7月7日。

的“本体性安全(ontological security)”[①],缺乏这种本体性安全,人就会处于“本体性焦虑”或“存在性焦虑(existential anxieties)”的状态。个体的这种焦虑是对诸如“我是谁”“我从哪里来”“我到哪里去”之类问题的焦虑,是对自我的不确定性或非同一性的焦虑。这种焦虑在前现代社会也存在,但只存在于少数智者那里,并没有成为一个普遍的社会性问题。对于大多数人来说,他们的身份、角色、任务、使命等是由社会结构赋予的,个体自我与社会结构是完全同一的。个体的身份是明确的和相对固定的,个体的行为受传统和习惯的支配和导向。因此,“在现代之前,人们并不谈论‘同一性’和‘认同’,并不是人们没有(我们称为的)同一性,也不是由于同一性不依赖于认同,而是由于那时它们根本不成问题,不必如此小题大做”[②]。

但是,在现代社会,一方面,宗法性或宗教性的等级结构被摧毁,自由、平等、尊严等观念成为人们普遍追求的东西,人对自身的存在,以及存在的价值和意义格外关注,这使得自我同一性和自我认同成为一种普遍性的个人要求。另一方面,现代社会及其结构复杂多变,个体在社会中的不确定性增大;而且如上所述,现代社会及其组织结构在其演进中存在着使人异化的倾向,许多人成了迷途的羔羊。同时,在现代社会,个体与自我、个体与他人、个体与社会之间的矛盾和冲突较之传统社会更加激烈和尖锐,个体在精神生活与物质生活、精神追求与物质追求、整体利益与个体利益、社会价值与自我价值、义务与权利、贡献与索取等之间进行抉择时遇到的悖谬和困难较之传统社会更加繁杂和明显,个体往往显得不知所措。在这种情形下,就会出现认同危机。这种认同危机是围绕着个体与“自我”本身的关

① “本体性安全”是指“大多数人对其自我认同之连续性以及对他们行动的社会与物质环境之恒常性所具有的信心。这是一种对人与物的可靠性感受”。[英]吉登斯:《现代性的后果》,田禾译,译文出版社2000年版,第80页。

② [加]查尔斯·泰勒:《现代性之隐忧》,程炼译,中央编译出版社2001年版,第55页。

系和个体与“他者”(他人和社会)的关系两个方面展开的,是个体的“一种严重的无方向感的形式,人们常用不知他们是谁来表达它”①。认同危机是个体对自我的不确定性的一种疑虑和焦虑,是自我身份感的丧失、自我价值感的衰落和自我归属感的迷失。这反过来又使得个体认同成为更加普遍的社会性需求。认同危机本质上是一种价值观危机,是一种义利关系失衡意义上的伦理危机。现代社会的持续健康发展和现代人的自由全面发展,都有赖于个体认同的更加自觉的形成和更加合理的发展。

(二)个体现代认同及其伦理意义

在不同学科那里,“认同(identification)”所指是不一样的。在心理学上,“认同”指认识与感情的一致性;在社会学上,“认同”泛指个人与他人有共同的想法;在哲学上,“认同”是指主客体双方在差异基础上的统一。在伦理学和人学意义上,“认同”一般是指作为主体的人基于一致的思想观念、价值取向、情感投入、信念持有、理想追求等,对作为客体的人(包括自我、他人、社会等)的认肯和接纳。认同不是“同化(assimilation)”,“同化”是指双方变得相似起来的一种过程或这一过程的终结状态,是趋同。认同也不是单纯的“接受(accept)”,接受可能包含着一种消极的接纳,接受但不一定认同。认同是一种基于高度的理性共识、自觉的意义共鸣和倾心的情感投入之上的彼此“接受”。比如,“如果你在恋爱,但没有引起对方的爱,也就是说,如果你的爱作为爱没有使对方产生相应的爱,如果你作为恋爱者通过你的生命表现没有使你成为被爱的人,那么你的爱就是无力的,就是不幸”②。不包含“认同”的恋爱,没有爱情可言。

自我认同(self-identification)问题在西方近代哲学中首先涉及的

① [加]查尔斯·泰勒:《自我的根源——现代认同的形成》,韩震等译,译林出版社2001年版,第37页。

② 《马克思恩格斯文集》第1卷,人民出版社2009年版,第247—248页。

是一个形而上学问题。作为形而上学的"self-identification"一般被称为"自我同一性",意指"不同时间中自我的同一性意识",这种同一性意识只是满足于回答不同时间中的自我的等同性。作为一个伦理学的"self-identification"一般才被称为"自我认同",它涉及"我是谁"或者说"自我之所是"的问题。如果说形而上学领域中的自我认同问题主要针对的是一个实体性的自我对时间的克服,那么,伦理学领域中的自我认同问题则主要着眼于揭示自我的真实存在身份。但实际上,这两种意义的"self-identification"常常是通用的,因为只有具有自我同一的人才可能会有人格,伦理学的"自我认同"蕴含着自我同一性的要求。自我同一性问题同时就是人格的同一性问题[①]。

从根本上说,"认同"是一种复杂的、个性化的精神现象,它与人的"人格""自我"等关联,涉及的是"我是谁""我从哪里来""我到哪里去"等问题,是人对自我真实身份的确认和对自我最终归属的定位。自从人类有了"我"和"自我意识"的观念,个体认同问题便产生了。因为,其一,在人学本体论意义上,人与自然、人与社会、人与自身等关系构成人的存在的基本样态,而这些关系往往又是矛盾的,甚至是冲突的。但是,"凡是有某种关系存在的地方,这种关系都是为我而存在的"[②]。个体总是在"为我关系"中建构自己的人性结构和生活世界的,个体也只有有效地整合各种关系,使这些关系成为"为我"的,他才能保证自我的真实存在。其二,在人学实践论意义上,个体总是具有二重性品格,他的生命既有内在的本质力量,又离不开外在的展现形式。前者赋予个体以内在价值,后者规定了个体潜能展开的社会历史性。这就决定了在现实社会生活中,"(1)每个人只有作为另一个人的手段才能达到自己的目的;(2)每个人只有作为

① 唐文明:《与命与仁——原始儒家伦理精神与现代性问题》,河北大学出版社2002年版,第187页。

② 《马克思恩格斯文集》第1卷,人民出版社2009年版,第533页。

自我目的(自为的存在)才能成为另一个人的手段(为他的存在);(3)每个人是手段同时又是目的,而且只有成为手段才能达到自己的目的,只有把自己当作自我目的才能成为手段"①。个体生命的价值和意义体现为,他既要使自己成为"自我的存在",又要使自己成为"为他的存在"。"自我的存在"与"为他的存在"的统一,有赖于个体认同的实现。

可见,个体的现代认同要解决两个问题:一是如何安顿自己的生命秩序;二是如何使自己的生命秩序与他人或社会的生活秩序相契合。围绕这两个问题,个体认同便指向两个方面,一方面是把自己作为一个独特的、自由的、个性化的、不可重复的、以自我为中心的个体来加以肯定,即作为"主我"的自我认同。但自我之为自我,只是因为它有一个随之而来的世界,这个世界在结构上与自我是一体化的。自我和世界只是结构中的两极,没有世界的自我是空虚的,没有自我的世界是死寂的。这就如海德格尔说的"此在"的"在世"结构,"此在"一经存在就只能是在世界之中,因而,必须把人看成是一个"存在的领域"或者"场"。所以,另一方面,个体的现代认同又表现为,个体把自己作为世界的一部分或某一特殊社会集团的一部分来加以肯定,即作为"客我"的自我认同,这种认同是通过对于他者(他人或社会)或它者(自然)的认同而实现的,本质上是一种对他者或它者的认同。

"个体认同"既包括个体对自我内在价值的认肯和守护,也包括个体对他者(包括他人、社会)的认肯、期待和接纳。个体的自我认同与社会认同是相互包含的,但在现代社会的实际运行中,这两种自我认同形式往往容易形成一种悖论格局。即如果强调自我为社会的一个部分,就有丧失自我独特性的危险,对这种危险的"前见"可能迫使人们从一开始就走向个人主义;如果强调自我的独特性,又会有

① 《马克思恩格斯全集》第30卷,人民出版社1995年版,第198页。

丧失世界的危险,对这种危险的“前见”又可能迫使人们从一开始就走向完全投入外部世界的整体主义。因而,在其现实性上,个体的现代认同是一个充满矛盾的运动过程,它的有效运作和真正实现,有赖于各种因素,尤其是共同利益的形成。但认同本身无疑包含着伦理的因素,认同必然蕴含着深刻的伦理共识。

在伦理学意义上,个体认同表现为两个方面:一是个体的自我认同,就是“内得于己”,即“以善念存于心中,使身心互得其益”,也就是“做人(成为人)”,对得起自己;二是个体的社会认同,就是“外得于人”,即“以善德施之他人,使众人各得其益”,也就是“为人”,对得起别人。前者是有关个人自我完善的道德,是“独善其身”,是“为己之学”;后者是有关个人社会理想的道德,是“兼善天下”,是“为人之学”。个体的自我认同使个体成为“自我的存在”,个体的社会认同使个体成为“为他的存在”。个体自我认同的达成意味着,个体能够有效地协调自我本身存在的内在矛盾,即灵与肉、精神追求与物质追求、精神生活与物质生活等之间的矛盾,成就了一个理想的“道德自我”;个体社会认同的达成意味着,个体能够有效地协调整体利益与个体利益、社会价值与自我价值、义务与权利、贡献与索取等之间的矛盾,成就了一个现实的“道德自我”。因而,个体认同在根本上涉及的是一个价值观和伦理观问题,是个体如何对待自我、如何对待他人、如何对待社会的问题。个体现代认同的两个方面体现为包尔生所说的两类不同的义务,即对于自己的义务和对于他人的义务。包尔生认为,相对于两种义务,可以把德性分为两种,一是个人的德性,它的基本形式是自我控制;二是社会的德性,它的基本形式是仁慈[①]。关于这两种义务的关系,费尔巴哈作了深刻的阐述,他指出:“只有把对自己的义务认为是对他人的直接义务,只有承认我对于

① [德]包尔生:《伦理学体系》,何怀宏、廖申白译,中国社会科学出版社1988年版,第411页。

自己有义务只因为我对他人（对我的家庭、对我的乡村、对我的民族、对我的祖国）有义务时，对自己的义务才具有道德的意义和价值。”①

个体认同的伦理意义在康德的责任伦理思想中较早也较为完整地得到认肯。康德的责任伦理本质上也是一种个体认同伦理，这种认同伦理的原则就是：“你的行动，要把你自己人身中的人性，和其他人身中的人性，在任何时候都同样看作是目的，永远不能只看作是手段。”②康德的责任伦理学把责任分为对自己的责任和对他人的责任：(1)对自己的责任。这种责任要求人对自己不要自我玷污、自我残害、自我陶醉，要提高、充实和发展自己。对自己的责任有完全责任和不完全责任之分。一个人对自己的生命所担负的责任是对自己的完全责任，因为，保护自己的生命、促进生命价值的提升和实现，是有限理性的普遍规律，这一责任对生命及其生活是绝对的，是人的天职，是必须承担的。积极发展个人的才能是对自己的不完全的责任，因为，每个人都有责任去发展自己的能力，如果虚度年华、无所事事，就违背了理性的原则，是不承担责任的；但由于客观的发展条件并不是完全由个人掌握的，而且发展的程度也不可限定，不可预测，因而，这种责任是不完全的，它的约束力是宽松的。(2)对他人的责任。这种责任要求对他人不要骄傲自大、造谣中伤、冷嘲热讽，要守约、感恩、援助。对他人的责任也有完全责任和不完全责任之分。信守承诺是对他人的完全责任，因为，诚信是保证人与人共同生活交往的根本条件，是理性给予意志的普遍规律，这种约束性是绝对的，个人必须做到。济困扶危是对他人的不完全的责任，因为，济困扶危是道德行为，值得赞扬，但一个不能或不愿济困扶危的人可能具有其他的善

① 周辅成：《西方伦理学名著选辑》下册，商务印书馆1987年版，第474页。

② [德]康德：《道德形而上学原理》，苗力田译，上海人民出版社2002年版，第47页。

良品质，因而，济困扶危虽然是实践理性为意志提出的必要行为，但这一原则没有绝对的约束性①。

在现代社会，个体基于生活实践的自我反思及这种反思的持续性存在，是个体认同的实践认识论根据。吉登斯指出："自我认同并不是个体所拥有的特质，或一种特质的组合。它是个人依据其个人经历所形成的，作为反思性理解的自我。认同在这里仍设定了超越时空的连续性：自我认同就是这种作为行动者的反思解释的连续性。"也就是说，"自我认同并不仅仅是被给定的，即作为个体动作系统的连续性的结果，而是在个体的反思活动中必须被惯例性地创造和维系的某种东西"②。现代性带来了强烈而广泛的社会变革，它为个体提供了许多机会，使得个体对生活方式的多样选择成为可能。但现代性也引发了极大的不确定性，个体在不同情境中的"自我呈现"的方式越来越变幻不定，个体的无力感日益增加。

对于个体来说，摆脱这种生存困境的实践认识论途径之一，就在于不断地反思自我，在这种反思中回归自我、重塑自我和安顿自我。"自我建构作为一种反思性的'项目'，是现代性的反思性的一个基本部分；个人必须在走向体系所提供的策略和选择中找到他或她的身份认同"，这种认同"不仅是个人对几乎无法控制的带威胁性的外部世界的自恋式防卫，而且部分地是向全球化影响对日常生活环境冲击的一种积极调适"③。因此，"今天的自我认同是一种反思性的成就。在一种当地性的以及全球化的范围内，自我认同的叙述在与迅速变化着的社会生活情景的关系中被形塑、修正和被反思性地保

---

① 参阅[德]康德：《道德形而上学原理》，苗力田译，上海人民出版社 2002 年版，第 39— 41 页，苗力田代序，第 10—12 页。

② [英]安东尼·吉登斯：《现代性与自我认同》，赵旭东等译，三联书店 1998 年版，第 58 页。

③ [英]安东尼·吉登斯：《现代性的后果》，田禾译，译林出版社 2000 年版，第 108—109 页。

持下来。个体必须要以一种合理而又连贯的方式把对未来的设想与过去的经验连接起来,以便能够促使把被传递的经验的差异性中所产生的信息与当地性的生活整合起来。只有当个体发展出一种内在的可信性时,这种整合才可能获得。这种可信性是一种基本信任的框架,靠着它便可以把对生活历程的理解,放在变化着的社会事件背景下来加以联想。在特定的变化情景下,一种自我认同的反思性秩序的叙述,为有限的生活历程提供了赋予一致性的手段"①。

个体认同中的自我反思及其连续性的持有,也是现代个体道德人格必不可少的构成因子。这种具有连续性自我反思的自我认同,能够使个体在道德实践中保持高度的道德自觉性和道德自愿性,能够使个体以独立自由的批判精神审视道德原则和道德规范,为道德的良性发展提供内在动力。吉登斯指出:"拥有合理稳定的自我认同感的个人,会感受到能反思性地掌握的其个人经历的连续性,并且能在某种意义上与他人沟通。通过确立早期的信任关系,这种个体也能建立保护带,以在日常生活的实际行动中'过滤'掉许多普遍威胁到自我完整性的威胁。最后,个体能够把完整性作为有价值的事物接受下来。在反思控制的范围内,这种个体有充分的自我关注去维持'活生生的'自我感,而不是像客体世界中的事物那样具有惰性的性质。"②

众所周知,康德虽然是在经验中举证责任,但在类意义上,康德则把责任看做是先验的,先验的责任来自实践理性自身,责任的必然性就是实践理性的必然性。这就使道德的基础回归到人自身,而且是回到人的自由意志的自我规定中。责任向人昭示了"我应该做什么"的道德可能性以及人格的道德价值,责任意味着"我在生活中将

① [英]安东尼·吉登斯:《现代性与自我认同》,赵旭东等译,三联书店1998年版,第253页。

② [英]安东尼·吉登斯:《现代性与自我认同》,赵旭东等译,三联书店1998年版,第59—60页。

承担什么”以及“在这种承担中我将成为怎样的人”。无论对于人类，还是对于个体，责任感的拥有都离不开连续性的自我反思。康德为责任伦理提供了三条反思性的道德法则，一是仿佛你是在为每个人立法而行动(形式规定)，二是始终将人当做目的、而不仅仅将人当做手段而行动(内容规定)，三是按仿佛你是目的王国的一员而行动(形式与内容的统一)。康德的责任伦理学具有很强的自我反思性，它与功利主义的“自爱”道德观截然不同。建立在利益原则基础上的功利主义道德虽然摆脱了彼岸世界的道德渊源而回到了人自身，但这种返回的路径却转向了人的解放了的“无反思性的欲望”，使人的理性服从欲望，成为感觉的被驱使者。功利主义因缺乏自我反思性环节，从而在放纵自我中消解了自我。

(三)自我真实性:现代个体的一种人生道德追求

个体总是具有二重性品格，他的生命既有内在的本质力量，又离不开外在的展现形式。前者赋予个体以内在价值，后者规定了个体潜能展开的社会历史性。在现实生活中，个体人格往往是多重化的，而且具有内在的冲突性。这种冲突集中表现为所谓“真实的自我”同“人格面具”的对立。在这种对立中，“人格面具”仿佛是外来的。但实际上，任何面具都表现了个体的社会适应机制，表现了人的现实性和理性的方面。

“真实自我”同“人格面具”的冲突根源于自我的内在矛盾，是自我分化的产物。人们试图通过面具减轻个体的差异，缓和个人与社会、主观与客观的矛盾。“人格面具”体现着适应和服从规范的要求，“真实自我”体现着超越规范的自由创造的要求。“人格面具”的成功当然是以对所谓“真实自我”的压制为前提的。因而，尽管人们在社会生活中成功地扮演着各种角色，但总是产生失落自我的感觉，总会感到有另一个自我与此格格不入。对于个体来说，完全被外在的东西所支配意味着自我的沦丧，但撇开内在本质力量借以展开的社会历史过程，则自我实现同样流于空幻。从这个意义上说，个体的自我认同不仅表现为自我固有潜能的充分发展，而且表现为按照外在要求塑造自己，或是对某种普遍模式的认同。在这种认同过程中，自我由自在向自为过渡，并逐渐获得自由的人格、健全的个性和内在的尊严。个体在自我认同中不断追求“自我真实性(self-authenticity)”或“真实的自我”。

在人类思想史上，对个体“自我真实性”的追求是与对事物“确定性”的追求密切关联的，或者可以说，对于事物的确定性的长期探究和理智追求，合乎逻辑地引出个人存在的真实性问题。在前现代社会，人们更多的是在一种宇宙论或自然秩序论意义上，而且是在“事物”的向度上来理解和追求“确定性”的，认为宇宙的秩序、善理念或上帝等是包括个体在内的一切事物及其确定性的源头或本体。人们追求的“确定性”或者是一种自然确定性，或者是一种社会确定性(如古希腊城邦社会、中国古代宗法社会等)，或者是一种神界确定性(西方中世纪社会)。个体与社会或神界的同构关系和同一状态，使个体的确定性或真实性不可能成为一个显层面的问题。

从近代开始，由于自然与个体的同时发现，人们对确定性的追求具有了明显的双重向度，即对自然的确定性和个体的确定性的双重追求。近代科学文化的兴起和市场经济的发展也为这种“双重确定性之追求”奠定了实证根基。但是，近代哲学总体上是基于知识论立场来解决人的确定性问题的，把人的真实性问题等同于事物的确定性问题，以“物种逻辑”解决个体真实性问题。这遭到许多思想家的批判，他们要求用“人的确实性”(即真实性)取代“人的确定性”，认为对人的确实性的规定本身已不再是一种孤立的、片面的理智追求，而是对一种理论和实践在其中彼此密切相关的总体生活方式的表现。因而，必须实现从知识论立场到存在论立场的提升，在知识论与存在论的统一中来把握人的确实性的意义。马克思基于实践生存论提出的“现实的个人”的思想体现的正是这样一条思路。

近代以来，许多思想家认为，人类是一种具有内在深度的存在物，人类拥有一种天赋的道德感，即一种对是非的直感。这种具有内在深度的道德感是道德的本体，宇宙自然、社会结构、神界等都不再可能是道德的本体。卢梭是推动这种思想观念的最重要的思想家之一，他把道德问题表述为人类遵从自身本性之呼唤的问题。卢梭认为，一切道德问题的解决有赖于人与"自身的真实本性"的道德接触，他阐释了一种与道德本体的内在性相关的"自决的自由"的思想。卢梭赋予自我，以及自我与自己的内在本性的接触等以无比的道德重要性。后来，道德本体和道德要求的重心发生了进一步的转移，由于康德、席勒等人对审美艺术的强调，自我真实和自我完满越来越不再被视为道德的手段，不再被认为是独立定义的，而被看做是自身就是有价值的东西。一种将真实性与道德对立起来的真实性研究发展起来，他们认为，真实性涉及原创性，它要求反叛惯例，而道德及其规范压抑了人的原创性。在现代社会，"自我与自己的内在本性的接触"有被丢失的危险。原因在于，现代个体往往对自我持一种工具主义态度，使自己可能失去倾听自己内在本性之呼唤的能力。所以，从严格意义来说，"自我真实性"是进入现代社会以来的一种普遍性的社会文化现象和个体人生追求。自我真实性可以作为现代社会的一个文化理想和道德理想，"真实性应该被严格地当作一个道德理想"，"真实性的确是一个值得信奉的理想"①。

自我真实性意味着，个人在自己的生活谋划和生活方式问题上具有"自决的自由"。因为，每个人都希望过一种人的生活，在这种生活里包含着人的一切，也就是说，过一种精神的、历史的生活，在这种生活里为所有属人的精神力量和性格留有活动空间。自我真实性可以从形式和实质两个方面来理解。从形式上看，自我真实性与信奉某个生活目的或行使某种生活方式有关，在这个层次上，真实性显

① ［加］查尔斯·泰勒：《现代性之隐忧》，程炼译，中央编译出版社2001年版，第27、83页。

然是自我指示的，即这必须是“我”的取向，它说明，作为个体的我的存在是真实的。但是，这并不意味着，真实性的内容也必须是自我指示的。我的生活目标体现的是以某个在我之外的东西为背景而表达出来的我的欲望或希求，这种欲望或希求的真实性在根本上不取决于“自我指示”。因而，从实质上看，个体的真实性涉及的是个人存在在何种意义上是真实的问题。

由于自我真实性有着形式与实质的区别，因而在其现实性上，“自我真实性”的理想追求可能具有双重实践后果。其积极的方面是，它给我们指引了一个更自我负责的生活形式，容许一个更丰富的个体存在方式；其消极的或者危险的方面是，可能产生自恋主义、利己主义、人类中心论等倾向。如果混淆自我真实性的两个方面，就会误解真实性的实质及其伦理意义。前马克思主义思想家强调“人的本质先于人的存在”，他们从人的先天本质（实质上反映的是他们对人的本真性的一种价值预设）中引出人的存在；现代西方思想家，尤其是存在主义者，强调“存在先于本质”，从人的存在本身直接引出人的本质，从“是”直接引出“应该”（人的真实性），夸大了个人自由。前者所说的本真自我只是一种被抽象化的虚幻的自我，后者所说的本真自我只是一种为孤独、焦虑、恐惧等所笼罩的自我，二者的共同错误在于割裂了个人存在的社会性及其本质。

现代自由主义对自我真实性的理解是形式主义的，它所追求的自我真实性本质上是“自恋主义”的、个人主义的。现代自由主义将自我本真的持有或自我实现作为生活的主要价值，很少或甚至不承认外部道德要求和对他人的道德承诺。自由主义的自我真实性追求常以所谓的“自我实现理想”为矫饰，以两种变体形式出现：一是仅仅将“自我实现”集中于个人的实现，以纯粹工具性态度对待周围的人，由此培育出一种原子主义真实性理想；一是将自我实现仅仅看成是自我的，忽视甚至无视来自自我之外的社会的、传统的要求，这种自我不受任何道德理想的驱动，由此培育出一种激进的纯粹唯我主义的真实性理想①。

马克思“现实的个人”思想把个人的社会性作为个人存在的真实性的内涵，在存在论与本质论的统一中说明人的真实性问题。这种统一正如恩格斯所说的，“我们必须从我，从经验的、有血有肉的个人出发，不是为了像施蒂纳那样陷在里面，而是为了从那里上升到‘人’”②。自我真实性意味着，一个人一方面与其他社会成员没有什么两样，能够同他们进行交往，同他们处于一种相互作用的关系之中，熟悉并认同社会的道德规范；但另一方面，作为独特的个体，他在道德规范的网络中突显自己的能力。仅仅熟悉社会规范，承认这些规范是普遍有效的，并不能导致自我同一性或自我真实性的形成。因为面对现存的规范系统，人是不自由的。只有当自我的内在自然既不拒斥规范系统的约束，又在社会的规范系统中使自身的内在需要得到实现，自我同一性或自我真实性才可能形成和发展。

哈贝马斯指出：“只要‘自我’仍然被它的内在自然所束缚，其尚待表达的需要的独立性被无视，那么，面对现存的规范系统，在原则上被承认的自由实际上仍然是不自由。”③以这种方式建立起来的自我，必须与他人进行交往并同他们处在一种相互作用的关系之中。但作为不可与其他个人混淆的个人，他又是独特的，能够将自身最本己的需要表达出来，能够保持自我的存在。保持自我的存在，就是成为他所能成为的人。个体的自我真实性就在于成为他所应当是的，做他所应当做的，成为真正的自我。这种基于“现实的个人”的自我真实性具有深刻的伦理意义，它要求我们发现和弄清我们自己的同

① ［加］查尔斯·泰勒：《现代性之隐忧》，程炼译，中央编译出版社2001年版，第66页。

② 《马克思恩格斯文集》第10卷，人民出版社2009年版，第25页。

③ ［德］哈贝马斯：《历史唯物主义的重建》，郭官义译，社会科学文献出版社2000年版，第68页。这里的译文采纳章国锋：《关于一个公正世界的“乌托邦”构想——解读哈贝马斯〈交往行为理论〉》，山东人民出版社2001年版，第54页。

一性,使自己成为一个能够承担社会道德责任的独立主体,从而突破现代自由主义的自我真实性理想的缺陷。

个体道德追求的最高境界可以用儒家说的"止于至善"来概括。"止"是一个人的成人之路,是人的价值所在,它可以安顿人们的价值思虑和追求,并在其中得到价值证实,人们应该发挥自己的全部精神能力去实现它。没有"止"境,就意味着个体的无所安顿。"为人君,止于仁;为人臣,止于敬;为人子,止于孝;为人父,止于慈;与国人交,止于信。"(《大学·第一章》)"止"的价值学和伦理学意义就在于,它指明了人的存在的自反性。一个人的所有追求和努力要在他所"止"的地方返回到他自身本身,即生成一个"真实性的自我"。

四、现代德性主体的社会认同:一种角色意义的美德

马克思指出:"人对自身的任何关系,只有通过人对他人的关系才能得到实现和表现……人对自身的关系只有通过他对他人的关系,才成为对他来说是对象性的、现实的关系。"①对于个体来说,道德既是他"内得于己"的"为己之学",又是他"外得于人"的"为人之学"。作为一种"为人之学",道德是一种协调"我—他"关系的社会建制。"我—他"关系是道德的基础。"意识到他人,感觉到他人,然后关心他人是所有道德的基本特征。"②

(一)从"他者意识"到"他者伦理"

在一定意义上,"我"与"他者"的关系是一种个体性与普遍性、主观性与客观性的关系,但人们往往容易把个体性、主观性与普遍

① 《马克思恩格斯文集》第1卷,人民出版社2009年版,第164—165页。

② [美]罗斯特:《黄金法则》,赵稀方译,华夏出版社2000年版,第7页。

性、客观性对立起来，使自我脱离普遍性和客观性而陷于纯粹的个体性和绝对的主观性中，从而也使“我”与“他者”的关系陷入悖谬之中。德国现代宗教哲学家马丁·布伯（Martin Buber，1878—1956）认为，可以用“我—你”关系与“我—它”关系来概括人对待世界和他人的态度，这两种关系体现的是“我”对与“我”相关的一切事物（包括他人）的态度或关联方式，也是两种不同的人生态度或生活方式。“我”同“他者”建立何种关系，“我”就是何种样的“我”。“我—你”关系体现的是一种亲密无间、相互对等、彼此信任、开放自在的关系，在这种关系中，双方都是主体，来往是双向的。“我—它”关系体现的则是一种考察探究、单方占有、利用榨取的关系，在这种关系中，“我”为主体，“它”为客体，只有单向的由主到客，由我到物（包括被视为物的人）的过程。就人的生存与发展而言，“我—它”关系是必不可少的，但这种关系是纯粹工具性的，如果把人与人之间的关系完全转换成“我—它”关系，那是十分可怕的。对人采取“我—它”态度，不仅贬低了别人，同时也使自己的人性被扭曲。只有通过真正的符合人性的关系，即“我—你”关系，人才能成为真正的人。“我—你”关系涉及人的整个存在，要求人用自己的整个身心对别人的全部存在做出反应①。如果同“他人”建立了一种“我—你”关系，那就意味着把“他者”带入了“我”的道德视野之内，呈现的是“我”对“他者”的认同。

前已述及，自我在其有机性或完整性上体现为“主我（I）”与“客我（me）”相统一的状态。“‘主我’是有机体对其他人的态度作出的反应；‘客我’则是一个人自己采取的一组有组织的其他人的态度。其他人的态度构成了有组织的‘客我’，然后，一个人就作为‘主我’

① 参阅[德]马丁·布伯：《我与你》，陈维纲译，三联书店2002年版，第124—127页。

对这种'客我'作出反应。"①"主我"与"客我"的统一形成了一种"他者意识",这种意识对个体社会德性的养成来说是至关重要的。

"他者意识"促进了道德情感、道德意识的形成与发展。道德的基础就是能够站在他人的角度替他人着想,同情就是设身处地地去体验他人的感受。没有"他者意识",道德的同情心是不可能形成的。同时,"他者意识"促进了道德认知能力的发展,"他者意识"是道德自律形成的主观条件之一。自律的道德不仅意味着自我约束,更重要的是能够置身于他人的地位来约束自己;自律的道德也不仅意味着能替他人着想,更重要的是能够站在他人的角度替他人着想。如果没有"他者"视野,那么"己所不欲,勿施于人"的道德准则就会被理解为按照自己的主观意愿去对待他人。如果仅仅按照自己的主观愿望来处理人际关系,那就是道德上的"自我中心"。皮亚杰认为,儿童的自我中心状态是阻碍儿童一般认识能力和道德判断能力发展的一种心理障碍,个体道德意识和行为从他律到自律的过程同时就是一个"去自我中心"的过程。

在一定意义上,"我"与"他者"的关系是一种个体性与普遍性、主观性与客观性的关系。黑格尔认为,与普遍性相对立的个体性,既是恶的根源也是恶的内容。人是个体性与普遍性、主观性与客观性的统一,但人们往往把自己的个体性、主观性与普遍性、客观性对立起来,使自我脱离普遍性和客观性而陷于纯粹的个体性和绝对的主观性中,从而也使自己陷于恶之中。所以,黑格尔指出:"从形式方面看,恶是个人最特有的东西,因为恶正是个人把自己设定为完全自为的东西的主观性。"②

英国学者齐格蒙特·鲍曼概括了对"他者"的三种理论描述模

① ［美］米德:《心灵、自我与社会》,霍桂恒译,华夏出版社 1999 年版,第 189 页。

② ［德］黑格尔:《法哲学原理》,范扬、张企泰译,商务印书馆 1961 年版,第 148 页。

式[①]。第一种是一般社会学的描述。传统的社会学理论往往把“他者”消融在更具包容性的行动情景、行动者处境或通常说的“环境”概念当中,没有赋予“与他者相处”一种特殊的地位或意义,“他者”仅仅是一个行动者。行动领域中“他者”的存在仅仅被视为构成一种技术上的挑战,在完全由行动者目标营造的“与他者相处”的情境中,道德是一种外来的侵扰。第二种是萨特式的描述。萨特的自我—他者关系模式提供了一个消极的道德观念,把道德视为一种限制或一种约束。萨特的新意在于把“他者”从行动者的视域的其他组成中单列了出来,作为具有特别性质、地位和能力的单位,“他者”成了一个“他我”。但“他者”的存在让我陷入了耻辱,“他者”代表的是一种烦恼与负担,是人的处境的一个敌对的外在者,是对自我自由的一种约束,“他者就是地狱”。第三种是生存论的描述。这种生存论描述可以概括为:“我们为一切负一切责任,在一切人之前为一切人负责,而我的负责超过了其他一切人。”在这种描述中,“与他者相处”的最基本特征是“责任”。责任是主体本质的、主要的和基本的结构,变得有责任是作为主体的建构。责任是人类主体的存在模式,道德的最朴素的形式就是主体间关系的基本结构,它不受任何非道德因素的影响(比如利益、收益计算、理性的研究、可选择的解决方式或者向强制屈服等)。

鲍曼认为,生存论描述提供了一个真正的、原创性的道德社会学研究的起点。第三种描述呈现的是人与人“相依”(being-for)的和睦状态,这种状态比人与人“相伴”(being-aside)或“相处”(being-with)的和睦状态或水平要高。“相依”是为保护和捍卫“他者”的独特性而产生的,自我是承担这一任务和责任的主体。相依是对相处的超越,这种相依状态与整体性和不可分割性相关。一旦与“相依”相联

① 参阅[英]齐格蒙特·鲍曼:《现代性与大屠杀》,杨渝东等译,译林出版社 2002 年版,第 234—240 页。

系,道德就被带入了同情、服务、做善事、为他者牺牲的框架中。从习俗到道德的转变,是以与他者的感情关系的出现(或者再现)为标志的,相依在它形成关于他者的一种特定行为过程之前,是一种与他者的感情约定。这里说的感情不必就是共鸣或同感,更不必是同情或怜悯,而是说将他者视为一种感情的目标,也就是说,一个人首先不是将他者看做他的对象加以利用,而是将他者看做生活事件中的一个伙伴[1]。

将"他者"看做自己的伙伴,不仅仅意味着与他者"共存(live with)",更意味着为他者而存在(live for)。"与他者共存"既可以被伦理道德所调节,也可以被法制化的规则所调整。但是,"为他者而存在"则不可能被法制化的规则所调整。因为法制化的规则在自我与他者之间架构起了"距离",这种规则帮助和鼓励个人去追求适合他们自我利益的东西。在法治化规则中,每个人的利益都不一定是他者的利益。个体和他者之间的"距离"通过个体之间利益的分离和冲突超越了共谋的危险。"在一个仅仅被解析为可以编纂的规则的世界里,他者作为一种令人迷惑的但是首先是一种容易混淆的矛盾存在,隐现在自我的外围:自我身份的潜在停泊点,同时也是对自我自作主张的障碍和反抗。"在现代规范伦理学的律法主义视野中,"他者是向自我实现进军路上的矛盾的具体化和最可怕的绊脚石"[2]。要达到既"与他者共存",又"为他者而存在",个体就必须作出道德的努力,他有必要在整体利益与个体利益、社会价值与自我价值、义务与权利、贡献与索取等之间确立合理的伦理互动关系。

现代规范伦理学把他者视为一个面具,面具并不像面孔(face)一样值得信赖,它可以被戴上或摘下。面具用一种习惯性的礼貌维

① [英]齐格蒙特·鲍曼:《生活在碎片之中——论后现代道德》,郁建兴等译,学林出版社2002年版,第63—64页。

② [英]齐格蒙特·鲍曼:《后现代伦理学》,张成岗译,江苏人民出版社2003年版,第98页。

持自我与他者之间的关系，这种习惯性的礼貌从表面看似乎是和睦共处的工具，事实上，它产生的效果是分裂。它往往成为人们保持相互隔离和自我绝缘的手段。要把“与他人的面具性共在”转换为“与他人的面孔性共在”，不把与他者的遭遇看成是与面具或角色的遭遇，而是看成与面孔的遭遇；再进一步，要将“与他人的面孔性共在”转换为“为他者而存在”，这体现的是一种道德视野的转换。这种转换将会导致一种新型伦理学的生成，这种新伦理学将“是这样一种伦理学，它重新将他者作为邻居、手、脑的亲密之物接纳回道德自我坚硬的中心，从计算出的利益废墟上返回到它被逐出之地；是这样一种伦理学，它重新恢复了亲近独立的道德意义；是这样一种伦理学，在道德自我形成自身的过程中，它将他者作为至关重要的人物进行重新铸造”。这种伦理学聚焦于“交互主体”，它是关于“他者”的伦理学，是一种“他者的人道主义”。在这种伦理学中，他者不再是自我的牺牲品，而是“道德生活的守门人”①。

在其客观历史进程及其内在要求的形式上，现代生活不可能离开作为他者的“陌生人”。对陌生人的态度与行为方式表现着一个人的道德品质和道德修养。与陌生人共处，是现代生活必不可少的一个条件。如果现代生活要继续下去，就必须保护和培养陌生关系（strangehood）。现代生活意味着与陌生人一起生活，与陌生人一起生活总是一种不稳定的、测试性的生活。陌生人总是被设定为道德上不可信赖的。在原始社会，对待陌生人的策略是食人族的策略，即吃掉、吞掉并且消化掉作为强大的神秘力量的陌生人，希望通过这种方式利用这些力量，吸收他们，使其成为自己的力量。

现代社会对待陌生人的策略是一种人类学的策略。我们把陌生人驱逐出或者拒绝他们接近我们的有秩序的生活范围，我们通过各

① ［英］齐格蒙特·鲍曼：《后现代伦理学》，张成岗译，江苏人民出版社 2003 年版，第 98—99 页。

种手段生产着人与人之间的“距离”。比如,用行动的理性标准取代其他一切标准,对“非理性”标准(道德评价在其中占有突出地位)给予消解;现代“遥控”技术的发展,把行为中介化,使集体行动的参与者从道德考虑与道德审查中解脱出来;等等。结果,我们面对的“他者”在空间和时间上具有了“远距离”的性质,他者变为“它者”,从我们的道德视野中消失。比如“文革”中把所谓的敌人抽象化(“黑五类”)、非人化(“牛鬼蛇神”),使人们对作为“它者”的对象冷酷无情。2001年,家庭伦理电视剧《不要和陌生人说话》热播。一时间,“不要和陌生人说话”成为人们面对陌生人时的一句警示语。人们在生活中应提防欺诈欺骗,但此类“提示”显然是一种误导,只能增加人际疏离和道德冷漠。

鲍曼认为,“道德冷漠的意义——与危险——在我们这个现代的、理性化的、工业技术熟稔的社会中变得尤其敏锐,因为在这样一个社会当中,人的行为能够在有距离的情况下生效,而且这个距离随着科学、技术和官僚体系的发展而不断扩大。在这样一个社会当中,人们行为的后果远远地超过了道德视野的‘消失点’”①。在当代社会,道德冷漠越来越成为一个突出的生活现象。

(二)角色认同与角色美德

角色就是由主体间的相互作用规定的人们在特定的社会关系和社会结构中的地位、功能和义务,它是个体社会性和社会化的一种方式。只要人类存在,就有角色存在,就有个体的角色化问题。个体的角色化过程就是个人的社会化过程,个人通过角色进入社会。每一个人以其在社会结构网络中的具体位置而获得其角色的具体规定性。这种规定性作为一种角色要求,对于个人来说是先在的,它表达的不过是为了完成社会作为一个整体所要求的某种特定功能,是社

① [英]齐格蒙特·鲍曼:《现代性与大屠杀》,杨渝东等译,译林出版社2002年版,第252页。

会对于其成员的要求。个体可以一定程度地选择自己的角色位置，但他无法选择角色要求。

麦金太尔认为，应该从社会角色及其要求中寻求美德的根据。他认为，在原初社会中，道德和社会结构事实上是一回事，“在这样一个社会中，一个人是通过认识到他在这个系统中的角色来认识到他是谁的；而且，通过这种认识他也认识到他应当做什么，每一个其他角色和位置的占有者应把什么归于他”，“德性就表现在他的角色所要求的行为中”①。关于道德的知识就是关于角色的知识，也是关于自我的地位和责任的知识，当代社群伦理的宗旨就是试图重构德性与社会角色之间的这种内在关联性。对此，黑格尔、马克思等人也早有肯认。黑格尔指出：“一个人必须做些什么，应该尽些什么义务，才能成为有德的人，这在伦理性的共同体中是容易谈出的：他只需做在他的环境中所已指出的、明确的和他所熟知的事情就行了。”②马克思也说：“作为确定的人，现实的人，你就有规定，就有使命，就有任务，至于你是否意识到这一点，那是无所谓的。”③

从现实看，角色是以人格化形式存在的，它以一个个现实的个人作为其调节对象。但角色源于社会结构网络的功能性规定，它并不直接针对具体个人，而是直接针对社会结构自身；它并不关心谁居于这一角色，而只关注这一角色功能本身，每一个人在角色要求面前是平等的。在前现代社会，存在角色尊卑，原因在于那个社会结构自身存在着人格等级性质，角色要求固定于具体的人。在现代民主社会，角色要求固定于社会结构中的具体职业或职位，在这种情形下，角色要求面前人人平等的原则具有了真正实现的可能性。对于现代个体来说，角色认同以及基于其上的角色美德的养成，应是必不可少的素

① ［美］麦金太尔：《德性之后》，龚群等译，中国社会科学出版社 1995 年版，第 153—154 页。

② ［德］黑格尔：《法哲学原理》，范扬、张企泰译，商务印书馆 1961 年版，第 168 页。

③ 《马克思恩格斯全集》第 3 卷，人民出版社 1960 年版，第 329 页。

质之一。一个人在社会生活中如何选择自己的行为、评价活动结果，最直接最有效的根据就是做好自己作为社会角色所应当做的，在角色认同中培育角色美德，通过角色美德强化角色认同。这在家庭生活中表现为亲情认同与家庭美德，在职业活动中表现为职业认同与职业美德，在社会政治参与及公共事务参与活动中表现为制度认同与公民美德，等等。

职业分化日趋加快和发达是现代社会的重要标志，现代职业为人的潜能的发展和人格的塑造提供了非常重要的社会条件。任何一种正当的职业都有着超出自身服务社会与他人的意义指向，诚如杜威(John Dewey,1859—1952)所说："职业的对立面既不是闲暇，也不是文化修养。它的对立面，在个人方面，是盲目性，反复无常和缺乏经验的积累；在社会方面，是无根据的炫耀和倚赖他人而寄生。"①韦伯认为，资本主义精神起源的一个重要特点是劳动的组织方式，资本主义精神以其自由劳动的理性组织方式为特征，是一种生产劳动依靠契约、法制、制度来实现的职业精神。在韦伯看来，任何一种职业都具有双重意义，一方面它具有特殊的实用技术性或经济理性，蕴含特定的职业责任伦理；另一方面它又具有普遍意义的道义力量，蕴含宗教意义的道德神圣感。在现代社会，随着劳动分工的日益发达和日趋细化，对每个人来说，职业的"谋生"性质固然非常重要，但职业所承担的社会道义价值却越来越凸现出其重要意义。各种职业都有自己崇尚的人格品性，在我国，政治家自喻是"人民公仆"，教师自喻是"人类灵魂的工程师"，医生自喻是"白衣天使"，律师自喻是"正义的化身"，等等。

现代职业的开放性和流动性，有助于人的精神境界的整体性提升。在现实生活中，许多人更多的是从工具层面体认自己的职业，职业仅仅是挣钱糊口的工具。事实上，职业在很大程度上决定着一个

① 赵祥麟、王承绪：《杜威教育论著选》，华东师范大学出版社1981年版，第213页。

人的生活范围和道德视野，一个人的价值观念和生活态度在相当大程度上是由自己的职业活动所塑造的。随着现代社会分工的发展和专业化程度的增强，市场竞争日趋激烈，整个社会对每个从业人员职业观念、职业态度、职业技能、职业纪律和职业作风的要求越来越高。一个人必须承担自己的职业责任和这一职责所蕴含的神圣的道德承诺。人们不应该实际上也不可能把自己所从事的职业简约为一种纯粹的“理性的经济行为”。只有充分理解职业的神圣性，一个人才会具有深厚的职业责任感，才会对自己所从事的职业有一种坚定的道德信念。人不能仅仅把职业看做是单纯的谋生手段，而是要通过从事职业来与他人和社会建立精神联系，通过职业来彰显自己生命的整体意义。

制度认同是指人对某种制度框架体系在价值上的承认与肯定，在其是公正的情形下，自己愿意遵守与维护这一制度体系。在现代社会，人作为公民身份与作为个人的身份之间是有区别的，甚至是分离的。这种区别乃至分离源于现代民主社会的特殊本性。在传统社会里，人们寻求以其完备性道德理想和宗教理想来塑造社会生活。但在现代民主社会，由于道德观点和宗教观点的多元性，使得我们必须在自己的公共身份和个人身份之间作出类型区分。尽管我可能对自己信奉的道德理想和宗教理想之真实性抱有信心，但我也不能坚持要求完全用这些理想来裁定和评判社会的基本结构。对制度的认同实际上是对构成社会的那些制度或机构的“一种珍视和依归”，是“个人的自我意识被他的集体性自我意识部分取代时的一种行为；作为一个整体的社会以及市民社会的制度或机构乃是他的集体性自我意识的对象”①。对社会制度的认同，有助于个人德性的养成；而社会制度的维护与有效运作也需要个体美德的支撑。比如，一个人

① ［英］爱德华·希尔斯：《市民社会的美德》，载邓正来：《国家与市民社会——一种社会理论的研究路径》，中央编译出版社 2002 年版，第 41—42 页。

的正义美德对于法律制度的维护和运行就是非常必要的。一个法律社会就像一道堤坝,对于社会的义务要求人们注意每一道细小的裂缝并制止它的延伸。在抵抗非正义的汹涌洪水的堤坝上,负责自己所管辖的一段,就是说在自己的权利范围内使它不出现裂缝,这是每一个成员的义务。因为每一个非正义的行为不仅是针对着我的,而且是针对着整个法律制度的,如果允许它不受惩罚,法律制度抵抗非正义的力量就会削弱。一个国家中的每个个人抵抗不公正行为的力量与这个国家所出现的不公正行为的总量正好成反比①。

但是,我们必须看到,具体角色规定本身存在着通过将完整人格肢解进而否定人格同一性的可能,因而,角色美德有其固有的局限性,人们还必须以人格美德不断校正和调节角色美德。角色是个人由于所处社会结构关系网络具体位置而必须带上的社会面具,它是社会对个人的某种规定,它内在地隐含着与个性的某种紧张,甚至对个性的某种否定;个人由于具有多重社会结构网络位置和多重社会关系而具有多重角色及角色要求,角色多重性和变换性,使个人面临着角色转换和面具更替的问题;现代职业在总体上还是一种“谋生”性质的劳动,存在着使人异化的功能。凡此种种表明,一个人是不能成为纯粹角色的,一个人的存在要多于和大于他所是的角色,一个人的整体存在不能被化解或归结为他的角色生活。一个人不可能也不应该完全由其角色要求来规定。角色及其要求都是功能性的,是相对于他人或社会而提出的,它缺乏对个体的“本己”的关切,不可能完全构成个体的本真性存在,纯粹由角色规定的人可能是无定形的、无本真的存在;人在根本上应当由其自我同一性的人格来规定,这种规定是内在的、相对稳定的。这就是说,个体不应是角色的机械统一体,而应是自我的有机统一体,人应当由角色同一性向自我同一性转

① 参阅[德]包尔生:《伦理学体系》,何怀宏、廖申白译,中国社会科学出版社 1988 年版,第 531—532 页。

化。

一个人可以有不同的存在方式、表现样式，但这些存在方式和表现样式都是其真实自我的现象性显现，在这些现象性存在背后，有一种一以贯之的灵魂，正是这种一以贯之的灵魂使其成为他自己。这种具有自我人格同一性的“本真的我”使个体角色活化，即在同样的角色承担中，会有不同的角色表现；在同样的角色规范要求下，会有不同的角色行为。因此，角色要求和角色美德只能作为人在公共生活领域中的直接行为选择及其判断标准，而不能作为人的一切行为的最终价值选择及其判断标准。能够作为人的行为“应该”与否的最终价值依据的不是角色及其要求，而是作为人的德性的人格或人道[①]。每个人不管他充当什么样的角色，也不管他充当过多少种角色，他都不仅仅是他所充当的角色，他的角色生活永远都不可能穷尽他的存在。因而，在强调个体社会角色化以及角色美德养成的过程中，更应注重个体整体德性的培育。借用麦金太尔的话说就是，个体应使蕴含于角色认同、角色承担与角色功能活动中的“外在善”（角色美德）与“内在善”（人格美德）有机地统一起来。

（三）黄金法则：一种自我反思意义的德性原则

在道德活动中，人际关系可能呈现出不同的状态或层次，与这些不同的状态或层次相对应，形成了不同的道德法则。人们认为最基本的道德法则有四个，即“铁的法则”（以眼还眼，以牙还牙的针锋相对）、“箔的法则”（像别人应受的一样对待别人）、“银的法则”（自己不愿那样被对待，就不要那样去对待别人）和“黄金法则”（你愿意别人怎样待你，你就那样对待别人）[②]。

“黄金法则（Golden Rule）”源于基督教的教义，在《圣经·马太

---

① 参阅高兆明：《制度公正论——变革时期道德失范研究》，上海文艺出版社 2001 年版，第 137—158 页。

② ［美］罗斯特：《黄金法则》，赵稀方译，华夏出版社 2000 年版，第 65—66 页。

福音》第七章第12节,耶稣说:"无论何事,你们愿意人怎样待你们,你们也要怎样待人。"从17世纪开始,人们把这一"为人"原则称之为"黄金法则"或"金律"。"黄金法则"旨在"吩咐一个人作这样一个简单的实验,即他是否愿意将他对待别人的方法加诸他自己"[①]。一个人要运用"黄金法则",他就要能够想像自己处在与其他承受某个行为后果的人完全相同的情形中。如果他以某种既定的方式对待别人,但却不愿意在相同的情形下以相同的方式被对待,那么他就违反了"黄金法则"。

关于"黄金法则"的地位和作用,学者们有不同的看法。有宗教倾向的学者大都认为"黄金法则"是人类的道德共识,具有普世性和适用性。《世界伦理宣言》的倡导者们坚信,"黄金法则"是世界伦理几乎惟一可以共识的最低限度,他们力图在全球化背景下推行一种以"黄金法则"为根据的全球伦理[②]。中国学者大都承认"黄金法则"是人类的道德共识,但否认"黄金法则"的基础地位,认为"黄金法则"并非一种不言自明的伦理学公理,它仅仅是从人的自然本性,如同情心、慈爱心、责任感等自然道德意识中推导出来的原则,不具有普世性和适用性。企图推行一种以"黄金法则"为基础的全球伦理的想法是一种乌托邦愿望。事实上,"黄金法则"由来已久,但它并没有在人类历史上得到最大范围的推广。这一方面是由于"黄金法则"的倡导者们限制了它的适用范围,另一方面是因为"黄金法则"没有真正成为人们的普遍信念或信仰。因而有学者提出,应该使"黄金法则"信念化或信仰化。我们进一步地认为,要使"黄金法则"信念化或信仰化,就必须把"黄金法则"理解为一种自我道德反思意义上的德性原则。

---

① [美]罗斯特:《黄金法则》,赵稀方译,华夏出版社2000年版,第11页。

② 参阅[德]孔汉思等:《全球伦理——世界宗教议会宣言》,何光沪译,四川人民出版社1997年版,第15—26、55页。

“黄金法则”在形式上是一种“公理”性质的道德法则，但本质上是人们对道德生活基本原则的最一般概括，是人们道德生活中的一种“逻辑的式”。列宁在批评黑格尔将善看做是逻辑推理的结果时指出：“并不是说逻辑的式把人的实践作为它自己的异在，而是相反，人的实践经过亿万次的重复，在人的意识中以逻辑的式固定下来。这些式正是（而且只是）由于亿万次的重复才有着先入之见的巩固性和公理的性质。”[①]道德实践是“黄金法则”的最终根据，但“黄金法则”与人的自我道德反思有着更为直接、更为密切的关联性。一方面，人的自我道德反思是“黄金法则”形成的主体根据，也是“黄金法则”在现实的道德生活中被运用的中介环节之一；另一方面，“黄金法则”本身体现着人的一种高度的自我反思精神，它为进一步形塑和提升个体自我道德反思能力提供了一个重要的道德文化思想平台。

“黄金法则”体现着个体的一种“推己及人”的道德自我反思精神。借用我国学者对中国传统道德思维的概括，可以把道德主体的这种自我道德反思称为一种“内我思维”，即“把具体的、与他人相分别而有种种特殊性的、活生生的、自作主宰的道德思维主体——‘我’，置于思维统摄的范围以内，使之成为思维对象的一个重要方面和轴心，并且在整个思维过程中时时意识到‘我’之地位和意义的思维活动”[②]。“内我思维”是一种道德思维，它以“我”为思维的全部范围，挖掘“我”的本质和内涵，通过自我的反思或反省，发现“我”身上的神圣本性，体会我与人、我与物的一致和差别，然后发扬我的优越之点，成就高尚的德性人格。孟子说：“诚者天之道也，思诚者人之道也。”（《孟子·离娄下》）一个“思”字道出了“诚”作为道德原

① 《列宁全集》第55卷，人民出版社2017年版，第186页。

② 焦国成：《中国古代人我关系论》，中国人民大学出版社1991年版，第235—236页。

则的反思性特征,也引出了儒家伦理中的“慎独”要求。“所谓诚其意者,毋自欺也,如恶恶臭,如好好色,此之谓自谦,故君子必慎其独也。”(《大学》)“慎独”是个体的一种自我道德反思活动,这种反思活动能够使个体的道德自觉性提高到更高的水平。

自我道德反思活动看似“以我为中心”,实际上是要“推己及人”,既“成己”也“成人”,最终走出自我中心。“黄金法则”在传统儒家伦理中被概括为“己所不欲,勿施于人”(《论语·颜渊》),当自己要对他人做什么事时,先想想自己是否愿意遇到这事,如果自己不愿意,就不能对他人做这种事。“己所不欲,勿施于人”即“恕”,与“己欲立而立人,己欲达而达人”(《论语·雍也》)即“忠”一起所构成的“忠恕之道”是一种个体社会认同的道德原则。实行“忠恕”原则并不难,只要问问自我就可知道了,我自己就是标准,这个标准就是:不欲=勿施。“忠恕实际就是在我心里放着的他人权利,忠恕就是在我眼里他人所应当享有的同等自由,忠恕就是限制自己而保证别人的权利。”①

“黄金法则”集中体现了实践活动和日常生活中人际互动的对等性道德要求,它告诫人们,不要使自己(对他人)的行为与自己的愿望(对一个相反情形中的行为)自相矛盾。违反了“黄金法则”就等于违反了公正原则。公正是道德的核心。“公正”是内蕴于“黄金法则”中的最基本的道德理念。从根本上说,公正的必要性不可能从利益或大多数人的喜好中推出来,而只能根据人学目的论来证明。这种人学目的论就是,“平等是人在实践领域中对自身的意识,也就是说,人意识到别人是同自己平等的人,人把别人当做同自己平等的人来对待。平等是法国的用语,它表明人的本质的统一,表示人的类意识和类行为,表示人和人的实际的同一性,也就是说,它表明人同

---

① 何怀宏:《底线伦理》,辽宁人民出版社1998年版,第149页。

人的社会关系或人的关系”[1]。亚里士多德认为,“公正最为完全,因为它是交往行为上的总体德性。它是完全的,因为具有公正德性的人不仅能对他自身运用其德性,而且还能对邻人运用其德性”[2]。从其积极的方面来说,公正是一种人际之间相互尊重的激励方式;从其消极方面来说,公正是一种人际之间报应式的惩罚方式。作为一种总体德性,公正美德孕育着相互尊重、诚信、宽容等具体美德。

五、现代德性主体的自然认同:一种生态意义的美德

迄今为止,人们更多地从外在的有用性来理解自然界。在这种理解中,自然界“真正是有用物;它不再被认为是自为的力量;而对自然界的独立规律的理论认识本身不过表现为狡猾,其目的是使自然界服从于人的需要”[3]。人把自己升格为自然的主宰,使自然沦为人的奴仆。对自然界的这种功利主义的理解,既遮蔽了自然界内涵的丰富性和自然界力量的全面性,也遮蔽了人的本质内涵的丰富性和人的本质力量的全面性。这种理解凸现了自然界对于人的“资源性关系”,遗忘了自然界对于人的“根源性关系”。“资源性关系”是一种纯粹实用性的、单向性的和技术性的关系;在这种关系中,人与自然是分立的,人力图控制、改造和征服自然。“根源性关系”则是全面的、双向性的和伦理性的关系;在这种关系中,人与自然是一体的,人力图亲近、关爱和认同自然,人希望把自然变成“人的无机的身体”。对自然的认同程度,是人的道德境界高低的重要标志之一。

① 《马克思恩格斯文集》第1卷,人民出版社2009年版,第264页。

② [古希腊]亚里士多德:《尼各马可伦理学》,廖申白译注,商务印书馆2003年版,第130页。

③ 《马克思恩格斯全集》第30卷,人民出版社1995年版,第390页。

(一)自然界是“人的无机的身体”

近代以来关于人的理论的主导范式是建立在人与动物、文化与自然不仅分离而且对立的基础上的,所有不符合这种认识范式的理论都被斥之为“自然主义”、“生物主义”或“社会达尔文主义”等等。当代法国著名思想家埃德加·莫兰(Edgar Morin)称这种关于人的理论是一种“岛屿似的人类学”①。因为,这种人学理论建构了一个封闭的人学范式,在这种范式中,人失去了与自然的一体性关系,人和人文世界成了一个脱离大自然的“孤岛”。在这座“孤岛”上,春天死寂一片(美国环境伦理学家卡洛琳·麦茜特〈Carolyn Merchant〉的《寂静的春天》),自然甚至已经死亡(美国学者蕾彻尔·卡逊〈Rachel Carson〉的《自然之死》)。自然界在人文世界中被剥夺了任何自身的内在特质,自然界不再附魅,它不再成为一个离开人类仍然具有意义和价值的世界。人类割裂了自己同自然的意义勾连和价值关联,人类在自己的理性制作的夸张的自我形象中进行自我偶像崇拜。人文世界则正在变成一个封闭的“铁笼”(韦伯),而人本身也可能成为这个“铁笼”中的“囚徒”。

马克思在《1844年经济学哲学手稿》中提出“人是类存在物”的命题。在马克思看来,作为“类存在物”,人的本质体现在人与自我、人与人、人与自然的关系及其有机统一之中。马克思把人与自然的关系作为探究人的类本质的起点,提出了“人的自然本质”和“自然界的人的本质”的概念,揭示了人与自然的“根源性关系”,呼唤建立一个人与自然高度和谐的社会。这种社会是“人同自然界的完成了的本质的统一,是自然界的真正复活,是人的实现了的自然主义和自然界的实现了的人道主义”②。马克思认为,能动的创造性是人的本

① [法]埃德加·莫兰:《迷失的范式:人性研究》,陈一壮译,北京大学出版社1999年版,第6页。

② 《马克思恩格斯文集》第1卷,人民出版社2009年版,第187页。

质，但就人与自然的根源性关系而言，人的能动性是一种“受动性”的能动性，必须辩证地理解人的能动本质。一方面，人能最大限度地把自然界的属性和规律“同化”于自身，使自然界的丰富属性转换为人自身的内在特质。也是在这个意义上，马克思强调指出，人不仅仅是自然存在物，而且是“人的自然存在物”，人必须不断探究和发现“人的自然本质”，自觉地意识到人的能动性本质是以“人的受动性”为前提的。另一方面，人的能动的创造性本质表现在，人能够“再生产整个自然界”，把自身的本质力量“对象化”到自然界中去，使自在的自然界转化为合乎人的目的的、属人的、人化的自然界。也是在这个意义上，马克思强调指出：“自然界，就它自身不是人的身体而言，是人的无机的身体。”①人的能动的创造性本质最终体现在，人不是仅仅把自然界变成人的外在的、有用的“资源库”，而是把自然界“变成人的无机的身体”。人必须不断探究和发现“自然界的人的本质”，自觉地意识到人对自然界的受动性“是人的一种自我享受”②。马克思在实践本体论意义上解答人与自然界的辩证关系，阐明了自然界对于人的存在和发展所具有的前提性与根源性意义。

在马克思之前，康德从认识论意义上较为系统、深刻地探究了人与自然界之间的依存关系，阐明了作为“物自体”的自然界对于人的存在和发展所具有的伦理价值意义。康德认为，人只能通过认识形式去认知事物，我们所能认知的事物显然不是物自身而只是事物对我们的表现（即显现出来的形象），物自身则被理性的认识形式和经验隔离在认识之外。正是由于人只能认识事物的“表现”而不能认识“物自身”，“物自身”才是存在的。但是，物自身尽管不能被认识，但却可以被“思想”。对“物自体”（即存在本身）的“思想”是人类理性的一种超验的形而上学冲动，这种冲动惟有在以自由为前提的伦

① 《马克思恩格斯文集》第1卷，人民出版社2009年版，第161页。
② 《马克思恩格斯文集》第1卷，人民出版社2009年版，第189页。

理学中才能得到真正满足，或者说，惟有人的道德活动才能使人的理性超越感性界限而达到对"物自体"的"思想"。在康德看来，知识确有价值，但也有局限性，如果无限地夸大理性的认识要求，夸大知识的作用，只能把一切都变成现象并且把人的本性也变成现象。传统哲学在知识论框架中，把超验对象即"物自体"作为认识对象处理，结果建立起来的是一种非人的、机械论的"科学世界观"。康德认为，知识不可能达到超验的东西，真正能够满足人类理性之根本要求的，不是知识而是德性。只有作为新型形而上学的伦理学才能实现人类理性超越感性界限的根本理想。纯粹理性的最终目的乃在于通过人的道德活动来超越经验的界限，以便真正体现人生最深刻的实在，体现对自由、不朽和上帝的向往。所以，从一定意义上说，康德是以不可知论的形式反对人们纯粹认知主义地对待自然界，他要把人的理性从科学理性扩展到道德理性，用"德性就是力量"取代"知识就是力量"的口号，从而为人与自然的关系开辟一条非知识论意义的形上伦理维度。康德限制科学知识为人的道德理性和道德自由争取地盘，本质上也是为自然界能够作为一种"自为的力量"而争取地盘。因为，正如捷克斯洛伐克新马克思主义代表人物科西克（Karel Kosik）所深刻指出的："'物自体'不是普通的物；确切说，它根本不是什么物。哲学探讨的'物自体'就是人及其他在宇宙中的位置，换言之：它是人在历史之中揭示的世界总体和存在于世界总体之中的人"①。自然界保持其一定程度的"自为性"，保持其对人来说的"不可知性"（即不可计算性），这是维护人与自然和谐的重要条件。也正是在这个意义上，康德要求人们应该对"在我之上的星空"和"居我心中的道德法则"保持一种"敬仰和敬畏"的态度。因而，可以说，康德的"物自体"思想与马克思"自然界是人的无机的身体"的思想具有共同的生态主义底蕴。

① 转引自衣俊卿：《历史与乌托邦》，黑龙江教育出版社1995年版，第10页。

现代西方思想家更多地用“存在”概念来指称自然界、世界、宇宙、万物等传统哲学概念，把人与自然的关系置换为人与存在的关系。英语中“存在”(being)一词有多种含义，作为一个分词，它兼有名词和动词的特征。作为一个名词，它是各种存在者，即万事万物的名字。作为一个动词，它表示事物“向着……存在”(to-be)。海德格尔认为，全部西方思想史集中于探讨作为名词的存在，即存在着的事物，而遗忘了作为动词的存在，即存在着的事物的存在。也就是说，从一开始，西方人的思想就系留于事物，系留于客体。忽视了“存在着的事物的存在”，实际上也就是否定了自然界所具有的自为本质和“自为力量”。胡塞尔(Edmund Husserl，1859—1938)的现象学思想，以及继之而起的存在主义哲学，实际上接续了康德的“物自体”思想，蕴含着深刻的生态智慧。“现象”在希腊文中表示“自行显现”，现象学以“让事物自己说明自己”为目的。存在主义则认为，“假若存在不能在概念中反映出来，那不是由于存在太普遍、太遥远、太微妙而无法设想，而是因为存在太稠密、太具体、太丰富了”。存在主义的目的在于告诉人们，“必须把存在从它堕入的遗忘状态中找回来。人必须学会让存在存在，而不是揉搓、打乱它，来使它对我们追求强力的需要作出回答”①。海德格尔晚年思想主要集中于拯救地球和人类未来。他的一些重要概念都是围绕“存在”概念表达出来的，如“人从属于存在”“人是存在的看护者”“语言是存在的家”等。他的“存在”概念主要是指自然界和大地。现代西方思想家把自然界、宇宙、万物等提高到“存在”的高度，其意图在于强调自然界对于人的存在与发展的本源性意义，强调人与自然的和谐相处。

如果说哲学对自然界之于人的价值和意义的论述更多的是在形上层面展开的，给人更多的是一种“悟性的智慧”，那么，现代生态科

① [美]威廉·巴雷特：《非理性的人——存在主义哲学研究》，杨照明等译，商务印书馆1995年版，第161、229页。

学对自然界之于人的价值和意义的揭示则可以说更多的是在形下的知识论层面展开的，给人更多的是一种“理性的智慧”。生态思想古已有之，但作为一门学科的生态学则产生于20世纪。“生态学”概念最早由德国胚胎学家海克尔（E. haeckel，1834—1919）于1866年提出。他把生态学定义为研究生物有机体及其与其环境之间相互关系的科学。生态学自诞生以来，大体经历了四种理论形态，即生物个体生态学、生物种群与群落生态学、生态系统生态学和人类生态学。人类生态学（human ecology）是研究以人类活动为主导的人与自然相互作用的科学。生态学“恢复了‘自然’概念的崇高地位，使人生根于自然。自然不再是无序、被动、无定形的环境，它是复杂的整体。人对于这个复杂的整体不再是封闭的实体，而是一个开放系统，以组织形态上的自主—依存的关系处于生态系统的内部”①。生态学是一门具体学科，但生态学的整体论自然观和价值观作为反思生态危机，批评机械论自然观和人类中心主义价值观的科学理论依据，是20世纪60年代以来世界生态运动的最重要思想支柱之一。生态学由于为社会—文化批评提供了价值基础而被称为“颠覆性的科学”（the subversive science）。从这个意义上说，生态学又具有深厚的形上意蕴。

生态学的形上意蕴主要体现在生态学的几个重要概念上。一是“群落”（community）概念，这个概念在社会学意义上被译为“社区”或“共同体”。“群落”概念蕴含着一种整体主义的自然观，它揭示，自然界是一个有机体，不可以被割裂开来加以考虑或利用。在自然界中，关系“优先于”发生关系的事物，由这些关系构成的系统整体也“优先于”它的组成部分。二是“食物链”概念。在自然界中，从太阳到植物，再到动物，相互间存在依存关系，形成了一种类似于金字

① ［法］埃德加·莫兰：《迷失的范式：人性研究》，陈一壮译，北京大学出版社1999年版，第14页。

塔的食物链。这种食物链是生态系统的结构基础，“食物链”概念，表达了物种间的相互依存关系。如果去掉食物链金字塔顶级上的生物，如人类，整个食物链金字塔几乎不会受到破坏。但是，如果去掉食物链金字塔的基础部分，如植物或藻类，那么整个食物链金字塔就会垮塌。所以，在本体论意义上，人没有自视至尊和高贵的理由，因为从根本上稳定整个生态系统的生物，不是人类，而是复杂多样的生命形式。正是在这个意义上，一些极端的生态主义者声称，抽掉了自然界的基础部分，人类将无法生存下去；但如果抽掉了人类，自然界的其他部分乃至自然界本身可能会生活得更好。三是“生态位”概念。任何物种都在生物群落中占据特定的地位，承担特定的“角色”，履行特定的“义务”。“生态位”概念表明，任何一个生命有机体都不是“为人”而存在的，物种相互间不存在上下或好坏之分，每一个物种都有其特定的功能，都在维持生态系统的完整和健康中发挥着自己的作用。四是“整体性与多样性”概念。整体性是生态系统最重要的特征，多样性是维持生态系统稳定和健康的重要因素。

生态学的形上意蕴成就了一种新型世界观，即生态世界观。生态世界观反对传统笛卡儿—牛顿式世界观，它认为，整个世界是一个有机系统，整体与部分的区别仅仅具有相对意义，它们之间的相互关联才是更为基本和更具本质意义的；整体的性质是首要的，部分的性质是次要的，部分的性质是由整体的运动规律所决定的。生态世界观远远超出了对环境保护的直接关心，它蕴含着一种与现代分析型科学思维不同的整体性思维方式，这种思维方式包容了现代科学的分析技巧，但超越了分析方法本身。这种整体论的思维方式既不是还原论的，也不是反理性的。这种生态世界观所建构的价值体系不再以人为中心，摈弃了“操纵—控制自然”的价值观，倡导一种适度的、自我节制的、整体性的价值观。借用黑格尔的“正反合”逻辑，如果说正题是自然，反题是人或文化，那么，可以说合题就是生存于自然中的人或文化。所以，这种生态世界观既不是以自然为中心的，也不是以人或文化为中心的,而是以"人—自然"系统的健全发展为中心的。

埃德加·莫兰在其《迷失的范式:人性研究》一书中,提出"人的半岛似的概念"。这个概念既表明了人在自然中的特异性,又使人不孤立于他的自然起源。莫兰认为,人不能被仅仅简约为"制造工具的人"的技术性面孔,也不能被仅仅简约为"智慧人"的理性面孔。人是一个复合系统,构成"人"这个复合系统的子系统至少有四个,即遗传系统、脑系统、社会—文化系统和环境系统。这四个子系统相互关联、相互作用,共同构成人的存在状态,推动人的进化和发展,每个子系统都是整体的共同组织者、共同创作者和共同控制者。环境系统控制遗传密码,共同组织和控制脑和社会。遗传系统产生和控制脑,而脑制约着社会—文化系统的发展。社会—文化系统实现脑的智能和天分,改变环境系统,甚至还在遗传的选择和进化中发挥它的作用。人类的任何行为都受遗传—大脑—社会—文化—环境系统的决定[①]。

(二)自然认同的伦理根据

人类对自然的认同的对象的扩大,是以人类"伦理共同体"范围的扩展为前提的。人类的伦理关系经历了从最初的血缘关系扩展到亲缘关系,再扩大到种族、国家以及全人类的历史发展过程。在原始社会,人们所理解的共同体的范围只限于本部落或本民族,因而原始人只对本部落或本民族的人讲道德;在古希腊和罗马时期,道德对象只限于奴隶主和平民;中世纪的基督教徒认为,他们只对上帝和上帝的信徒负有道德义务;近代早期的欧洲,把道德对象的范围仅仅限于白种人,不包括黑人;美国独立后 80 年间,黑人一直被排除在伦理共同体之外;到了 20 世纪,随着"地球村"共同体的形成,人们已经把

① 参阅[法]埃德加·莫兰:《迷失的范式:人性研究》,陈一壮译,北京大学出版社 1999 年版,第 171—181 页。

道德关怀的范围扩大到人类的每一个成员。现在,随着生态共同体意识的形成,伦理对象也将从社会范畴向自然范畴扩展,伦理关系将包括整个地球生态系统及其一切存在。人们之所以滥用和破坏自然,是因为人们把自然界仅仅视为一种从属于人类、服务于人类、外在于人类的"物质世界";如果人类把自己看做是自然界的一个成员,把自然界看做一个包括人类在内的共同体时,人们就会带着关爱的情感和尊重的态度来对待自然界。所以,当代美国著名环境伦理学家纳什(Roderick Frazier Nash)认为,"广延共同体"(expanded community)是生态伦理学的基石①。

关于生态伦理学的内涵和外延,人们有四种不同的理解。一种理解是,道德关怀的对象只能是人,但这里的人既包括现在的人,也包括未来的、尚未出生的人,保护生态环境就是保护未来人的生存与发展,这种观点被称为"现代人类中心主义伦理学";一种理解是,把道德关怀对象扩大到有感觉的生命即动物身上,要求人类不要奴役和虐待动物,尊重动物的基本权利,这种观点被称为"动物解放论和动物权利论";一种理解是,把道德关怀的对象扩大到一切有生命的存在,倡导一种尊重所有形式的生命的态度,这种观点被称为"生物中心主义伦理学";一种理解是,把道德关怀的对象扩大到整个自然界的所有存在,包括整个自然界的所有存在物、整体的自然和生态过程等,这种观点被称为"生态中心主义伦理学"。这四种理解的统一构成了对生态伦理学的理解由浅层向深层的发展,它显现的也是人类对自然的认同对象和认同范围的扩展。生态伦理学把人类的角色从自然共同体的征服者转换成自然共同体的普通成员,它不仅隐含着对这个共同体中的每一个成员的尊重,而且隐含着对自然共同体本身的尊重。

人类既栖身于社会—文化共同体中,也栖身于自然共同体中。

---

① [美]纳什:《大自然的权利》,杨勇进译,青岛出版社 1999 年版,第 21 页。

因而,一种完整的伦理学不仅需要阐明社会—文化共同体的道德价值,说明人际关系中的伦理原则,而且也要阐明自然共同体的道德价值,说明人与自然关系中的伦理原则。迄今为止,伦理学把自己定位于仅仅阐明和处理人与人的关系,而把人与自然的关系排除在自己的视野之外。产生于20世纪70年代的生态伦理学(Ecological Ethics)或环境伦理学(Environmental Ethics)①旨在阐明人与自然之间的道德关系和伦理原则,从而一方面为人类对自然的认同提供伦理依据和伦理辩护,另一方面也使伦理学走向更加成熟和更加完整的理论形态。从这个意义上说,生态伦理学的诞生,也意味着一场新的伦理启蒙运动的开始。"人们曾经认为,那种把黑人视为人、并要求人道地对待他们的观念是荒谬的。这种曾被认为荒谬绝伦的观念现在已变成真理。今天人们可能仍会认为,下述主张有些夸大其辞:一种合理的伦理,要求人们一以贯之的关怀所有的生物。"②生态伦理学试图把自己的一些基本原则建立在生态学的基础上,通过生态学向伦理学的转换来实现伦理学的质的变革。这种转换形成的是一种阿伦·奈斯所说的"生态智慧"(Ecosophy),这种生态智慧"显然是规范性的,它包含了标准、规则、推论、价值优先说明以及关于我们宇宙事物状态的假设。智慧是贤明和规定性的,而非仅仅是科学描述和预言"③。

生态伦理学赋予非人类存在以内在价值,把道德义务的对象从人这一物种扩展到人之外的其他物种和整个生态系统,对传统的人

① 在严格的学科意义上,"生态"与"环境"是两个有本质差别的概念。"生态"具有把人与自然作为一个整体来认识的含义,它隐含着人是自然的一个普通物种的观念;"环境"以人与自然的分离为前提,隐含着"人是外在于环境、与环境对应的主体"的观念。但是,在宽泛的意义上,人们一般把"生态伦理学"与"环境伦理学"视为同义词。

② [美]纳什:《大自然的权利》,杨勇进译,青岛出版社1999年版,第242页。

③ 转引自雷毅:《深层生态学思想研究》,清华大学出版社2001年版,第42页。

类中心主义的伦理观念提出了挑战。生态伦理学意味着伦理学的一种“范式革命”,即从“人类中心主义的人际伦理学”向“生态整体主义的种际伦理学”的转变。传统伦理学只关注人与人的关系,只关注一个物种的福利,是一种种族利己主义的伦理学。这种伦理学无法解决现代社会面临的诸多涉及威胁非人类生命存在与进化的问题。传统伦理学认为,伦理原则只适用于人类,人的需要和利益是道德的惟一相关因素,人对非人类存在物的关心只应限于那些对人类有用的存在物,而且对这些存在物的义务本质上是对人的一种间接义务。传统伦理是为了“人的利益”,是关于人的利益的伦理学,因而,它是一种人类中心主义的人际伦理。这种伦理学患上了当代美国著名环境伦理学家霍尔姆斯·罗尔斯顿(Holmes Rolston,1932—　)所说的“物种盲视”(species-blind)症。生态伦理学把伦理对象的范围从人类社会扩展到自然存在,力图建构一种不仅适宜于人类,而且也适宜于整个地球及其生命共同体的伦理学,用道德来约束人对自然存在物的行为,关注千百万个物种的福利。它严厉批判现代工业文明的征服主义、物质主义、消费主义、享乐主义等价值观,倡导一种与大自然和谐相处的“绿色生活方式”。生态伦理要求人类对自己在生态系统中的角色的认识来一个深刻的转换,要求人类赋予非人类生命以内在价值,因而,它是一种生态主义的种际伦理。

罗尔斯顿认为,在探讨人与自然的伦理关系时,最有帮助和最具导向作用的词汇是价值概念,通过对自然的价值的探讨,我们就可以清楚人对自然所应尽的道德义务。如果不能证明自然界的内在价值,环境伦理学就不可能立足。强调自然界具有内在价值,就可以建构一种所有具有内在价值者都应获得相应的“道德资格”的伦理体系。罗尔斯顿在其《环境伦理学——大自然的价值以及人对大自然的义务》一书中,把自然界的价值归纳为支撑生命的价值、经济价值、消遣价值、科学价值、审美价值、使基因多样化的价值、历史价值、文化象征的价值、塑造性格的价值、多样性与统一性的价值、稳定性与自发性的价值、生命价值、宗教价值等。他认为,这些价值大体上可概括为两大类,一类是工具价值(instrumental value),一类是内在价值(intrinsic value)。所谓工具价值是指自然界对人的有用性,在这个意义上,自然界被当做实现人的目的的手段或工具;所谓内在价值是指自然界及其存在物本身所固有的价值,在这个意义上,自然界无需借助其他参照物就能显现自身的价值①。人们一直认为,只有人类才具有内在价值,人类是内在价值的惟一拥有者;这种内在价值是一切外在价值或工具价值的源泉。自然界一直被认为只具有工具价值。现在,人们认识到,自然界不仅仅具有工具价值,它也有其内在价值。自然界的内在价值就是自然界自身所具有的、以自然界自身的属性为载体的、以自然界自身存在与发展为目的的那些价值。自然界的内在价值是目的定向的,自然界自身就是目的,它不以人类的评价而存在,它自身就是价值的创造者、拥有者和评价者。自然界的内在价值是自然存在物自我存在、自我发展的一个基本源泉和动力。

在工具价值的意义上,自然界对人来说是一种"资源"(resource);但在内在价值的意义上,自然对人来说则是一种"根源"(source)。在"资源"意义上,人类只是从自我需要的满足的角度来理解自然以及人与自然的关系;但在"根源"的意义上,人类则力图根据自然的整体结构和进化之流来探寻人本身的起源、人类的归属以及人与自然的关系。"当我们探寻的不是资源、而是我们的根源时,我们就上升到了环境伦理学的高度。"生态伦理学是"关于我们的根源(而非资源)的伦理,它也是一种关于我们的邻居和其他生命形式的伦理"②。生态系统是自然存在物存活和发展的基本单位,生

① 参阅[美]霍尔姆斯·罗尔斯顿:《环境伦理学——大自然的价值以及人对大自然的义务》,杨勇进译,中国社会科学出版社2000年版,第3—35、253—257页。

② [美]霍尔姆斯·罗尔斯顿:《环境伦理学——大自然的价值以及人对大自然的义务》,杨勇进译,中国社会科学出版社2000年版,第269、41页。

态系统设计与保护、再造与变革着生态共同体中包括人类在内的所有成员。当人类意识到自己是这个生态系统的产物并在这个系统中繁衍和发展时，人类就应该对生态系统的这种魅力、完整和稳定产生一种敬仰感、敬畏感和道德感，承担起自己对生态系统的道德义务。这种义务不是去满足人的心理的或生理的偏好，而是要保证物种之间的和谐共存。

生态系统的最大的价值在于成就了人。但人并不是生态系统价值的惟一聚集地，人的价值不可能高过作为整体的生态系统的价值。这并不是因为生态系统与人无关，而是因为生态系统既先于人的产生，又是人不断繁衍和持续发展的沃土。自然科学的历史发展已经证明，生命和精神现象本质上是建立在自然物质、能量和信息有序流动的基础上的，是自然界存在与演化的结果。罗尔斯顿指出："在自然的演化过程中，人类的出现也许是一个最有价值的事件，但如果以为是我们的出现才使得其他事物变得有价值，那就未免对生态学太无知且太狭隘了。"[①]生态科学表明，生态系统的机能整体性是一切生物与环境相互作用、相互依存所形成的功能特性，它对于维护人类和其他生物的生存以及整个地球生物圈的完善和健康都是有价值的。自然界的价值本质上是生态系统中各组成部分及其结构的功能关系，自然界的各个部分都参与了生态系统的演化。因而，生态系统的各个组成部分以及生态系统本身都具有其内在价值，正是生态系统及其构成部分的多样性才产生了众多的生命现象。从这个意义上说，自然界也能创造价值，没有自然价值载体，人类的劳动是不可能变换出价值来的。人在劳动中"只能像自然本身那样发挥作用，就是说，只能改变物质的形态。不仅如此，他在这种改变形态的劳动中

① ［美］霍尔姆斯·罗尔斯顿：《环境伦理学——大自然的价值以及人对大自然的义务》，杨勇进译，中国社会科学出版社2000年版，第5页。

还要经常依靠自然力的帮助”①。自然界的价值是原初性的，自然界是价值的原初创造者和载体，劳动产生的价值则是在这种原初价值的基础上的再创造的产物。人也许是万物价值的惟一衡量者和评价者，但这并不意味着人是万物价值的惟一衡量尺度。

人对自然的认同，本质上表现的是人对一切相互联系的事物的洞察力。一切自然存在物都是生命本身，是生命进化阶梯中的一个环节，它们相互依赖，生生不已，共同成就了人的生命。也正是在这个意义上，马克思说自然界是“人的无机的身体”。传统的人际伦理学只关注作为生态系统进化之最高结果的人本身，而把其他自然存在乃至生态系统本身降低为人的纯粹工具或奴仆。其错误在于，把一颗果实当做了整棵果树，把生命故事的最后一章当做了生命故事的全部。传统伦理学只把道德价值配置给个体（自然物种之一的人类或人类中的某些成员），生态伦理学则要把道德价值不仅配置给个体（包括所有物种的个体），而且要配置给生态共同体。它甚至认为，整体所承载的道德价值大于它们任何一个组成部分所承载的道德价值。从这个意义上说，濒危物种的有机体生命比单个人或数量巨大的单个人类种群中的一部分人的生命更有价值，更应值得人们从道德上予以尊重和关怀。

罗尔斯顿认为，生态伦理学的根据存在于生态系统的特性之中，如果从生态系统的整体性着眼而不是仅仅从人的生存来着眼，那么，所谓“事实”与“价值”、“是”与“应该”之间的矛盾就可迎刃而解。他指出：“尽管人类可以构建价值，但他们得在一定的环境中运作，从而他们所确定的价值必须有一种对生态系统的服从。这里的‘必须’是一种生态学的描述：实际存在的一些客观规律在限制着人类的活动，并包容了人类的价值构建活动；但这里的‘必须’也是一种道德的规定：其所允许的选择都必须遵从生态规律，人应该出于义务

① 《马克思恩格斯文集》第5卷，人民出版社2009年版，第56页。

的目的去促进自然平衡。但如果我们从前面论证的基础上再向前走一步,这里说的遵循生态自然就不仅仅是一种精明的手段,被用来达到独立于自然的道德和评价目的,而是本身就是一个目的;或者更精确地说,人类的一切价值都是基于其与环境的联系,这种联系是一切人类价值的依据和支柱。"[①]因为,就人与自然的本体性关联而言,"人法地,地法天,天法道,道法自然"(《老子·二十五章》)。人与自然之间具有一定程度的"同型性",即与自然的相似性。保持和维护这种"同型性",是人类存在和发展的生态前提。自觉意识到人与自然之间的"同型性"法则,可以使人类懂得自己在自然界中的位置。这种认识也必然会成为人类处理自己与自然之间关系的道德原则的最重要思想基础之一。"自然物身上存在着某些自在的价值,当具有义务意识的人接触到这些事物时,这些独立的价值就成了确定人的行为是否恰当(即正当)的根据。"[②]因而,生态伦理是生态学法则的客观要求,也是人类道义普遍扩张的必然结果。

挪威哲学家阿伦·奈斯(Arne Naess,1912—2009)于1973年首次提出"深层生态学"(deep ecology)思想。这种思想为人对自然的认同提供了更具深远意义的价值理论依据,也为生态伦理学的发展提供了更为深刻、更为丰富的价值理念。"深层生态学"把那种以人类的利益作为出发点和归宿点、主张在不削弱人类利益的前提下改善人与自然的关系的生态学理论称为"浅层生态学"(shallow ecology),因为,这种理论只把注意力集中在生态危机的症状上,它没有触及生态危机的根源;这种理论提出的解决生态危机的方案是典型的头疼医头、脚疼医脚的方案。

深层生态学则认为,生态危机是一种生存危机、文化危机和价值

---

① [美]霍尔姆斯·罗尔斯顿:《哲学走向荒野》,刘耳、叶平译,吉林人民出版社2000年版,第16页。

② [美]霍尔姆斯·罗尔斯顿:《环境伦理学——大自然的价值以及人对大自然的义务》,杨勇进译,中国社会科学出版社2000年版,第131页。

观危机,产生生态危机的价值论根源在于,传统的机械自然观、主客二分的认识论模型、人类中心主义的价值立场、功利主义价值取向、物质经济主义的发展目标等等。它提出,必须对人类现有的价值观念进行根本性的变革,惟有如此,生态危机才能得到根本解决。深层生态学之所以是“深层的”,就在于它对浅层生态学不愿过问的根本性问题提出质疑并不断向深层追问。深层生态学强调问题的深度,“深层”是指“追问的深度”。因而,深层生态学可以称为深层追问的生态学(deep questioning ecology)。深层生态学从整体论立场出发,把整个宇宙看成一个生态系统,认为在生态系统中没有严格的本体论划分,包括人在内的整个世界,不可能分为各自独立存在的主体与客体,一切事物都是相互联系、相互作用的。人类世界与非人类世界之间也不存在根本的界限,人类只是整个生态系统中的一部分。人既不在自然之上,也不在自然之外,而在自然之中。人类的生存与生态系统的其他部分的存在状况紧密相连,生态系统的完整性决定着人类的生活质量。把自然的价值仅仅等同于对人类的价值,这种观点是极大的偏见。人类尊重和保护自然,并不仅仅是因为自然对人类有价值,也是因为自然对自身就具有巨大的价值。

(三)生态伦理中的德性原则

生态伦理学“既不是关于资源使用的伦理学,也不是关于利益和代价以及它们的公正分配的伦理学;也不是关于危险、污染程度、权力与侵权、后代的需要以及其他问题——尽管它们在环境伦理学中占有重要位置——的伦理学。孤立地看,这些问题都属于一种使环境从属于人的利益的伦理学。在这种伦理学看来,环境是工具性的和辅助性的,尽管它同时也是根本的必要的。只有当人们不只是提出对自然的审慎利用,而且提出对它的恰当的尊重和义务问题时,人们才会接近自然主义意义上的原发型(primary)环境伦理学”[①],进而也才能深刻领会生态伦理学所包含的德性原则和德性精神。

深层生态伦理把根治生态危机的希望集中在个体意识的转变上。在深层生态伦理学看来,在现代社会,大多数人所形成的生态意识都是一种基于经验和直觉之上的浅层生态意识,是自发性的和感性的;生态危机的根治最终有赖于人们形成一种自觉的、深层的生态意识。这种深层生态意识要求每个个体改变自己对待自然的态度,转变自己的自然价值观念,转变自己的生活方式。它相信,当足够多的人都做到了这一点,生态环境就会得到根本的改观。深层生态伦理认为,必须从人对自然的认同开始,使人首先在精神上获得一种自身与外在自然的一体感。人对自然的认同,本质上表现的是人对一切相互联系的事物的洞察力,人对自然存在物生存与进化的关注力,人对自然存在物的道德敏感力,以及人对自身与自然之间亲和关系的营造能力。这种认同无需借助外部的力量,不需要专家和政府的强制,只需要每个人自己不断地向深层发问、思考和求解。尽管人们彼此间对自然的认同程度各不相同,但只要具有这种认同的道德冲动和道德意向,并感受到了这种认同,那么,追求人与自然的和谐、维护生态稳定和健康,就会成为人们的内在需要和自觉行动。生态意识是一种在与生态系统的亲近和融通过程中所达到的一种认同状态,是一种狭隘的自我观念在心理上扩展的结果。所以,许多深层生态伦理学家把生态意识的培养看成是“超世俗的”和“准宗教的”,认为仅仅靠理性不可能完全培养出一种生态意识,生态意识和生态道德的养成需要道德直觉和道德信仰。深层生态伦理要求人们充分地展现自己的内在本质力量,实现自己的内在潜能,使人们把对自然的保护期望转变为自己一种内在的道德情感、道德冲动和道德责任意

---

① [美]霍尔姆斯·罗尔斯顿:《环境伦理学——大自然的价值以及人对大自然的义务》,杨勇进译,中国社会科学出版社2000年版,第1—2页。

识。

法国著名人道主义者阿尔贝特·施韦泽(A. schweitzer,1875—1965)提出的“敬畏生命”伦理体现的正是一种“超世俗的”和“准宗教的”德性伦理原则。施韦泽认为,伦理是生命意志的体现,“善是保持生命、促进生命,使可发展的生命实现其最高价值;恶则是毁灭生命、伤害生命,压制生命的发展。这是必然的、普遍的、绝对的伦理原则”①。人应该关怀他周围所有的生命,保护、促进、完善所有生命。人必须像敬畏自己的生命意志那样敬畏所有的生命意志,在自己的生命中体验到其他生命。人际伦理只是处理人与所有生命普遍关系的伦理学的一个特殊部分,虽然涉及人对同类行为的伦理会很深刻和富有活力,但它仍然是不完善的。这种伦理是建立在弱肉强食、适者生存的利己主义基础上的,它不可能产生充分的伦理功能。一种完整的伦理,要求对所有生物行善。只有当人认为所有生命,包括人的生命和一切非人类的生命都值得尊重和关怀的时候,只有当人把一切植物和动物的生命看做与人的生命同等重要的时候,人才可能是真正道德的。在生活过程中,一个人要偶尔地杀死某个生命,其前提必须是,这样做是为了促进另一个更强大的生命的存活,人必须对被牺牲的生命怀有怜悯心、同情心和责任感。“敬畏生命”的伦理原则本质上是与爱的原则一致的。敬畏生命本身就包含着爱的命令和根据,并要求同情所有生物。

在施韦泽看来,“敬畏生命”的伦理不是寻求某种外在的行为规范,而是一种内在的德性追求。敬畏生命是一种内在的精神信念,即人们时时刻刻都要保护生命、促进生命,使可发展的生命实现其最高价值。“敬畏生命伦理的关键在于行动的意愿,它可以把有关行动

① [法]施韦泽:《敬畏生命》,陈泽环译,上海社会科学院出版社1996年版,第9页。

效果的一切问题搁置一边。”①所以，敬畏生命伦理的意义主要在于，它把人的德性如爱、奉献、同情等扩展于一切生命体，要求人们在更加宽广的意义上更加自觉地追求这些德性，践履这些德性，提升自己的生命质量，完善自己的道德境界。罗尔斯顿认为，自然虽然不是培养人的德性的充分条件，但却是培养人的德性的必要条件。因为，对于人来说，自然除了具有物质性的功利价值，它还具有审美的价值、文化象征的价值、塑造性格的价值、宗教的价值等，这些价值都有助于人的德性的塑造和发展。同时，自然是一个能够使人学会谦卑并懂得分寸感的地方，与大自然的亲密接触有助于人的身心健康。人们能够通过反思自然而提炼出某些道德，即学会如何生存。不研究自然秩序，人就不可能进入生命的圣境；不能在终极意义上与自然秩序和谐相处，人就不可能变得真正聪明起来。所以，敬畏生命、敬畏自然，也是人成就自己的生命、提升自己精神境界的重要环节。

“敬畏”就是人们在面对一种巨大而又伟大的力量时内心所产生的一种敬仰感和谦卑感。当我们面对作为人类“母体”的大自然的神秘、伟大和巨大魅力时，我们既应该对自然保持一种敬仰感和谦卑感，更应对自然怀有深深的感恩意识。海德格尔深刻论述了人对自然应该抱有的感恩意识。海德格尔要求人们放弃对自然界的功利主义实用态度，抛弃对自然界的理性主义分析思维，摈弃对自然界的技术主义统治方式，而要对自然界保持一种情感主义的感恩态度，在一种“思”的境界中亲近自然、感谢自然，与自然融为一体。在英语中，“思”（think）和“感谢”（thank）是同源的词根，德语中的“思”（an-denken）按字面意义理解是“想念”。所以，对海德格尔来说，“思”、“感谢”和“想念”是同源的概念。“思存在就是感谢存在，充

① ［法］施韦泽：《敬畏生命》，陈泽环译，上海社会科学院出版社 1996 年版，第 25 页。

满感激地记忆存在。”[①]在海德格尔看来，人应该“诗意地栖息于大地”，保持对大地的敬畏。“栖息”不是仅仅居住下来，而是要努力去营造一个空间，守护和关爱这个空间中的一切存在物，使这些存在物能够自己不断成长和展现自己。

“敬畏”蕴含的是人的一种“极限意识”。“极限意识”就是人所具有的一种对自己存在状态的有限性的自觉意识，即人对自身作为自由的和有限的存在物的地位的积极肯定。“极限意识”一方面把有限性当做人的存在的本真状态所不可缺少的维度，当做人的自由和创造性活动的可能性基础；另一方面则强调把对人的极限的积极肯定转变为人的自由和超越性的源泉和根基。在前现代思想史上，人们对人自身的有限性本质都有不同程度的认识。但是，那时在总体上是把人的有限性当做人类特定发展阶段的暂时现象，相信人类最终会消解自身的有限性。

现代人本主义思潮不再把人的有限性视为特定发展阶段上的现象，而是将之设定为人的存在本体。尼采认为，是人杀死了上帝，因为人不能容忍自己最丑陋的（有限性）一面遭到任何窥探。存在主义有着对于人类有限性的强烈感觉，海德格尔力图使人从属于存在本身，以此消解尼采的虚无主义。海德格尔视野中的人，是一个受大地和时间束缚、具有极大有限性的生灵。但是，存在主义对人的有限性的肯认，并没有最终陷入纯粹消极的虚无主义之中。相反，在存在主义者看来，人的有限性恰恰是人采取行动的意志的可能性基础。人的有限性恰恰表明，在本体论意义上，人是自然共同体的一个成员。人的优越和高贵体现在，人是自然界的守护者。因而，人必须“诗意地栖息在大地上”，而不可能完全凭借理性和技术征服和占有大自然。所以，存在主义者认为，“人是有限的，这并不仅仅是个人

① ［美］威廉·巴雷特：《非理性的人——存在主义哲学研究》，杨照明等译，商务印书馆1995年版，第231页。

的或人这一物种的心理特征，也不仅仅是因为他能活在地球上的岁月是有限的。人是有限的，因为'不存在'——否定——渗透到他的存在的最核心之中。而这个'不存在'是从哪里来的呢？从存在本身。人是有限的，因为他在对存在的有限领悟中生活和活动"①。

深层生态伦理认为，人们的基本物质需要得到满足以后，应该追求更加丰富多彩、更加充实高尚的生活目标和生活方式，转向对诸如"爱""幸福"之类的德性主义目标的追求。"用简朴的手段达到丰富的目的"，通过心灵的解放和心灵的丰富，达到对自然的高度认同，获得一种巨大的精神力量，从而提高生活的内在质量。为此，人们在自己的生活实践中，当面对人与自然的关系时，应该遵循"需要平衡"的道德原则。这个原则的基本要求有三点：一是根本需要原则。在从利益上权衡人与自然的先后顺序时，应遵循生存需要高于基本需要、基本需要高于非基本需要的原则。人的生存需要高于自然的生存需要，但自然的生存需要要高于人的奢侈需要，否则就是不道德的。二是亲近原则。当人与自然的同类利益发生冲突时，应优先考虑人的利益；当人必须作出选择时，应优先考虑与人的关系亲近者的利益。三是整体利益高于局部利益原则。对于一个物种来说，物种的整体利益高于个体的利益；对于生态系统而言，任何一个物种的活动都必须服从生态系统的整体需要②。

（四）"自我实现"的生态维度

人们实践某种道德，实质上就是用这种道德所设定的"完美的人"的形象来塑造自己，就是去展现和确证这种道德所理解和预设的人生境界。对自然的道德关怀和伦理认同，是个人完善自我、提升自我和实现自我价值的一种必要形式。生态伦理是一个人的人生境

---

① ［美］威廉·巴雷特：《非理性的人——存在主义哲学研究》，杨照明等译，商务印书馆1995年版，第223页。

② 雷毅：《生态伦理学》，陕西人民教育出版社2000年版，第283—284页。

界和道德境界的新的试金石。在生态伦理学的视野中,人是整个宇宙的道德代理人,人不应只把道德当做维护人这种生命形式的生存的工具,而应用道德来维护所有的生命形式。一个人如果只捍卫其同类的利益,那么,他的境界就并未超出其他自然存在物,说明他与其他自然存在物一样,仅仅是在依据自然选择原理来行动,因为非人类存在物只关心和维护自己及其同类。人的价值和优越性,不仅仅表现在人有表达、追求和实现自己的愿望、发挥自己潜力的能力,而且更重要地表现在,人具有理解整个世界的能力和超越自我的能力,人能够以更为宽广的胸怀和更为超越的视野关心和维护包括人自己在内的所有存在物。生态伦理学为人的自我实现提供了一个新的维度,即生态维度。

马斯洛通过其需要理论提出了一种心理主义的自我实现理论。他认为,自我实现是人的最高层次的需要,即自我完善的需要,这是人性能达到的最高境界。自我实现的人真正超越了狭隘的、个人中心主义的自我,他愿意献身于自己所认同的某种理想、某项事业和某个职业,追求存在的最高价值,追求理想或事业与真正人生享乐的统一。冯友兰先生也曾提出人生境界意义的自我实现思想,他认为,人生境界有四个层次,这四个层次由低到高依次为:自然境界(顺着本能或习惯做事)、功利境界(从利己出发为自己做事而不损害别人)、道德境界(具有道德意义的为社会的利益做事)、天地境界(为包括人与社会在内的整个宇宙的利益做事)。"自然境界、功利境界的人,是人现在就是的人;道德境界、天地境界的人,是人应该成为的人。前两者是自然的产物,后两者是精神的创造。"①

在生态伦理学史上,深层生态伦理学提出了最具生态主义色彩的"自我实现"理论。深层生态伦理的自我实现(Self-realization)概念与心理学和社会学意义上的"自我实现"(self-realization)概念既

① 冯友兰:《三松堂全集》第六卷,河南人民出版社2001年版,第285页。

相关,又有所不同。深层生态学的"自我实现"概念超越了传统哲学的"自我实现"概念。西方传统思想中的"自我"(self)是一种分离的自我,它把自我看成是特定的、单个的人,而不是各种因素紧密联系的个人;同时,它又把自我割裂成"主体的自我"与"客体的自我"两个部分。这种自我概念常常与"本我"(ego)概念相联系,强调个人的欲望和"为己"的倾向,追求享乐主义的满足感,或一种狭隘的对个人的此生或来世的拯救感。深层生态学用大写的"自我"(Self)替代传统的小写的"自我"(self)。

阿伦·奈斯认为,自我的成熟需要经历三个阶段,从"本我"(ego)到社会的"自我"(self),从社会的自我到形而上的"自我"(Self)。他用"生态自我"(Ecological Self)来表达这种形而上的自我,以表明这种自我是与人类共同体、与生态共同体关联中的自我,是一种"关系中的自我"(Self-in-relationship)或"扩展的自我"(expanded Self)。只有当人不再把自己看成分离的、狭隘的自我,自我便会不断扩展,超越个体范围达到人类层面,进而又超越人类层面达到生态层面,达到对自然界的深切认同。在这种不断的超越中,人性得以完善和提升。所以,阿伦·奈斯指出:"所谓人性就是这样一种东西,随着它在各方面都变得成熟起来,我们就将不可避免地把自己认同于所有有生命的存在物,不管是美的丑的,大的小的,是有感觉的无感觉的。"①

生态主义的自我实现的过程,就是人不断扩大其自然认同的范围的过程。随着自然认同范围的扩大和加深,人不断把其他自然存在物纳入自己的生命链条和生命进化的序列之中,人与自然之间的疏离感便会不断减少。当达到"生态自我"的阶段时,个体既能在与之认同的所有存在物中看到自己,又能在自我之中看到所有存在物。通过扩大认同范围,个体在自己的生存与他人的生存、自我的存在与

① 转引自雷毅:《深层生态学思想研究》,清华大学出版社2001年版,第46页。

自然的存在之间建立起某种有意义的联系，个体在对“大我”的自我实现的追求过程中，不断履行着自己对自然存在物的关爱。如果人的自我是属于一个包含了人生存于其中的整个生态共同体的大写的自我，那么，对植物、动物及山河大地的破坏就成了对人自己的破坏，保护生态环境就会成为人的一种“自卫”。所以，阿伦·奈斯指出：“如果你的自我在广义上包含了另一个存在物，那么，无需劝告，你也会从道德上关心它。你在关心自己时不会感到有任何道德压力——除非你患上了某种倾向于自我毁灭或自恨的神经官能症。”①

生态主义的“自我实现”原则把人视为生态系统的一部分，在它看来，人的自我实现同时也就意味着所有生命的潜能的实现，人的自我实现有赖于其他自然存在物的“自我实现”。因而，生态主义自我实现原则要求人应该通过对自然的深切理解和道德关怀，在尊重其他自然存在物的生命进化的基础上，发现、发展和提升人自己的本性，实现人的潜能。人是自然界的道德主体，能够从道德的角度来考虑问题，并用道德来约束自己的行为。具有道德意识，能够设身处地地为其他存在物着想，是人的优越性的表现。这意味着，人可以道德地对待其他存在物，但人不可能要求其他存在物也对人做出道德行为。人应当意识到并努力地把自己作为自然之子的功能体现出来，站在生态系统的角度，“为天地立心”，成为大自然的神经和良知，成为大自然的守护者，关爱一切自然存在物，维护生态系统的完美和健康。阿伦·奈斯指出：“从系统而非个体的观点看，最大化的自我实现意味着所有生命最大的展现。由此引申出的第二个术语是‘最大化的（长远的、普遍的）多样性’！一种必然结果是：一个人达到的自我实现的层次越高，就越是增加了对其它生命自我实现的依赖。自我认同的增加即是与他人自我认同的扩大。‘利他主义’是这种认同的自然结果。……由此我们得出‘一切存在的自我实现’这一原

① 转引自雷毅：《深层生态学思想研究》，清华大学出版社2001年版，第155页。

则。从原则'最大化的多样性'和最大多样性包含着最大的共在这一假定,我们能得到原则'最大化的共在'!进而,我们为其他生命受到最小的压制创造条件。"①

生态主义的"自我实现"不是一个人所能达到的某个终点,而是一种人生谋划的取向和趋向,它是一个生态的、心理的、社会的和文化的过程。生态主义的"自我实现",就是通过发掘人内在的善,来实现人对自然的认同。因而,这种生态主义的"自我实现"原则更深刻、更系统地表达了一种个体现代认同思想,它否定了传统的人类中心主义自我实现观,它把人对自然的认同视为一种崇高的境界,试图通过最大限度地发掘并弘扬人的内心的善,来达到人与自然的内在和谐。在生态主义的"自我实现"原则中,自然界是人类生存和进化的"母体",是人类文化的"底基"。我们每一个人不能仅仅对自然抱有控制、征服和改造的情结,我们还需要对自然持有敬畏感和感恩态度,对自然进行道德的、审美的沉思。我们不要总是力图把自然纳入自己的存在秩序之中,而是也要把我们自己不断地纳入自然存在的秩序之中,达到一种与自然一体的人生境界。在这种境界中,人具有一种"天地之塞,吾其体;天地之帅,吾其性。民,吾同胞;物,吾与也"②的道德直觉和道德体认,人建构了一种精神上的生态和谐,成就了一个"生态自我"。

① 转引自雷毅:《深层生态学思想研究》,清华大学出版社2001年版,第41页。

② [宋]张载:《张子全书》,林乐昌编校,西北大学出版社2015年版,第53页。

参考书目

《马克思恩格斯文集》第1—10卷,人民出版社2009年版。

《列宁选集》第1—4卷,人民出版社2012年版。

《毛泽东选集》第1—4卷,人民出版社1993年版。

《邓小平文选》第2—3卷,人民出版社1993年版。

袁贵仁:《马克思的人学思想》,北京师范大学出版社1996年版。

袁贵仁:《马克思主义人学理论研究》,北京师范大学出版社2012年版。

袁贵仁:《教育—哲学片论》,北京师范大学出版社2002年版。

袁贵仁:《价值学引论》,北京师范大学出版社1991年版。

袁贵仁:《价值观的理论与实践》,北京师范大学出版社2006年版。

韩震:《生成的存在——关于人和社会的哲学思考》,北京师范大学出版社1996年版。

韩庆祥:《马克思人学思想研究》,河南人民出版社1996年版。

[古希腊]柏拉图:《理想国》,郭斌和译,商务印书馆1986年版。

[古希腊]亚里士多德:《尼各马可伦理学》,廖申白译注,商务印书馆2003年版。

[英]休谟:《道德原则研究》,曾晓平译,商务印书馆2001年版。

［英］亚当・斯密:《道德情操论》,蒋自强等译,商务印书馆1998年版。

［英］边沁:《道德与立法原理导论》,时殷弘译,商务印书馆2000年版。

［英］穆勒・密尔:《功用主义》,唐钺译,商务印书馆1957年版。

［法］卢梭:《社会契约论》,何兆武译,商务印书馆1980年版。

［德］康德:《道德形而上学原理》,苗力田译,上海人民出版社2002年版。

［德］康德:《实践理性批判》,韩水法译,商务印书馆1999年版。

［德］黑格尔:《精神现象学》上下卷,贺麟等译,商务印书馆1979年版。

［德］黑格尔:《法哲学原理》,范扬、张企泰译,商务印书馆1961年版。

［德］黑格尔:《历史哲学》,王造时译,上海书店出版社2001年版。

［德］黑格尔:《哲学史讲演录》第1—4卷,贺麟等译,商务印书馆1978年版。

周辅成编:《西方伦理学名著选辑》上下卷,商务印书馆1964年版。

［德］包尔生:《伦理学体系》,何怀宏、廖申白译,中国社会科学出版社1988年版。

［美］弗兰克・梯利:《伦理学导论》,何意译,广西师范大学出版社2002年版。

［英］摩尔:《伦理学原理》,长河译,商务印书馆1983年版。

［美］麦金太尔:《德性之后》,龚群等译,中国社会科学出版社1995年版。

［英］玛丽・沃诺克:《1900年以来的伦理学》,陆晓禾译,商务印书馆1987年版。

[英]布劳德:《五种伦理学理论》,田永胜译,中国社会科学出版社2002年版。

[美]麦金太尔:《伦理学简史》,龚群译,商务印书馆2003年版。

[美]麦金太尔:《三种对立的道德探究观》,万俊人等译,中国社会科学出版社1999年版。

[美]约翰·罗尔斯:《道德哲学史讲义》,张国清译,上海三联书店2003年版。

[德]白舍客:《基督宗教伦理学》第1、2卷,静也等译,上海三联书店2002年版。

[德]施密特:《全球化与道德重建》,柴方国译,社会科学文献出版社2001年版。

[瑞士]孔汉思、库舍尔:《全球伦理》,何光沪译,四川人民出版社1997年版。

[瑞士]汉斯·昆:《世界伦理构想》,周艺译,三联书店2002年版。

[法]让—弗朗索瓦·利奥塔:《后现代道德》,莫伟民等译,学林出版社2000年版。

[英]齐格蒙特·鲍曼:《后现代伦理学》,张成岗译,江苏人民出版社2003年版。

[英]齐格蒙特·鲍曼:《生活在碎片之中——论后现代道德》,郁建兴等译,学林出版社2002年版。

[德]米歇尔·鲍曼:《道德的市场》,肖君等译,中国社会科学出版社2003年版。

[美]弗兰克纳:《善的求索——道德哲学导论》,黄伟合等译,辽宁人民出版社1987年版。

[日]西田几多郎:《善的研究》,何倩译,商务印书馆1965年版。

[美]罗斯特:《黄金法则》,赵稀方译,华夏出版社2000年版。

[美]弗兰西斯·福山:《信任——社会美德和繁荣的创造》,彭

志华译,海南出版社 2001 年版。

[美]麦特·里德雷:《美德的起源——人类本能与协作的进化》,刘珩译,中央编译出版社 2004 年版。

[美]威廉·贝内特:《美德书》,何吉贤等译,中央编译出版社 2003 年版。

[英]塞缪尔·斯迈尔斯:《品格的力量》,宋景堂等译,北京图书馆出版社 2001 年版。

[美]乔治·桑塔耶纳:《美感》,缪灵珠译,中国社会科学出版社 1982 年版。

[美]德尼·古莱:《发展伦理学》,高铦等译,社会科学文献出版社 2003 年版。

[英]齐格蒙特·鲍曼:《现代性与大屠杀》,杨渝东等译,译林出版社 2002 年版。

[英]安东尼·吉登斯:《现代性的后果》,田禾译,译林出版社 2000 年版。

[英]安东尼·吉登斯:《现代性与自我认同》,赵旭东等译,三联书店 1998 年版。

[加]查尔斯·泰勒:《现代性之隐忧》,程炼译,中央编译出版社 2001 年版。

[英]齐格蒙特·鲍曼:《立法者与阐释者——论现代性、后现代性与知识分子》,洪涛译,上海人民出版社 2000 年版。

[英]齐格蒙特·鲍曼:《后现代性及其缺憾》,郇建立等译,学林出版社 2002 年版。

[美]凯尔纳等:《后现代理论——批判性质疑》,张志斌译,中央编译出版社 1999 年版。

[美]大卫·格里芬:《后现代精神》,王成兵译,中央编译出版社 1998 年版。

[德]皮德·克斯洛夫斯基:《后现代文化》,毛怡红译,中央编译

出版社 1999 年版。

[德]尤尔根·哈贝马斯:《公共领域的结构转型》,曹卫东等译,学林出版社 1999 年版。

[美]罗尔斯:《万民法——公共理性观念新论》,张晓辉等译,吉林人民出版社 2001 年版。

[英]约翰·密尔:《论自由》,程崇华译,商务印书馆 1959 年版。

[英]霍布豪斯:《自由主义》,朱曾汶译,商务印书馆 1996 年版。

[英]以赛亚·伯林:《自由论》,胡传胜译,译林出版社 2003 年版。

[美]约翰·罗尔斯:《政治自由主义》,万俊人译,译林出版社 2000 年版。

[美]罗尔斯等:《政治自由主义:批评与辩护》,万俊人等译,广东人民出版社 2003 年版。

[美]詹姆斯·布坎南:《财产与自由》,韩旭译,中国社会科学出版社 2002 年版。

[英]哈耶克:《自由秩序原理》上下册,邓正来译,三联书店 1998 年版。

[英]约翰·格雷:《自由主义的两张面孔》,顾爱彬等译,江苏人民出版社 2002 年版。

[英]昆廷·斯金纳:《自由主义之前的自由》,李宏图译,上海三联书店 2003 年版。

[美]桑德尔:《自由主义与正义的局限》,万俊人等译,译林出版社 2001 年版。

[美]约翰·凯科斯:《反对自由主义》,应奇译,江苏人民出版社 2003 年版。

[美]霍尔姆斯:《反自由主义剖析》,曦中等译,中国社会科学出版社 2002 年版。

[美]范伯格:《自由、权利和社会正义——现代社会哲学》,王守

昌等译,贵州人民出版社 1998 年版。

[法]米歇尔·福柯:《规训与惩罚——监狱的诞生》,刘北成译,三联书店 2003 年版。

[法]加谬:《西西弗的神话》,杜小真译,西苑出版社 2003 年版。

[美]约翰·凯克斯:《为保守主义辩护》,应奇等译,江苏人民出版社 2003 年版。

[美]丹尼尔·贝尔:《社群主义及其批评者》,李琨译,三联书店 2002 年版。

[美]德沃金:《认真对待权利》,信春鹰等译,中国大百科全书出版社 1998 年版。

[美]史蒂芬·霍尔姆斯:《权利的成本——为什么自由依赖于税》,毕竞悦译,北京大学出版社 2004 年版。

[美]诺齐克:《无政府、国家与乌托邦》,何怀宏等译,中国社会科学出版社 1991 年版。

[英]米尔恩:《人的权利与人的多样性——人权哲学》,夏勇等译,中国大百科全书出版社 1995 年版。

[美]约翰·罗尔斯:《正义论》,何怀宏、廖申白译,中国社会科学出版社 2001 年版。

[美]约翰·罗尔斯:《作为公平的正义》,姚大志译,上海三联书店 2002 年版。

[美]麦金太尔:《谁之正义? 何种合理性?》,万俊人等译,当代中国出版社 1996 年版。

[英]史蒂文·卢克斯:《个人主义》,阎克文译,江苏人民出版社 2001 年版。

[法]孔多塞:《人类精神进步史表纲要》,何兆武、何冰译,三联书店 1998 年版。

[英]阿伦·布洛克:《西方人文主义传统》,董乐山译,三联书店 1997 年版。

[俄]别尔嘉耶夫:《精神王国与恺撒王国》,安启念等译,浙江人民出版社 2000 年版。

[德]马克斯·韦伯:《新教伦理与资本主义精神》,于晓等译,三联书店 1993 年版。

[美]丹尼尔·贝尔:《资本主义文化矛盾》,赵一凡等译,三联书店 1989 年版。

[美]L. J. 宾克莱:《理想的冲突——西方社会中变化着的价值观念》,马元德等译,商务印书馆 1983 年版。

[德]卡尔·雅斯贝尔斯:《时代的精神状况》,王德峰译,上海译文出版社 1997 年版。

[德]伽达默尔:《真理与方法》上下册,洪汉鼎译,上海译文出版社 1993 年版。

[德]M. 舍勒:《价值的颠覆》,罗悌仑等译,三联书店 1997 年版。

[德]马克斯·韦伯:《经济与社会》上下卷,林荣远译,商务印书馆 1998 年版。

[美]保罗·库尔茨:《保卫世俗人道主义》,余灵灵等译,东方出版社 1996 年版。

[德]恩斯特·卡西尔:《人论》,甘阳译,上海译文出版社 1985 年版。

[俄]尼古拉·别尔嘉耶夫:《人的奴役与自由——人格主义哲学的体认》,徐黎明译,贵州人民出版社 1994 年版。

[美]巴雷特:《非理性的人——存在主义哲学研究》,杨照明等译,商务印书馆 1995 年版。

[法]萨特:《存在与虚无》,陈宣良译,三联书店 1997 年版。

冯川:《弗洛姆文集》,改革出版社 1997 年版。

[美]弗洛姆:《占有还是生存》,关山译,三联书店 1988 年版。

[美]弗洛姆:《逃避自由》,刘林海译,上海译文出版社 2015 年

版。

[加]查尔斯·泰勒:《自我的根源——现代认同的形成》,韩震等译,译林出版社2001年版。

[苏联]科恩:《自我论》,佟景韩等译,三联书店1986年版。

[美]米德:《心灵、自我与社会》,霍桂恒译,华夏出版社1999年版。

[美]霍顿·库利:《人类本性与社会秩序》,包凡一译,华夏出版社1999年版。

[德]马丁·布伯:《我与你》,陈维纲译,三联书店2002年版。

[德]斐迪南·滕尼斯:《共同体与社会——纯粹社会学的基本概念》,林荣远译,商务印书馆1999年版。

[美]尼布尔:《道德的人与不道德的社会》,蒋庆等译,贵州人民出版社1998年版。

邓正来等:《国家与市民社会——一种社会理论的研究路径》,中央编译出版社2002年版。

李惠斌、杨雪冬:《社会资本与社会发展》,社会科学文献出版社2000年。

曹荣湘:《走出囚徒困境——社会资本与制度分析》,上海三联书店2003年版。

[美]福山:《大分裂——人类本性与社会秩序重建》,刘榜离译,中国社会科学出版社2002年版。

[法]埃德加·莫兰:《迷失的范式:人性研究》,陈一壮译,北京大学出版社1999年版。

[美]纳什:《大自然的权利》,杨勇进译,青岛出版社1999年版。

[美]霍尔姆斯·罗尔斯顿:《环境伦理学——大自然的价值以及人对大自然的义务》,杨勇进译,中国社会科学出版社2000年版。

[美]霍尔姆斯·罗尔斯顿:《哲学走向荒野》,刘耳、叶平译,吉林人民出版社2000年版。

[法]施韦泽:《敬畏生命》,陈泽环译,上海社会科学院出版社1996年版。

廖申白:《亚里士多德友爱论研究》,河南人民出版社2000年版。

卢风:《启蒙之后——近代以来西方人价值追求的得与失》,湖南大学出版社2003年版。

金生鈜:《德性与教化——从苏格拉底到尼采:西方道德教育哲学思想研究》,湖南大学出版社2003年版。

包利民:《生命与逻各斯——希腊伦理思想史论》,东方出版社1996年版。

石敏敏:《希腊人文主义——论德性、教育与人的福祉》,上海人民出版社2003年版。

牛京辉:《英国功用主义伦理思想研究》,人民出版社2002年版。

李学勤:《道德理想国的覆灭——从卢梭到罗伯斯庇尔》,上海三联书店2003年版。

张志扬:《康德的道德世界观》,中国人民大学出版社1995年版。

李梅:《权利与正义——康德政治哲学研究》,社会科学文献出版社2002年版。

张世英:《自我实现的历程——解读黑格尔〈精神现象学〉》,山东人民出版社2001年版。

高国希:《走出伦理困境——麦金太尔道德哲学与马克思主义伦理学研究》,上海社会科学院出版社1996年版。

龚群:《道德乌托邦的建构——哈贝马斯交往伦理思想研究》,商务印书馆2003年版。

肖巍:《女性主义伦理学》,四川人民出版社2000年版。

李幼蒸:《形上逻辑和本体虚无——现代德法伦理学认识论研

究》,商务印书馆2000年版。

何怀宏:《生命与自由——法国存在哲学研究》,湖北教育出版社2001年版。

丛日云:《在上帝与恺撒之间——基督教二元政治观与近代自由主义》,三联书店2003年版。

石元康:《当代西方自由主义理论》,上海三联书店2000年版。

胡传胜:《自由的幻想——伯林思想研究》,南京大学出版社2001年版。

刘军宁等编:《自由与社群》,三联书店1998年版。

章国锋:《关于一个公正世界的"乌托邦"构想——解读哈贝马斯〈交往行为理论〉》,山东人民出版社2001年版。

万俊人:《现代西方伦理学史》,上卷,北京大学出版社1990年版。

万俊人:《现代西方伦理学史》,下卷,北京大学出版社1992年版。

龚群:《当代西方道义论与功利论研究》,中国人民大学出版社2002年版。

《论语译注》,杨伯峻译注,商务印书馆,1980年版。

《孟子译注》,杨伯峻译注,商务印书馆1960年版。

陈鼓应:《老子注释及评价》,中华书局1984年版。

来可泓:《大学直解·中庸直解》,复旦大学出版社1998年版。

陈少峰:《中国伦理学名著导读》,北京大学出版社2004年版。

蔡元培:《中国伦理学史》,东方出版社1996年版。

张岱年:《中国伦理思想研究》,北京大学出版社1996年版。

张岂之等:《近代伦理思想的变迁》,中华书局2000年版。

陈少峰:《中国伦理学史》,上下卷,北京大学出版社1996年版。

巴新生:《西周伦理形态研究》,天津古籍出版社1997年版。

陈来:《古代宗教与伦理——儒家思想的根源》,三联书店1996

年版。

封祖盛编:《当代新儒家》,三联书店1989年版。

方克立:《现代新儒学与中国现代化》,天津人民出版社1997年版。

何信全:《儒学与现代民主——当代新儒家政治哲学研究》,中国社会科学出版社2001年版。

牟宗三:《道德理想主义的重建——牟宗三新儒学论著辑要》,中国广播电视出版社1992年版。

李景林:《教养的本原——哲学突破期的儒家心性论》,辽宁人民出版社1998年版。

任剑涛:《道德理想主义与伦理中心主义——儒家伦理及其现代处境》,东方出版社2003年版。

唐文明:《与命与仁——原始儒家伦理精神与现代性问题》,河北大学出版社2002年版。

焦国成:《中国古代人我关系论》,中国人民大学出版社1991年版。

樊浩:《中国伦理精神的现代建构》,江苏人民出版社1997年版。

邓晓芒:《灵与舞——中西人格的表演性》,东方出版社1995年版。

冯契:《人的自由和真善美》,华东师范大学出版社1996年版。

包利民等:《现代性价值辩证论——规范伦理的形态学及其资源》,学林出版社2000年版。

钱永祥:《纵欲与虚无之上——现代情境里的政治伦理》,三联书店2002年版。

杨国荣:《伦理与存在——道德哲学研究》,上海人民出版社2002年版。

成中英:《文化、伦理与管理——中国现代化的哲学省思》,贵州人民出版社1991年版。

韩震:《重建理性主义信念》,北京出版社1998年版。

廖申白、孙春晨:《伦理新视点——转型时期的社会伦理与道德》,中国社会科学出版社1997年版。

茅于轼:《中国人的道德前景》,暨南大学出版社1997年版。

刘智峰主编:《道德中国——当代中国道德伦理的深重忧思》,中国社会科学出版社2001年版。

高兆明:《制度公正论——变革时期道德失范研究》,上海文艺出版社2001年版。

郑也夫等:《中国社会中的信任》,中国城市出版社2003年版。

何宗思编著:《中国人格病态批判》,中国社会出版社2003年版。

何怀宏:《良心论——传统良知的社会转化》,上海三联书店1994年版。

何怀宏:《伦理学是什么》,北京大学出版社2002年版。

何怀宏:《底线伦理》,辽宁人民出版社1998年版。

万俊人:《现代性的伦理话语》,黑龙江人民出版社2002年版。

万俊人:《寻求普世伦理》,商务印书馆2001年版。

詹世友:《道德教化与经济技术时代》,江西人民出版社2002年版。

赵汀阳:《论可能生活——一种关于幸福和公正的理论》,中国人民大学出版社2004年版。

陈根法:《德性论》,上海人民出版社2004年版。

江畅:《德性论》,人民出版社2011年版。

王国银:《德性伦理研究》,吉林人民出版社2006年版。

唐凯麟等:《个体道德论》,中国青年出版社1993年版。

郑也夫:《信任论》,中国广播电视大学出版社2001年版。

韦森:《经济学与伦理学——探寻市场经济的伦理维度与道德

基础》,上海人民出版社2002年版。

厉以宁:《经济学的伦理问题》,三联书店1995年版。

樊浩:《中国伦理精神的现代建构》,江苏人民出版社1997年版。

樊浩:《伦理的精神生态》,中国社会科学出版社2001年版。

檀传宝:《信仰教育与道德教育》,教育科学出版社1999年版。

倪愫襄:《善恶论》,武汉大学出版社2001年版。

徐嵩龄:《环境伦理学的进展:评论与阐释》,社会科学文献出版社1999年版。

雷毅:《深层生态学思想研究》,清华大学出版社2001年版。

廖申白:《〈正义论〉对古典自由主义的修正》,载《中国社会科学》2003年第5期。

廖申白:《西方正义概念:嬗变中的综合》,载《哲学研究》2002年第11期。

万俊人:《人为什么要有道德?》,载《现代哲学》2003年第1—2期。

黄裕生:《普遍伦理学的出发点:自由个体还是关系角色》,载《中国哲学史》2003年第3期。

龚群:《回归共同体主义与拯救德性——现代德性伦理学评介》,载《哲学动态》1998年第6期。

应奇:《正义还是德性——自由主义/社群主义之争的一个侧面》,载《哲学动态》2000年第2期。

郑婷、赵刚:《朝向正义与德性——奥尼尔论正义与德性的统一》,载《国外社会科学》2002年第5期。

周枫:《自由主义的道德处境》,载《人文杂志》2004年第1期。

陈嘉明:《德性知识论》,载《东南学术》2003年第1期。

肖士英:《现代德性准则立足点与结构的反思——麦金太尔现代德性准则观批判与重构》,载《陕西师范大学学报》2001年第4期。

吕耀怀:《道德建设:从制度伦理、伦理制度到德性伦理》,载《学习与探索》2000 年第 1 期。

詹世友:《对道德德性的哲学分析》,载《人文杂志》2001 年第 2 期。

孙英:《品德与德性:概念辩难》,载《上海师范大学学报》2001 年第 2 期。

崔宜明:《德性论与规范论》,载《华东师范大学学报》2002 年第 5 期。

陈根法:《论德性的意义和价值》,载《复旦学报》2002 年第 3 期。

张之沧:《"后现代"道德》,载《人文杂志》2001 年第 3 期。

肖群忠:《规范与美德的结合:现代伦理的合理选择》,载《西北师范大学学报》1999 年第 5 期。

[美]Gilbert. C.. Meilaender:*The Theory and Practice of Virtue*, University of Notre Dame Press,1984.

[美] Daniel Statman:*Virtue Ethics*:*a critical reader*, Edinburgh University Press,1997.

[美]S. G. Clarke, E. Simpsoned:*Anti-theory in Ethics and Moral Conservatism*, State University of New York Press, 1989.

后　　记

呈献给读者的这部著作是在我的博士论文的基础上修改、扩充而成的。

2001年,我考入北京师范大学哲学系,师从袁贵仁教授,攻读马克思主义哲学专业博士学位。三年间,得到了袁老师的悉心指导和殷切关怀,获得了北师大哲学系诸多老师的睿智点拨和无私帮助,我将终生受益,没齿难忘!

思想道德建设是我国社会主义精神文明建设的核心内容。中共中央于2001年和2004年先后出台了《公民道德建设实施纲要》和《关于进一步加强和改进未成年人思想道德建设的若干意见》,更加凸现出我国社会转型期道德建设的紧迫性和重要性。基于对道德建设现状的理性思考和对自己多年来在高校从事哲学研究和思想道德教育实践经验的总结,加之我自己的研究方向是马克思主义人学理论,我感到,有必要从人学角度深入研究道德及道德建设问题,由此我围绕道德与人学的关系问题摸索着博士论文的选题。在确定论文主题、切入点和基本思路的过程中,《德性之后》(麦金太尔)、《正义论》(罗尔斯)、《人的自由和真善美》(冯契)、《马克思的人学思想》(袁贵仁)这四本书直接促成了我的博士论文选题的确定和论文基本思路的形成。麦金太尔的《德性之后》吁求在现代社会"重建德性伦理",罗尔斯的《正义论》谋求现代社会"重建自由规则",冯契的《人的自由和真善美》强调"道德教育的自由原则",袁贵仁的《马克思的人学思想》全面呈现了马克思思想的“人学”维度，四位学者对“德性”“自由”“人学”的深刻阐释，启发了我对道德问题的进一步思考。我深切地认识到，人性的塑造和提升是道德建设的根本目标，而人性的塑造和提升集中体现为人的德性的养成；德性是道德的本质规定，而自由是德性存在和发展的必要条件；德性与自由相融通，才能使道德持续健康发展，才能使道德真正成为塑造和提升人性的一种实践—精神活动；“德性重建”是当代道德建设的核心目标，而“自由原则和自由精神”则是德性重建的根基。

论文从选题确定、提纲谋划、篇章布局、行文推敲到整体完成，都凝结着袁老师的心血和智慧，先生的严谨作风、渊博知识、敏锐洞察力和精辟见解，给我的写作不断提供着强劲的精神激励、丰富的知识源泉和莫大的思想启迪，使我能够顺利完成这篇论文，使我的学问不断有所长进，我首先衷心感谢我的导师袁贵仁先生！

在北师大三年的生活、学习和论文写作的过程中，得到了齐振海教授、韩震教授、杨耕教授、廖申白教授、韩庆祥教授、王德胜教授、杨寿堪教授、刘晓力教授、朱红文教授、崔新建教授、王成兵博士、吴向东博士、兰久富博士、沈湘平博士、冯周卓博士、王德军博士等诸多学界前辈、同仁和同窗好友的关心、帮助和指教。在此向他们表示衷心感谢！应该特别强调的是，廖申白先生对论文思路和写作提纲提出了详细指导意见，只是由于我自己伦理学方面的造诣太浅，没有能很好地把廖先生的睿智卓见贯彻到我的论文中，我深感遗憾和内疚。在此特向廖申白先生表示诚挚谢意！

北京大学哲学系丰子义教授、中共中央党校哲学部韩庆祥教授、中国人民大学哲学系马俊峰教授、北京师范大学哲学与社会学学院齐振海教授、崔新建教授、北京师范大学政治学与国际关系学院马捷莎教授等，对我的论文进行了评阅，并提出了非常宝贵的修改意见。2004 年 5 月 29 日，以韩庆祥教授为主席、中国社会科学院哲学所朱葆伟研究员、北京师范大学哲学与社会学学院韩震教授、杨耕教授、唐伟教授、朱红文教授、崔新建教授为委员的答辩委员会，对我的论文进行了评议，给予了充分肯定，提出了许多值得进一步深思和研究的问题，并一致认定，这篇论文是“以马克思主义人学方法解答现代道德困境的具有较高学术价值和学术水平的论文”，“是一篇优秀的博士学位论文”。沈湘平博士为论文答辩付出了辛勤劳动。值本书刊行之际，向他们表示崇高敬意和诚挚谢意！

博士毕业后，我到郑州大学公共管理学院工作。承蒙郑州大学各位老师的厚爱和鼓励，加之获得了难得的出版机会，才使我有可能鼓起勇气，不揣浅陋，把这篇不很成熟的博士论文交付出版。但愿以后能有机会进一步完善，我也恳望读者提出批评意见和建议！博士论文的修改、扩充、成书及出版，得到了郑州大学党委书记、郑州大学马克思主义哲学研究中心主任郑永扣教授、郑州大学公共管理学院刘太恒教授、魏长领博士、潘中伟博士等的关心、支持和帮助，在此向他们表示衷心感谢！本书的出版得到了河南省普通高等学校人文社会科学重点研究基地、郑州大学人文社会科学重点研究基地——郑州大学马克思主义哲学研究中心的鼎力支持，被列入“哲学与人研究丛书”丛书首批书目。在出版过程中，得到了河南人民出版社领导的关心和支持，在此也向他们表示衷心感谢！

袁贵仁先生把做学问、写博士论文比喻为“挖井”。“挖井”，一要“选址”准确，二要“挖”而有“法”，三要“挖”而不舍。做学问、写博士论文，一要“选题”高远，二要方法得当，三要“读、思、写”而不舍。论题的选择和论文的写作，需要厚实的理论功底，宽广的理论视野，高远的理论悟性，敏锐的理论洞察力，深邃的理论分析能力，以及娴熟的理论写作能力。但我自己在这几个方面的素质都很欠缺，尤其是缺乏宽广的理论视野和高远的理论悟性，在写这篇博士论文的过程中，总是“心有余而力不足”。我在高校从事科研工作已有10多年了，但我的“学问”做得非常有限，也非常笨拙，我只能也愿意以“匠人”自居。我自知自己天生愚钝，在学问方面，“心无灵犀万点不通”。所以,常常对自己是否能“吃”这碗饭怀有深深的疑虑和焦虑!但我还是愿意在自己力所能及的范围内不断实现自我能力最大化,不断成就自己能够成就的“学问”和“事业”。按照古希腊人的说法,幸福就是自足,就是追求理性的自我圆满。我希望获得古希腊人所说的幸福,这种幸福虽然可能不合时宜,也有点“自私”,但我只能以此聊以自慰。在这个嘈杂、浮躁、功利的时代,这也许是从事“哲学职业”的人应该具备的一种职业心理素质和职业德性吧!

最后,我也想借这本书出版之际,向我的家人表示深深的歉疚之意和诚挚的感激之情。因着过分执著于满足自己的“理性需求”和“精神自足”,10多年来,我一直从事着几乎无法见到“经济效益”的“哲学事业”,这使我一直难以为年迈的父母带来更为舒适的和更为体面的物质生活,他们更多的是靠“自给自足”来维持自己的生计的,我多少辜负了父母对我这个家庭中唯一大学生寄予的厚望和期待。我也难以在经济上给兄弟妹们以有效的支持和帮助,我更多的时候只能表现出一种“心有余而力不足”的无奈。我有愧于父母,也有愧于兄弟妹们!但我也深深地感受到他们对我的理解和支持,我衷心感谢我的父亲母亲、感谢我的兄弟妹们!因着过分执著于满足自己的“理性需求”和“精神自足”,我只能与妻子和女儿在一种较为清贫的物质生活状态中相濡以沫,我甚至在即将步入不惑之年时,又一次回到“学生时代”,给我的妻子和女儿、给我的岳父岳母带来了诸多不便和辛劳。但他们总是毫无怨言,一直默默支持着我的“自私”。我衷心感谢我的妻子和女儿、感谢我的岳父岳母!我的“事业”注定了我这辈子只能更多地从“精神”上来回报我的家人。我希望他们能够继续理解我和支持我!

寇东亮

2004年3月初稿于北京师范大学

2005年3月定稿于郑州大学

再版后记

本书是我的博士学位论文,2006 年出版。时隔 12 年,这次刊行,使我能够进一步修改、完善和充实论著的相关内容,并有更多机会与学界同仁广泛交流和分享自己的研究成果,甚幸甚慰!

2001 年 9 月至 2004 年 6 月,我在北京师范大学攻读博士学位。三年学习期间,我一直谨记导师袁贵仁先生的教诲:博士论文会确立和奠定一个人的学术研究方向和学术研究基础,在读博期间,下工夫认真做好博士论文的选题、构思和写作,将终生受益。我矢志攻读博士学位,源于自己对学术的志趣、爱好和执著。我当时已确定自己博士毕业后,仍会到高校继续从事科学研究和教书育人工作。所以,我在博士论文选题、构思和写作方面,倾注了很多心思,投入了大量时间,耗费了极大精力。功夫不负有心人。博士论文最终获得评阅专家和答辩委员会委员的一致肯定。他们认为,这是一篇优秀的博士学位论文。

博士毕业至今已 14 年有余。其间,我在郑州大学工作了 12 年。2004 年 7 月,我入职郑州大学时,正值郑州大学公民教育研究中心被确立为教育部人文社会科学重点研究基地。我感到这是一个可资利用的良好科研平台。我觉得,公民身份是现代人最重要的社会身份之一，是认识和理解现代人生存方式、价值观念和精神世界的一个很重要的切入点，也是深化自由和道德问题研究的一个非常重要的维度。2007年，中共十七大报告提出加强公民意识教育，并把“自由”确立为社会主义公民意识的基本要素。从公民道德和公民意识角度深化自由和道德问题的研究，成为我在郑州大学12年学术研究的一个重要方向。其间我出版了《公民荣辱观教育：基于德性论的分析》《人文关怀论》等论著。

2012年，中共十八大报告明确提出培育和践行社会主义核心价值观，并把“自由”确立为社会主义核心价值观的基本要素，这使我更加着力深化自由和道德问题的研究。2016年9月，我到陕西师范大学哲学与政府管理学院工作。2017年，我以“中国特色社会主义自由观建构中的思想资源及其创新整合研究”为题申报国家社科基金项目，被确立为2017年度国家社科基金重点项目。两年来，我进一步聚焦和深化社会主义自由观与公民道德建设问题研究。

14年来，我的学术研究基本上是围绕博士论文主题即自由与道德不断拓展和深化的。很大程度上，博士论文成为我学术研究的“大纲”和“宣言书”，她像我的孩子一样，无论美与丑，我都会倍加珍惜和呵护。博士论文2006年出版，在书店现在已不易购到，但诸多师友、同道常常提及和推荐此书。所以，我一直有意刊行这本书，以便使其更加完美，能够有更多机会在学界同仁和读者朋友中获得广泛交流和分享，得到大家的批评指正。

虽然过去了14年，但我自信博士论文的主题和基本观点在今天仍具有前沿性和创新性。我根据最新文献资料、研究动态和相关成果，在保持论著基本思路和总体框架的基础上，对论著的经验材料、引用文献、基本数据、个别观点和文字表述等，进行了修订。

天道酬勤，人道助力。承蒙河南人民出版社副总编辑蔡瑛先生的厚爱、支持和指导，这本书能够顺利出版。非常感谢蔡瑛先生，感谢他对学人的真切理解、真情关怀和真诚帮助。同时，感谢河南人民出版社编辑林子女士的辛劳付出。

期待学界同仁和读者朋友批评指正。

寇东亮

2018 年秋于陕西师范大学

图书在版编目(CIP)数据

德性重建的自由根基——现代道德困境的人学解读／寇东亮著. —郑州：河南人民出版社,2006. 5(2019. 2重印)
ISBN 978-7-215-05839-2

Ⅰ. ①德… Ⅱ. ①寇… Ⅲ. ①伦理学-研究②人学-研究 Ⅳ. ①B82②C912.1

中国版本图书馆CIP数据核字(2005)第134778号

河南人民出版社出版发行
(地址：郑州市经五路66号 邮政编码：450002 电话：65788055)
新华书店经销 河南新华印刷集团有限公司印刷
开本 890毫米×1240毫米 1/32 印张 11.875
字数 304千字
2006年5月第1版 2019年2月第3次印刷

定价：35.00元